데이터 과학
입문자를 위한 R

설치부터 패키지 개발까지
R로 시작하는 데이터 과학

데이터 과학 입문자를 위한 R

설치부터 패키지 개발까지
R로 시작하는 데이터 과학

재리드 랜더 지음 고석범 옮김

i!i
에이콘

베키에게

| 추천사 |

R은 최근 5년 동안 인기가 급상승했다. 이를 보면서 독자들은 R이 새롭게 주목받는 언어라고 생각할 수도 있다. 그렇지만 놀랍게도 R은 1993년에 소개됐다. 그럼 왜 최근에 와서 갑자기 인기가 높아졌을까? 아마도 데이터 과학이 하나의 직업 및 연구 주제로 부상했기 때문이 아닐까 생각한다. 그렇지만 데이터 과학의 기초적인 내용은 수십 년 동안 이어져 내려오고 있었다. 통계학, 선형 대수, 생산 관리 연구, 인공 지능, 머신 러닝 등은 각자 최근의 데이터 과학에 이바지한다. R은 대부분의 컴퓨터 언어들과 달리 이런 모든 기능을 단 하나의 함수 호출을 통해 사용할 수 있도록 발전해 왔다.

그래서 나는 재리드가 인기 도서인 초판 책을 다시 다듬어 최근 R 커뮤니티에서 있었던 여러 가지 혁신적인 내용을 담은 2판을 낸다는 소식에 흥분했다. R은 여러 데이터 과학 업무에 있어서 필수불가결한 도구다. 또한 예측과 분석을 위한 여러 가지 유용한 알고리듬을 단 몇 줄의 코드를 갖고 해결할 수 있으므로 최근 데이터와 관련된 도전적인 문제들을 해결할 수 있는 훌륭한 도구다. 데이터 과학은 하나의 영역으로서 단지 수학이나 통계학에 머물지 않으며, 하나의 프로그래밍이나 기반 시설도 아니다. 이 책은 일반 독자들에게 R 언어의 힘과 표현력을 소개하는 균형 잡힌 안내서다.

나는 재리드 랜더보다 나은 R 안내서를 제공하는 저자를 알지 못한다. 재리드와 나는 2009년 NYC 머신 러닝 커뮤니티에서 만났다. 당시 NYC 데이터 커뮤니티는 모두 합쳐도 하나의 콘퍼런스장에 다 들어갈 정도로 작았으며, 다른 모임은 아직 형성되지도 않은 시점이었다. 지난 7년 동안 재리드는 부상하는 데이터 과학의 최전선에 있었다.

재리드는 오픈 스테티스티컬 프로그래밍 미트업, 강연, 컬럼비아 대학에서의 R 코스 교육 등을 통해 프로그래머, 데이터 과학자, 언론인, 통계학자 등을 가르치며 커뮤니티의 성장을 도왔다. 그의 활동은 교육에 국한되지 않았다. 일상적인 직업에서도 크고 작은 고객을 위한 컨설팅을 하면서 이런 도구들을 활용할 수 있도록 장려했다. 그는 이 책의 초판이 출판된 후 뉴욕 R 콘퍼런스를 구성하고, 수많은 모임과 콘퍼런스에서 강연했으며, R을 사용해 2016년 미국 프로농구 드래프트를 평가하는 등 R 커뮤니티에서 많은 활동을 했다.

이 책은 R의 기초부터 프로그래밍까지 소개하고, 다양한 통계학적 방법과 일상에서 사용할 수 있는 도구들을 소개한다. 2판에서는 새로운 내용을 추가해 최신 R 커뮤니티에 소개된 내용들을 망라하고 있다. 타이디버스^{Tidyverse}를 활용해 데이터 다루기, 알마크다운, 샤이니에 대한 장들이 그런 예다. 예제로 사용되는 데이터 세트들은 누구나 사용할 수 있으며, 이를 잘 정리해 그의 웹 사이트를 통해 접근할 수 있게 했다. 이 책은 실제로 존재하는 데이터와 재미있는 문제들을 갖고 독자의 흥미를 끝까지 유지하게 한다.

폴 딕스(시리즈 편집자)

| 지은이 소개 |

재리드 랜더 Jared P. Lander

뉴욕에 있는 통계 컨설팅과 교육 서비스를 제공하는 랜더 애널리틱스 사의 수석 데이터 과학자이며, 세계에서 가장 큰 R 모임인 뉴욕 오픈 스태티스티컬 프로그래밍 미트업New York Open Statistical Programming Meetup과 뉴욕 R 콘퍼런스New York R Conference 관리자다. 컬럼비아 대학의 통계학 조교수이기도 하다. 스캇츠 피자 튜어Scott's Pizza Tours의 투어 가이드로도 활동한다. 컬럼비아 대학 통계학과에서 학부, 뮬렌버그 대학에서 수학 석사를 마쳤다. 이처럼 학계와 산업계에 걸친 다양한 경험이 있다. 데이터 관련 커뮤니티 활동을 매우 열심히 해서 Strata, MIT Sloan Sports Analytics Conference, 전 세계에서 열리는 여러 미트업에서 자주 발표한다. 통계학에 대한 글들은 jaredlander.com에서 볼 수 있으며 CBS, 월 스트리트 저널 같은 많은 매체에도 소개됐다.

| 감사의 글 |

2판에 대한 감사의 글

누구보다 약혼녀인 레베카 마틴에게 감사한다. 2판을 쓴다는 것은 한 번 앉아서 수시간 동안 R을 갖고 논다는 것을 의미한다. 그 자체로도 즐겁지만, 그녀가 있어 즐거움이 배가됐다. 그녀는 여러모로 놀라운데, 특히 그녀도 R을 사용한다는 점이 놀랍다. 그녀는 심지어 미얀마 만달레이로 가는 이라와디 강 크루즈 여행 동안 조지 오웰이나 러디어드 키플링과 같은 글을 쓰고 싶다는 나의 망상을 다 받아줬다.

여전히 내 가족들은 여러모로 나를 지지한다. 부모님이신 가일과 하워드 랜더는 수학과 데이터 과학으로 가는 내 여정을 항상 격려해주셨다. 이 책의 초판이 출판됐을 때, 부모님은 책이 그분들이 읽기에는 너무 따분해서 읽지 않겠다는 약속을 끝까지 지켰다. 역시 읽지 않은 채로 놓여 있기는 마찬가지지만 할아버지와 모든 이모, 삼촌 댁에는 이 책이 자랑스럽게 전시돼 있다. 아이미 누나와 에릭 셰터만 매형은 조카인 노아와 리라와 함께 나의 이상한 기질에 잘 맞춰준다. 조카들에게는 프로그래밍을 가르치기 시작했다.

오픈 소스 커뮤니티에도 감사드리고 싶은 사람이 많다. 특히 뉴욕 오픈 스태티스티컬 컴퓨팅 미트업의 회원들에게 감사드린다. 그들의 작업물과 격려가 책을 쓰는 큰 동기가 됐다. 그 가운데서 특히 드류 콘웨이에게 감사드린다. 그는 초기 미트업의 리더였으며 R에 대한 나의 사랑을 키워주고 마지막에는 나에게 자리를 넘겨주었다. 폴 푸글리아, 사르 골디, 제이 에머슨, 아담 호건, 존 마운트, 니나 쥬멜, 커크 메틀러, 막스 쿤, 브리안 루이스, 데이비드 스미스, 덕크 에델뷰에텔, 제이디 롱, 램너스 베이디아나던, 힐러리 파커, 데이비드 로빈슨과의 우정 덕분에 미트업 리더라는 경험이 아주 즐거웠다. 나는 심지어 웨스 맥키니, 벤 러너, 제임스 파웰 등 파이썬 사용자들과도 좋은 시간을 보냈다.

직장 동료들, 뉴욕 R 콘퍼런스를 같이 만들었던 친구들은 모두 환상적인 사람들이다. 존 레어, 제스 린, 스테파니 매닝, 켈리 마크, 비핀 차마칼라, 로렐 웨너, 마이클 야민스키, 미키 그라함 등과 함께 해서 너무 좋다.

최근 나의 회사가 성장하는 데는 많은 사람의 도움이 있었다. 직원이나 고객으로서 아주 큰 조언을 줬다. 조셉 셔만, 제프 호너, 리 메도프, 제로엔 얀센, 조나단 허쉬, 매트 셰리단, 오마 드 라 크루크 카브레라, 벤자민 드 그루트, 비니 솔리, 릭 로빈슨 등이 그러했다. 앤드류 겔만, 데이비드 매디건, 리차드 가필드 교수님의 가르침은 대학을 넘어 항상 나와 함께한다.

이 책의 상당 부분은 지칠 줄 모르는 RStudio 팀의 노력이 있었기 가능한 것이었다. 제이제이 앨라이어, 윈스톤 창, 조 쳉, 가렛 그로레문드, 해들리 위캄과 이휘 지 등은 이 책에서 소개하는 많은 도구들을 만들었으며, 우리가 R로 하는 것들이 기술적으로 가능하게 만든 사람들이다. 타리프 카와프, 페테 나스트, 신 로프, 로저 오버그, 조 리커트, 나단 스테판, 짐 클레멘스, 앤 카롬, 빌 카니 등을 비롯한 여러 사람들이 R 커뮤니티가 성장하는 데 크게 이바지했다.

이 책에서 사용된 주재료들은 레이첼 슈트와 함께 컬럼비아 대학교에서 데이터 과학 개론 강의를 했던 내용에서 인용했다. 이 강의에 참여했던 학생들이 자료를 더 구체화했으며 내용이 어떻게 제시돼야 하는지 등에 대한 책의 구성을 만드는 데 이바지했다. 비이안 펭, 단 첸, 마이클 파쎄릴리, 아담 오벵, 유리 킴, 카즈 사카모토 등은 어떻게 써야 할 지에 대한 방향을 제시했다.

이외에 수많은 사람이 이 책의 저술, 확인, 교정, 편집 등에 이바지했다. 마이클 베이겔마처는 코드가 제대로 작동하는지 확인했으며, 크리스 잔은 문장에 대해 이와 비슷한 일을 했다. 폴 딕은 나를 피어슨출판사에 소개해 그 후 모든 과정이 존재하도록 만들어줬다. 편집자인 데브라 윌리엄스 코울리는 두 번째 책 작업과 세 편의 동영상 제작 등을 함께 했으며, 책이 성공적으로 출간되는 데 큰 힘을 발휘했다. 그녀가 없었더라면 이 책은 존재하지 않았을 것이다.

두 번째 판은 초판의 감사 글에서 언급했던 모든 도움 위에 만들어진 것으로, 그분들은 여전히 나에게 소중한 존재들이다.

1판에 대한 감사의 글

먼저 수학을 전공하는 데 큰 용기를 주신 나의 어머니 가일 랜더에게 감사드린다. 그녀의 격려가 없었더라면 통계학과 데이터 과학으로 이어진 나의 경력은 없었을 것이다. 같은 맥락으로 아버지 하워드 랜더에게 모든 비용을 지급해주신 것에 감사드린다. 그는 내가 살아가는 동안 소중한 조언을 받을 수 있는 원천이었고 가이드 역할을 했다. 여러 면에서 본받고 싶은 분이다. 두 분 모두 내가 하는 일을 이해하지 못하지만, 내가 하는 일을 사랑하시고, 그 길을 가도록 도움을 주신다. 그리고 나의 누나 아이미와 매형인 에릭 셰터만에게 그들의 5살 아들인 노아에게 수학을 가르칠 수 있게 해주셔서 감사드린다.

수년 동안 오늘의 나를 만들어준 수많은 선생님이 계셨다. 먼저 록첼리 레키는 고등학교 때 담임 선생님이 수학적 재능이 없다고 하심에도 불구하고 내게 수학을 가르쳐주신 분이다.

다음은 베스 에드몬손 선생님은 프린스턴 데이 스쿨의 미적분 준비 과정에서 도움을 주셨다. 고등학교 첫 한 학기 동안 그저 그런 학생으로 지내고 나서 그녀는 내게 내 점수로는 다음 해 AP Calc 수업에 등록하는 것이 불가능하다고 말했다. 그녀는 내게 그녀가 가르치는 수업에서 C에서 A+를 받는다면 AP Calc 수업에 등록시켜주겠다고 말했다. 3개월 후 내가 A+를 받았을 때만 해도 못 믿겠다는 표정을 지으셨다. 이 사건은 나의 학문에 대한 길을 확 바꿔놓았고 나는 우등생이 됐다. 그녀가 내 삶을 바꿨다. 그녀가 없었더라면 내가 지금 어디에 있을지 아무도 모른다. 그녀가 내 선생님이었음을 항상 감사하게 생각한다.

뮬렌버그 대학에 있을 때 처음 2년 동안 경영과 의사소통을 주전공으로 하면서 수학 강의를 들었다. 그것은 내게 아주 자연스러운 것이었다. 페니 던함, 빌 던함, 린다 맥귀어 등은 모두 내게 수학을 전공할 것을 권했고, 그것은 내 삶을 더 나은 방향으로 이끈 결정이었다. 그레그 시코네티는 내게 본격적인 통계학을 처음 맛보게 해주신 분이다. 그는 내게 처음 연구 기회를 줬고 이를 계기로 통계학 대학원에 진학하고자 하는 생각을 품게 됐다.

컬럼비아 대학은 통계학과 프로그래밍에 명석한 두뇌를 소유한 사람들로 둘러싸여 있었다. 데이비드 마디건은 최신 머신 러닝에 눈뜨게 해주셨고, 보디 센은 통계 프로그래밍에 대해 알려주셨다. 나는 믿을 수 없는 놀라운 혜안을 가진 앤드류 겔만 교수와 함께 연구하는 특권을 누렸다. 리처드 가필드는 통계를 사용해 재난과 전쟁 상황에서 사람들을 돕는 방법을 알려줬다. 그의 오랜 조언과 우정은 나의 소중한 자산이다. 징 첸 리우는 뉴욕시 피자[1]에 대한 논문을 쓰도록 격려했고, 이것이 계기가 돼 예상치 못하게 많은 사람의 주목을 받았다.

---

1 http://slice.seriouseats.com/archives/2010/03/the-moneyball-of-pizzastatistician-uses-statistics-to-find-nyc-best-pizza.html

컬럼비아 대학에 있을 때 이보르 크리벤을 만나 좋은 친구가 됐다. 그는 나의 모자란 지식을 채워줬다. 그를 통해 대학원에서 많은 도움을 받았고, 나중에 컬럼비아 대학에서 강의할 수 있는 영광을 얻는 계기를 마련해준 라첼 슈츠를 만났다.

샤나 리의 격려와 지지가 없었더라면 대학원 졸업은 어려웠을 것이다. 그녀는 나를 돌보고, 수업과 컬럼비아 대학 하키팀이라는 두 가지 일을 하는 동안 나를 뒷바라지했다. 그녀가 없었더라면 내가 그것을 할 수 있었을지 잘 모르겠다.

스티브 크제티는 처음으로 Sky IT Group에서 데이터 분석가로 일할 기회를 줬으며, 내가 원하는 것이라면 무엇이든 프로그래밍할 수 있도록 허용하면서 내게 데이터베이스를 가르쳐줬다. 이 일들은 통계학과 데이터에 관한 나의 관심을 증폭시켰다. 바테스 그룹의 조 데시에나, 필립 듀플레시스, 에드 보린은 함께 일하기 좋은 사람들이었고, 그들이 내게 준 일감 덕분에 대학원을 무사히 마칠 수 있었다. 나는 현재까지도 그들과 함께 일할 수 있는 것이 자랑스럽다. 레볼루션 애널리틱스 사의 마이크 미넬리, 리치 키틀러, 마크 배리, 데이비드 스미스, 조셉 리커트, 노만 니, 제임스 페루반칼, 니라 탈버트, 데이브 리치 등은 내가 상상할 수 없었던 좋을 일거리를 줬다. 그것은 산업계에 있는 분들에게 왜 R을 사용해야 하는지 설명하는 것이었다. 빅 컴퓨팅 사의 커크 메틀러, 리차드 슐츠, 브리안 루이스, 짐 윈필드 등은 R로 재미있고 도전적인 과제를 수행할 수 있게 해줬다. 골드만 삭스의 비니 숄리스, 사르 골디와 일하는 것은 너무 즐거웠고, 교육적으로도 가치가 있었다.

이 책을 쓰는 동안 많은 사람이 나를 도와줬다. 먼저 인 체웅은 내가 느끼는 모든 스트레스를 함께 했다. 밤낮을 가리지 않고 일과 쓰는 작업을 해야 했는데, 이 과정을 함께 했다.

편집자인 데브라 윌리엄스는 내가 여러 페이지를 만드는 동안, 빼먹은 내용을 꼼꼼이 챙기는 능력이 있었다. 그녀의 안내는 아주 소중한 것이었다. 시리즈 편집자이자 내 친구인 폴 딕스는 책을 쓰도록 권한 사람이다. 그래서 그가 없었다면 아무런 일도 없었을 것이다. 캐롤라인 세나이과 앤드레아 폭스의 도움으로 글을 쓰면서 실수한 부분을 교정할 수 있었다. 그들이 없었더라면 지금과 같은 좋은 책은 없었으리라. 로버트 마우라엘로의 기술적인 검토를 통해 책에 포함된 자료들을 효과적으로 제시할 수 있었다. 제이제이 앨라이어와 조슈 폴슨과 같은 RStudo 사의 사람들은 놀라운 결과물을 만들었고, 그 덕분에 이전에는 상상할 수 없을 정도로 글쓰기가 편리해졌다. 이 책을 쓰면서 필요하다고 느낀 부분을 정리해 니터 패키지에 대한 풀 리퀘스트를 올

렸을 때 패키지 저자인 이휘 지는 신속하게 반영해줬다. 그 도구 덕분에 내가 원하는 책이 됐다.

여러 사람이 이 책의 일부분을 보고 소중한 피드백을 줬다. 이미 많은 분이 앞에서 언급됐다. 이외에도 크게 도와준 사람으로 크리스 베델, 더크 에델뷰에텔, 램너스 베이디아나던, 어랜 벨린, 아비 피셔, 브리안 에즈라, 폴 푸글리아, 니콜라스 갈라시나오, 애론 슈메이커, 아담 호건, 제프리 아놀드, 존 휴스턴 등이 있다.

지난 가을 처음으로 강의를 했다. 컬럼비아 대학에서 가을 2012 데이터 과학 개론 수업을 들었던 학생들에게 감사드린다. 당시 사용했던 자료가 이 책의 바탕이 됐다.

이외에 많은 사람의 도움을 받았다. 모든 사람에게 감사드린다.

| 옮긴이 소개 |

고석범(koseokbum@gmail.com)

가톨릭대학교 의과대학을 졸업한 신경과 전문의다. 약 10년 동안 환자를 진료하다 창업에 뛰어들었다. 현재는 혈중 순환암 세포에 기반을 둔 동반 진단 기기CTC-based Companion Diagnostics를 개발하는 바이오벤처를 이끌고 있다. 벤처 회사로서 많은 어려움을 헤쳐나가고 있지만 언젠가 레즈 커즈와일이 이야기한 특이점을 넘어 지수 성장Exponetial Growth을 할 수 있을 것이라는 희망을 품고 있다. 회사가 그런 지수적 성장을 성취하기 위해서는 ICT 기술을 잘 활용할 수 있어야 한다는 믿음이 있어 ICT 공부도 멈추지 않는다. 언젠가 가상병원virtual hospital을 만들 계획을 하고 있다.

저술서로 『R과 Knitr를 활용한 데이터 연동형 문서 만들기』(에이콘출판, 2014), 『통계 분석 너머 R의 무궁무진한 활용』(에이콘출판, 2017), 『R Shiny 프로그래밍 가이드』(한나래아카데미, 2017)가 있으며, 번역서로 『R과 Shiny 패키지를 활용한 웹 애플리케이션 개발』(에이콘출판, 2014), 『Data Smart』(에이콘출판, 2015), 『미티어 인 액션』(에이콘출판, 2015), 『초보자를 위한 RStudio 마스터』(에이콘출판, 2017) 등이 있다.

| 옮긴이의 말 |

R 언어가 사용되는 분야는 매우 넓고, R에 관한 책들도 많이 출판되고 있다. 어떤 학문이나 도메인에 R을 붙이면 거기에 해당하는 책을 찾을 수 있을 정도다. 예를 들면 R for machine learning, R for biology, R for Finance, R for Marketing 관련 책을 어렵지 않게 찾을 수 있다. 이 책은 R for Data Science 분야에 해당한다.

이 책의 장점은 R의 포괄적인 면을 다룬다는 점이다. 저자는 통계학을 전공하고 데이터 회사를 운영하는 데이터 과학자이며, 컬럼비아 대학교에서 데이터 과학 개론을 강의하기도 한다. 저자의 서문에 따르면 이 책은 그 강의의 내용을 뼈대로 삼았다고 한다. 즉 R에 초점을 맞춘 데이터 과학 개론서로 책이 기획됐다. 그 점은 이 책의 목차를 보더라도 드러난다. 저자는 R for Everyone이라는 제목을 붙였지만 번역을 마치고 보니 "데이터 과학 입문자를 위한 R" 정도가 가장 적합한 제목이라고 생각한다. 어떤 의도가 있겠지만 책의 내용만 보면 그렇다는 이야기다.

좀 더 구체적으로 보면 컴퓨터 언어로서 R 언어의 이모저모를 설명했으며, 외부에 있는 데이터를 R로 갖고 오는 방법, 갖고 와서 본격적인 분석에 들어가기 전 준비 과정에서 데이터를 정제하는 타이디버스와 같은 최신의 방법, 데이터 탐색을 위한 데이터 시각화 방법, 데이터에 대한 여러 가지 모형을 만들고 평가하는 방법, 분석된 결과를 다른 사람과 공유하기 위해 이것을 알마크다운/니터와 같은 방법으로 문서화하는 방법, 샤이니 앱을 좀 더 다이나믹하게 만드는 방법, 그리고 마지막으로 R 패키지로 자신이 만든 것을 다른 사람과 공유하는 방법까지 데이터 과학의 거의 모든 부분을 망라하고 있다. 이것들은 데이터 과학자들이 일상적으로 하는 일이다.

따라서 이 책은 데이터 과학자가 되고자 하는 독자에게 좋은 안내서가 될 것이다. 개인적인 생각일지 모르지만, 데이터 과학을 하려는 사람에게 R은 피해갈 수 없는 영역이라고 생각한다. 왜냐하면, 데이터 과학의 근간은 통계학이며, R은 통계학자들의 핵심 언어기 때문이다.

통계학 지식이 깊지 않아서 통계학에 대한 부분이 가장 번역이 어려웠다. 저자가 통계학 전공자여서인지 모르지만, 이 책은 선형, 비선형 모형까지 광범위하고 다양하게 설명하고 있다. 비전공자로서 비선형 모형과 같은 내용은 낯선 것이었다. 최신 머신 러닝 알고리즘과 관련된 알고리즘에 대한 직감^{intuition}을 파악하는 것이 중요해서 저자도 추천하는 『An Introduction to Statistical Learning』(Springer, 2017)을 같이 읽으면서 많은 내용을 참고했다. 물론 더 깊이 이해하는 데는 더 많은 시간이 필요할 것이다. 나와 비슷한 처지에 있는 분이라면 이 책도 같이 읽으면서 공부할 것을 추천한다. 루비페이퍼 출판사의 한글 번역판도 있다.

장점이 있으면 단점도 있다. 개론서로서 포괄적인 접근법을 선택했기 때문에 한 주제에 대한 깊이 있는 설명은 좀 부족하다. 이 책에서 한 장으로 설명되는 내용들이 하나의 책으로 엮어질 수 있는 것들이 많다. 내가 저술하거나 번역한 책들만 예로 들어도 그렇다. 니터^{knitr} 패키지와 알마크다운 패키지를 사용해 코드와 텍스트를 합쳐 문서화하는 방법은 『통계 분석 너머 R의 무궁무진한 활용』(에이콘출판, 2017), 샤이니^{shiny} 패키지로 웹 애플리케이션을 만드는 방법은 『R Shiny 프로그래밍 가이드』(한나래아카데미, 2017), RStudio 사용법에 대한 번역서 『초보자를 위한 RStudio 마스터』(에이콘출판, 2017) 등과 관련이 있다. 통계학으로 들어가면 하나하나의 주제가 거대한 산이고, 그것들을 소개하는 다양한 책들이 있다.

체계를 갖춘 모든 것이 그러하듯 처음부터 한 주제에 몰입할 수는 없다. 이 책은 앞에서도 언급했지만 R의 드넓은 지평을 보여준다. 독자들은 이 책을 통해 R의 신세계를 경험할 것이고, 이 책을 계기로 더 멀리, 더 깊이 들어갈 수 있으리라 생각한다.

마지막으로 번역할 수 있는 기회를 주시고 여러 가지 조언을 해주신 에이콘출판사의 권성준 사장님과 황영주 편집장님, 그리고 편집부 직원들께 감사드린다.

| 차례 |

| 서문 |

일상에서 발생하는 데이터의 양이 증가함에 따라 넘치는 데이터를 처리하기 위해 새롭고 더 나은 도구들이 필요하게 됐다. 전통적으로 이러한 도구들은 양극단으로 분류된다. 엑셀, SPSS 같은 가볍고 개인적인 분석 도구들과 C++와 같은 것들을 사용하는 고성능 분석 도구가 있었다. 개인용 컴퓨터의 성능이 향상되면서 이 두 지점 중간에서 강력하면서도 대화형으로 사용할 수 있는 도구가 생겨나기 시작했다. 개인 컴퓨터에서 탐색적인 방법으로 분석하는 것을 시작으로 이것을 바로 수준 높은 비즈니스 프로세스를 지원하는 서버로 옮겨 작업할 수 있게 됐다. 이 지점에 있는 도구들이 R, 파이썬과 같은 스크립트 언어들이다.

R은 1993년 오클랜드 대학의 로버트 젠틀맨과 로스 이하카 교수, 벨 연구소의 존 챔버스에 의해 개발된 S 언어를 바탕으로 개발됐다. R은 원래 대화형 방식을 통해 사용자가 명령을 입력하고 그 결과를 바로 받으며, 다시 새로운 명령을 실행하는 과정으로 사용할 수 있게 만들어진 고수준 언어다. 그 후 진화를 거듭해 시스템에 임베딩해 복잡한 문제들을 해결하는 데 사용할 수 있게 됐다.

R은 데이터를 변형하거나 분석하는 능력 외에도 놀라운 그래픽 기능과 리포트 제작 능력을 갖추고 있다. 이제는 데이터 과학에서 데이터의 추출, 변형, 모형 적합, 추론, 예측, 플롯팅과 레포팅까지 거의 전 영역에 걸쳐 사용된다.

R의 인기는 2000년대 후반부터 치솟기 시작했으며, 학계에서 벗어나 은행, 마케팅, 제약, 정치학, 유전체학 등 여러 분야로 퍼지기 시작했다. C++ 같은 저수준 컴파일러 언어, SAS 또는 SPSS 같은 통계 전용 패키지, 800파운드짜리 고릴라인 엑셀 등을 사용하던 사용자들이 R의 새로운 사용자가 됐다. 같은 시기에 R의 기능을 확장하는 라이브러리인 애드-온 패키지의 숫자도 급증했다.

R은 프로그래밍 경험이 전혀 없는 초보자에게는 다소 두려운 존재이기도 하지만 나는 R을 사용하고 얼마 지나지 않아 마우스로 포인팅하고 클릭하던 방법 대신 프로그램화해 분석하기를 훨씬 쉽고, 훨씬 편리하며, 훨씬 믿음직스럽게 느끼는 사용자들을 많이 봐왔다. R을 좀 더 쉽고 빠르게 배울 수 있게 하려는 것이 나의 목적이다.

이 책의 내용은 내가 대학원에서 처음 R을 배울 때 느낀 이상적인 R 교육법에 따라 배치했다. 이제는 배우는 입장에서 가르치는 입장이 돼 컬럼비아 대학에서 가르쳤던 데이터 과학 코스를 기반으로 만들었다. 이 책은 R의 아주 세부적인 내용까지 다루려고 의도하지는 않았으며, 20%를 소개해 나머지 80%를 채울 수 있도록 하려는 의도로 기획했다. 각 장의 내용은 독립적인 장으로 구성됐다.

2판은 초판이 출판된 이후 새로 소개되거나 더 향상된 여러 가지 도구들을 포함한다. 새롭게 소개된 내용에는 데이터를 다루기 위한 타이디버스^{Tidyverse}의 dplyr, tidyr purrr 패키지들을 포함했다. 모형 적합에는 부스팅 의사결정 나무와 파라미터 조정을 위한 caret 패키지의 내용에 많은 신경을 썼다. knitr 패키지에 대한 장은 2개로 나눠 레이텍 ^{LaTeX}과 함께 사용하는 방법, 알마크다운과 함께 사용하는 장으로 할애했다. 알마크다운 부분은 자바스크립트 도구들을 문서에 포함할 수 있도록 하는 htmlwidgets들을 만들 수 있는 등 지난 몇 년 동안 상당한 발전이 있었던 분야다. 샤이니^{Shiny}도 별도의 장을 할애했는데, 이것은 대화형 방식으로 사용할 수 있는 웹 기반 대시보드를 R로 만들 수 있는 도구다. R 패키지 개발에 관한 장도 코드 검증 부분을 업데이트했다. 그리고 데이터를 읽는 방법에 관한 장에서도 readr, readxl, jsonlite※ 패키지 등과 같은 내용을 새로 포함했다. 이런 새로운 장들을 R 커뮤니티에서 새롭게 사용되는 내용으로 채웠다.

1장, 'R 설치'에서는 R을 다운로드하고 설치하는 방법을 소개한다. 여러 가지 운영체제와 32비트와 64비트 버전의 차이도 설명한다. R을 설치할 장소에 대한 조언도 들어 있다.

2장, 'R 환경'에서는 RStudio에 사용하는 방법을 중점적으로 다룬다. RStudio의 프로젝트 기능, 버전 관리 도구인 깃을 사용하고 RStudio를 개별화하는 방법도 소개한다.

3장, 'R 패키지'에서는 R 패키지를 찾는 방법, 설치하고 로딩하는 방법을 다룬다.

4장, 'R의 기초'에서는 R을 이용해 수학 계산을 해본다. 숫자형^{numeric}, 문자형^{character}, 날짜 ^{Date}, 벡터 등과 같은 변수의 타입을 소개하고, 함수를 호출하고 함수에 대한 도움말 문서를 찾는 법을 소개한다.

5장, '고급 데이터 구조'에서는 가장 강력하면서 자주 사용되는 데이터 구조인 데이터 프레임과 함께 매트릭스, 리스트 등에 관해 배운다.

6장, 'R로 데이터 읽어 오기'에서는 R로 데이터를 가져오는 방법을 소개한다. 데이터 분석 이전에 R로 먼저 가져와야 할 것이다. CSV 파일이나 데이터베이스에서 데이터를 읽는 등 데이터를 갖고 오는 방법은 다양하다.

7장, 'R 통계 그래프'에서는 왜 그래프가 데이터 분석의 초기 작업과 결과를 소통하는 데

핵심적인 역할을 하는지 분명하게 밝힌다. R의 강력한 플롯팅 기능을 활용하면 아름다운 그래프를 만들 수 있다. 베이스 그래픽과 ggplot2를 소개하고 자세히 설명한다.

8장, 'R 함수 작성'에서는 반복되는 분석 과정을 사용자 정의 함수를 사용해 쉽게 만드는 방법을 소개한다. 함수의 구조, 인자, 반환값 반환 규칙을 설명한다.

9장, 'R 제어문'에서는 if, ifelse와 같은 예약어로 프로그램의 흐름을 제어해 복잡한 일을 하게 만드는 방법을 다룬다.

10장, '루프, R에서는 그다지 환영받지 못하는 존재'에서는 for문, while문을 사용한 순회를 설명한다. R에서의 사용은 권장되지 않지만, 알고 있는 것은 중요하다.

11장, '그룹별 데이터 조작'에서는 루프보다 나은 방법인 벡터화를 설명한다. 벡터화는 데이터를 일일이 순회시키지 않고 한꺼번에 일을 처리할 수 있게 해준다. apply 계열의 함수들이나 plyr 패키지와 함께 사용하면 효율을 더 높일 수 있다.

12장, 'dplyr 패키지로 빠르게 그룹 단위로 데이터 다루기'에서는 그룹화된 데이터를 다루는 데 있어 더 진일보한 dplyr 패키지를 소개한다. 이 패키지는 데이터 프레임과 함께 가장 잘 작동하도록 최적화돼 있고, 효율적인 코딩 작성과 읽기를 위해 파이프 기능을 적용할 수 있다.

13장, 'purrr 패키지를 사용한 순회'에서는 purrr 패키지를 활용해 더 쉽게 리스트나 벡터를 순회할 수 있는 또 다른 방법을 다룬다. 이는 R의 함수형 언어 특징을 잘 활용하는 것이다.

14장, '데이터 재구조화'에서는 데이터의 구조를 바꾸는 작업에서 흔히 사용되는 스태킹, 조이닝 등과 같이 여러 개의 데이터 세트를 합치는 방법 등을 소개한다. plyr, reshape2 같은 패키지들은 R 베이스에 있는 rbind, cbind, merge 함수에 더해 복잡한 작업을 쉽게 해주는 기능을 제공한다.

15장, '타이디버스로 데이터 재구조화'에서는 데이터 구조를 바꾸거나 결합할 때 plyr, reshape2 패키지를 대신해 더 쉽게 사용할 수 있는 dplyr, tidy 패키지를 다룬다.

16장, '문자열 처리'에서는 텍스트에 대해 다룬다. 많은 사람은 문자열 데이터와 통계를 잘 연결시켜 생각하지 못할 수도 있지만, 이는 데이터의 중요한 형태다. R은 문자열을 다루는 다양한 기능을 제공하는데, 문자열을 결합하거나 텍스트 안의 정보를 추출하는 등의 일을 할 수 있다. 정규 표현식도 설명한다.

17장, '확률 분포'에서는 정규분포, 이항분포, 포아송 분포를 간략히 소개한다. 여러 분포에 대한 수식과 함수들을 설명한다.

18장, '**기초 통계학**'에서는 흔히 배우는 기초 통계학을 다룬다. 평균, 표준편차, t-검정 등을 소개한다.

19장, '**선형 모형**'에서는 통계학에서 가장 강력하고 흔히 사용되는 선형 모형을 자세히 설명한다.

20장, '**일반화 선형 모형**'에서는 선형 모형을 확장한 로지스틱, 포아송 회귀를 설명한다. 생존 분석도 다룬다.

21장, '**모형 진단**'에서는 모형의 질을 결정하는 방법과 잔차, AIC, 교차 타당성, 붓스트랩, 단계별 변수 선택과 같은 변수 선택 방법을 소개한다.

22장, '**정형화와 축소**'에서는 일래스틱 넷과 베이즈 방법을 사용해 과대 적합을 예방하는 방법을 설명한다.

23장, '**비선형 모형**'에서는 선형 모형이 적절하지 않은 상황에서 사용할 수 있는 비선형 방법을 다룬다. 비선형 최소 제곱법, 스플라인, 일반화 가법 모형, 의사결정 나무, 부스팅 의사결정 나무, 랜덤 포레스트 등을 논의한다.

24장, '**시계열과 자기상관**'에서는 일변량, 다변량 시계열 데이터를 분석하는 방법을 다룬다.

25장, '**군집화**'에서는 데이터를 나누는 클러스터링 방법과 K-평균 군집화, 계층적 군집화를 소개한다.

26장, '**caret을 사용한 모형 적합**'에서는 caret 패키지로 모형에 대한 자동 조율법을 소개한다. 이 패키지는 수백 개의 모형에 대한 단일 인터페이스를 제공해 모형 적합 작업을 쉽게 해준다.

27장, '**니터를 활용한 재현성과 보고서**'에서는 R 코드와 텍스트를 혼합해 보고서를 만드는 방법을 소개한다. knitr 패키지와 레이텍을 사용하면 이 작업이 쉬워진다.

28장, '**알마크다운으로 다양한 포맷의 문서 만들기**'에서는 R과 알마크다운을 사용해 재현 가능한 레포트, 슬라이드, 웹 페이지를 만드는 방법과 leaflet, dygraphs 패키지와 같은 htmlwidgets을 사용해 사용자 인터랙션을 구현하는 방법을 소개한다.

29장, '**샤이니로 인터랙티브 대시보드 만들기**'에서는 샤이니Shiny를 사용한 인터랙티브 대시보드 만들기를 소개한다. 샤이니는 R을 백엔드에 두고 웹 기반의 대시보드를 만들 수 있는 기능을 제공한다.

30장, 'R 패키지 개발'에서는 R 패키지 개발에 관한 내용을 소개한다. devtools, Rcpp 같은 패키지를 사용하면 패키지 개발이 매우 쉬워진다.

부록 A '주변에서 찾을 수 있는 R 리소스'에서는 R 학습에 도움이 되는 리소스와 R 관련 커뮤니티를 소개한다.

부록 B '용어 정리'에서는 이 책에서 사용한 용어들을 정리했다.

이 책의 텍스트들은 대부분 R 코드거나 코드 실행 결과물이다. 코드와 결과물은 다음의 예와 같이 일반 텍스트와 다른 폰트를 갖고 있다. 코드의 여러 부분들은 색으로 구분되고, 코드는 >으로 시작한다. 다음 줄로 연결돼 넘어갈 때는 +가 붙는다.

```
> # 이것은 코멘트다.
> # 기본 수학
> 10 * 10
[1] 100
> # 함수 호출
> sqrt(4)
[1] 2
```

어떤 킨들 디바이스는 색을 표시하지 못하기 때문에 이 책의 전자 버전은 이들 책에서 회색 스케일로 보이게 될 것이다.

때로는 코드가 텍스트 중간에 sqrt(4)와 같이 사용될 수도 있다.

수식이 필요한 곳에서 수식은 앞에 여백을 두고 들여쓰기로 표시되고, 수식에 대한 번호가 붙는다.

$$e^{i\pi} + 1 = 0 \tag{1}$$

수식에서 일반 변수들을 이탤릭체 x, 벡터는 굵은 소문자(x), 행렬은 굵은 대문자(X)로 표시했다. α, β와 같은 그리스 문자들을 일반적인 관례를 따랐다.

함수 이름은 join, 패키지 이름은 plyr로 표시했다. 코드로 생성된 객체가 텍스트 안에 쓰일 때는 object1 같은 형태로 표시했다.

R을 배우면 여러 가지 일들을 아주 쉽게 처리할 수 있어 만족감이 큰 경험을 하게 될 것이다. 나와 함께 배우는 기쁨을 누리길 기대한다.

이 책을 구매한 독자라면 〈informit.com/register〉에 등록하기 바란다. 그러면 다운로드, 업데이트, 오타 수정 등을 바로 확인할 수 있을 것이다(계정을 만들고 로그인해야 한다). 책의 ISBN (9780134546926) 코드를 입력하고 제출 버튼을 클릭한다. 이 과정이 끝나면 "Registered Products"에서 보너스 콘텐츠를 받아볼 수 있다. 이 책에 새로운 판이나 업데이트 등에 관한 알림을 받으려면 이메일 받기를 체크하기 바란다.

한국어판은 에이콘출판사의 도서정보 페이지 http://www.acornpub.co.kr/book/r-for-everyone에서 찾아볼 수 있다.

1

R 설치

R은 통계 분석, 데이터 시각화, 보고서 작성 등에 탁월한 도구다. 그 유용성은 R이 사용되는 영역이 아주 넓다는 데서도 증명된다. 우리 회사만 하더라도 은행, 선거, 기술 스타트업, 요식업, 국제 개발 원조 기관, 병원, 부동산 개발 회사 등을 위한 R 프로젝트들을 진행한 경험이 있다. 이외에도 온라인 광고, 보험, 생태학, 유전학, 제약 등의 분야에서 사용된다. 통계학자들은 고급 머신 러닝 훈련에 R을 사용하고, 다른 언어에 익숙한 프로그래머들도 R을 사용하며 고급 데이터 분석이 아니더라도 엑셀에 지친 사람이 이를 대신해 사용한다.

R을 사용하려면 다운로드해 컴퓨터에 설치해야 하는데, 일반적인 프로그램 설치 과정보다 그다지 더 복잡한 것은 없다.

1.1 R 다운로드하기

R을 사용하기 위해 가장 먼저 할 일은 컴퓨터에 R을 설치하는 것이다. R은 C++ 같은 언어와 달리 별도의 설치가 필요하다.[1] R 프로그램은 보통 CRAN(크랜이라고 읽는다)이라 불리는 'the Comprehensive R Archieve Network' 사이트에서 쉽게 다운로드할 수 있다. 여기에서 R을 유지 관리하며, 웹 사이트는 http://cran.r-project.org이다. 웹 페이지 상단에 윈도우, 맥 OS X, 리눅스에 대한 R 프로그래밍 다운로드 링크가 있다.

윈도우와 맥 OS X 운영체제에 대해서는 미리 빌드된 설치 파일이 존재하는 반면, 리눅스의 경우에는 소스를 갖고 직접 컴파일해야 한다. 이들 플랫폼에 R을 설치하는 것은

---

1 기술적으로 C++은 컴파일러 없이 단독으로 설치할 수 없다. 컴파일러는 설치가 필요하다.

다른 프로그램을 설치하는 것과 다를 바 없다.

윈도우 사용자는 "Download R for Windows"라는 링크를 클릭한 후 "base"를 클릭하고, 그다음 "Download R 3.xxx for Windows"를 클릭한다. 여기서 'x'는 R 버전을 말한다. 이 버전은 R이 개선되면서 계속 수정된다.

맥 사용자도 이와 비슷하게 "Download for (Mac) OS X"을 클릭한 후 "R-3.x.x.pkg"를 클릭한다. 여기서 "x"는 현재 R 버전을 말한다. 이 과정은 32비트용, 64비트용 R을 둘 다 설치한다.

리눅스 사용자는 apt-get(우분투와 데이안), yum(레드햇), zypper(수세) 등과 같은 표준 설치 방법을 사용해 R을 다운로드하고, 빌드, 설치 과정을 거치게 된다.

1.2 R 버전

이 책의 1판을 내던 당시 R 버전은 3.0.1이었는데, 이후 많이 개선됐다. 이 글을 쓰는 시점의 R 버전은 3.4.0이다. CRAN은 1년에 한 번 버전의 중간 숫자를 증가시키는 정책을 갖고 있다. 이를테면 2015년에는 3.2.0이었다가 2016년에는 3.3.0, 2017년에는 3.4.0이 출시됐다. 버전 번호에서 마지막 번호는 마이너 업데이트를 의미한다.

대부분의 R은 기능적인 면에서 이전 버전들과 대부분 잘 호환된다.

1.3 32비트 대 64비트

32비트를 사용할 것인지, 64비트를 사용할 것인지 결정하는 문제는 사용하는 컴퓨터가 64비트를 지원하는지(요즘 컴퓨터의 대부분은 이를 지원한다)와 사용되는 데이터의 크기에 따른다. 64비트 버전은 메모리(또는 RAM)의 크기에 제한 없이 접근이 가능하므로 가능하면 이것을 사용한다.

특히 이것은 R 3.0.0부터 중요해졌는데, 이 버전부터 64비트 정수형을 지원하기 시작했기 때문이다. 이 말은 더 큰 데이터를 R 객체로 저장할 수 있음을 의미한다.

예전에 어떤 패키지들은 32비트 R을 꼭 필요로 할 때가 있었지만 현재는 매우 드물다. 현재 32비트 버전의 역할은 과거 분석 코드를 사용하거나 인텍 저전력 아톰 칩 등과 같은 32비트 프로세서를 사용하는 컴퓨터에서 R을 사용할 수 있도록 하는 데 그치고 있다.

1.4 설치

윈도우나 맥에서 R 설치는 다른 프로그램들을 설치하는 방법과 같다.

1.4.1 윈도우에서 설치하기

먼저 다운로드 설치 파일을 찾는다. 그림 1.1과 같을 것이다.

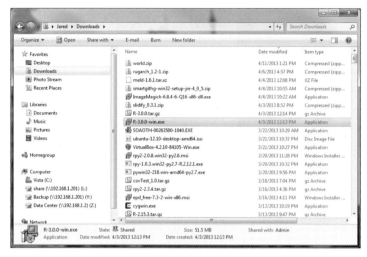

그림 1.1 R 설치기를 찾는다.

R은 관리자 계정을 갖고 설치할 필요가 있다. 그래서 설치 파일에 오른쪽 마우스를 클릭한 후 "Run as Administrator"를 선택한다. 그러면 관리자 비밀번호를 입력하라는 프롬프트가 나타난다.

첫 대화상자는 그림 1.2와 같은데, 여기서 사용할 언어를 선택한다. 디폴트는 영어로 돼 있다. 언어를 선택하고 OK 버튼을 클릭한다.

그림 1.2 언어 선택

다음 그림 1.3과 같은 주의사항을 알려준다. 설치 전에 다른 프로그램을 닫을 것을 권고하는데, 이를 따르지 않는다고 해서 문제될 것은 없다. Next 버튼을 클릭하고 진행한다.

그림 1.3 이제는 이 경고문을 무시해도 된다.

다음은 라이선스에 대한 내용이 그림 1.4와 같이 표시된다. 이 라이선스에 동의하지 않으면 R을 사용할 수 없다. Next 버튼을 클릭한다.

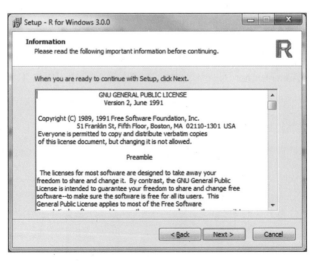

그림 1.4 R을 사용하기 위해서는 라이선스에 동의해야 한다.

그다음, 설치기가 R을 설치할 장소를 묻는다. 자주 사용되는 디폴트 디렉터리는 Program Files\R이지만, CRAN의 공식 조언에 따르면 R을 설치하는 디렉터리 이름에는 공백을 사용하지 말아야 한다. 만약 공백이 있는 이름을 가진 디렉터리에 R을 설치하면 C++, FORTRAN을 사용한 컴파일 코드를 사용하는 패키지를 빌드할 때 문제를 유발한다. 그래서 디폴트 메시지가 그렇다 하더라도 이것을 바꿔 공백이 없는 디렉터리에 R을 설치하는 것이 중요하다.

그림 1.5 공백이 없는 디렉터리에 R을 설치하는 것이 중요하다.

공백이 없는 디렉터리에 설치하기 위해 Browse… 버튼을 클릭하면, 그림 1.6과 같이 폴더를 선택할 수 있는 창이 열린다.

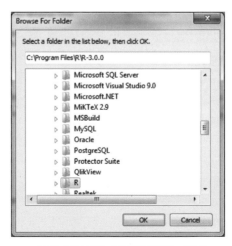

그림 1.6 R을 설치할 디렉터리를 선택하는 대화 창

따라서 C:나 다른 드라이브에 바로 설치하거나 My Documents 안에 설치하는 것이 좋다. My Documents인 경우, 공백이 있는 것처럼 보이지만 실제로는 C:\Users\UserName\Documents 경로값을 갖기 때문에 공백이 없다. 그림 1.7은 R을 설치하기에 적당한 위치에 대한 예를 보여준다.

그림 1.7 이와 같이 경로 이름에 공백이 없는 위치에 R을 설치한다.

다음은 그림 1.8과 같이 설치할 요소들이 나온다. 32비트를 사용해야 하는 특별한 이유가 없다면 이것을 제외한다. 그 나머지 것들은 모두 선택한다.

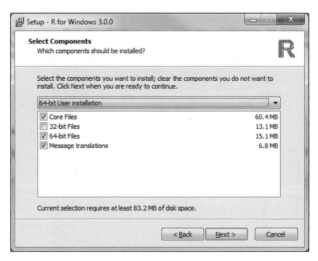

그림 1.8 32비트 요소를 제외한 나머지 것은 모두 선택한다.

그림 1.9와 같이 시작 옵션을 선택하는 것은 디폴트 값인 "No"를 선택한다. 왜냐하면, 옵션이 그다지 많지 않고 나중에 RStudio를 주로 사용할 것이기 때문이다.

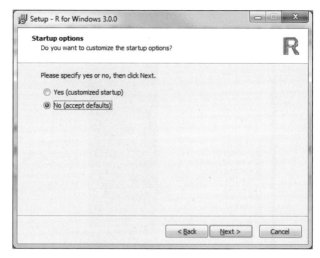

그림 1.9 드폴트로 설정된 시작 옵션을 사용한다.
우리는 RStudio를 프런트 엔드 툴로 사용할 것을 권고하기 때문에 이것이 중요하지 않다.

다음은 시작 메뉴 단축키를 어디에 둘지 선택한다. 그림 1.10과 같이 버전에 상관없이 그냥 R을 사용할 것을 권한다.

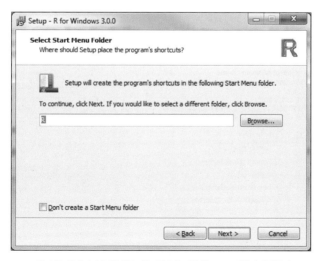

그림 1.10 단축키가 놓일 시작 메뉴 폴더에 어떤 식으로 표시할지 선택한다.

우리들의 경우에는 그림 1.11의 시작 메뉴 폴더에서 보는 바와 같이 여러 버전의 R을 설치해 개발과 테스팅에 활용하고 있다.

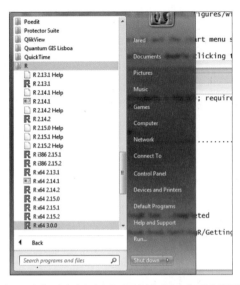

그림 1.11 저자는 여러 가지 버전의 R을 설치해 개발과 테스팅에 활용한다.

마지막 옵션은 데스크톱 아이콘을 만들 것인지, 레지스트리에 버전 번호를 저장할지를 묻고, .RData 파일이 R과 연관된 파일임을 지정할 것을 강력히 권고한다. 그림 1.12에 이런 내용이 반영돼 있다.

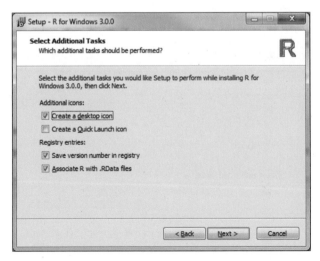

그림 1.12 우리는 레지스트리에 버전 번호를 저장하고, .RData 파일이 R과 연관돼 있도록 설정하기를 권한다.

이제 Next 버튼을 클릭하면 그림 1.13과 같이 인스톨이 시작되고 진행 안내 바가 나타날 것이다.

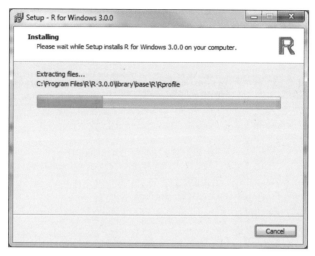

그림 1.13 설치되는 동안에는 진행 안내 바를 볼 수 있다.

마지막 단계로 그림 1.14와 같이 Finish 버튼을 클릭해, 설치가 완료되게 한다.

그림 1.14 설치가 완료된 것을 확인한다.

1.4.2 맥 OS X에 설치하기

적절한 설치 파일을 찾는다. 이 파일은 .pkg라는 확장자를 갖고, 더블 클릭하면 설치가 시작된다. 그래서 그림 1.15와 같은 창이 열린다. **계속** 버튼을 클릭해 시작한다.

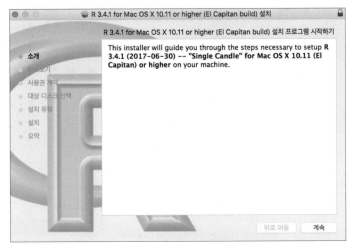

그림 1.15 맥에서 R 설치 시작

그다음에는 설치되는 R 버전 등에 대한 정보를 보여준다. 그림 1.16에서와 같이 **계속** 버튼을 클릭해 진행한다.

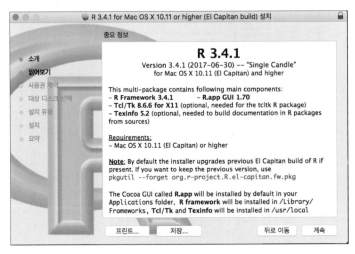

그림 1.16 버전 정보

다음은 그림 1.17과 같이 소프트웨어 사용권 정보가 표시된다. 그냥 **계속** 버튼을 클릭해 진행한다.

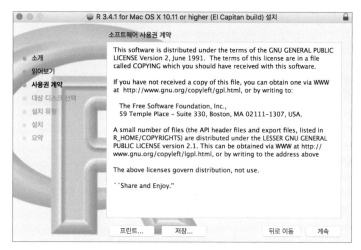

그림 1.17 사용권 계약에 대한 내용

그림 1.18에서와 같이 사용권에 동의해야 R을 사용할 수 있다.

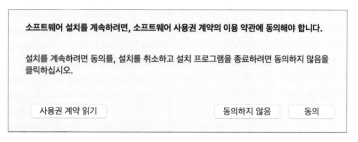

그림 1.18 사용권에 동의해야 R을 사용할 수 있다.

이 컴퓨터의 모든 사용자가 사용할 수 있도록 할 때는 디폴트 값을 그대로 사용하는 것이므로 **이 컴퓨터의 모든 사용자를 위해 설치**를 클릭한다. 다른 위치를 선택할 수도 있다.

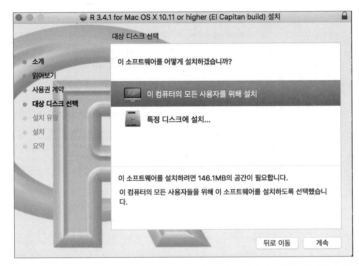

그림 1.19 컴퓨터의 모든 사용자를 위해 설치하는 것이 디폴트다. 원하지 않으면 위치를 바꿀 수 있다.

프롬프트 창에서 그림 1.20과 같이 시스템 관리자 비밀번호를 입력한다.

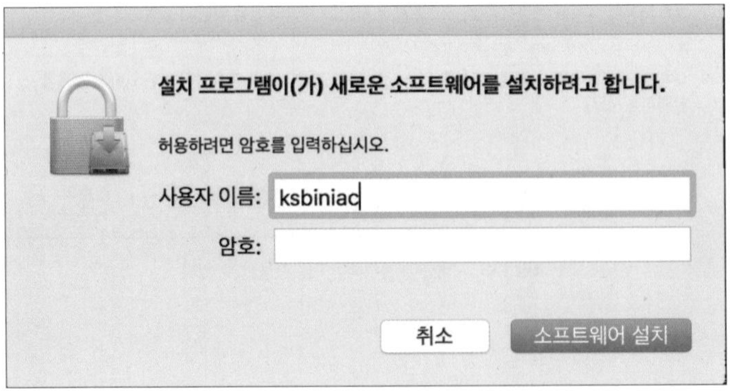

그림 1.20 설치하기 위해 관리자 비밀번호를 입력한다.

이제 설치가 시작된다. 그림 1.21과 같은 진행 안내 바가 표시된다.

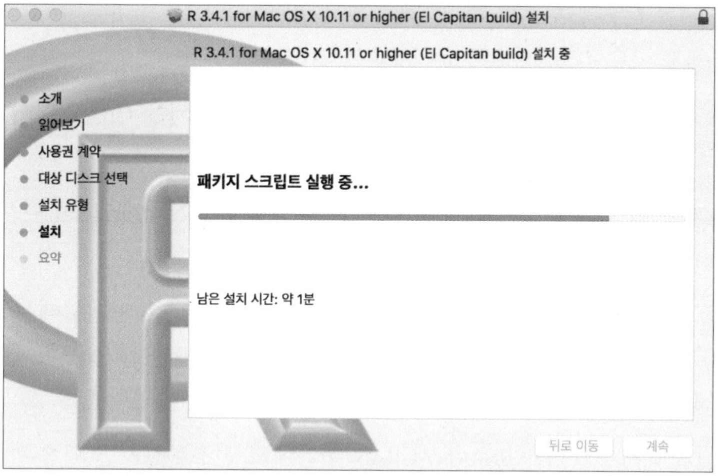

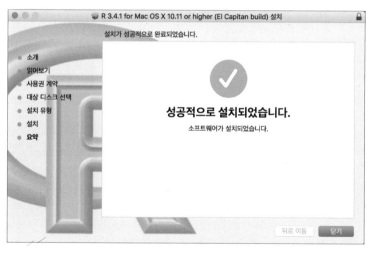

그림 1.21 설치되는 동안 진행 안내 바가 표시된다.

설치가 문제 없이 완료되면 그림 1.22와 같은 화면을 볼 수 있다. **닫기** 버튼을 클릭해 마친다.

그림 1.22 이와 같이 표시되면 설치가 종료된 것이다.

1.4.3 리눅스에 설치하기

먼저 apt-get를 사용해 우분투 리눅스에 R을 설치하는 방법을 알아보자.

첫 번째 단계는 /etc/apt/sources.list 파일을 편집하는 것이다. 이 파일에는 패키지 소스 정보가 들어 있다. 여기 두 가지 정보를 넣어야 한다. 하나는 CRAN 미러고, 나머지는 우분투 또는 데비안 버전이다.

아무 CRAN 미러나 모두 사용할 수 있는데, 우리는 http://cran.rstudio.com/bin/linux/ubuntu라는 RStudio 미러를 선택한다.

이 글을 쓰는 2017년 초반을 기준으로 했을 때 우분투 지원 버전들에는 "Yakkety Yak(16.10)", "Xenial Xerus(16.04)", "Wily Werewolf(15.10)", "Vivid Vervet(15.04)", "Trusty Tahr(14.04:LTS)", "Precise Pangolin(12.04:LTS)" 등이 있다.[2]

우분투 16.04에 사용한 R을 RStudio CRAN 미러에서 인스톨하려면 다음과 같은 내용을 /etc/apt/sources.list에 넣는다.

```
deb https://<my.favorite.cran.mirror>/bin/linux/ubuntu xenial/
```

매뉴얼로써 넣을 수도 있고 다음과 같은 터미널 명령을 실행할 수도 있다.

```
sudo sh -c \
'echo "deb https://<my.favorite.cran.mirror>/bin/linux/ubuntu xenial/" \
>> /etc/apt/sources.list'
```

그런 다음 패키지들에 인증을 위해서 공개 키를 추가한다.

```
sudo apt-key adv --keyserver keyserver.ubuntu.com
  --recv-keys E084DAB9
```

이제 apt-get를 사용해 R을 설치할 수 있다. 우리는 R base와 R devel을 모두 설치해, 소스로 패키지를 빌드할 수 있게 했다.

```
sudo apt-get upadate
sudo apt-get install r-base
sudo apt-get install r-base-dev
```

---

2 https://cran.r-project.org/bin/linux/ubuntu/README를 참고했다.

데비안Debian, 레드 햇Read hat, 수세SuSE, 리눅스에서도 R을 지원한다.

1.5 마이크로소프트 R 오픈

레볼루션 애널리틱스를 인수한 마이크로소프트는 Microsoft R Open이라는 R 커뮤니티 버전을 제공한다. 여기에는 비주얼 스튜디오에 기반을 둔 통합 개발 환경과 빠른 행렬 계산을 가능하게 하는 인텔 Matrix Kernel LibraryMKL가 장착돼 있다. 이것은 https://mran.microsoft.com에서 무료로 다운로드할 수 있다. 마이크로소프트는 Microsoft R Server라고 불리는 유료 버전도 제공하는데, 여기에는 대용량의 데이터를 처리할 수 있는 특별한 알고리즘들과 Microsoft SQL Server, 해둡Hadoop과 연결해 사용할 수 있는 기능들이 제공된다. 더 자세한 내용은 https://www.microsoft.com/ko-kr/cloud-platform/r-server를 참고한다.

1.6 결론

현재 R은 충분히 사용할 만하지만 상당히 조잡한 GUI를 제공한다. 그래서 2.2절에서 자세히 설명하게 될 RStudio를 설치해 사용하면 그 부족함을 충분히 채울 수 있다. 이 장에서는 R 설치가 다른 프로그램 설치와 다르지 않음을 배웠다.

2

R 환경

R을 설치했으므로 이제 R 사용법을 익힐 시간이 됐다. 윈도우 기본 R 인터페이스는 그림 2.1에서 보는 바와 같이 스파르타식으로 좀 엄격한 느낌이다. 그림 2.2는 맥 인터페이스인데, 여기에는 몇 가지 기능들이 추가돼 있으며, 리눅스에서는 아예 이런 GUI조차 없이 단순히 터미널을 통해 사용한다.

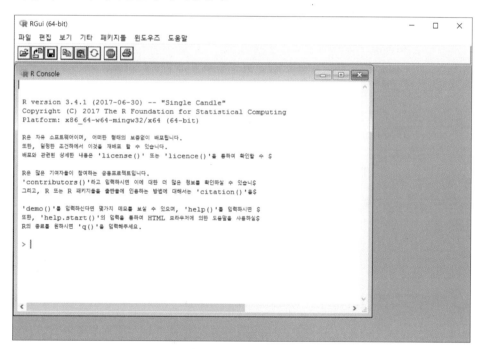

그림 2.1 윈도우에서의 표준 R 인터페이스

R은 다른 언어와 달리 상당히 인터랙티브하다. 즉, 하나의 명령을 실행하고 바로 그 결과를 확인할 수 있다. C++과 같은 언어들은 코드를 작성하고, 컴파일을 실행시키고 나서야 결과를 확인할 수 있다. 그렇지만 R에서는 객체의 상태와 결과들을 바로 확인할 수 있다. 이런 인터랙션 기능은 R의 가장 뛰어난 측면 중 하나다.

그간 R에 대한 여러 가지 통합 개발 환경IDE이 개발됐다. 그렇지만 이 책에는 모든 것을 2.2절에서 소개할 RStudio만 다룬다.

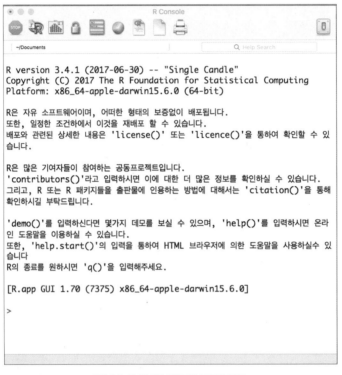

그림 2.2 맥 OS X에서의 표준 R 인터페이스

2.1 커맨드라인 인터페이스

R의 커맨드라인 인터페이스는 R을 강력하게 만드는 동시에 배우는 사람에게 좌절감을 준다. 이전에 Rcmdr와 같은 마우스 포인트-클릭 인터페이스를 만들려고 하는 노력들이 있었지만, 아무것도 성공하지 못했다. 이것은 커맨드라인 방식이 마우스를 사용하는

것보다 훨씬 낮다는 것에 대한 증거다. 엑셀을 사용하다가 넘어온 사용자들은 특히 잘 믿지 못할지 모르겠지만, 커맨드라인 방식이 시간이 지날수록 더 쉽고 오류가 날 확률도 낮다는 것을 알 수 있을 것이다.

이를테면 엑셀에서 회귀 분석을 하려면 적어도 마우스를 일곱 번 클릭해야 한다. Data > Data Analysis > Regression > OK > Input Y Range > Input X Range > OK 등과 같은 과정을 거친다. 그런 다음, 약간 고칠 것이 있거나 새로운 데이터를 주면 이 과정을 모두 반복해야 한다. 이런 과정을 동료에게 이메일로 가르쳐주려고 하면 더 어렵다. 반대로 R에서 같은 일을 하려면 단지 한 줄이면 처리되고, 반복, 복사, 붙이기도 편리하다. R을 처음 사용할 때는 이게 믿기지 않겠지만, 시간이 좀 지나 익숙해지면 커맨드라인이 훨씬 간편하다는 것을 이해할 수 있을 것이다.

R에서 명령을 실행하려면 콘솔에서 > 심볼 다음에 명령을 입력하고 Enter를 누른다. 입력은 숫자 2를 입력하는 것처럼 간단할 수도 있고, 8장에서 함수를 다루는 것처럼 복잡한 함수 호출이 될 수도 있다.

코드를 반복해 실행하려면 위쪽 화살표 키보드를 눌러 해당 코드가 나올 때 다시 Enter를 누르면 된다. 이전 명령들은 모두 저장되기 때문에 위, 아래 화살표를 갖고 이전 코드에 접근할 수 있다.

명령을 중단할 때는 윈도우와 맥에서는 ESC, 리눅스에서는 Ctrl+C를 사용한다.

종종 큰 데이터 분석 작업을 할 때는 코드를 하나의 파일로 만들어 사용하는 것이 좋다. 몇 년 전까지만 해도 이런 작업을 할 때 가장 많이 사용하는 방법은 서브라임 텍스트Sublime Text나 노트패드Notepad++와 같은 텍스트 에디터[1]를 사용해 코드를 작성한 후, 이를 R 콘솔로 복사해 붙이는 것이었다. 이렇게 해도 일은 되겠지만, 그 과정이 엉성하고 프로그램들 사이를 자주 오가는 불편함이 있었다. 이제는 게임 체인저인 RStudio가 개발돼 그 불편함이 모두 해소됐다. 다음 절에서 자세히 설명한다.

---

1 이것들은 마이크로소프트 워드와 같은 워드프로세서가 아닌 텍스트 에디터다. 텍스트 에디터는 텍스트의 구조를 그대로 유지하는데 반해 워드프로세서들은 포맷팅하는 정보를 추가하기 때문에 콘솔에 바로 입력하기에 적당하지 않다.

2.2 RStudio

R 언어와 관련된 여러 가지 통합 개발 환경이 나와 있지만, 현재 최고는 당연 RStudio 이다. 이것은 콜드퓨전^{ColdFusion}, 윈도우 라이브 라이터$^{Windows\ Live\ Writer}$ 등을 개발했던 제 이제이 앨라이어$^{JJ\ Allaire}$ 팀이 만들었다. 윈도우, 맥, 리눅스 버전이 모두 기능과 형태가 똑같다. 좀 더 인상적인 것은 서버 버전인 RStudio Server로, 이것은 리눅스 서버에서 R 인스턴스를 실행시켜 웹 브라우저 안에서 표준 RStudio 인터페이스를 통해 명령들을 실행시킬 수 있다. RStudio는 2.11.1 이상의 모든 R 버전들과 마이크로소프트 사에서 내놓은 Microsoft R Open, Microsoft R Server와도 함께 사용할 수 있다. RStudio에는 수많은 기능이 있어서 그것을 한꺼번에 파악하기가 쉽지 않다. 그래서 여기서는 가장 유용하고 흔히 사용되는 기능들 위주로 설명한다.

RStudio의 기본 인터페이스는 그림 2.3과 같은데, 이것을 개별 맞춤해 사용할 수 있다. 이 그림에서는 왼쪽 아래에 R 콘솔을 뒀는데, 이것은 일반 R 콘솔처럼 사용할 수 있다. 왼쪽 위에 있는 것은 텍스트 에디터인데 상당히 강력한 기능들을 갖추고 있다. 오른쪽 위는 워크스페이스, 명령 히스토리, 현재 폴더의 파일들, 깃 버전 관리를 위한 항목들이 마련돼 있다. 오른쪽 아래는 그래프, 패키지 정보, 도움말을 보여주는 기능이 있다.

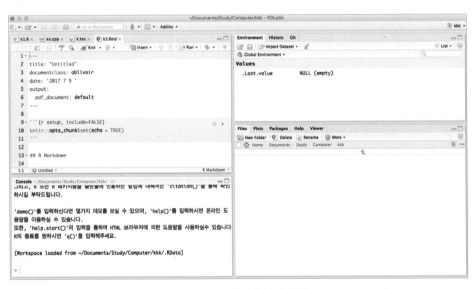

그림 2.3 RStudio의 일반적인 레이아웃

텍스트 에디터에 있는 코드를 R 콘솔로 보내는 데에는 여러 가지 방법이 있다. 한 줄을 보내려면 원하는 위치에 커서를 두고, **Ctrl+Enter**(맥에서는 Command+Enter)를 누르면 된다. 코드 블록을 보내려면, 블록을 선택한 후에 **Ctrl+Enter**를 누른다. 파일에 있는 전체 코드를 보내려면 **Ctrl+Shift+S**를 누른다.

코드를 입력할 때나 객체의 이름이나 함수 이름 등을 입력할 때 **Tab**을 누르면 코드 자동 완성 기능을 이용할 수 있다. 입력한 내용이 하나 이상의 객체 또는 함수 이름과 매칭될 때는 그림 2.4와 같이 대화 창이 열려 원하는 것을 선택할 수 있다.

그림 2.4 RStudio의 객체 이름 자동 완성 기능

Ctrl+1(숫자 1이다)을 누르면 텍스트 에디터 영역으로 이동하고, **Ctrl+2**를 누르면 콘솔로 이동한다. 텍스트 에디터에서 이전 탭으로 이동할 때는 윈도우에서는 **Ctrl+Alt+Left**를 사용하고 리눅스에서는 **Ctrl+PageUP**, 맥에서는 **Ctrl+Option+Left**를 누른다. 텍스트 에디터에서 오른쪽 탭으로 이동할 때는 **Ctrl+Alt+Right**, **Ctrl+PageDown**, **Ctrl+Option+Right**를 사용한다. RStudio 단축키의 전체 리스트는 Help > Keyboard Shortcuts나 윈도우, 리눅스에서 **Alt+Shift+K**, 맥에서는 **Option+shift+K**를 사용해 알 수 있다. 자세한 내용은 https://support.rstudio.com/hc/en-us/a rticles/200711853-Keyboard-Shortcuts에서 확인한다.

2.2.1 RStudio 프로젝트

RStudio의 프로젝트 기능은 RStudio의 핵심 기능 가운데 하나다. 프로젝트는 연관된 데이터, 결과물, 그래프 파일 등으로 구성된다.[2] 각각의 프로젝트는 각자 고유의 워킹 디렉터리를 가진다. 이런 프로젝트를 사용하면 작업을 잘 정돈할 수 있다.

새로운 프로젝트는 그림 2.5와 같이 File > New Project를 클릭해서 바로 만들 수 있다.

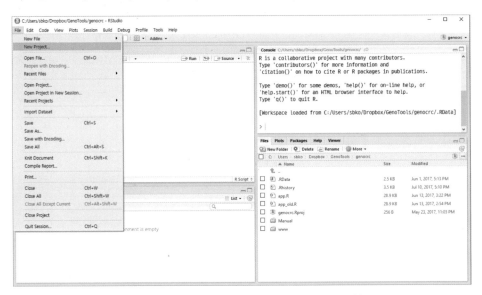

그림 2.5 File > New Project 클릭하면 프로젝트 생성 과정이 시작된다.

그림 2.6과 같이 세 가지 옵션이 있다. 새로운 디렉터리를 만들면서 시작하는 방법, 기존에 있던 디렉터리를 프로젝트로 만드는 방법, 깃이나 SVN과 같은 버전 관리 저장소로부터 프로젝트를 갖고 오는 방법이 있다.[3] 어떤 방법을 사용하든 생성되는 디렉터리에는 .Rproj라는 파일이 생성되고, 이 파일을 통해서 프로젝트를 추적 관리한다.

---

2 프로젝트는 R 세션과 다르다. R 세션은 R이 시작돼 생성된 모든 객체, 작업물들 현재 메모리에 존재하는 것들로, R을 종료하면 모두 사라진다.

3 버전 관리를 하려면 컴퓨터에 버전 관리 프로그램이 설치돼 있어야 한다.

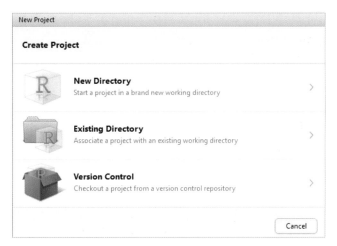

그림 2.6 새 프로젝트를 만들 때 세 가지 옵션이 있다. 처음부터 시작하거나 기존의 디렉터리를 프로젝트로 바꾸거나
버전 관리 저장소로부터 클론을 통해 프로젝트를 만드는 방법이 있다.

새로운 디렉터리를 만들면서 시작하도록 선택하면 그림 2.7과 같은 대화 창이 열린다.
여기에서 프로젝트 이름과 만들 위치를 지정한다.

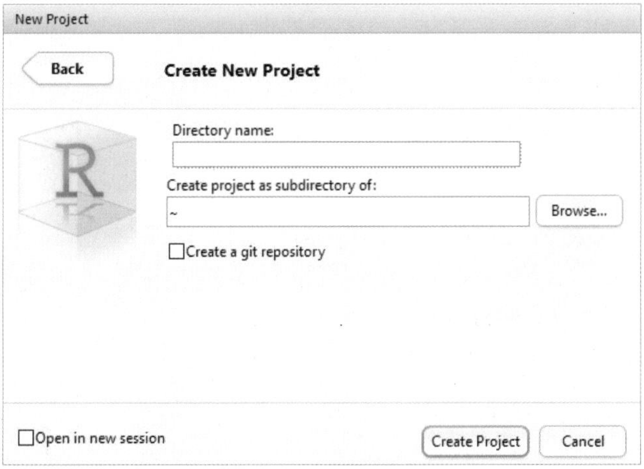

그림 2.7 새로운 프로젝트 디렉터리를 만들 위치를 선택하기 위한 대화 창

만약 기존에 있던 디렉터리를 프로젝트로 만드는 방법을 선택하면 그림 2.8과 같이 기존 디렉터리의 이름을 물어올 것이다.

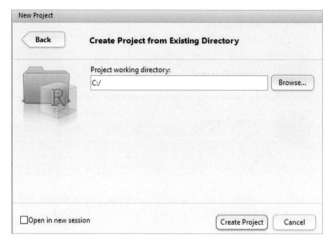

그림 2.8 기존 디렉터리를 프로젝트로 만들 때 사용되는 대화 창

버전 관리 저장소에서 프로젝트 만들기를 선택하면 그림 2.9와 같이 어떤 버전 관리 시스템을 사용하는지 물어온다. 우리는 깃을 선호한다.

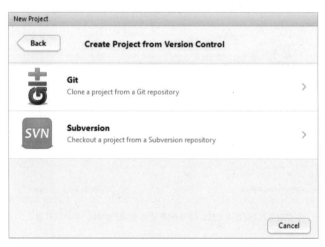

그림 2.9 새로운 프로젝트를 어떤 저장소에서 가져올 것인지 고르는 대화 창

깃 저장소를 선택하면 저장소에 대한 URL, 예를 들어 git@github.com: jaredlander/
coefplot.git 그리고 사용할 프로젝트 디렉터리 이름을 그림 2.10과 같이 지정한다. 앞
에서 새로운 디렉터리로 프로젝트를 만드는 경우와 같이 새로운 디렉터리의 위치를 지
정하는 것이다.

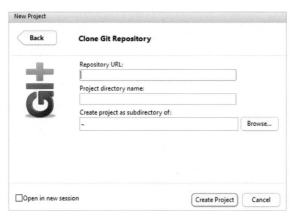

그림 2.10　깃 저장소의 URL과 프로젝트로 사용할 디렉터리 이름을 지정한다.

2.2.2 RStudio 툴

RStudio에 개별 맞춤화할 수 있는 다양한 옵션이 있다. 대부분은 그림 2.11과 같이
Tools > Global Options를 클릭해 지정한다.

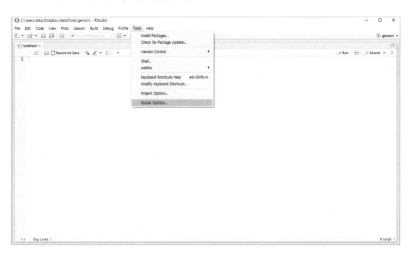

그림 2.11　Tools 〉 Options를 클릭하면 RStudio 옵션을 지정할 수 있다.

먼저 그림 2.12와 같은 일반 옵션을 보자. 윈도우의 경우에는 어떤 버전의 R을 사용할지 선택할 수 있다. 이것은 컴퓨터에 여러 버전을 가진 R들이 설치돼 있을 때 사용할 수 있는 강력한 기능이다. 여기서 R 버전을 바꾸고 나면 RStudio가 다시 시작된다. 나중에 RStudio는 각 프로젝트에 대해 서로 다른 R을 설정해 사용할 수 있는 기능을 추가할 계획을 하고 있다. 일반적으로 RStudio를 시작하거나 종료할 때 .RData 파일을 갖고 복원하거나 저장하지 않도록 설정하는 것이 권고된다.[4] 그래야만 R이 어떤 영향을 줄 수 있는 잘못된 또는 불필요한 데이터가 메모리에 존재하지 않고, 완전히 깨끗한 상태로 시작할 수 있다.

그림 2.12 RStudio의 일반 옵션들

코드 편집에 관한 옵션은 그림 2.13과 같다. 코드가 입력되고 텍스트 에디터에서 표시되는 방법을 지정한다. 탭은 2개 또는 4개의 공백[5]으로 변환되게 설정하는 것이 권고된다. 가끔 탭 문자가 다른 에디터로 옮겨졌을 때 달리 해석될 수도 있기 때문이다. 어떤 vim, Emacs 모드를 사용할 줄 아는 프로 프로그래머들은 Keybindings를 통해 설정을 조절할 수 있다.

---

4 RData는 R 객체를 저장하는 일반적인 방법이다. 6.5절에서 설명한다.

5 마크다운 문서 작업을 위해서는 4로 지정하는 것이 좋다.

그림 2.13 코드 편집 기능에 대한 커스터마이징 옵션

코드 디스플레이 옵션은 그림 2.14와 같으며 여기에서 텍스트 에디터와 콘솔에서 보이는 코드의 시각적 효과를 설정할 수 있다. 선택된 단어들에 대한 하이라이트 기능은 같은 단어가 얼마나 자주 나오는지 쉽게 파악할 수 있게 해준다. 코드 번호를 보여주는 것은 코드 이동을 돕는 핵심 기능이다. 마진 열을 보여주는 것은 코드가 길어질 때 쉽게 읽을 수 있도록 도와주는 중요한 안내 표시다.

그림 2.14 코드 디스플레이 커스터마이징 옵션들

그림 2.15는 코드 저장 옵션을 설명한다. 여기에서는 코드가 들어 있는 파일의 저장 방법을 지정한다. 대부분의 경우 행의 마지막 부분 처리를 디폴트로 설정된 "Platform Native"로 선택한다.

그림 2.15 코드 저장과 관련된 옵션들

코드 자동 완성 옵션은 그림 2.16과 같다. 여기에서 프로그래밍할 때 코드를 자동 완성하는 방법을 정한다. 어떤 사람은 함수를 입력하고 나서 자동으로 괄호가 추가되도록 하는 것을 선호한다. 함수를 호출할 때나 이름 있는 인자를 사용할 때 등호 기호 주변에 공백을 둘지 결정하는 부분도 있다.

그림 2.16 코드 자동 완성 기능에 대한 커스터마이징 옵션

그림 2.17은 코드 진단 옵션을 설명한다. 여기에 코드 체킹을 가능하게 설정할 수 있다. 이 설정을 통해 잘못 입력된 객체 이름, 스타일, 다른 일반 오류 등을 파악하는 데 도움을 받을 수 있다.

그림 2.17 코드 진단에 대한 커스터마이징 옵션

RStudio 외관에 대한 옵션은 그림 2.18과 같다. 코드 디스플레이 방법을 선택할 수 있다. 폰트, 폰트 크기, 배경색 등을 지정할 수 있다.

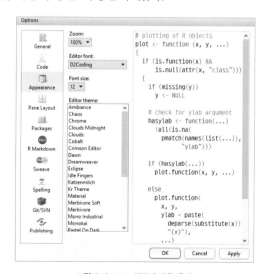

그림 2.18 코드 외관에 대한 옵션

페인(창) 레이아웃 옵션은 그림 2.19와 같은데, RStudio의 페인(창)들을 재배열할 수 있다.

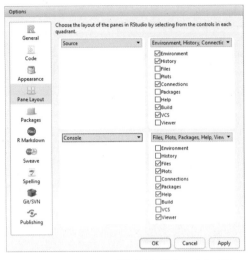

그림 2.19 RStudio에서 페인(창)의 레이아웃을 조절하는 옵션

그림 2.20은 패키지 옵션이다. 패키지와 관련된 옵션을 정할 수 있으며, 가장 중요한 것은 앞으로 사용할 CRAN 미러를 정하는 것이다. 콘솔 명령을 통해 바꿀 수도 있다. 지리적으로 가장 가까운 곳을 선택하는 것이 최선이다.

그림 2.20 패키지와 관련된 옵션. 가장 중요한 것은 CRAN 미러의 선택이다.

알마크다운 옵션은 그림 2.21과 같다. 알마크다운 문서 작업을 할 때 필요한 내용을 정한다. 여기에서 렌더링된 문서를 외부 창 또는 뷰어 창에서 보여줄지를 선택할 수 있다. 그리고 알마크다운 파일을 노트북notebook처럼 결과, 이미지, 수식 등을 인라인으로 보여줄지를 결정한다.

그림 2.21 알마크다운 옵션들로 노트북처럼 처리할지 등을 선택할 수 있다.

그림 2.22에서 보는 Sweave에 대한 옵션은 약간 이름을 잘못 붙였다는 생각이 든다. 여기서 Sweave를 사용할지 knitr를 사용할지 선택한다. 이 두 도구를 사용해 PDF 문서를 만들 수 있는데, knitr의 경우에는 HTML 문서도 만들 수 있다. 27장에서 소개하는 knitr를 선택하는 것이 훨씬 좋은데, 이에 대해서는 3.1절에서 설명한다. 그리고 PDF 뷰어를 무엇으로 할지도 선택할 수 있다.

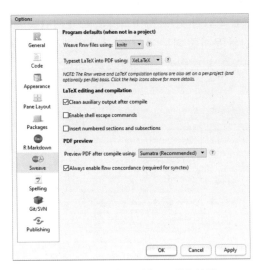

그림 2.22 Sweave/Knitr 선택, PDF 뷰어의 선택

RStudio에는 레이텍과 마크다운 문서 작업을 할 때 철자를 검토하는 기능을 갖고 있는데, 이것에 관한 사항은 Spelling 탭에서 지정한다. 여기서 설정할 것은 많지 않다.

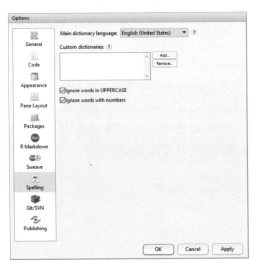

그림 2.23 철자 검사를 위한 사전을 위한 옵션으로 언어와 커스텀 사전을 선택할 수 있다.

그림 2.24에서 보는 Git/SVN 옵션에서는 깃과 SVN 실행 파일이 어디에 있는지 지정한다. 버전 관리를 사용할 때 필요하고 한 번만 실행하면 된다.

그림 2.24 버전 관리 툴의 실행 파일의 위치를 지정해 RStudio가 이를 이용할 수 있게 한다.

마지막으로 Publishing이다. 그림 2.25와 같이 문서를 ShinyApps.io나 RStudio Connect 서비스에 출판하기 위해 그 연결에 필요한 사항을 지정한다.

그림 2.25 ShinyApps.io 또는 RStudio Connect 연결에 대한 설정을 지정

2.2.3 깃 통합

버전 관리 시스템을 사용하는 것은 여러모로 이롭다. 가장 중요한 기능은 버전 관리를 사용하면 개발 과정의 특정 시점에서 코드에 대한 스냅샷을 기록하고, 필요한 경우 나중에 해당 스냅샷으로 코드를 돌려놓는 것이다. 부가적으로 코드에 대한 백업 역할을 하기도 하고, 다른 사람과 공유할 때도 편하다.

한때 SVN이 버전 관리의 정석이었으나 점차 깃에게 자리를 내줬다. 그래서 우리는 깃에 초점을 맞춘다. 프로젝트에 깃을 적용시키고 나면,[6] RStudio에는 그림 2.26과 같이 깃에 관리 창이 마련된다.

그림 2.26 깃 창은 현재 버전 관리하에서의 파일들의 상태를 보여준다. M자가 쓰여진 파란색 사각형은 파일에 변화가 있었고, 앞으로 커밋할 필요가 있음을 알려준다. 물음표가 있는 노란색 사각형은 새롭게 파일이 만들어졌지만 아직 깃에 의해 추적되고 있지 않음을 알려준다.

주요 기능들을 살펴보면, 변경된 내용에 대한 커밋, 서버에 푸시[push]하는 기능, 다른 사람이 바꾼 내용을 풀[pull]하는 기능 등이 있다. Commit 버튼을 클릭하면 그림 2.27과 같은 대화 창이 열리며, 여기에 수정된 내용, 새로운 파일 등의 내용을 볼 수 있다. 특정 파일을 클릭하면 변경된 내용을 자세히 확인할 수 있다. 삭제된 내용은 분홍색, 추가된 내용은 녹색으로 표시된다. 그리고 커밋 메시지를 적는 공간이 있다.

Commit 버튼을 클릭하면 변경된 내용들이 커밋되고, Push 버튼을 클릭하면 내용이 서버로 푸시된다.

---

6 깃허브(https://github.com)나 비트버킷(https://bitbucket.org)에서 먼저 깃 계정을 설정한다.

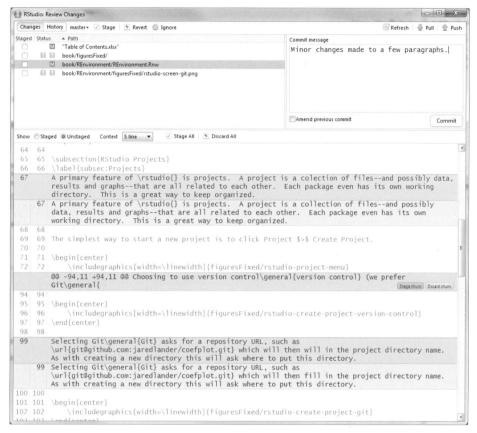

그림 2.27 파일의 내용들과 변경된 사항들을 보여준다. 녹색 배경은 추가된 내용, 살구색은 삭제된 내용이다. 오른쪽 위는 커밋 메시지를 적어 넣는 공간이다.

2.3 마이크로소프트 비주얼 스튜디오

마이크로소프트 비주얼 스튜디오 역시 R 작업을 위한 통합 개발 환경을 지원한다. 대부분의 R 사용자들은 RStudio를 사용하는 데 익숙한데, 만약 비주얼 스튜디오에 익숙한 경우라면 이것을 사용하는 것도 좋은 옵션이다.

2.4 결론 ▐▬▬▬▬▬▬▬▬▬▬▬▬▬▬▬▬▬

R 사용 환경은 RStudio 덕분에 지난 몇 년 동안 상당히 많이 개선됐다. 이런 통합 개발 환경을 사용하면 R에 대한 생산성이 높아지고 작업이 무척 재미있어진다.[7] RStudio의 코드 완성 기능, 텍스트 편집 기능, 깃 통합 기능, 프로젝트 관리 기능들은 좋은 프로그 래밍 작업 환경을 위한 필수적인 장치들이다.

---

7 내 학생 중 한 명은 RStudio를 접하고 나서야 Matlab에서 R로 전향할 수 있었다고 한다.

3

R 패키지

R이 이례적으로 큰 인기를 끌 수 있었던 가장 큰 이유는 아마도 사용자 공여 패키지에 있을 것이다. 2017년 2월 기준으로 크랜CRAN[1]에는 2,000명 이상의 사람이 올린 1만 개가 넘는 패키지들이 등재돼 있다. 어떤 통계 분석법이 존재한다면, 관련 내용을 R로 만들어 크랜 패키지로 등재돼 있을 확률이 아주 높다. 패키지 개수만 많은 것이 아니다. 앤드류 겔만Andrew Gelman, 트레버 하스티에Trevor Hastie, 덕 에델뷰텔Dirk Eddelbuettel, 해들리 위캄Hadley Wickham과 같은 이 분야의 권위자가 만든 고기능의 패키지도 많다.

패키지의 본질은 어떤 특정 문제에 대한 해법으로 작성된 코드들을 모아 놓은 것이다. survival 패키지는 생존 분산에 사용되고, ggplot2 패키지는 플롯팅, sp 패키지는 공간 데이터를 처리하는 방법을 제공한다.

조심할 것은 모든 패키지가 수준이 높은 것은 아니라는 사실이다. 어떤 것들은 아주 잘 만들어지고 유지 관리가 잘되지만, 어떤 것은 개발 의도는 좋았지만 보이지 않는 에러를 갖고 있는 경우도 있고, 어떤 것은 그냥 봐도 별로인 것들이 있다. 최고의 패키지라고 하더라도 대부분 통계학자를 위해 만든 것이 많아서 일반 컴퓨터 엔지니어가 기대하는 것과 다를 수 있다.

이 책은 쓸만한 패키지를 모조리 소개하려고 하는 의도를 갖고 있지 않다. 패키지는 항상 변한다. 주로 소개할 것은 매우 유명해서 마치 기본 R의 일부처럼 사용되는 것들이다. 여기에는 해들리 위캄의 ggplot2, tidyr, dplyr, 트레버 하스티Trevor Hastie, 로버트 티브시라니Robert Tibshirani, 제롬 프리드만Jerome Freidman의 glmnet, 덕 에델뷰텔의 Rcpp, 이휘지Yihui Xie의 knitr와 같은 것들이 속한다. 우리도 크랜에 coefplot, useful, resumer와 같

---

1 http://cran.r-project.org/web/packages

은 패키지들을 등재했다.

3.1 패키지 인스톨

패키지를 인스톨하는 데에는 여러 가지 방법이 있다. 가장 간단한 방법은 그림 3.1과 같이 RStudio가 제공하는 GUI를 사용하는 것이다. 해당 탭을 클릭하거나 Ctrl+7을 사용해 그림과 같이 패키지 창에 접근한다.

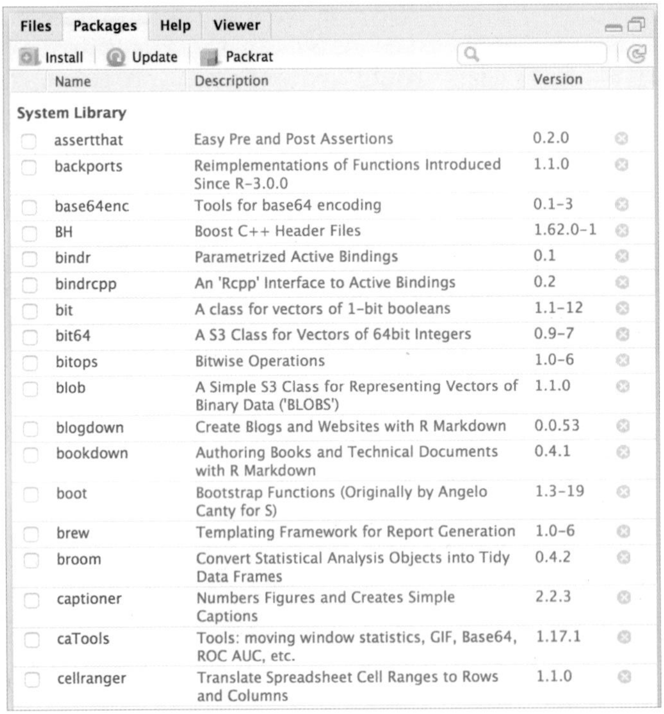

Name	Description	Version
assertthat	Easy Pre and Post Assertions	0.2.0
backports	Reimplementations of Functions Introduced Since R-3.0.0	1.1.0
base64enc	Tools for base64 encoding	0.1-3
BH	Boost C++ Header Files	1.62.0-1
bindr	Parametrized Active Bindings	0.1
bindrcpp	An 'Rcpp' Interface to Active Bindings	0.2
bit	A class for vectors of 1-bit booleans	1.1-12
bit64	A S3 Class for Vectors of 64bit Integers	0.9-7
bitops	Bitwise Operations	1.0-6
blob	A Simple S3 Class for Representing Vectors of Binary Data ('BLOBS')	1.1.0
blogdown	Create Blogs and Websites with R Markdown	0.0.53
bookdown	Authoring Books and Technical Documents with R Markdown	0.4.1
boot	Bootstrap Functions (Originally by Angelo Canty for S)	1.3-19
brew	Templating Framework for Report Generation	1.0-6
broom	Convert Statistical Analysis Objects into Tidy Data Frames	0.4.2
captioner	Numbers Figures and Creates Simple Captions	2.2.3
caTools	Tools: moving window statistics, GIF, Base64, ROC AUC, etc.	1.17.1
cellranger	Translate Spreadsheet Cell Ranges to Rows and Columns	1.1.0

그림 3.1 RStudio 패키지 창

창의 상단 왼쪽에 Install Packages라는 버튼이 있는데, 이를 클릭하면 그림 3.2와 같은 창이 열린다.

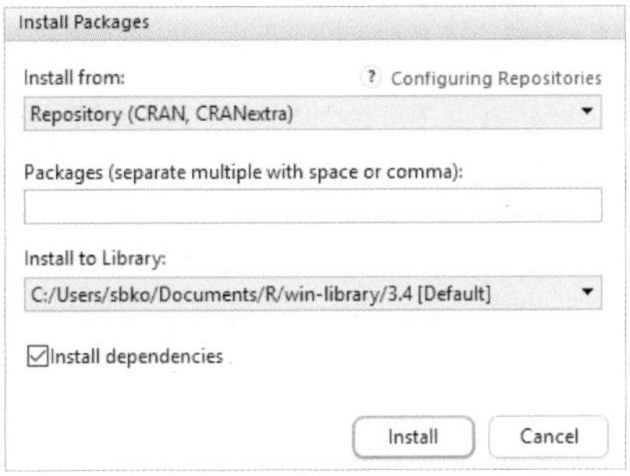

그림 3.2 RStudio 패키지 설치 창

여기서 설치할 패키지 이름을 입력하면 된다. RStudio에는 자동 완성 기능이 있어서 편리하다. 이름을 입력하고 **Install** 클릭한다. 복수의 패키지들을 한꺼번에 설치하려면 패키지들을 콤마로 구분한다. 이렇게 하고 나면 패키지가 설치되고 이것을 사용할 수 있는 상태가 된다. 의존하는 패키지install dependencies를 같이 설치하도록 선택하면 관련된 패키지들을 함께 설치하게 한다. 이를테면 coefplot 패키지는 ggplot2, plyr, dplyr, useful, stringr, reshape2 같은 패키지를 필요로 하고, 이들 패키지는 또 다른 패키지들을 필요로 할 수 있다.

패키지를 설치하는 또 다른 방법은 콘솔에서 다음과 같이 간단한 명령을 사용하는 것이다.

```
> install.packages("coefplot")
```

이 명령을 앞에서 GUI를 사용한 것과 똑같은 일을 하게 한다.

그리고 크랜에 아직 등재되지 않은, 개발 과정에 있는 패키지를 깃허브, 비트버킷에서 직접 인스톨하는 방법도 있다. 이 작업은 devtools 패키지를 이용한다.

```
> library(devtools)
> install_github(repo="jaredlander/coefplot")
```

devtools 패키지에 있는 함수를 사용하려면 먼저 3.2절에서 설명한 library 함수를 사용해야 한다.

만약 저장소에 있는 패키지가 컴파일 언어(일반적으로 C++이나 FORTRAN)를 사용한 소스 코드를 갖고 있는 경우, 이것을 적절히 처리하기 위해서는 컴파일러가 설치돼 있어야 한다. 이에 대해서는 30.7절을 참고한다.

때로는 사전에 빌드돼 zip 파일이나 tar.gz 파일로 돼 있는 로컬 파일을 갖고 패키지를 설치할 필요가 있다. 이때는 이전에 설명한 설치 대화 창에서 그림 3.3과 같이 Install from:의 내용을 Package Archieve File로 바꿔 사용한다. 여기에서 파일을 찾아 설치한다. 이 방법을 사용할 때는 의존 패키지를 자동으로 설치하지 않기 때문에 의존 패키지를 갖고 있는 패키지를 설치하는 경우에 제대로 설치되지 않는다. 그래서 먼저 의존 패키지를 설치한 후에 작업한다.

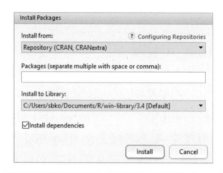

그림 3.3 저장소로부터 패키지를 다운로드하기 위한 RStudio 창

이것도 이전에 설명한 방법과 비슷하게 R 콘솔에서 install.packages 함수를 사용해 수행할 수도 있다.

```
> install.packages("coefplot_1.1.7.zip")
```

3.1.1 패키지 제거

패키지를 제거해야 하는 경우는 많지 않다. 제거는 그림 3.1과 같은 창에서 패키지 이름의 오른쪽 회색 동그라미 안에 있는 x자를 클릭하면 된다. 또는 R 콘솔에서 remove. packages 함수를 사용할 수 있는데, 이 함수에 제거할 패키지 이름들을 문자열 벡터로 주면 된다.

3.2 패키지 로딩

패키지를 설치해 사용할 준비를 마치면 먼저 로딩 과정을 거쳐야 한다. 패키지 로딩에 사용되는 함수는 library 또는 require 함수다. 둘 다 패키지를 로딩한다. 조금 다른 점은 require 패키지를 사용하면 패키지 로딩이 성공했을 때 TRUE, 패키지를 로딩하지 못했을 때 FALSE를 반환한다. 이런 기능은 함수로 패키지를 로딩할 때 유용한데, 이 방법의 유용성에 대한 찬반 이견들이 있다. 설치되지 않은 파일에 대해 library 함수를 갖고 인스톨하는 경우 에러를 유발하는데, 이런 것이 스크립트를 작성할 때 장점이 될 수 있다. 인터랙티브 모드에서 사용할 때 두 함수의 차이점은 거의 없지만, 스크립트를 작성할 때는 library 함수를 사용하는 것이 선호된다. 이 함수에 원하는 패키지 이름을 지정해주는데, 인용 부호를 써도 되고, 안 써도 된다. 그래서 coefplot 패키지를 로딩하는 경우에는 다음과 같이 실행한다.

```
> library(coefplot)
```

이 함수를 실행하면 같이 로딩돼야 할 의존 패키지들에 대한 정보도 출력한다. 이런 정보를 출력하지 않게 하려면 quietly 인자를 TRUE로 지정한다.

```
> library(coefplot, quietly = TRUE)
```

패키지는 새로운 R 세션에서 처음에 한 번만 로딩하면 된다. 일단 로딩되고 나면 3.2.1절에서 소개하는 바와 같이 일부러 패키지를 언로딩하거나 R이 다시 실행되기 전까지 유지된다.

그림 3.1의 창에서 RStudio 패키지 창에서 패키지 이름에 곁에 있는 체크 박스를 선택해도 해당 패키지가 로딩된다. 코드를 사용하는 것과 다르지 않다.

3.2.1 패키지 언로딩

때론 어떤 패키지를 언로딩해야 할 필요가 있다. 이럴 때는 RStudio의 패키지 창에서 선택된 체크 박스를 제거하거나 detach 함수를 사용한다. 이 함수에 언로딩하고자 하는 패키지 이름을 인용 부호 안에 넣어 지정해준다.

```
> detach("package:coefplot")
```

서로 다른 패키지에 같은 이름의 함수가 있을 때가 종종 있다. 이를테면 coefplot 패키지와 arm이라는 패키지 모두 coefplot이라는 함수를 갖고 있다.[2] 두 패키지를 모두 로딩해 사용하는 경우, 이 함수를 호출하면, 나중에 로딩한 패키지에 있는 함수가 실행된다. 이것을 해결하는 방법은 패키지의 이름을 함수 이름 앞에서 2개의 콜론(::)으로 구분해 명시하는 것이다.

```
> arm::coefplot(object)
> coefplot::coefplot(object)
```

이 방법을 사용하면 원하는 함수를 정확하게 호출할 수 있고, 사전에 패키지를 로딩하지 않고도 함수를 호출할 수 있다.

3.3 패키지 만들기

패키지를 제작하고 CRAN과 같은 서비스를 통해 커뮤니티와 공유하는 것은 매우 의미 있는 일이다. 패키지 제작과 관련된 내용은 30장에서 자세하게 다룬다.

3.4 결론

패키지는 R 커뮤니티와 R 사용의 핵심이다. 이 패키지들은 R을 사용하게 되는 이유가 되기도 한다. 패키지를 통해 수많은 통계 기법들이 사용된다. 패키지가 너무 많아 적절한 패키지를 찾아내는 것도 쉬운 일은 아니다. 크랜 태스크 뷰(http://cran.r-project.org/web/views/)를 보면 용도별로 정리된 패키지 리스트를 확인할 수 있다. 그렇지만 적절한 패키지를 찾는 최선의 방법은 커뮤니티에 질문하는 것이다. 부록 A에 그럴 때 필요한 내용이 정리돼 있다.

---

2 이 경우에는 coefplot 함수를 arm 패키지에 있는 것을 개선하기 위해 기존의 것을 바탕으로 했기 때문에 그렇게 됐다. 전혀 상관없이 같은 이름의 함수들을 갖는 경우도 많다.

4

R의 기초

R은 계산, 데이터 조작, 과학적 계산의 모든 부문에서 뛰어나다. 복잡한 연산을 다루기 전에 먼저 기초를 다지도록 하자. 다른 컴퓨터 언어들과 마찬가지로 R은 계산 기능, 변수, 함수, 데이터 유형 등에 대한 특징을 갖고 있다.

4.1 기초 수학

R은 통계 프로그래밍 언어이기 때문에 기초적인 수학 계산 능력도 뛰어나다. 이 주제로 시작한다.

1 + 1과 같은 기본 계산에서 시작한다. 콘솔에서 오른쪽 꺾쇠(>, 프롬프트) 다음에 코드를 입력한다. 다음과 같이 연습해보자.

```
> 1 + 1
[1] 2
```

2를 반환하면 모든 것이 제대로 된 것이다. 그렇지 않다면 뭔가 크게 잘못된 것이다. 제대로 됐다면 약간 더 복잡한 표현식을 보자.

```
> 1 + 2 + 3
[1] 6
> 3 * 7 * 2
[1] 42
> 4 / 2
[1] 2
> 4 / 3
[1] 1.333333
```

이런 기초 계산을 할 때는 수학에서와 같은 연산 순서를 따른다. 괄호, 지수, 곱셈, 나눗셈, 덧셈, 뺄셈순을 따른다. 이런 규칙을 영어 약자로 PEMDAS라고도 부른다. 즉, 괄호 안의 연산이 다른 어떤 연산보다 우선해 실행된다. 그다음은 지수 계산이다. 그다음 곱셈과 나눗셈이 실행되고, 그다음 덧셈과 뺄셈이 실행된다.

그래서 다음과 같이 처음 두 코드는 같은 결과를 갖지만, 나머지는 달리 된다.

```
> 4 * 6 + 5
[1] 29
> (4 * 6) + 5
[1] 29
> 4 * (6 + 5)
[1] 44
```

지금까지 우리는 *, / 같은 연산자 주변에 빈칸을 쳤다. 반드시 그렇게 할 필요는 없지만 그렇게 하는 것이 가독력을 높이기 때문에 권장된다.

4.2 변수

변수는 모든 프로그래밍 언어에서 중요한 역할을 한다. R도 예외가 아니며 R은 상당히 유연한 기능을 제공한다. C++과 같은 정적인 타입 고정형 언어와 달리, R에서는 변수의 타입을 선언할 필요가 없다. 하나의 변수는 4.3절에서 설명되는 어떠한 데이터 유형도 취할 수 있다. 변수는 함수, 분석 결과, 플롯과 같은 모든 R 객체를 담을 수 있다. 그래서 어떤 하나의 변수가 어느 지점에서는 숫자를 저장했다가, 나중에 문자, 그리고 다시 숫자를 저장할 수도 있다.

4.2.1 변수 할당

어떤 값을 하나의 변수에 할당하는 방법은 다양하다. 할당 과정에서도 변수의 타입에 어떠한 제약이 없다.

할당 연산자는 <-과 = 모두 사용할 수 있는데, 처음 것이 선호된다. 이를테면 2를 변수 x, 5를 변수 y에 저장하자.

```
> x <- 2
> x
```

```
[1] 2
> y = 5
> y
[1] 5
```

화살표 모양의 할당 연산자는 반대 방향으로 사용할 수도 있다.

```
> 3 -> z
> z
[1] 3
```

할당 연산은 연속으로 사용해 어떤 값을 여러 개의 변수에 한꺼번에 할당할 수도 있다.

```
> a <- b <- 7
> a
[1] 7
> b
[1] 7
```

좀 더 수고스럽지만 가끔은 assign이라는 함수를 사용해 할당하는 방법도 있다.

```
> assign("j", 4)
> j
[1] 4
```

변수의 이름은 알파벳과 숫자, 마침표(.), 언더스코어(_)를 조합해 만들 수 있는데, 단숫자나 _로 시작할 수는 없다.

R에서 가장 흔히 사용하는 할당의 형태는 왼쪽 화살표 모양인 <-을 사용하는 것으로, 처음에는 이상하게 보일지 몰라도 금방 익숙해진다. 그리고 심지어 그것이 더 합당해 보이기까지 한다. 왜냐하면, 변수는 일종의 어떤 값을 가리키는 역할을 하기 때문이다. 이것은 동등하다는 의미로 = 연산자를 사용하는 SQL 언어에 익숙한 사람에게 특히 유익하다.

변수 이름은 하나의 문자를 사용하지 않고, 주로는 명사형을 써서 실제 이름을 사용하는 것이 좋다. 이렇게 하면 코드를 읽는 사람에게 더 많은 정보를 전달할 수 있다. 이 책에는 주로 이런 방법으로 사용해 변수에 이름을 부여한다.

4.2.2 변수 제거

변수를 제거할 필요가 있을 수 있다. 변수를 제거할 때는 remove 함수나 단축형인 rm 함수를 사용한다.

```
> j
[1] 4
> rm(j)
> # 이제 제거된다.
> j
Error in eval(expr, envir, enclos): 객체 'j'를 찾을 수 없습니다
```

이렇게 하면 변수가 메모리에서 제거돼 더 많은 객체를 저장할 수 있는데, 운영체제에 대한 메모리는 확보하지 못한다. 이것을 확실히 하기 위해서는 gc 함수를 사용해야 하는데, 이 함수를 실행하면 가비지 컬렉션garbage colletion을 실행해 사용하지 않는 메모리를 운영체제로 넘긴다. R은 자동으로 주기적인 가비지 컬렉션을 실행하기 때문에 이 함수를 사용할 필요는 많지 않다.

변수 이름은 대소문자를 구분한다. SQL 또는 Visual Basic 같이 대소문자를 구분하지 않는 언어에 익숙한 사람은 주의해야 할 필요가 있다.

```
> theVariable <- 17
> theVariable
[1] 17
> THEVARIABLE
Error in eval(expr, envir, enclos): 객체 'THEVARIABLE'를 찾을 수 없습니다.
```

4.3 데이터 유형

R에는 다양한 종류의 데이터를 저장할 수 있는 여러 개의 데이터 유형이 존재한다. numeric, character(문자열), Date/POSIXct(시간), logical(논리)은 가장 자주 사용되는 데이터 유형이다.

어떤 변수에 저장된 값의 데이터 유형은 class 함수로 확인한다.

```
> class(x)
[1] "numeric"
```

4.3.1 숫자형 데이터

R은 숫자를 다루는 능력이 뛰어나다. 그래서 숫자형 데이터는 R에서 가장 흔히 사용되는 데이터 유형이다. 가장 흔히 사용되는 숫자형 데이터 유형은 numeric이다. 다른 언어의 float나 double과 상당히 유사한 데이터 유형이다. 정수부와 소수점 이하부, 양수와 음수, 0 등을 다룰 수 있다. 어떤 변수에 numeric 값이 저장되면, 이 변수의 데이터 유형은 numeric이 된다. 어떤 변수가 numeric인지 확인하는 함수는 is.numeric이다.

```
> is.numeric(x)
[1] TRUE
```

자주 사용되지는 않지만, 'integer'라는 데이터 유형이 있다. 이름이 의미하듯 정수 자체를 의미한다. 소수점은 없다. 이렇게 정확한 정수를 변수에 할당하려면 숫자값의 끝에 "L"을 붙인다. 'is.integer' 함수로 정수임을 확인한다.

```
> i <- 5L
> i
[1] 5
> is.integer(i)
[1] TRUE
```

변수 i는 정수형이기도 하고, 숫자형이기도 하다. is numeric 함수로 체크해볼 수도 있다.

```
> is.numeric(i)
[1] TRUE
```

R은 필요한 경우에 자동으로 정수integer를 numeric으로 바꿔 계산한다. integer와 numeric을 곱할 때, 더 중요하게는 integer를 integer로 나눌 때 등도 타입이 자동으로 바뀐다.

```
> class(4L)
[1] "integer"
> class(2.8)
[1] "numeric"
> 4L * 2.8
[1] 11.2
> class(5L)
[1] "integer"
```

```
> class(2L)
[1] "integer"
> 5L / 2L
[1] 2.5
> class(5L / 2L)
[1] "numeric"
```

4.3.2 문자열 데이터

수학 계산에는 잘 사용하지 않지만 문자열^{character} 데이터도 통계 분석에서 매우 자주 사용된다. 문자열을 사용할 때는 몇 가지 주의할 사항들이 있다. R에서 문자열 데이터는 크게 character형과 factor형으로 나눌 수 있다. 표면상으로는 비슷하게 보이지만, 이 두 데이터 유형은 상당히 달리 취급된다.

```
> x <- "data"
> x
[1] "data"
> y <- factor("data")
> y
[1] data
Levels: data
```

변수 x에는 "data"라는 단어가 따옴표 안에 들어 있는 반면, 변수 y는 따옴표 없이 표시되고 y의 levels에 대한 정보도 표시된다. 팩터에 대해서는 4.4.2절에서 벡터를 다룰 때 좀 더 자세히 설명한다.

문자열은 대소문자를 구분하기 때문에 "Data"와 "DATA"는 달리 취급된다. 문자열의 길이는 nchar 함수를 사용하면 알 수 있다. 이 함수에 숫자를 넣을 수도 있는데, 이와 마찬가지로 문자열의 길이를 반환한다.

```
> nchar(x)
[1] 4
> nchar("hello")
[1] 5
> nchar(3)
[1] 1
> nchar(452)
[1] 3
```

그런데 팩터에는 이 함수를 적용할 수 없다.

```
> nchar(y)
Error in nchar(y): 'nchar()'은 문자형 벡터를 필요로 합니다.
```

4.3.3 날짜

다른 컴퓨터 언어에서도 날짜와 시간을 다루는 것은 까다롭다. 일을 더 복잡하게 하
는 것은 R이 날짜에 대해 여러 가지 데이터 유형이 있다는 사실이다. 가장 유용한 것은
Date, POSIXct 타입이다. Date는 날짜를 저장하고, POSIXct는 날짜와 시간을 저장한다.
두 객체 모두 1970년 1월 1일을 기준으로 날짜와 초를 계산해 데이터를 처리하고, 해
당하는 숫자로 변환된다.

```
> date1 <- as.Date("2012-06-28")
> date1
[1] "2012-06-28"
> class(date1)
[1] "Date"
> as.numeric(date1)
[1] 15519
> date2 <- as.POSIXct("2012-06-28 17:42")
> date2
[1] "2012-06-28 17:42:00 GMT"
> class(date2)
[1] "POSIXct" "POSIXt"
> as.numeric(date2)
[1] 1340905320
```

lubridate 패키지와 chron 패키지를 사용하면 날짜와 시간 객체를 좀 더 쉽게 다룰 수
있다.

as.numeric 함수와 as.Date는 단순히 객체의 포맷만 바꾸는 것이 아니라 데이터 유형
도 변경시킨다.

```
> class(date1)
[1] "Date"
> class(as.numeric(date1))
[1] "numeric"
```

4.3.4 논리형

logical은 참(TRUE) 또는 거짓(FALSE)를 표시하는 데 사용한다. 숫자로 봤을 때 TRUE는 1
과 같고, FALSE는 0과 같다. 따라서 TRUE * 5는 5가 되고, FALSE * 5는 0이 된다.

```
> TRUE * 5
[1] 5
> FALSE * 5
[1] 0
```

다른 타입과 비슷하게 logical 데이터 유형을 확인하는 함수가 있는데, is.logical을 사
용한다.

```
> k <- TRUE
> class(k)
[1] "logical"
> is.logical(k)
[1] TRUE
```

R에서는 TRUE를 T, FALSE를 F로 축약해 사용할 수 있는데, 축약해 사용하지 않는 것이
좋다. 아래의 예와 같이 어떤 다른 값을 할당한 경우에는 황당한 문제를 유발할 수 있다.

```
> TRUE
[1] TRUE
> T
[1] TRUE
> class(T)
[1] "logical"
> T <- 7
> T
[1] 7
> class(T)
[1] "numeric"
```

이런 논리값은 숫자나 문자열에 대해 비교 연산을 실행했을 때 얻을 수 있다.

```
> # 2가 3과 같은가?
> 2 == 3
[1] FALSE
```

```
> # 2가 3과 다른가?
> 2 != 3
[1] TRUE
> # 2가 3 보다 작은가?
> 2 < 3
[1] TRUE
> # 2가 3보다 작거나 같은가?
> 2 <= 3
[1] TRUE
> # 2가 3보다 큰가?
> 2 > 3
[1] FALSE
> # 2가 3보다 크거나 같은가?
> 2 >= 3
[1] FALSE
> # "data"가 "stats"와 같은가?
> "data" == "stats"
[1] FALSE
> # "data"가 "stats"보다 작은가?
> "data" < "stats"
[1] TRUE
```

4.4 벡터

벡터는 같은 데이터 유형을 가진 요소들의 묶음이다. 예를 들어 c(1, 3, 2, 1, 5)는 해당 순서대로 1, 3, 2, 1, 5라는 요소들로 구성된 벡터다. 이와 마찬가지로 c("R", "Excel", "SAS", "Excel")은 "R", "Excel", "SAS", "Excel"이라는 문자열character 요소로 구성된 벡터다. 하나의 벡터에는 서로 다른 데이터 유형을 혼용해 사용할 수 없다.

벡터는 R의 핵심이며 또 매우 유용하다. 이것은 단순히 데이터를 담는 그릇이 아니다. R이 벡터화 언어라는 점에서 벡터는 특수한 위치를 차지한다. 이 말은 벡터를 사용하면 어떤 연산을 실행할 때 개별 요소들을 순회하는 과정이 필요 없게 된다는 의미를 가진다. 다른 언어를 사용하던 사람에는 다소 낯선 개념이긴 하지만, 이것은 매우 강력한 개념이며, R이 가진 가장 강력한 기능 가운데 하나다.

벡터는 차원을 갖지 않는다. 즉, 열 벡터나 행 벡터라는 것은 존재하지 않는다. R에서의 벡터는 열이나 행 방향을 따지는 수학에서 쓰이는 벡터와는 다른 개념이다.[1]

벡터를 만들 때 가장 많이 사용하는 함수는 c다. 여기서 "c"는 "combine"이라는 의미로, 복수의 요소들을 모아 하나의 벡터로 만드는 것을 의미한다.

```
> x <- c(1, 2, 3, 4, 5, 6, 7, 8, 9, 10)
> x
 [1]  1  2  3  4  5  6  7  8  9 10
```

4.4.1 벡터 연산

앞에서 1에서 10까지 숫자를 포함하는 벡터를 만들었다. 이 벡터의 각 요소에 3을 곱해보자. 이때는 간단한 * 연산자를 사용한다.

```
> x * 3
 [1]  3  6  9 12 15 18 21 24 27 30
```

루프가 필요 없다. 더하기, 빼기, 나누기도 간단하다.

```
> x + 2
 [1]  3  4  5  6  7  8  9 10 11 12
> x - 3
 [1] -2 -1  0  1  2  3  4  5  6  7
> x / 4
 [1] 0.25 0.50 0.75 1.00 1.25 1.50 1.75 2.00 2.25 2.50
> x^2
 [1]   1   4   9  16  25  36  49  64  81 100
> sqrt(x)
 [1] 1.000000 1.414214 1.732051 2.000000 2.236068 2.449490 2.645751
 [8] 2.828427 3.000000 3.162278
```

앞에서 숫자를 직접 입력해 c 함수를 사용해 하나의 벡터를 만들었다. 이렇게 연속되는 값을 가진 벡터는 : 연산자를 사용해 쉽게 만들 수 있다. 어느 방향이라도 가능하다.

---

1 수학에서의 열 또는 행 벡터는 R에서 행렬(matrix)이라는 데이터형으로 사용하는데, 이는 5.3절에서 설명한다.

```
> 1:10
 [1]  1  2  3  4  5  6  7  8  9 10
> 10:1
 [1] 10  9  8  7  6  5  4  3  2  1
> -2:3
[1] -2 -1  0  1  2  3
> 5:-7
 [1]  5  4  3  2  1  0 -1 -2 -3 -4 -5 -6 -7
```

이런 연산을 더 확장해 사용할 수 있다. 길이가 같은 2개의 벡터가 있다고 가정해보자.
연산을 실행하면 같은 위치에 있는 요소들끼리 계산된다.

```
> # 길이가 같은 두 벡터를 만듦.
> x <- 1:10
> y <- -5:4
> # 더하기
> x + y
 [1] -4 -2  0  2  4  6  8 10 12 14
> # 빼기
> x - y
 [1] 6 6 6 6 6 6 6 6 6 6
> # 곱하기
> x * y
 [1] -5 -8 -9 -8 -5  0  7 16 27 40
> # 나누기, 0으로 나누면 Inf가 됨.
> x / y
 [1] -0.2 -0.5 -1.0 -2.0 -5.0  Inf  7.0  4.0  3.0  2.5
> # 거듭제곱하기
> x^y
 [1] 1.000000e+00 6.250000e-02 3.703704e-02 6.250000e-02 2.000000e-01
 [6] 1.000000e+00 7.000000e+00 6.400000e+01 7.290000e+02 1.000000e+04
> # 각 벡터의 길이 구하기
> length(x)
[1] 10
> length(y)
[1] 10
> # 벡터를 더한 결과도 그 길이가 같다.
> length(x + y)
[1] 10
```

앞에 코드 블록에서 # 기호를 사용했다. 이것은 코멘트다. 같은 행에 있는 # 기호 다음에 오는 내용은 코멘트 처리돼 실행되지 않는다.

만약 2개의 벡터의 길이가 같지 않은 경우에는 약간 더 복잡해진다. 짧은 쪽 벡터가 재활용^{recycle}된다. 즉, 요소들이 순서대로 반복 사용돼 긴 벡터의 길이에 맞춰진다. 만약, 긴 벡터의 길이가 짧은 벡터의 길이의 배수가 되지 않는 경우에는 경고문이 출력된다.

```
> x + c(1, 2)
 [1]  2  4  4  6  6  8  8 10 10 12
> x + c(1, 2, 3)
Warning in x + c(1, 2, 3): 두 객체의 길이가 서로 배수 관계에 있지 않습니다.
 [1]  2  4  6  5  7  9  8 10 12 11
```

벡터에 대해 비교 연산도 가능하다. 그 결과는 각 요소에 대해 TRUE나 FALSE 값으로 구성된, 연산에 사용된 벡터의 길이와 같은 길이의 벡터가 된다.

```
> x <= 5
 [1]  TRUE  TRUE  TRUE  TRUE  TRUE FALSE FALSE FALSE FALSE FALSE
> x > y
 [1] TRUE TRUE TRUE TRUE TRUE TRUE TRUE TRUE TRUE TRUE
> x < y
 [1] FALSE FALSE FALSE FALSE FALSE FALSE FALSE FALSE FALSE FALSE
```

모든 요소들의 값이 TRUE인지 확인하려면 all 함수를 사용한다. any 함수는 그중 하나라도 TRUE인지 확인하는 데 사용된다.

```
> x <- 10:1
> y <- -4:5
> any(x < y)
[1] TRUE
> all(x < y)
[1] FALSE
```

벡터에 nchar 함수를 적용하면 각 요소의 문자열의 길이를 계산한다.

```
> q <- c("Hockey", "Football", "Baseball", "Curling", "Rugby", "Lacrosse",
+        "Basketball", "Tennis", "Cricket", "Soccer")
> nchar(q)
```

```
 [1]  6  8  8  7  5  8 10  6  7  6
> nchar(y)
 [1] 2 2 2 2 1 1 1 1 1 1
```

벡터에서 개별 인자의 값에 접근할 때는 대괄호 []를 사용한다. 벡터 x의 첫 번째 인자는 x[1], 처음 2개의 인자는 x[1:2], 연속하지 않은 요소는 x[c(1, 4)]로 접근할 수 있다.

```
> x[1]
[1] 10
> x[1:2]
[1] 10  9
> x[c(1, 4)]
[1] 10  7
```

이것은 숫자형^{numeric}, 논리형^{logical}, 문자열^{character} 등과 같은 모든 종류의 벡터에 적용된다.

벡터를 만들 때 또는 그 이후 각 요소에 이름을 줄 수 있다.

```
> # 이름-값 쌍을 사용해 각 요소에 이름을 지정한다.
> c(One = "a", Two = "y", Last = "r")
 One  Two Last
 "a"  "y"  "r"
> # 하나의 벡터를 생성
> w <- 1:3

> # 요소에 이름을 부여
> names(w) <- c("a", "b", "c")
> w
a b c
1 2 3
```

4.4.2 팩터형 벡터

팩터^{factor}는 R에서 중요한 개념의 하나로 모형을 만들 때 특히 중요하다. 먼저 몇 번 반복되는 텍스트 데이터를 가진 벡터를 만들어보자. 앞에서 만든 벡터 q에 새로운 요소를 추가해 새로운 벡터 q2를 만들자.

```
> q2 <- c(q, "Hockey", "Lacrosse", "Hockey", "Water Polo", "Hockey", "Lacrosse")
```

이 벡터를 팩터로 만들려면 as.factor 함수를 사용해야 한다.

```
> q2Factor <- as.factor(q2)
> q2Factor
 [1] Hockey      Football   Baseball  Curling    Rugby     Lacrosse
 [7] Basketball Tennis     Cricket   Soccer     Hockey    Lacrosse
[13] Hockey     Water Polo Hockey    Lacrosse
11 Levels: Baseball Basketball Cricket Curling Football ... Water Polo
```

출력된 결과를 보면 **q2Factor**의 각 요소들을 출력하고 난 이후에 레벨^{levels}도 함께 출력된다. 팩터의 레벨이라는 것은 팩터 변수의 유니크 값이다. 기술적으로 보면 R은 팩터의 유니크 값에 유니크 정수를 부여하며, 이것을 문자열로 제시하려고 한다. as.numeric 함수를 사용해 확인해보자.

```
> as.numeric(q2Factor)
 [1]  6  5  1  4  8  7  2 10  3  9  6  7  6 11  6  7
```

일반적으로 팩터에서 레벨의 순서는 중요하지 않으며, 레벨은 서로 차이가 없다. 그렇지만 때로는 팩터 레벨의 순서를 이해하는 것이 중요할 수 있다. 이를테면 교육 수준 같은 것을 코딩할 때 그러하다. ordered 인자에 TRUE 값을 주면 순서가 있는 팩터가 되고, levels 인자에서 그 순서를 지정할 수 있다.

```
> factor(x = c("High School", "College", "Masters", "Doctorate"),
+        levels = c("High School", "College", "Masters", "Doctorate"),
+        ordered = TRUE)
[1] High School College    Masters    Doctorate
Levels: High School < College < Masters < Doctorate
```

팩터는 유니크 값만을 저장하기 때문에 변수의 크기를 상당히 줄일 수 있는데, 제대로 사용하지 못하면 골치를 썩게 된다. 이 주제는 이 책의 여기저기서 언급될 것이다.

4.5 함수 호출하기

앞에서 내용을 설명하면서 nchar, length, as.Date과 같은 기초 함수들을 간단하게 사용해봤다. 어느 언어에서나 함수는 매우 중요하고 유용하다. 왜냐하면, 함수는 코드를 재사용할 수 있게 만들어주기 때문이다. R로 작업할 때 거의 대부분의 단계에서 함수를 사용하게 되기 때문에 함수를 제대로 호출하는 방법을 알 필요가 있다. 함수 호출과 관련된 내용은 여러 가지가 있는데, 우리는 반드시 알 필요가 있는 핵심적인 내용에 집중하려고 한다. 물론 이 책의 여기저기에서 함수를 호출하는 여러 가지 사례들을 만나게 될 것이다.

먼저 숫자들의 평균을 계산하는 간단한 mean 함수부터 시작해보자. 가장 간단한 형태는 인자로 하나의 벡터를 취하는 경우다.

```
> mean(x)
[1] 5.5
```

좀 더 복잡한 함수는 여러 인자들을 취하는데, 그 인자들은 순서를 사용해 지정할 수도 있고, 인자 이름을 사용해 지정할 수도 있다. 이런 사례들은 앞으로 자주 접하게 될 것이다.

R은 사용자들이 쉽게 직접 함수를 만들어 사용할 수 있는 기능을 제공하는데, 이것은 8장에서 자세하게 다룰 것이다.

4.6 함수에 대한 도움말 문서

R에서 제공되는 모든 함수는 그에 대한 도움말 문서를 갖고 있다. 물론 문서의 질은 제각각이다. 도움말 문서에 접근하는 가장 쉬운 방법은 함수 이름 앞에 물음표를 사용하는 것으로, ?mean을 사용하는 것이다.

+, *, == 같은 이항 연산자에 대한 도움말을 볼 때는 백틱(`)으로 감싼다.

```
> ?`+`
> ?`*`
> ?`==`
```

함수의 이름을 정확히 모르는 경우 도움말을 확인할 때는 apropos 함수에 함수의 이름 일부를 줘 사용할 수 있다.

```
> apropos("mea")
 [1] ".colMeans"          ".rowMeans"          "colMeans"
 [4] "influence.measures" "kmeans"             "mean"
 [7] "mean.Date"          "mean.default"       "mean.difftime"
[10] "mean.POSIXct"       "mean.POSIXlt"       "rowMeans"
[13] "weighted.mean"
```

4.7 결측값

결측값은 통계와 일반 계산에서 중요한 역할을 하며, R에서는 NA, NULL을 갖고 결측값을 표시한다. 이 둘은 서로 비슷하지만 서로 다른 개념이므로 사용할 때 주의해야 한다.

4.7.1 NA

종종 다양한 이유로 발생하는 결측값을 가진 데이터를 다뤄야 한다. 통계 프로그램은 결측값을 대시, 점 또는 99와 같은 기호를 사용해 결측값을 표현하는 경우가 많다. R은 NA를 사용한다. NA는 어떤 벡터의 하나의 요소의 값으로 사용될 수 있다. is.na 함수는 어떤 벡터의 각 요소가 결측값인지 확인할 때 사용한다.

```
> z <- c(1, 2, NA, 8, 3, NA, 3)
> z
[1]  1  2 NA  8  3 NA  3
> is.na(z)
[1] FALSE FALSE  TRUE FALSE FALSE  TRUE FALSE
```

NA는 일반적인 텍스트처럼 NA를 입력해 값을 준다. 이 값은 아무 벡터에서나 사용 가능하다.

```
> zChar <- c("Hockey", NA, "Lacrosse")
> zChar
[1] "Hockey"   NA         "Lacrosse"
> is.na(zChar)
[1] FALSE  TRUE FALSE
```

만약 어떤 요소의 값이 NA인 벡터에 대해 mean 함수를 적용하면 그 결과는 NA가 된다.

```
> mean(z)
[1] NA
```

na.rm = TRUE로 지정해 mean 함수를 사용하면 결측값을 제외하고 나머지에 값에 대한 평균값을 계산한다.

```
> mean(z, na.rm = TRUE)
[1] 3.4
```

이 방법은 sum, min, max, var, sd 함수들과 18.1절에서 볼 수 있는 다른 함수들에서도 유사하게 사용된다.

결측값을 다루는 것은 통계 분석에서 중요한 부분이다. 분석 대상과 선호하는 것에 따라 매우 많은 테크닉이 있다. 자주 사용되는 테크닉 중 하나는 다중대체multiple imputation로, 이것에 대해서는 앤드류 겔만과 제니퍼 힐의 책 『Data Analsysis Using Regression and Multilevel/Hierachical Models』의 25장에 자세히 설명돼 있다. mi, mice, Amelia와 같은 R 패키지로 구현돼 있다.

4.7.2 NULL

널NULL은 아무것도 없음을 의미한다. 결측값이 아니라 없음을 의미한다. 함수들은 때로는 NULL을 반환하기도 하고, 그 인자들이 NULL 값을 갖기도 한다. NA와 NULL의 중요한 차이점은 NULL은 단독으로 존재하고 벡터 안에 있을 수 없다는 것이다. 만약 벡터 안에 사용하면 그냥 사라진다.

```
> z <- c(1, NULL, 3)
> z
[1] 1 3
```

벡터 z에 값을 NULL 값을 지정해줘도 z에 저장되지 않는다. 실제로 z의 길이는 2이다.

NULL 값을 가졌는지 확인하는 함수는 is.null이다.

```
> d <- NULL
> is.null(d)
```

```
[1] TRUE
> is.null(7)
[1] FALSE
```

NULL 값은 벡터의 일부가 될 수 없으므로 당연히 is.null은 벡터화돼 있지 않다.

4.8 파이프

파이프pipe는 함수를 호출하는 새로운 패러다임이다. magrittr 패키지가 제공하는 파이프 기능은 파이프를 중심으로 왼쪽에 있는 값이나 객체가 파이프의 오른쪽에 오는 함수의 첫 번째 인자로 삽입하는 방식으로 사용된다. 간단히 다음 예에서 x의 값을 mean 함수로 넘겨준다.

```
> library(magrittr)
> mean(x)
[1] 5.5
> x %>% mean
[1] 5.5
```

사용한 방법은 다르지만, 결과는 같다. 파이프는 여러 개의 함수들을 연달아 호출할 때 가장 유용하다. 벡터 z가 숫자와 NA 값을 갖고 있고, 우리는 NA가 몇 개인지 알고자 한다. 전통적인 방법이라면 다음과 같이 함수를 내포하는 방법을 사용한다.

```
> z <- c(1, 2, NA, 8, 3, NA, 3)
> sum(is.na(z))
[1] 2
```

파이프를 사용하면 다음과 같이 코딩할 수 있다.

```
> z %>% is.na %>% sum
[1] 2
```

파이프를 사용하면 자연스럽게 왼쪽에서 오른쪽으로 코드를 읽을 수 있기 때문에 코드를 이해하기가 수월해진다. 해들리 위캄이 파이프 사용이 코드에서 중요한 병목 구간이 되지 않는다고 언급하기는 했지만, 파이프를 사용하는 것이 함수를 내포하는 방식에 비해 약간 느리다.

파이프 기능을 사용해 어떤 객체를 함수로 보낼 때 추가 인자를 사용할 필요가 없는 경우에는 함수에 괄호를 사용할 필요가 없다. 그렇지만 추가 인자를 사용할 때는 이름 뒤에 괄호를 주고 인자를 제공한다. 이때 첫 번째 인자는 파이프의 왼쪽에 있는 객체가 되므로 첫 번째 인자는 넣지 않는다.

```
> z %>% mean(na.rm = TRUE)
[1] 3.4
```

파이프는 14장에서 설명되는 해들리 위캄의 dplyr 패키지에서 적극적으로 사용되기 시작하면서 최근 여러 패키지들에서 광범위하게 사용되고 있다.

4.9 결론

데이터는 여러 가지 형태로 존재하고 R에는 이를 다루기 위한 여러 가지 장치들이 준비돼 있다. 기본 계산에 더해 숫자형, 문자열, 날짜와 시간 데이터를 처리할 수 있다. 프로그래밍에 대한 다른 생각을 할 필요가 있기는 하지만, R로 작업할 때 좋은 점 중 하나는 벡터화다. 이것을 사용하면 벡터의 여러 요소들에 대해 동시에 계산을 실행할 수 있으며, 빠르고 간결하게 코딩할 수 있다.

고급 데이터 구조

때로는 데이터가 복잡해 단순한 벡터 이상의 저장소가 필요할 수 있다. R에는 이에 대비해 여러 가지 데이터 구조를 갖추고 있다. 가장 흔히 사용되는 것으로 데이터 프레임data.frame, 행렬matrix, 리스트list, 배열array 등이 있다. 이 가운데 데이터 프레임은 스프레드시트를 사용해본 사람, 행렬은 행렬 수학을 했던 사람, 리스트는 프로그래머에게 익숙하게 느껴질 것이다.

5.1 데이터 프레임

아마도 R에서 가장 유용한 데이터 구조가 데이터 프레임일 것이다. 데이터 프레임은 R을 편하게 사용할 수 있게 해주는 대표 요인으로 꼽힌다.

겉으로 데이터 프레임은 열과 행을 가진 엑셀 스프레드시트와 닮았다. 통계학적 관점으로 보면 각 열은 하나의 변수고, 각 행은 관측 개체다.

R의 관점에서 보면 데이터 프레임의 각 열은 하나의 벡터고, 하나의 데이터 프레임을 구성하는 열은 모두 길이가 같다. 이 점은 각각의 열이 서로 다른 데이터 유형을 가질 수 있게 만들어주기 때문에 중요하다(4.3절 참고). 그리고 각 열이 하나의 벡터이기 때문에 해당 열의 요소들은 모두 같은 데이터 유형이라야 한다.

데이터 프레임을 만드는 데에는 여러 가지 방법이 있는데, 가장 간단한 것은 data.frame 함수를 사용하는 것이다. 간단한 벡터 x, y, q를 갖고 기초적인 데이터 프레임을 만들어보자.

```
> x <- 10:1
> y <- -4:5
> q <- c("Hotkey", "Football", "Baseball", "Curling", "Rugby",
+        "Lacrosse", "Basketball", "Tennis", "Cricket", "Soccer")
> theDF <- data.frame(x, y, q)
> theDF
    x  y          q
1  10 -4     Hotkey
2   9 -3   Football
3   8 -2   Baseball
4   7 -1    Curling
5   6  0      Rugby
6   5  1   Lacrosse
7   4  2 Basketball
8   3  3     Tennis
9   2  4    Cricket
10  1  5     Soccer
```

이것은 3개의 벡터로 구성된 10행 3열의 데이터 프레임을 만든다. theDF의 이름은 원래 벡터의 이름이 되는 것에 주목하기 바란다. 데이터 프레임을 만드는 과정에서 이름을 별도로 부여할 수도 있는데 이 방법을 사용하는 것이 더 좋다.

```
> theDF <- data.frame(First = x, Second = y, Sport = q)
> theDF
   First Second      Sport
1     10     -4     Hotkey
2      9     -3   Football
3      8     -2   Baseball
4      7     -1    Curling
5      6      0      Rugby
6      5      1   Lacrosse
7      4      2 Basketball
8      3      3     Tennis
9      2      4    Cricket
10     1      5     Soccer
```

데이터 프레임은 여러 속성을 가진 복잡한 객체다. 가장 흔히 사용되는 속성은 행과 열의 개수다. 이 값을 계산하는 함수가 당연히 준비돼 있는데, ncol과 nrow 함수가 바로 그것이다. dim 함수를 사용하면 두 값을 동시에 반환한다.

```
> nrow(theDF)
[1] 10
> ncol(theDF)
[1] 3
> dim(theDF)
[1] 10  3
```

열의 이름은 names 함수를 사용해 간단히 알아낼 수 있다. 이것은 열들의 이름을 문자열 벡터로 반환한다. 벡터이기 때문에 일반적인 벡터에서 마찬가지 방법을 사용해 개별 요소값에 접근할 수 있다.

```
> names(theDF)
[1] "First"  "Second" "Sport"
> names(theDF)[3]
[1] "Sport"
```

데이터 프레임에서 행의 이름을 확인하거나 행에 이름을 할당할 수 있다.

```
> rownames(theDF)
 [1] "1"  "2"  "3"  "4"  "5"  "6"  "7"  "8"  "9"  "10"
> rownames(theDF) <- c("One", "Two", "Three", "Four", "Five", "Six", "Seven",
+                      "Eight", "Nine", "Ten")
> rownames(theDF)
 [1] "One"   "Two"   "Three" "Four"  "Five"  "Six"   "Seven" "Eight"
 [9] "Nine"  "Ten"
> # 일반적인 인덱스로 다시 돌려놓기
> rownames(theDF) <- NULL
> rownames(theDF)
 [1] "1"  "2"  "3"  "4"  "5"  "6"  "7"  "8"  "9"  "10"
```

일반적으로 데이터 프레임은 많은 행을 갖고 있어서 스크린에 출력하기 어려울 수 있는데, 이경우 head 함수를 사용해 처음 몇 개의 행만을 출력하게 할 수 있다.

```
> head(theDF)
First Second    Sport
1    10     -4   Hotkey
```

```
2     9     -3 Football
3     8     -2 Baseball
4     7     -1  Curling
5     6      0    Rugby
6     5      1 Lacrosse
> head(theDF, n = 7)
First Second        Sport
1    10    -4      Hotkey
2     9    -3     Football
3     8    -2     Baseball
4     7    -1      Curling
5     6     0        Rugby
6     5     1     Lacrosse
7     4     2   Basketball
> tail(theDF)
   First Second        Sport
5      6      0        Rugby
6      5      1     Lacrosse
7      4      2   Basketball
8      3      3       Tennis
9      2      4      Cricket
10     1      5       Soccer
```

다른 변수들과 마찬가지로 class 함수를 사용해 데이터 프레임의 클래스를 체크할 수 있다.

```
> class(theDF)
[1] "data.frame"
```

데이터 프레임의 각 열은 개별적인 벡터이기 때문에 각각은 고유의 클래스를 가진다. 개별적인 열에 접근하는 데에는 여러 가지 방법이 있다. 흔히 사용되는 것으로 $ 연산자와 대괄호([])가 있다. theDF$Sport를 실행하면 theDF의 세 번째 열을 반환한다. 이 방법을 사용해 이름을 갖고 특정 열에 접근할 수 있다.

```
> theDF$Sport
 [1] Hotkey     Football   Baseball   Curling    Rugby      Lacrosse
 [7] Basketball Tennis     Cricket    Soccer
10 Levels: Baseball Basketball Cricket Curling Football ... Tennis
```

벡터에서와 마찬가지로 대괄호에 위치값을 전달해 특정 셀에 접근할 수 있다. 이 경우 하나의 위치가 아닌 2개의 위치값을 사용한다. 처음은 행 번호고, 두 번째는 열 번호다. 그래서 3 행 2 열의 값에 접근할 때 theDF[3, 2]를 사용한다.

```
> theDF[3, 2]
[1] -2
```

하나 이상의 행, 열을 지정하고 싶은 경우에는 인덱스 값을 벡터로 지정한다.

```
> # 3행, 2열에서 3열까지
> theDF[3, 2:3]
  Second    Sport
3     -2 Baseball
> # 3, 5행, 2열
> # 열이 하나만 선택되기 때문에 하나의 벡터를 반환해서
> # 열 이름이 출력되지 않는다.
> theDF[c(3, 5), 2]
[1] -2  0
> # 3, 5행, 2, 3열
> theDF[c(3, 5), 2:3]
  Second    Sport
3     -2 Baseball
5      0    Rugby
```

하나의 전체 행에 접근할 때는 해당 행을 지정하고 열에는 어떤 것을 지정하지 않고 비워둔다. 마찬가지로 하나의 전체 열에 접근할 때는 해당 열을 지정하고 행은 지정하지 않고 비워둔다.

```
> # 3열 전체
> # 하나의 열이기 때문에 벡터가 반환된다.
> theDF[, 3]
 [1] Hotkey     Football   Baseball   Curling    Rugby      Lacrosse
 [7] Basketball Tennis     Cricket    Soccer
10 Levels: Baseball Basketball Cricket Curling Football ... Tennis
> # 2, 3열 전체
> theDF[, 2:3]
  Second    Sport
1     -4   Hotkey
```

```
2      -3   Football
3      -2   Baseball
4      -1    Curling
5       0     Rugby
6       1   Lacrosse
7       2 Basketball
8       3     Tennis
9       4    Cricket
10      5     Soccer
> # 2행 전체
> theDF[2, ]
First Second     Sport
2     9     -3 Football
> # 2행에서 4행까지
> theDF[2:4, ]
First Second     Sport
2     9     -3 Football
3     8     -2 Baseball
4     7     -1  Curling
```

이름을 사용해 여러 개의 열에 접근할 때는 이름을 문자열 벡터로 지정한다.

```
> theDF[, c("First", "Sport")]
   First      Sport
1     10     Hotkey
2      9   Football
3      8   Baseball
4      7    Curling
5      6      Rugby
6      5   Lacrosse
7      4 Basketball
8      3     Tennis
9      2    Cricket
10     1     Soccer
```

특정 열에 접근하는 다른 방법은 열 이름이나 위치값을 대괄호의 두 번째 인자로 사용하거나 단일 또는 이중 대괄호 안에서 단지 하나의 인자로 사용하는 것이다.

```
> # "Sport" 열만 선택
> # 하나의 열만 반환하므로 벡터를 반환
> theDF[, "Sport"]
 [1] Hotkey     Football   Baseball   Curling    Rugby      Lacrosse
 [7] Basketball Tennis     Cricket    Soccer
10 Levels: Baseball Basketball Cricket Curling Football ... Tennis
> class(theDF[, "Sport"])
[1] "factor"
> # "Sport" 열만
> # 이 경우는 한 열을 가진 데이터 프레임을 반환
> theDF["Sport"]
        Sport
1       Hotkey
2       Football
3       Baseball
4       Curling
5       Rugby
6       Lacrosse
7    Basketball
8       Tennis
9       Cricket
10      Soccer
> class(theDF)
[1] "data.frame"
> # "Sport" 열만
> # 다음은 팩터형 벡터를 반환
> theDF[["Sport"]]
 [1] Hotkey     Football   Baseball   Curling    Rugby      Lacrosse
 [7] Basketball Tennis     Cricket    Soccer
10 Levels: Baseball Basketball Cricket Curling Football ... Tennis
> class(theDF[["Sport"]])
[1] "factor"
```

잘 살펴보면, 이런 방법들의 결과가 조금씩 다름을 알 수 있다. 어떤 경우에는 벡터가 반환되고, 또 어떤 경우에는 하나의 열을 가진 데이터 프레임을 반환한다. 단일 대괄호를 사용하면서 하나의 열을 가진 데이터 프레임을 반환하는 것을 명시적으로 지정하는 방법은 drop=FALSE라는 세 번째 인자를 사용하는 것이다. 이것은 인덱스를 사용할 때도 적용된다.

```
> theDF[, "Sport", drop=FALSE]
           Sport
1         Hotkey
2       Football
3       Baseball
4        Curling
5          Rugby
6       Lacrosse
7     Basketball
8         Tennis
9        Cricket
10        Soccer
> class(theDF[, "Sport", drop=FALSE])
[1] "data.frame"
> theDF[, 3, drop=FALSE]
           Sport
1         Hotkey
2       Football
3       Baseball
4        Curling
5          Rugby
6       Lacrosse
7     Basketball
8         Tennis
9        Cricket
10        Soccer
> class(theDF[, 3, drop=FALSE])
[1] "data.frame"
```

4.4.2절에서 팩터는 특별한 방식으로 저장된다는 것을 봤다. 이런 팩터들이 데이터 프레임에서 어떻게 구현되는지 보기 위해 model.matrix 함수를 사용해 지표 변수(또는 가변수)를 만들어보자. 이것은 팩터의 각 레벨에 대해 하나의 열을 만들고, 행이 레벨 값을 포함하고 있으면 1을, 그렇지 않으면 0 값이 부여되게 한다.

```
> newFactor <- factor(c("Pennsylvania", "New York", "New Jersey",
+                       "New York", "Tennessee", "Massachusetts",
+                       "Pennsylvania", "New York"))
> model.matrix( ~ newFactor - 1)
```

```
       newFactorMassachusetts newFactorNew Jersey newFactorNew York
1                           0                   0                 0
2                           0                   0                 1
3                           0                   1                 0
4                           0                   0                 1
5                           0                   0                 0
6                           1                   0                 0
7                           0                   0                 0
8                           0                   0                 1
       newFactorPennsylvania newFactorTennessee
1                          1                  0
2                          0                  0
3                          0                  0
4                          0                  0
5                          0                  1
6                          0                  0
7                          1                  0
8                          0                  0
attr(,"assign")
[1] 1 1 1 1 1
attr(,"contrasts")
attr(,"contrasts")$newFactor
[1] "contr.treatment"
```

model.matrix 함수 안에 사용되는 포뮬러에 대해서는 11.2절, 14.3.2절과 18, 19장에서 다시 배우게 될 것이다.

5.2 리스트

때로는 어떤 컨테이너가 같은 타입의 데이터뿐만 아니라 다른 타입의 데이터를 보관할 수 있게 할 필요가 있다. R에서 이런 역할을 하는 것이 리스트list이다. 리스트는 타입에 제한이 없고, 또 그 숫자에 제한이 없다. 그래서 리스트는 숫자형 벡터, 문자형 벡터, 이들을 혼합한 경우, 데이터 프레임, 심지어 리스트 자체를 가질 수도 있다.

리스트는 list라는 함수를 만들고, 이 함수의 각 인자가 리스트의 한 요소가 된다.

```
> # 3개의 요소를 가진 리스트 만들기
> list(1, 2, 3)

[[1]]
[1] 1

[[2]]
[1] 2

[[3]]
[1] 3

> # 하나의 요소를 가진 리스트 만들기
> # 하나의 요소가 3개의 요소를 가진 벡터다.
> list(c(1, 2, 3))

[[1]]
[1] 1 2 3

> # 2개의 요소를 가진 리스트
> # 처음은 3개의 요소를 가진 벡터이고
> # 두 번째는 5개의 요소를 가진 벡터다.
> (list3 <- list(c(1, 2, 3), 3:7))

[[1]]
[1] 1 2 3

[[2]]
[1] 3 4 5 6 7

> # 2개의 요소를 가진 리스트
> # 첫 번째는 데이터 프레임
> # 두 번째는 10개의 요소를 가진 벡터다.
> list(theDF, 1:10)

[[1]]
  First Second     Sport
1    10     -4    Hotkey
2     9     -3  Football
3     8     -2  Baseball
```

```
4      7    -1    Curling
5      6     0     Rugby
6      5     1   Lacrosse
7      4     2 Basketball
8      3     3    Tennis
9      2     4    Cricket
10     1     5    Soccer

[[2]]
 [1]  1  2  3  4  5  6  7  8  9 10
```

```
> # 3개의 요소를 가진 리스트
> # 첫 번째는 데이터 프레임
> # 두 번째는 벡터
> # 세 번째는 2개의 벡터를 가진 list3이다.
> list5 <- list(theDF, 1:10, list3)
> list5
```

```
[[1]]
   First Second      Sport
1     10    -4      Hotkey
2      9    -3    Football
3      8    -2    Baseball
4      7    -1     Curling
5      6     0       Rugby
6      5     1    Lacrosse
7      4     2  Basketball
8      3     3      Tennis
9      2     4     Cricket
10     1     5      Soccer

[[2]]
 [1]  1  2  3  4  5  6  7  8  9 10

[[3]]
[[3]][[1]]
[1] 1 2 3

[[3]][[2]]
[1] 3 4 5 6 7
```

앞에서 list3을 만들 때 표현식을 괄호로 감싸면, 해당 표현식을 실행한 후에 결과를 자동으로 출력한다는 점을 주목한다.

데이터 프레임과 마찬가지로 리스트 역시 이름을 가질 수 있다. 각 요소들은 유니크한 이름을 가질 수 있으며, names라는 함수를 사용해 그 값을 확인하거나 이름을 할당할 수 있다.

```
> names(list5)
NULL
> names(list5) <- c("data.frame", "vector", "list")
> names(list5)
[1] "data.frame" "vector"     "list"
> list5
$data.frame
   First Second       Sport
1     10     -4      Hotkey
2      9     -3    Football
3      8     -2    Baseball
4      7     -1     Curling
5      6      0       Rugby
6      5      1    Lacrosse
7      4      2  Basketball
8      3      3      Tennis
9      2      4     Cricket
10     1      5      Soccer

$vector
 [1]  1  2  3  4  5  6  7  8  9 10


$list
$list[[1]]
[1] 1 2 3

$list[[2]]
[1] 3 4 5 6 7
```

이름은 list 함수를 사용해 리스트를 만들 때, 이름-값 쌍의 형식을 사용해 지정할 수도 있다.

```
> list6 <- list(theDataFrame = theDF, TheVector = 1:10, TheList = list3)
> names(list6)
[1] "theDataFrame" "TheVector"      "TheList"
> list6
$theDataFrame
   First Second       Sport
1     10     -4      Hotkey
2      9     -3    Football
3      8     -2    Baseball
4      7     -1     Curling
5      6      0       Rugby
6      5      1    Lacrosse
7      4      2  Basketball
8      3      3      Tennis
9      2      4     Cricket
10     1      5      Soccer

$TheVector
 [1]  1  2  3  4  5  6  7  8  9 10

$TheList
$TheList[[1]]
[1] 1 2 3

$TheList[[2]]
[1] 3 4 5 6 7
```

특정 크기를 가진 빈 리스트를 만들 때는 약간 헷갈릴 수 있는데, vector 함수를 사용한다.

```
> (emptyList <- vector(mode = "list", length = 4))
[[1]]
NULL

[[2]]
NULL

[[3]]
NULL
```

```
[[4]]
NULL
```

리스트에서 개별 요소에 접근할 때는 이중 대괄호를 사용하고, 위치값이나 이름을 지정한다. 이렇게 하면 한 번에 단 하나의 요소에 접근한다.

```
> list5[[1]]
   First Second      Sport
1     10     -4     Hotkey
2      9     -3   Football
3      8     -2   Baseball
4      7     -1    Curling
5      6      0      Rugby
6      5      1   Lacrosse
7      4      2 Basketball
8      3      3     Tennis
9      2      4    Cricket
10     1      5     Soccer
> list5[["data.frame"]]
   First Second      Sport
1     10     -4     Hotkey
2      9     -3   Football
3      8     -2   Baseball
4      7     -1    Curling
5      6      0      Rugby
6      5      1   Lacrosse
7      4      2 Basketball
8      3      3     Tennis
9      2      4    Cricket
10     1      5     Soccer
```

일단 하나의 요소를 가져오고 나면, 그것을 사용해 다시 인덱싱을 실행해 실제 값을 사용할 수 있다.

```
> list5[[1]]$Sport
 [1] Hotkey     Football   Baseball   Curling    Rugby      Lacrosse
 [7] Basketball Tennis     Cricket    Soccer
10 Levels: Baseball Basketball Cricket Curling Football ... Tennis
```

```
> list5[[1]][, "Second"]
 [1] -4 -3 -2 -1  0  1  2  3  4  5
> list5[[1]][, "Second", drop = FALSE]
   Second
1      -4
2      -3
3      -2
4      -1
5       0
6       1
7       2
8       3
9       4
10      5
```

아직 존재하지 않는 숫자 또는 이름에 대한 인덱스를 사용해 리스트에 요소를 추가할
수 있다.

```
> # 현재의 길이
> length(list5)
[1] 3
> # 이름이 없는 네 번째 요소 추가
> list5[[4]] <- 2
> length(list5)
[1] 4
> # 다섯 번째 이름을 갖고 요소를 추가
> list5[['NewElement']] <- 3:6
> length(list5)
[1] 5
> list5
$data.frame
   First Second      Sport
1     10     -4      Hotkey
2      9     -3    Football
3      8     -2    Baseball
4      7     -1     Curling
5      6      0       Rugby
6      5      1    Lacrosse
7      4      2  Basketball
```

```
8     3      3     Tennis
9     2      4     Cricket
10    1      5     Soccer

$vector
 [1]  1  2  3  4  5  6  7  8  9 10

$list
$list[[1]]
[1] 1 2 3

$list[[2]]
[1] 3 4 5 6 7

[[4]]
[1] 2

$NewElement
[1] 3 4 5 6
```

가끔 기존의 리스트(또는 벡터, 데이터 프레임에도 마찬가지임)에 요소를 추가해 새로운 리스트를 만드는 것은 나쁘지 않지만, 자주 사용하는 것은 그다지 좋지 않다. 계산이라는 측면에서 보면 효율적이지 않은 방식이기 때문이다. 그래서 가급적 원하는 마지막 길이를 가진 리스트를 미리 만들어 저장 공간을 확보해 놓고, 필요한 경우에 인덱스를 사용해 그 위치에 값을 추가하는 것이 좋다.

5.3 행렬

행렬matrices은 통계학에서 수학적인 계산을 할 때 핵심적인 역할을 한다. 행렬은 행과 열을 가진 사각형이라는 점에서는 데이터 프레임과 유사하지만, 행렬에 포함된 모든 값은 그 열에 관계 없이 모두 같은 데이터 유형을 갖고 있다는 점이 다르다. 대부분은 숫자값을 가진다. 그리고 행렬은 벡터와 비슷하게 같은 위치에 있는 요소 대 요소끼리 연산이 이뤄진다. 데이터 프레임에서 사용했던 nrow, ncol, dim 함수도 행렬에 적용할 수 있다.

```
> # 5x2 행렬 만들기
> A <- matrix(1:10, nrow = 5)
> # 또 다른 5x2 행렬을 만든다.
> B <- matrix(21:30, nrow =5)
> # 또 다른 5x2 행렬을 만든다.
> C <- matrix(21:40, nrow=2)
> A
     [,1] [,2]
[1,]    1    6
[2,]    2    7
[3,]    3    8
[4,]    4    9
[5,]    5   10
> B
     [,1] [,2]
[1,]   21   26
[2,]   22   27
[3,]   23   28
[4,]   24   29
[5,]   25   30
> C
     [,1] [,2] [,3] [,4] [,5] [,6] [,7] [,8] [,9] [,10]
[1,]   21   23   25   27   29   31   33   35   37    39
[2,]   22   24   26   28   30   32   34   36   38    40
> nrow(A)
[1] 5
> ncol(A)
[1] 2
> dim(A)
[1] 5 2
> # 더하기
> A + B
     [,1] [,2]
[1,]   22   32
[2,]   24   34
[3,]   26   36
[4,]   28   38
[5,]   30   40
> # 곱하기
> A * B
```

```
      [,1] [,2]
[1,]   21  156
[2,]   44  189
[3,]   69  224
[4,]   96  261
[5,]  125  300
> # 요소가 서로 같은지 비교
> A == B
        [,1]   [,2]
[1,] FALSE FALSE
[2,] FALSE FALSE
[3,] FALSE FALSE
[4,] FALSE FALSE
[5,] FALSE FALSE
```

수학에서 사용되는 행렬 곱은 왼쪽 행렬의 열의 개수와 오른쪽 행렬의 행의 개수가 같을 때 실행할 수 있다. 앞에서는 A, B 행렬 모두 5X2 행렬이기 때문에 B 행렬을 전치^{transpose}해 곱을 실행할 수 있다.

```
> A %*% t(B)
      [,1] [,2] [,3] [,4] [,5]
[1,]  177  184  191  198  205
[2,]  224  233  242  251  260
[3,]  271  282  293  304  315
[4,]  318  331  344  357  370
[5,]  365  380  395  410  425
```

또 데이터 프레임과 비슷한 것은 행렬은 행과 열 이름을 가질 수 있다는 점이다.

```
> colnames(A)
NULL
> rownames(A)
NULL
> colnames(A) <- c("Left", "Right")
> rownames(A) <- c("1st", "2nd", "3rd", "4th", "5th")
>
> colnames(B)
NULL
> rownames(B)
```

```
NULL
> colnames(B) <- c("First", "Second")
> rownames(B) <- c("One", "Two", "Three", "Four", "Five")
>
> colnames(C)
NULL
> rownames(C)
NULL
> colnames(C) <- LETTERS[1:10]
> rownames(C) <- c("Top", "Bottom")
```

R에는 letters, LETTERS라는 특별한 벡터가 있는데, 여기에는 소문자, 대문자 알파벳이 들어 있다.

행렬을 전치하고 곱을 실행할 때 어떤 현상이 발생하는지 관찰해보자. 행렬을 전치하면 행과 열의 이름을 바꾼다. 행렬 곱은 왼쪽 행렬의 행의 이름, 오른쪽 행렬의 열의 이름을 유지한다.

```
> t(A)
      1st 2nd 3rd 4th 5th
Left    1   2   3   4   5
Right   6   7   8   9  10
> A %*% C
      A   B   C   D   E   F   G   H   I   J
1st 153 167 181 195 209 223 237 251 265 279
2nd 196 214 232 250 268 286 304 322 340 358
3rd 239 261 283 305 327 349 371 393 415 437
4th 282 308 334 360 386 412 438 464 490 516
5th 325 355 385 415 445 475 505 535 565 595
```

5.4 배열

배열Arrays은 본질적으로 다차원의 벡터다. 배열의 값은 모두 같은 데이터 유형을 가져야 하고, 대괄호를 사용해 개별 값에 접근할 수 있다. 첫 번째 요소는 행 인덱스, 두 번째는 열 인덱스, 나머지는 외부 차원이다.

```
> theArray <- array(1:12, dim = c(2, 3, 2))
> theArray
, , 1

     [,1] [,2] [,3]
[1,]    1    3    5
[2,]    2    4    6

, , 2

     [,1] [,2] [,3]
[1,]    7    9   11
[2,]    8   10   12
> theArray[1, , ]
     [,1] [,2]
[1,]    1    7
[2,]    3    9
[3,]    5   11
> theArray[1, , 1]
[1] 1 3 5
> theArray[, , 1]
     [,1] [,2] [,3]
[1,]    1    3    5
[2,]    2    4    6
```

배열과 행렬의 주요한 차이는 행렬은 2차원에 한정돼 있는 반면, 배열은 임의 차원을
가질 수 있다는 점이다.

5.5 결론

데이터는 여러 가지 유형과 구조를 가질 수 있고, 이것을 분석할 때 이런 점이 여러 문
제를 유발하기도 하지만, R은 이것에 차분하게 대응할 수 있는 기능을 갖고 있다. 가장
흔히 사용되는 데이터 구조는 1차원의 벡터고, 벡터는 R에서 모든 것의 기초를 형성한
다. 가장 강력한 데이터 구조는 데이터 프레임으로, 다른 언어들이 갖고 있지 못한 특별
한 기능을 갖고 있다. 이것은 스프레드시트처럼 여러 종류의 데이터 유형을 한꺼번에
다룰 수 있다. 리스트는 펄 언어의 해시처럼 여러 종류의 아이템을 저장할 때 유용하다.

R로 데이터 읽어 오기

이제 우리는 R의 기본 기능을 공부했으므로, 이제 데이터를 로딩하는 방법을 배워보자. R에서 흔히 있는 일이지만 데이터를 읽어 오는 방법은 다양하다. 가장 흔한 경우는 콤마 구분값^{csv} 파일의 데이터를 읽어 오는 것이다. 물론 다른 방법도 많다.

6.1 CSV 파일 읽기

CSV 파일[1]에 있는 데이터를 읽는 가장 좋은 방법은 read.table 함수를 사용하는 것이다. read.csv 함수도 많이 사용되는데, 이 함수는 read.table 함수를 약간 변형한 것으로, 구분자인 sep 인자의 디폴트로 콤마(,)로 설정돼 있다. read.table 함수로 파일을 읽으면 그 내용이 데이터 프레임으로 저장된다.

read.table 함수의 첫 번째 인자는 읽을 파일에 대한 완전한 경로다. 파일은 디스크에 있을 수도 있고, 웹에 있을 수도 있다. 이 책에서는 웹에서 읽는 방법을 설명한다.

아무 CSV 파일이나 가능하지만, 우리는 http://www.jaredlander.com/data/TomatoFirst.csv에 아주 간단한 파일을 하나 올려놓고 사용하려고 한다. read.table 함수를 사용해 이 파일을 읽어보자.

```
> theUrl <- http://www.jaredlander.com/data/TomatoFirst.csv
> tomato <- read.table(file = theUrl, header = TRUE, sep = ",")
```

---

1 CSV 파일에 숫자, 텍스트, 날짜나 기타 데이터를 넣을 수 있지만, 보통은 텍스트 형태로 저장돼 있어서 아무 텍스트 에디터로 모두 열 수 있다.

그 내용을 head 함수를 사용해 살펴보자.

```
> head(tomato)
  Round          Tomato Price      Source Sweet Acid Color Texture
1     1        Simpson SM  3.99 Whole Foods   2.8  2.8   3.7     3.4
2     1  Tuttorosso (blue)  2.99     Pioneer   3.3  2.8   3.4     3.0
3     1 Tuttorosso (green)  0.99     Pioneer   2.8  2.6   3.3     2.8
4     1     La Fede SM DOP  3.99   Shop Rite   2.6  2.8   3.0     2.3
5     2       Cento SM DOP  5.49  D Agostino   3.3  3.1   2.9     2.8
6     2      Cento Organic  4.99  D Agostino   3.2  2.9   2.9     3.1
  Overall Avg.of.Totals Total.of.Avg
1     3.4          16.1         16.1
2     2.9          15.3         15.3
3     2.9          14.3         14.3
4     2.8          13.4         13.4
5     3.1          14.4         15.2
6     2.9          15.5         15.1
```

앞에서 설명한 대로 첫 번째 인자는 파일 경로다. file, header, sep와 같은 인자 이름을 명시적으로 사용한 것에 주의할 필요가 있다. 4.5절에서 설명한 대로 함수 인자는 인자의 이름을 사용하는 대신 그 위치로 지정할 수도 있지만, 이렇게 인자를 명시적으로 사용하는 것은 좋은 습관이다.

두 번째 인자인 header는 데이터의 첫 행이 열 이름으로 사용되고 있는지를 지정한다. 세 번째 인자 sep는 데이터 셀들을 구분하는 기호를 지정한다. 이 값을 \t(탭) 또는 ;(세미콜론) 등으로 지정하면 이것들을 사용해 구분한 파일을 읽을 수 있다.

잘 알려지지 않았지만 유용한 인자가 stringsAsFactors이다. 이것을 FALSE 값으로 지정하면(디폴트는 TRUE) 문자를 값으로 갖는 열들이 팩터 열로 변환되는 것을 막을 수 있다. 이렇게 하면 실행 속도가 올라가고, 해당 열을 문자로 유지하기 때문에 나중에 다루기 쉽다. 파일에 문자값을 갖는 열들이 많고, 문자가 유니크 값을 많이 가질 때는 읽는 속도에서 큰 차이를 보일 수 있다.

5.1절에서 언급하지는 않았지만 stringsAsFactors 인자는 data.frame 함수에서도 사용된다. 앞에서 사용한 예를 갖고 다시 데이터 프레임을 만들어보자. 이번에는 이 인자를 사용해보자.

```
> x <- 10:1
> y <- -4:5
> q <- c("Hockey", "Football", "Baseball", "Curling", "Rugby", "Lacrosse",
+        "Basketball", "Tennis", "Cricket", "Soccer")
> theDF <- data.frame(First = x, Second = y, Sport = q, stringsAsFactors = FALSE)
> theDF$Sport
 [1] "Hockey"     "Football"   "Baseball"   "Curling"    "Rugby"
 [6] "Lacrosse"   "Basketball" "Tennis"     "Cricket"    "Soccer"
```

이외에도 read.table 함수에는 더 많은 인자가 있다. 유용한 것으로 quote가 있는데, 이것은 인용 부호로 사용되는 문자를 지정하고, colClasses는 각 열의 데이터 유형을 지정하는 데 사용된다.

read.csv 함수뿐만 아니라 read.table 함수를 상황에 맞게 바꾼 여러 가지 함수들도 있다. 이 함수들은 몇 개의 인자에 대해 상황에 맞게 디폴트 값이 미리 설정돼 있다. 주된 차이는 sep, dec 인자의 값이다. 표 6.1에 정리했다.

표 6.1 플레인 텍스트 데이터를 읽는 데 사용되는 함수들과 인자들의 디폴트 값

함수	sep	dec
read.table	비어 있음	.
read.csv	,	.
read.csv2	;	,
read.delim	\t	.
read.delim2	\t	,

큰 파일을 read.table 함수를 사용해 메모리로 읽어 오는 것은 느린데, 몇 개의 대안이 존재한다. 6.1.1절에서 소개할 해들리 위캄의 readr 패키지에 있는 read_delim 함수와 6.1.2절에서 소개할 data.table 패키지에 있는 fread 함수는 큰 CSV 파일을 읽을 때 상당한 두각을 나타낸다. 둘 다 모두 빠르고, 문자를 팩터로 의도하지 않게 변환하거나 하지 않는다.

6.1.1 read_delim

readr 패키지는 텍스트 파일을 읽는 데 사용하는 일련의 함수들을 제공한다. 가장 자주 사용되는 것은 CSV 파일과 같이 데이터들이 어떤 기준에 의해 구분돼 기록돼 있는 것을 읽는 read_delim 함수다. 이 함수의 첫 번째 인자는 읽을 파일에 대한 경로 또는 URL이다. col_names 인자는 기본값이 TRUE로 설정돼 있는데, 이것은 파일에 있는 첫 번째 행이 열의 이름으로 사용되도록 한다는 의미를 가진다.

```
> library(readr)
> theUrl <- http://www.jaredlander.com/data/TomatoFirst.csv
> tomato2 <- read_delim(file = theUrl, delim = ',')
Parsed with column specification:
cols(
Round = col_integer(),
  Tomato = col_character(),
  Price = col_double(),
  Source = col_character(),
  Sweet = col_double(),
  Acid = col_double(),
  Color = col_double(),
  Texture = col_double(),
  Overall = col_double(),
  `Avg of Totals` = col_double(),
  `Total of Avg` = col_double()
)
```

read_delim 함수를 실행하고 나면 열의 이름과 해당 열이 저장하고 있는 데이터의 타입을 보여주는 메시지가 출력된다. 데이터는 head 함수 등을 사용해볼 수 있다. read_delim 함수를 비롯해 readr 패키지에 있는 모든 함수는 tibble(티블이라고 읽는다) 객체를 반환한다. 티블 객체는 데이터 프레임을 확장한 것으로, 12.2절에서 다시 설명한다. 눈으로 봤을 때 티블이 일반 데이터 프레임과 차이 나는 점은 행과 열의 개수, 열의 데이터 유형 등과 같은 메타데이터가 출력된다는 점이다. 티블은 또 현재의 스크린의 크기에 맞춰 행과 열을 보여주기 때문에 보기에 편하다.

```
> tomato2
# A tibble: 16 x 11
   Round                 Tomato Price        Source Sweet  Acid Color
```

	<int>		<chr>	<dbl>		<chr>	<dbl>	<dbl>	<dbl>
1	1		Simpson SM	3.99		Whole Foods	2.8	2.8	3.7
2	1		Tuttorosso (blue)	2.99		Pioneer	3.3	2.8	3.4
3	1		Tuttorosso (green)	0.99		Pioneer	2.8	2.6	3.3
4	1		La Fede SM DOP	3.99		Shop Rite	2.6	2.8	3.0
5	2		Cento SM DOP	5.49		D Agostino	3.3	3.1	2.9
6	2		Cento Organic	4.99		D Agostino	3.2	2.9	2.9
7	2		La Valle SM	3.99		Shop Rite	2.6	2.8	3.6
8	2		La Valle SM DOP	3.99		Faicos	2.1	2.7	3.1
9	3		Stanislaus Alta Cucina	4.53	Restaurant Depot		3.4	3.3	4.1
10	3		Ciao	NA		Other	2.6	2.9	3.4
11	3		Scotts Backyard SM	0.00		Home Grown	1.6	2.9	3.1
12	3	Di Casa Barone (organic)		12.80		Eataly	1.7	3.6	3.8
13	4		Trader Joes Plum	1.49		Trader Joes	3.4	3.3	4.0
14	4		365 Whole Foods	1.49		Whole Foods	2.8	2.7	3.4
15	4		Muir Glen Organic	3.19		Whole Foods	2.9	2.8	2.7
16	4		Bionature Organic	3.39		Whole Foods	2.4	3.3	3.4

```
# ... with 4 more variables: Texture <dbl>, Overall <dbl>, `Avg of
#   Totals` <dbl>, `Total of Avg` <dbl>
```

read_delim 함수의 장점이 read.table 함수보다 빠르다는 데만 있지는 않다. read_delim 함수는 stringsAsFactors 값을 FALSE로 놓은 상태와 같이 작동하며, 심지어 이것을 바꿀 수 없게 인자를 제공하지도 않는다. read_csv, read_csv2, read_tsv 함수는 데이터 구분자가 각각 콤마(,), 세미콜론(;), 탭(\t)으로 돼 있을 때 사용되는 read_delim 함수의 특수한 경우다. 이들 함수는 데이터를 읽어 tbl_df라는 객체로 반환하는데 이는 tbl 객체의 확장이고, tbl은 데이터 프레임을 확장한 것이다. tbl 객체는 dplyr 패키지에서 정의된 특수한 데이터 프레임으로 12.2절에서 설명한다. 티블의 장점은 열 이름 아래 데이터 유형이 표시된다는 것이다.

6.1.2 fread

큰 데이터를 빠르게 읽는 또 하나의 옵션은 data.table 패키지에 있는 fread 함수다. 이함수의 첫 번째 인자는 읽을 파일에 대한 경로 또는 URL이다. header 인자는 파일의 첫행이 열 이름으로 사용되는지 여부를 가리키고, sep 인자는 값을 무엇으로 구분하는지 지정한다. stringsAsFactors 인자도 있는데 기본값으로 FALSE가 설정돼 있다.

```
> library(data.table)
> theUrl <- "http://www.jaredlander.com/data/TomatoFirst.csv"
> tomato3 <- fread(input = theUrl, sep = ",", header = TRUE)
```

head 함수를 사용해 처음 몇 개의 행을 살펴보자.

```
> head(tomato3)
   Round              Tomato Price      Source Sweet Acid Color Texture
1:     1           Simpson SM  3.99 Whole Foods   2.8  2.8   3.7     3.4\2:        1
Tuttorosso (blue)  2.99      Pioneer   3.3  2.8   3.4       3.0\3:        1 Tuttorosso
(green)  0.99      Pioneer   2.8  2.6   3.3       2.8
4:     1        La Fede SM DOP  3.99   Shop Rite   2.6  2.8   3.0     2.3
5:     2         Cento SM DOP  5.49   D Agostino   3.3  3.1   2.9     2.8
6:     2        Cento Organic  4.99   D Agostino   3.2  2.9   2.9     3.1
   Overall Avg of Totals Total of Avg
1:     3.4            16.1         16.1
2:     2.9            15.3         15.3
3:     2.9            14.3         14.3
4:     2.8            13.4         13.4
5:     3.1            14.4         15.2
6:     2.9            15.5         15.1
```

이 함수는 read.table 함수보다 빠르고 data.table 객체를 반환한다. 이 객체는 데이터 프레임의 확장이다. data.table 객체는 11.4절에서 설명하는데, 이는 데이터 프레임을 개선한 특별한 객체다.

read_delim이나 fread 모두 빠르고 우수한 기능을 가진 함수다. 그 선택은 데이터 조작을 할 때 dplyr을 사용할지 data.table을 사용할지에 달려 있다고 본다.

6.2 엑셀 데이터

엑셀은 장단점이 있는데, 아마도 세계에서 가장 인기 있는 데이터 분석 툴일 것이다. 따라서 R 유저들은 언젠가 엑셀 파일을 읽을 필요가 생긴다. 이 책의 첫판이 출판됐을 때는 엑셀 데이터를 R로 읽기가 어려웠다.

그 당시 이 문제를 해결하는 가장 간단한 방법은 엑셀 파일을 CSV 파일로 저장하고, 이 파일을 read.csv 파일을 사용해 읽는 것이었다. 이는 여러 단계를 거치는 방법이자 실제로 R 매뉴얼에서 권고되는 방식이었다.

다행히 해들리 위캄의 readxl 패키지를 사용하면 .xls나 .xlsx 파일을 손쉽게 읽을 수 있다. 주요 함수는 read_excel로, 이 함수는 하나의 엑셀 시트의 데이터를 읽는 데 사용된다. 이 함수는 read_delim이나 fread 함수처럼 웹에 있는 문서를 읽지 못하기 때문에 웹에 있는 파일을 읽으려면 파일을 먼저 다운로드해야 한다. 웹 브라우저를 사용할 수도 있고, R에 있는 download.file 함수를 사용할 수도 있다.

```
> download.file(url='http://www.jaredlander.com/data/ExcelExample.xlsx',
+               destfile = 'data/ExcelExample.xlsx', method='curl')
```

파일을 다운로드하고 나서 엑셀 파일에 있는 시트를 확인해볼 수 있다.

```
> library(readxl)\
> excel_sheets('data/ExcelExample.xlsx')
[1] "Tomato" "Wine"   "ACS"
```

디폴트로 read_excel 함수는 첫 번째 시트를 읽는다. 그 결과는 전통적인 데이터 프레임이 아니라 티블^{tibble}이다.

```
> tomatoXL <- read_excel('data/ExcelExample.xlsx')
> tomatoXL
# A tibble: 16 x 11
```

	Round	Tomato	Price	Source	Sweet	Acid	Color
	<dbl>	<chr>	<dbl>	<chr>	<dbl>	<dbl>	<dbl>
1	1	Simpson SM	3.99	Whole Foods	2.8	2.8	3.7
2	1	Tuttorosso (blue)	2.99	Pioneer	3.3	2.8	3.4
3	1	Tuttorosso (green)	0.99	Pioneer	2.8	2.6	3.3
4	1	La Fede SM DOP	3.99	Shop Rite	2.6	2.8	3.0
5	2	Cento SM DOP	5.49	D Agostino	3.3	3.1	2.9
6	2	Cento Organic	4.99	D Agostino	3.2	2.9	2.9
7	2	La Valle SM	3.99	Shop Rite	2.6	2.8	3.6
8	2	La Valle SM DOP	3.99	Faicos	2.1	2.7	3.1
9	3	Stanislaus Alta Cucina	4.53	Restaurant Depot	3.4	3.3	4.1
10	3	Ciao	NA	Other	2.6	2.9	3.4
11	3	Scotts Backyard SM	0.00	Home Grown	1.6	2.9	3.1
12	3	Di Casa Barone (organic)	12.80	Eataly	1.7	3.6	3.8
13	4	Trader Joes Plum	1.49	Trader Joes	3.4	3.3	4.0

```
14    4        365 Whole Foods  1.49    Whole Foods   2.8   2.7   3.4
15    4       Muir Glen Organic 3.19    Whole Foods   2.9   2.8   2.7
16    4       Bionature Organic 3.39    Whole Foods   2.4   3.3   3.4
# ... with 4 more variables: Texture <dbl>, Overall <dbl>, `Avg of
#   Totals` <dbl>, `Total of Avg` <dbl>
```

tomatoXL은 티블 객체이기 때문에 여러 열들이 있어도 스크린의 크기에 맞춰 보여줄 수 있는 부분만 출력된다. 그래서 어느 정도 출력되는지는 화면의 크기에 따라 다르다.

엑셀 파일에 여러 가지 시트들이 들어 있을 때 특정 시트를 읽으려면 시트의 위치를 숫자로 제시하거나 시트의 이름을 문자로 제시해야 한다.

```
> # 위치 이용
> wineXL1 <- read_excel('data/ExcelExample.xlsx', sheet = 2)
> head(wineXL1)
# A tibble: 6 x 14
  Cultivar Alcohol `Malic acid`  Ash `Alcalinity of ash` Magnesium
     <dbl>   <dbl>        <dbl> <dbl>               <dbl>     <dbl>
1        1   14.23         1.71  2.43                15.6       127
2        1   13.20         1.78  2.14                11.2       100
3        1   13.16         2.36  2.67                18.6       101
4        1   14.37         1.95  2.50                16.8       113
5        1   13.24         2.59  2.87                21.0       118
6        1   14.20         1.76  2.45                15.2       112
# ... with 8 more variables: `Total phenols` <dbl>, Flavanoids <dbl>,
#   `Nonflavanoid phenols` <dbl>, Proanthocyanins <dbl>, `Color
#   intensity` <dbl>, Hue <dbl>, `OD280/OD315 of diluted wines` <dbl>,
#   Proline <dbl>
> # 시트 이름
> wineXL2 <- read_excel('data/ExcelExample.xlsx', sheet = 'Wine')
> head(wineXL2)
# A tibble: 6 x 14
  Cultivar Alcohol `Malic acid`  Ash `Alcalinity of ash` Magnesium
     <dbl>   <dbl>        <dbl> <dbl>               <dbl>     <dbl>
1        1   14.23         1.71  2.43                15.6       127
2        1   13.20         1.78  2.14                11.2       100
3        1   13.16         2.36  2.67                18.6       101
4        1   14.37         1.95  2.50                16.8       113
5        1   13.24         2.59  2.87                21.0       118
```

```
6        1   14.20       1.76  2.45         15.2      112
# ... with 8 more variables: `Total phenols` <dbl>, Flavanoids <dbl>,
#   `Nonflavanoid phenols` <dbl>, Proanthocyanins <dbl>, `Color
#   intensity` <dbl>, Hue <dbl>, `OD280/OD315 of diluted wines` <dbl>,
#   Proline <dbl>
```

과거에는 엑셀 데이터를 읽는 것이 버거운 일이었는데, 지금은 해들리 위캄의 readxl 패키지 덕분에 CSV 파일을 읽는 것만큼이나 간단해졌다.

6.3 데이터베이스에서 데이터 읽기

데이터베이스는 논란의 소지가 있으나 이 세상에 존재하는 데이터의 상당 부분을 저장하고 있다. PostgreSQL, MySQL, Mircosoft SQL Server, Mircosoft Access와 같은 대부분의 데이터베이스들은 여러 가지 드라이버를 사용해 연결할 수 있다. 전형적으로 ODBC 연결을 사용한다. 가장 인기 있는 데이터베이스인 PostgreSQL, MySQL에 대해서는 RPostgreSQL, RMySQL이라는 패키지가 개발돼 있다. 특정 패키지가 없는 데이터베이스에 대해서는 RODBC 패키지라는 좀 더 일반적인 방법으로 접근할 수 있다. 데이터베이스가 다양하고 연결이 까다로울 수 있기 때문에 DBI 패키지가 개발돼 데이터베이스 연결 작업에 대해 일관적인 방법을 제시하려고 노력하고 있다.

어떤 데이터베이스를 설정하는 것은 이 책의 범위를 넘어서기 때문에 우리는 간단한 SQLite 데이터베이스를 사용해 설명한다. 다른 데이터베이스에서도 비슷한 접근 방법이 사용된다. 먼저 데이터베이스 파일을 download.file 함수를 사용해 다운로드한다.[2]

```
> download.file("http://www.jaredlander.com/data/diamonds.db",
+               destfile = "data/diamonds.db", mode='wb')
```

SQLite에 대해서는 RSQLite라는 R 패키지가 개발돼 있기 때문에 이것을 사용해 데이터베이스에 연결한다. 이런 데이터베이스에 대한 패키지가 없었으면 RODBC를 사용했을 것이다.

```
> library(RSQLite)
```

2 SQLite는 전체 데이터베이스가 하나의 파일에 저장되기 때문에 가볍고 공유하기 쉽다.

데이터베이스에 연결하기 위해 가장 먼저 **dbDriver**라는 함수를 사용해 드라이버를 등록한다. 이 함수의 주요 인자는 SQLite, ODBC와 같은 드라이버의 타입이다.

```
> drv <- dbDriver('SQLite')
> class(drv)
[1] "SQLiteDriver"
attr(,"package")
[1] "RSQLite"
```

그다음 dbConnect 함수를 사용해 특정 데이터베이스에 대한 커넥션을 구성한다. 이 함수의 첫 번째 인자는 드라이버다. 가장 흔히 사용되는 두 번째 인자는 DSN[3] 커넥션 문자열이나 SQLite 데이터베이스에 대한 파일 경로다. 추가 인자들은 데이터베이스 사용자 이름, 패스워드, 호스트, 포트 등이다.

```
> con <- dbConnect(drv, 'data/diamonds.db')
> class(con)
[1] "SQLiteConnection"
attr(,"package")
[1] "RSQLite"
```

이제 데이터베이스에 연결됐기 때문에 데이터베이스에 대한 정보들을 알아낼 수 있다. 테이블 이름, 테이블에 있는 필드 등을 DBI 패키지에 있는 함수들을 사용해 알아낼 수 있다.

```
> dbListTables(con)
[1] "DiamondColors" "diamonds"       "sqlite_stat1"
> dbListFields(con, name = 'diamonds')
 [1] "carat"   "cut"     "color"   "clarity" "depth"   "table"   "price"
 [8] "x"       "y"       "z"
> dbListFields(con, name = 'DiamondColors')
[1] "Color"       "Description" "Details"
```

---

3 운영체제마다 다를 수 있는데, 이를 문자열로 지정한다.

이 지점에서 dbGetQuery 함수를 사용해 데이터베이스에 쿼리를 실행시킬 수 있는 준
비가 됐다. 아무리 복잡한 SQL 쿼리문이라도 사용할 수 있다. dbGetQuery 함수는 일반
데이터 프레임을 반환한다. dbGetQuery 함수는 6.1절에서 살펴본 stringsAsFactors라
는 인자를 갖고 있다. 이 값을 FALSE로 설정할 것을 권한다. 그래야만 문자열을 그대로
갖고 온다.

```
> # 하나의 테이블에서 단순한 SELECT * 쿼리 실행
> diamondsTable <- dbGetQuery(con,
+                             "SELECT * FROM diamonds",
+                             stringsAsFactors = FALSE)
>
> # 하나의 테이블에서 단순한 SELECT * 쿼리
> colorTable <- dbGetQuery(con,
+                          "SELECT * FROM DiamondColors",
+                          stringsAsFactors = FALSE)
>
> # 두 테이블에 대한 조인
> longQuery <- "SELECT * FROM diamonds, DiamondColors
+                          WHERE
+                          diamonds.color = DiamondColors.Color"
> diamondsJoin <- dbGetQuery(con, longQuery,
+                          stringsAsFactors = FALSE)
```

반환되는 데이터 프레임을 조사해보면 제대로 된 결과를 얻었는지 확인할 수 있다.

```
> head(diamondsTable)
  carat       cut color clarity depth table price    x    y    z
1  0.23     Ideal     E     SI2  61.5    55   326 3.95 3.98 2.43
2  0.21   Premium     E     SI1  59.8    61   326 3.89 3.84 2.31
3  0.23      Good     E     VS1  56.9    65   327 4.05 4.07 2.31
4  0.29   Premium     I     VS2  62.4    58   334 4.20 4.23 2.63
5  0.31      Good     J     SI2  63.3    58   335 4.34 4.35 2.75
6  0.24 Very Good     J    VVS2  62.8    57   336 3.94 3.96 2.48
> head(colorTable)
  Color          Description              Details
1     D Absolutely Colorless             No color
2     E           Colorless Minute traces of color
3     F           Colorless Minute traces of color
```

```
4     G     Near Colorless Color is dificult to detect
5     H     Near Colorless Color is dificult to detect
6     I     Near Colorless   Slightly detectable color
> head(diamondsJoin)
  carat      cut color clarity depth table price    x    y    z Color
1  0.23    Ideal     E     SI2  61.5    55   326 3.95 3.98 2.43     E
2  0.21  Premium     E     SI1  59.8    61   326 3.89 3.84 2.31     E
3  0.23     Good     E     VS1  56.9    65   327 4.05 4.07 2.31     E
4  0.29  Premium     I     VS2  62.4    58   334 4.20 4.23 2.63     I
5  0.31     Good     J     SI2  63.3    58   335 4.34 4.35 2.75     J
6  0.24 Very Good    J    VVS2  62.8    57   336 3.94 3.96 2.48     J
     Description                Details
1     Colorless    Minute traces of color
2     Colorless    Minute traces of color
3     Colorless    Minute traces of color
4 Near Colorless Slightly detectable color
5 Near Colorless Slightly detectable color
6 Near Colorless Slightly detectable color
```

연결에 대한 작업을 마쳤을 때 (반드시 필요한 것은 아니지만) ODBC 연결을 dbDisconnect 함수를 사용해 연결을 종료하는 것은 좋은 습관이다. R을 종료하거나 dbConnect 함수를 통해 다른 연결을 사용해 기존의 것은 자동으로 종료된다. 한 번에 하나의 커넥션만 사용할 수 있다.

6.4 다른 통계 툴의 데이터

R 이외의 도구가 필요한 상황이 없었으면 좋겠지만, 실제로는 데이터가 SAS, SPSS, Octave와 같은 상업용 포맷으로 묶여 있는 경우들이 있다. foreign 패키지는 다른 툴들로부터 데이터를 읽는 데 read.table과 같은 여러 가지 함수를 제공한다.

표 6.2에 흔히 사용되는 통계 툴로부터 데이터를 읽기 위한 함수 목록을 정리했다. 이 함수들의 인자는 대체로 read.table 함수와 비슷하다. 이 함수들은 보통 데이터 프레임을 반환하는 데 있어 반드시 성공을 보장하지는 못한다.

표 6.2 흔히 사용되는 통계 패키지로부터 데이터를 읽기 위한 함수들

함수	포맷
read.spss	SPSS
read.dta	Stata
read.ssd	SAS
read.octave	Octave
read.mtp	Minitab
read.systat	Systat

read.ssd 함수로 SAS 데이터를 읽을 수는 있지만, 이런 경우에는 유효한 SAS 라이선스가 필요하다. 이런 경우에는 RevoScaleR 패키지에 있는 RxSasData 함수를 사용해 마이크로소프트 R 서버를 사용해 우회해 사용할 수 있다.

R의 여러 영역에서 그랬던 것처럼 해들리 위캄이 새롭게 만든 heaven이라는 패키지가 이런 경우에 도움이 된다. 이는 foreign 패키지와 매우 유사한데, 그의 독특한 관례에 따라 속도와 편의성에 최적화 돼있고, 데이터 프레임 대신 티블의 형태로 결과를 반환한다. 다른 툴로부터 데이터를 읽기 위한 heaven 패키지에서 자주 사용되는 함수는 표 6.3에 정리돼 있다.

표 6.3 다른 통계 데이터로부터 데이터를 읽을 때 흔히 사용하는 함수

함수	포맷
read_spss	SPSS
read_sas	Stata
read_stata	Systat

6.5 R 바이너리 파일

다른 R 프로그래머와 함께 작업할 때 변수, 함수 같은 R 객체에 대한 데이터를 주고받는 좋은 방법은 RData 파일을 사용하는 것이다. 이 파일은 모든 종류의 R 객체를 저장할 수 있는 바이너리 파일이다. 하나의 객체만 저장할 수도 있고, 여러 개의 객체를 저장할 수도 있다. 저장된 파일은 윈도우, 맥, 리눅스끼리 문제 없이 교환할 수 있다.

다음은 먼저 하나의 객체를 RData 파일로 저장한 후, 현재 세션의 RData에서 제거하고, 다시 파일에서 R 세션으로 데이터를 읽어 오게 하는 예다.

```
> # 토마토 데이터 프레임을 디스크에 저장한다.
> save(tomato, file = "data/tomato.rdata")
> # 메모리에서 토마토를 제거한다.
> rm(tomato)
> # 아직도 남아 있는지 확인
> head(tomato)
Error in head(tomato): 객체 'tomato'를 찾을 수 없습니다.
> # RData 파일에서 객체를 읽는다.
> load("data/tomato.rdata")
> # 이제 세션에 존재하는지 확인
> head(tomato)
  Round            Tomato Price      Source Sweet Acid Color Texture
1     1         Simpson SM  3.99 Whole Foods   2.8  2.8   3.7     3.4
2     1   Tuttorosso (blue)  2.99     Pioneer   3.3  2.8   3.4     3.0
3     1 Tuttorosso (green)  0.99     Pioneer   2.8  2.6   3.3     2.8
4     1      La Fede SM DOP  3.99   Shop Rite   2.6  2.8   3.0     2.3
5     2        Cento SM DOP  5.49 D Agostino   3.3  3.1   2.9     2.8
6     2       Cento Organic  4.99 D Agostino   3.2  2.9   2.9     3.1
  Overall Avg.of.Totals Total.of.Avg
1     3.4           16.1         16.1
2     2.9           15.3         15.3
3     2.9           14.3         14.3
4     2.8           13.4         13.4
5     3.1           14.4         15.2
6     2.9           15.5         15.1
```

다음은 복수의 객체를 만들고 하나의 RData 파일에 저장한 후, 이것들을 세션에서 제거하고, 파일로부터 다시 로딩하는 예다.

```
> # 몇 개의 객체를 생성
> n <- 20
> r <- 1:10
> w <- data.frame(n, r)
>
> # 만든 객체 확인
> n
```

```
[1] 20
> r
 [1]  1  2  3  4  5  6  7  8  9 10
> w
    n  r
1  20  1
2  20  2
3  20  3
4  20  4
5  20  5
6  20  6
7  20  7
8  20  8
9  20  9
10 20 10
> # 만든 객체를 저장
> save(n, r, w, file = "data/multiple.rdata")
>
> # 만든 객체들을 삭제
> rm(n, r, w)
>
> # 정말 삭제됐나?
> n
Error in eval(expr, envir, enclos): 객체 'n'를 찾을 수 없습니다.
> r
Error in eval(expr, envir, enclos): 객체 'r'를 찾을 수 없습니다.
> w
Error in eval(expr, envir, enclos): 객체 'w'를 찾을 수 없습니다.
> # 파일에서 다시 로딩
> load("data/multiple.rdata")
>
> # 다시 확인
> n
[1] 20
> r
 [1]  1  2  3  4  5  6  7  8  9 10
> w
    n  r
1  20  1
2  20  2
```

```
3  20  3
4  20  4
5  20  5
6  20  6
7  20  7
8  20  8
9  20  9
10 20 10
```

이들 객체들이 다시 현재의 R 세션으로 복원됐다. 그 이름은 RData 파일에 저장할 때 사용된 이름이 그대로 사용된다. 그래서 load 함수를 사용할 때 그 결과를 어떤 객체 등으로 할당하지 않은 이유다.

saveRDS 함수는 하나의 R 객체를 하나의 RDS 파일에 저장한다. 이때 객체는 이름이 저장되지 않는다. 따라서 이 파일을 readRDS 함수를 사용해 로딩하는데, 이 경우에는 어떤 변수에 그 내용을 할당한다.

```r
> # 하나의 객체 생성
> smallVector <- c(1, 5, 4)
>
> # 보기
> smallVector
[1] 1 5 4
> # rds 파일로 저장
> saveRDS(smallVector, file = "thisObject.rds")
>
> # 파일을 읽고 그 내용을 다른 객체에 저장
> thatVect <- readRDS('thisObject.rds')
>
> # 보기
> thatVect
[1] 1 5 4
> # 같은지 확인
> identical(smallVector, thatVect)
[1] TRUE
```

6.6 R에 포함돼 있는 데이터

베이스 R과 어떤 패키지에는 데이터가 포함돼 있어서 쉽게 이것들을 사용할 수 있다. 찾고자 하는 데이터가 무엇인지만 알면 쉽게 접근할 수 있다. 예를 들어, ggplot2 패키지에 diamonds라는 데이터 세트가 포함돼 있다. 이 데이터는 data라는 함수를 사용해 로딩할 수 있다.

```
> data(diamonds, package = 'ggplot2')
> head(diamonds)
# A tibble: 6 x 10
  carat       cut color clarity depth table price     x     y     z
  <dbl>     <ord> <ord>   <ord> <dbl> <dbl> <int> <dbl> <dbl> <dbl>
1  0.23     Ideal     E     SI2  61.5    55   326  3.95  3.98  2.43
2  0.21   Premium     E     SI1  59.8    61   326  3.89  3.84  2.31
3  0.23      Good     E     VS1  56.9    65   327  4.05  4.07  2.31
4  0.29   Premium     I     VS2  62.4    58   334  4.20  4.23  2.63
5  0.31      Good     J     SI2  63.3    58   335  4.34  4.35  2.75
6  0.24 Very Good     J    VVS2  62.8    57   336  3.94  3.96  2.48
```

사용할 수 있는 데이터를 찾아보려면 콘솔에서 data( )라고 입력해본다.

6.7 웹 사이트에서 데이터 추출하기

요즈음에는 매우 많은 데이터가 웹 페이지에 게시돼 있다. 운이 좋다면 그것들은 HTML 테이블로 잘 정돈돼 있을 수 있다. 운이 없다면 페이지 텍스트를 읽어서 파싱할 필요가 있을 수 있다.

6.7.1 간단한 HTML 테이블

데이터가 만약 HTML 테이블에 잘 정돈돼 있다면 XML 패키지의 readHTMLTable 함수를 사용해 데이터를 추출할 수 있다. 나의 웹 사이트 https://www.jaredlander. com/2012/02/another-kind-of-super-bowl-pool/에는 분석을 요청받았던 슈퍼 볼 풀에 대한 글이 있다. 포스트에는 테이블이 하나 있고, 여기에서 데이터를 추출하고자

한다. 다음과 같은 간단한 코드를 사용하면 된다.[4]

```
> library(XML)
> theURL <- "https://www.jaredlander.com/2012/02/another-kind-of-super-bowl-pool/"
> bowlPool <- readHTMLTable(theURL, which=1, header=FALSE, stringsAsFactors=FALSE)
> bowPool
```

첫 번째 인자는 URL인데, 이것은 디스크상의 하나의 파일이 될 수도 있다. which 인자는 여러 개의 테이블이 있을 때 어떤 것을 선택하는 데 사용된다. 이 경우에는 페이지에 테이블이 하나밖에 없지만 어떤 웹 페이지에는 여러 개가 있을 수 있다. header는 FALSE로 지정해 테이블에 헤더가 없다는 사실을 알려준다. 마지막으로 stringsAsFactors=FALSE를 통해 문자열이 팩터로 변환되는 것을 막았다(만약, 이것을 rvest 패키지로 한다면 다음과 같이 하면 된다. 이것은 옮긴이가 별도로 추가한 것이다).

```
> library(rvest)
필요한 패키지를 로딩 중입니다: xml2

다음의 패키지를 부착합니다: 'rvest'
The following object is masked from 'package:readr':

    guess_encoding
> theURL <- "https://www.jaredlander.com/2012/02/another-kind-of-super-bowl-pool/"
> read_html(theURL) %>% html_table()
[[1]]
              X1       X2        X3
1   Participant 1 Giant A Patriot Q
2   Participant 2 Giant B Patriot R
3   Participant 3 Giant C Patriot S
4   Participant 4 Giant D Patriot T
5   Participant 5 Giant E Patriot U
6   Participant 6 Giant F Patriot V
7   Participant 7 Giant G Patriot W
8   Participant 8 Giant H Patriot X
9   Participant 9 Giant I Patriot Y
10 Participant 10 Giant J Patriot Z
```

---

4 옮긴이가 코드를 실행해봤을 때는 여러 에러가 발생했다. 검색해봤지만 그 원인에 대한 설명을 잘 찾을 수 없었다. 따라서 다음 절에 나오는 rvest 패키지를 사용하는 편이 훨씬 쉽다.

6.7.2 웹 데이터 스크래핑

데이터가 테이블(table), div, span이나 기타 HTML 요소들에 흩어져 있는 경우들이 있다. 뉴욕에 있는 좋은 피자 가게인 리발타의 가게 정보와 메뉴를 예로 들어보자. 주소와 전화번호가 HTML 파일의 ol(ordered list), 섹션 정보는 span에 가격은 table에 들어 있다. 여기서 해들리 위캄의 rvest 패키지를 사용해 데이터를 추출한 후 유용한 포맷으로 바꿔보자.

웹 페이지는 read_html 함수를 사용해 URL 또는 파일에서 직접 읽을 수 있다. 이 함수는 xml_document 객체를 반환하는데, 여기에는 모든 HTML 요소들이 존재한다.

```
> library(rvest)
> ribalta <- read_html("https://www.jaredlander.com/data/ribalta.html")
> class(ribalta)
[1] "xml_document" "xml_node"
> ribalta
{xml_document}
<html xmlns="http://www.w3.org/1999/xhtml">
[1] <head>\n<meta http-equiv="Content-Type" content="text/html; charset= ...
[2] <body>\r\n<ul>\n<li class="address">\r\n    <span class="street">48 ...
```

HTML을 검토해보면 주소가 span에 저장돼 있음을 알 수 있는데, 이것은 ordered list의 한 요소로 돼 있다. 먼저 우리는 html_nodes 함수를 사용해 ul 요소 안에 있는 모든 span을 걸러낸다.

```
> ribalta %>% html_nodes('ul') %>% html_nodes('span')
{xml_nodeset (6)}
[1] <span class="street">48 E 12th St</span>
[2] <span class="city">New York</span>
[3] <span class="zip">10003</span>
[4] <span>\r\n    \t<span id="latitude" value="40.733384"></span>\r\n    ...
[5] <span id="latitude" value="40.733384"></span>
[6] <span id="longitude" value="-73.9915618"></span>
```

이렇게 하면 ul 요소에 들어 있는 모든 span을 다음 R 리스트로 반환한다. 보통 HTML 문서는 몇 겹으로 중첩된 구조를 갖고 있어서 이를 처리하기가 귀찮을 수 있고, 실수하기도 쉽다. 따라서 클래스를 사용해 관심있는 요소들을 추출하려고 한다. 이 경우에는

street라는 클래스가 있다. HTML에서 하나의 클래스는 보통 점(.), 그리고 아이디는 해시 기호(#)로 시작한다. html_nodes 함수가 span 요소를 찾는 대신 street 클래스를 가진 요소들을 찾게 만든다.

```
> ribalta %>% html_nodes('.street')
{xml_nodeset (1)}
[1] <span class="street">48 E 12th St</span>
```

결과를 보면 적절한 HTML 요소를 걸러내기는 했지만 요소에 있는 정보만 걸러낸 것은 아니다. 그렇게 하기 위해 html_text 함수를 사용해 span 요소에 저장돼 있는 텍스트를 추출한다.

```
> ribalta %>% html_nodes('.street') %>% html_text()
[1] "48 E 12th St"
```

정보가 HTML 요소의 속성attributes로 저장돼 있는 경우에는 html_text 대신 html_attr 함수를 사용한다. 이 경우에는 아이디가 longitude를 가진 span 요소가 가진 속성값을 추출한다.

```
> ribalta %>%  html_nodes("#longitude") %>% html_attr("value")
[1] "-73.9915618"
```

우리가 가진 파일에는 많은 정보가 food-items라고 하는 클래스를 가진 테이블에 저장돼 있다. 그래서 food-items 클래스를 가진 모든 table을 html_nodes 함수로 검색해보자. table이 여러 개 존재하기 때문에 magrittr 패키지에 있는 extract2 함수를 사용해 여섯 번째 테이블을 지정하는 방식으로 특정 테이블을 고르는 방법을 선택했다. 마지막에 html_table 함수를 사용해 데이터를 추출하고 결과를 데이터 프레임에 저장한다. 이 경우 table은 헤더를 갖고 있지 않아 데이터 프레임의 열이 임의로 붙여진 이름을 가진다.

```
> ribalta %>%
+   html_nodes("table.food-items") %>%
+   magrittr::extract2(5) %>%
+   html_table()
                       X1
1     Marinara Pizza Rosse
```

```
2            Doc Pizza Rosse
3 Vegetariana Pizza Rosse
4      Brigante Pizza Rosse
5       Calzone Pizza Rosse
6     Americana Pizza Rosse

                                                      X2 X3
1                          basil, garlic and oregano.  9
2                      buffalo mozzarella and basil. 15
3        mozzarella cheese, basil and baked vegetables. 15
4             mozzarella cheese, salami and spicy oil. 15
5 ricotta, mozzarella cheese, prosciutto cotto and black pepper. 16
6                  mozzarella cheese, wurstel and fries. 16
```

6.8 JSON 데이터 읽기

웹 API나 문서 기반 데이터베이스[5]에서 자주 쓰이는 포맷이 제이슨[JSON]인데, 이것은 JavaScript Object Notation의 약자다. 이 데이터 포맷은 플레인 텍스트로 작성되고, 내용들을 중첩해 사용하는 데 적합하게 돼 있다. JSON 데이터를 읽는 데 주로 사용하는 패키지에는 rjson과 jsonlite가 있다.

다음은 뉴욕의 피자 가게에 대한 정보들을 제이슨 포맷으로 정리해본 것이다. 이 데이터에는 각각의 피자 가게들이 하나의 엔트리로 들어 있고, 그 안에 Name, Details라는 항목의 배열이 있고, 여기에 Addres, City, State, Zip, Phone 데이터가 들어 있다.

```
[
    {
        "Name": "Di Fara Pizza",
        "Details": [
            {
                    "Addres": "1424 Avenue J",
                    "Citty": "Brooklyn",
                    "State": "NY",
                    "Zip": "11230"
            }
```

5　MongoDB 같은 데이터베이스를 말한다. – 옮긴이

```
            ]
        },
              {
          "Name": "Fiore's Pizza",
          "Details": [
              {
                      "Addres": "165 Bleecker St",
                      "Citty": "New York",
                      "State": "NY",
                      "Zip": "10012"
              }
          ]
        },
              {
          "Name": "Juliana's",
          "Details": [
              {
                      "Addres": "19 Old Fulton St",
                      "Citty": "Brooklyn",
                      "State": "NY",
                      "Zip": "11201"
              }
          ]
        }
]
```

jsonlite 패키지의 fromJSON 함수는 파일을 읽어 JSON 텍스트를 파싱한 후 가급적 데이터 프레임으로 변환하려고 시도한다.

```
> library(jsonlite)
필요한 패키지를 로딩 중입니다: methods
> pizza <- fromJSON("https://www.jaredlander.com/data/PizzaFavorites.json")
> pizza
                    Name                                 Details
1          Di Fara Pizza      1424 Avenue J, Brooklyn, NY, 11230
2          Fiore's Pizza     165 Bleecker St, New York, NY, 10012
3              Juliana's   19 Old Fulton St, Brooklyn, NY, 11201
4      Keste Pizza & Vino    271 Bleecker St, New York, NY, 10014
5  L & B Spumoni Gardens       2725 86th St, Brooklyn, NY, 11223
```

```
6 New York Pizza Suprema      413 8th Ave, New York, NY, 10001
7             Paulie Gee's 60 Greenpoint Ave, Brooklyn, NY, 11222
8                  Ribalta      48 E 12th St, New York, NY, 10003
9                 Totonno's  1524 Neptune Ave, Brooklyn, NY, 11224
```

그 결과는 2개의 열을 가진 데이터 프레임인데, 첫 번째 열 이름이 Name이고 두 번째 열 이름은 Details다. 그런데 이 Details 열의 요소는 하나의 열로 돼 있는 데이터 프레임이다. 조금 이상하게 보일지 모르지만 데이터 프레임 안에 다시 데이터 프레임을 저장할 수 있는 기능은 오래전부터 있었으며, 최근에 점차 많이 사용되는 경향이 있다. 이 Details는 각 요소가 하나의 데이터 프레임으로 구성된 리스트-열임을 다음과 같이 확인할 수 있다.

```
> class(pizza)
[1] "data.frame"
> class(pizza$Name)
[1] "character"
> class(pizza$Details)
[1] "list"
> class(pizza$Details[[1]])
[1] "data.frame"
```

데이터 프레임 안에 데이터 프레임을 중첩하는 기능은 12, 13, 15장 등에서 설명되는 dplyr, tidyr, purrr 패키지 등에서 자주 사용되는 방법이다.

6.9 결론

데이터를 읽는 것은 데이터 분석 작업의 시작이다. 데이터가 없으면 아무것도 할 수 없다. R로 데이터를 읽을 때 가장 흔히 사용되는 방법은 CSV 파일을 read.table 함수로 읽거나 read_excel 함수를 사용해 엑셀 데이터를 읽는 것이다. 데이터베이스로부터 데이터를 읽을 수 있는 여러 가지 패키지들이 개발돼 있다. HTML에서 데이터를 읽을 때는 XML, rvest 패키지 등을 사용할 수 있다. R에는 자체의 바이너리 파일 포맷인 RData와 RDS가 있는데, 이것을 사용하면 임의의 R 객체를 빠르게 저장하고, 로딩하고 이동시킬 수 있다.

## 7

R 통계 그래프

데이터 분석에서 가장 어려울 수 있는 것 중 하나가 좋은 그래프를 만드는 것이다. 역으로 보면 좋은 그래프는 발견한 내용을 전달하는 가장 좋은 방법이다. 다행히 R에는 뛰어난 그래픽 기능을 지원하는 베이스 시스템과 lattice, ggplot2 패키지가 있다. 우리는 기본 그래픽 시스템을 사용해 간단한 그래프를 만드는 방법을 간략하게 소개한 후, ggplot2 패키지 사용법을 자세히 다룰 것이다. 그리고 이 책 전반에 걸쳐 관련된 그래픽과 그 코드를 통해 ggplot2 패키지 사용 예들을 만나게 될 것이다. 기본 그래픽의 예도 간혹 발견할 수 있을 것이다.

통계학에서 그래픽은 크게 두 가지 목적을 가진다. 하나는 탐색적 데이터 분석EDA, exploratory data analysis이고, 다른 하나는 결과를 보여주는 것이다. 둘 다 상당히 중요하고 서로 다른 고객들을 대상으로 한다.

7.1 기본 그래픽스

처음 R을 배울 때는 주로 베이스 그래픽 시스템을 사용하다가 좀 더 복잡한 것을 위해 ggplot2로 넘어가게 된다. 기본 그래프 역시 아름답고 뛰어나지만, 7.2절에서 다룰 ggplot2 패키지 사용법을 배우는 데 상당한 시간을 투자하는 것을 권한다. 이 절에는 어떻게 보면 구색을 갖추는 것으로 가끔 다른 함수로 생성된 플롯들을 수정하는 등 기본 그래픽이 필요한 경우가 생기기 때문에 기본 그래픽을 설명한다.

먼저 사용할 데이터가 필요하다. R에 내장된 대부분의 데이터 세트는 아주 작고, 10년 전에 표준으로 만들어진 것으로 약간 구식이다. 사례로써 쓸만한 데이터는 아이러니하게도 ggplot2 패키지에 포함돼 있다. 해당 데이터에 접근하기 위해서는 가장 먼저

ggplot2 패키지를 인스톨하고 로딩해야 한다. 그다음 우리가 사용할 diamonds 데이터를 로드하고 내용을 확인하자.

```
> library(ggplot2)
> data(diamonds)
> head(diamonds)
# A tibble: 6 x 10
  carat        cut color clarity depth table price     x     y     z
  <dbl>      <ord> <ord>   <ord> <dbl> <dbl> <int> <dbl> <dbl> <dbl>
1  0.23      Ideal     E     SI2  61.5    55   326  3.95  3.98  2.43
2  0.21    Premium     E     SI1  59.8    61   326  3.89  3.84  2.31
3  0.23       Good     E     VS1  56.9    65   327  4.05  4.07  2.31
4  0.29    Premium     I     VS2  62.4    58   334  4.20  4.23  2.63
5  0.31       Good     J     SI2  63.3    58   335  4.34  4.35  2.75
6  0.24  Very Good     J    VVS2  62.8    57   336  3.94  3.96  2.48
```

7.1.1 기본 히스토그램

하나의 변수를 대상으로 가장 흔히 만들어보는 그래프가 히스토그램이다. 히스토그램은 어떤 변수의 값이 이루는 분포를 보여준다. 히스토그램을 만드는 것은 아주 간단하다. diamonds에 있는 carat 변수에 대한 히스토그램을 만드는 방법은 다음과 같다.

```
> hist(diamonds$carat, main = "Carat Histogram", xlab = "Carat")
```

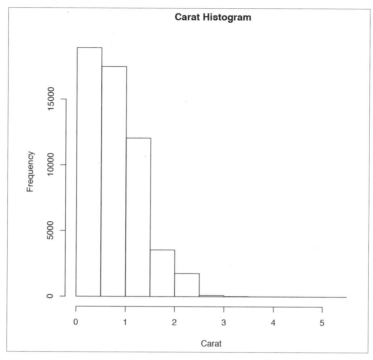

그림 7.1 diamonds의 carat에 대한 히스토그램

이 그래프는 캐럿 크기의 분포를 보여준다. 제목은 main이라는 인자에서 정했고, x축의 레이블은 xlab이라는 인자를 사용한 점에 주목하라. 좀 더 복잡한 히스토그램은 ggplot2로 더 쉽게 만들 수 있다. 추가 기능은 7.2.1절에서 소개한다.

히스토그램은 데이터를 계급으로 구분한 후, 바의 높이가 해당 계급에 속한 관찰값의 개수가 되게 한 그래프다. 히스토그램은 계급의 크기와 개수에 민감하기 때문에 좋은 히스토그램을 얻기 위해서는 몇 번 시도해볼 필요가 생긴다.

7.1.2 기본 산점도

2개 변수들 간의 관계를 들여다볼 때, 산점도가 유용하게 쓰인다. 산점도에서 하나의 점의 x축은 한 변수의 값이고, y축은 또 다른 변수의 값에 해당한다. 우리는 다이아몬드의 가격과 캐럿의 관계를 포뮬러 기호를 사용해 그래프를 만들어볼 것이다.

```
> plot(price ~ carat, data = diamonds)
```

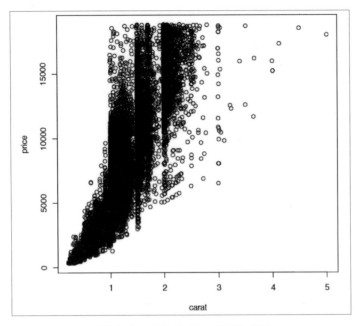

그림 7.2 diamonds의 price와 carat에 대한 산점도

price와 carat 사이에 있는 ~ 기호는 우리가 price를 carat과 함께 바라보고 있음을 알려준다. 이때 price는 y 값, carat는 x 값에 있게 된다. 포뮬러는 18, 19장에서 좀 더 자세히 설명할 것이다.

산점도는 포뮬러를 사용하지 않아도 x, y 변수를 지정하는 것으로 간단하게 만들 수 있다. 이것을 사용하면 하나의 데이터 프레임 안에 함께 들어 있지 않고 별도로 존재하는 2개의 변수에 대해서도 플롯팅이 가능하다.

```
> plot(diamonds$carat, diamonds$price)
```

산점도는 가장 흔히 사용되는 통계 그래프로, 7.2절 ggplot2 패키지를 사용해 만드는 방법을 설명할 때 좀 더 자세하게 설명할 것이다.

7.1.3 상자그림

상자그림Boxplots은 통계학과 학생이 배우는 첫 그래프 가운데 하나인데, 아직도 통계학 커뮤니티에서 상당히 논란이 되는 그래프다. 컬럼비아 대학교의 앤드류 겔만Andrew Gelman 같은 학자는 상자그림을 좋아하지 않는 대표적인 논객이다.[1] 하지만 해들리 위캄[2]이나 존 튜키 같은 학자들은 강력한 상자그림 지지자다. 그 가치가 무엇이든 상자그림은 흔하기 때문에 배워두는 것이 좋다. R에는 boxplot이라는 함수로 상자그림을 만들 수 있다.

```
> boxplot(diamonds$carat)
```

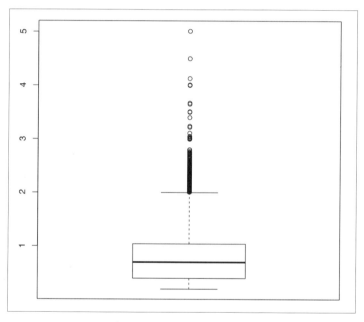

그림 7.3 diamonds의 carat에 대한 상자그림

상자그림의 기본은 중간의 두꺼운 선이 중앙값에 해당하고, 상자의 경계가 제1사분위수와 제4사분위에 해당한다. 결론적으로 데이터의 중간 50%가 상자 안에 놓이게 된다. 그리고 1.5 x IQRinterquartile range 만큼 거리까지 선을 양쪽 방향으로 긋는다. 이상점

---

1 http://andrewgelman.com/2009/02/14/boxplot_challen/과 http://andrewgelman.com/2009/10/09/better_than_a_b/ 참고

2 http://vita.had.co.nz/papers/boxplots.pdf

outlier들은 그 지점 밖에 표시된다. 데이터의 50%는 상자 안에서 잘볼 수 있지만 나머지 50%는 실제로 디스플레이되지 않는다는 점을 알고 있는 것이 중요하다. 그렇기 때문에 상당량의 정보를 볼 수 있다.

이전에 논의한 다른 그래프들과 함께 7.2.3절에서 ggplot2 패키지로 상자그림을 만드는 방법이 소개된다.

선형 모델과 분할표contingency table와 같은 여러 객체들은 객체에 플롯을 만드는 함수를 갖고 있는데, 이는 뒤에서 설명한다.

7.2 ggplot2

R의 기본 그래픽은 상당히 강력한 기능을 갖고 있고 유연해서 상당 부분 커스터마이징이 가능하다. 하지만 이를 사용하는 것은 상당한 노동이 필요하다. ggplot2 패키지와 lattice 패키지는 그런 수고를 덜어준다. 최근 몇 년 사이 ggplot2 패키지는 인기도와 기능적인 측면에서 lattice 패키지를 능가했다. 7.1절에서 소개했던 모든 그래프들을 다시 만들어보고, 좀 더 고급 기능으로 예제를 확장할 것이다. 이 장 또는 이 책은 ggplot2 패키지를 완전히 다루지 않는다. 그렇지만 책 전반에 걸쳐 플롯들과 코드들을 볼 수 있을 것이다. 어떤 것은 기본 그래픽을 사용했지만, 대부분은 ggplot2 패키지를 사용했다.

처음 ggplot2 문법을 접할 때 문법을 이해하는 것이 까다롭게 느껴질 수 있다. 그렇지만 충분히 노력할 만한 가치가 있다. 일단 익히고 나면 ggplot2 패키지로 데이터를 색, 형태, 크기 등으로 데이터를 달리 표시하거나 레전드를 추가하는 것이 훨씬 쉽다는 것을 알게 된다. 그래프를 만드는 속도도 무척 빠르다. 기본 그래픽을 사용하면 30행에 걸친 그래프를 ggplot2 패키지로 한 줄로 만들 수 있다.

ggplot2로 작업할 때 기본은 ggplot 함수로 시작한다.[3] 이 함수를 사용하는 가장 기본적인 형태는 첫 인자로 사용한 데이터를 지정하는 것이다. 더 많은 인자를 가질 수는 있지만, 지금은 이런 상태로 사용할 것이다. 이렇게 객체를 초기화하고 나서 + 연산자를 사용해 레이어layer를 추가한다. 먼저 점, 선, 히스토그램 등을 위한 기하학적 레이어들을 설명할 것이다. 이 레이어들은 geom_point, geom_line, geom_histogram 함수로 만든다. 이들 함수는 여러 가지 인자들을 가질 수 있는데, 그중에서 가장 중요한 것은 데

---

3 처음에 패키지 이름은 ggplot이었다가 해들리 위캄이 광범위한 변화를 주고 나서 ggplot2로 업그레이드했다.

이터에 있는 변수들을 좌표축이나 기타 다른 에스테틱[aesthetic]으로 매핑하는 aes이다. 각 레이어들은 독립적으로 각자의 에스테틱 매핑을 가질 수 있고, 심지어 다른 데이터를 가질 수도 있다.

7.2.1 ggplot2로 히스토그램과 밀도 곡선

그림 7.1과 같은 히스토그램을 ggplot2로 만들어보려고 한다. 이때 ggplot 함수와 geom_histogram 함수가 사용된다. 히스토그램은 데이터를 1차원적으로 표시하는 것이기 때문에 변수 하나에 대해 x축에 대응하는 에스테틱 매핑을 지정하면 된다. 그림 7.4에서 플롯을 볼 수 있다.

```
> ggplot(data = diamonds) + geom_histogram(aes(x = carat))
```

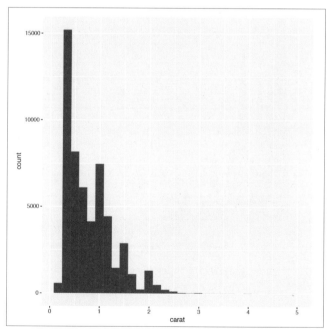

그림 7.4 ggplot2를 사용해 만든 다이아몬드 캐럿에 대한 히스토그램

히스토그램과 비슷한 것이 밀도 곡선인데, 이것은 geom_histogram을 geom_density 로 바꾸면 만들 수 있다. 그래프를 색으로 채우려면 fill 인자를 사용해야 한다. 이는 나중에 살펴볼 color 인자와는 다르다. 그리고 이 예에서 fill 인자를 aes 함수 밖에서 사용하는 것에 주목하라. 이것은 전체 그래프를 해당 색으로 채우고 싶기 때문이다. 뒤 에서 aes 함수 안에서 사용하는 방법을 설명한다. 그래프는 그림 7.5와 같다.

```
> ggplot(data = diamonds) + geom_density(aes(x = carat), fill = "grey50")
```

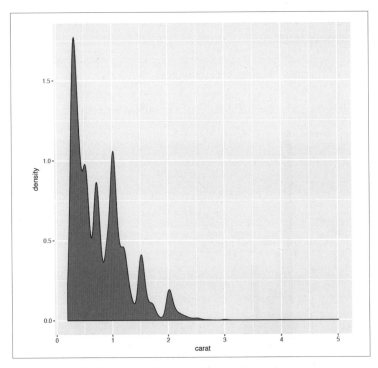

그림 7.5 ggplot2 패키지로 만든 다이아몬드 캐럿에 대한 밀도 곡선

히스토그램이 계급에 속한 숫자를 디스플레이하는 반면, 밀도 곡선은 관심이 되는 변 수를 따라 이동하면서 해당하는 구간에서 해당 값들이 관찰되는 확률을 보여준다. 두 차이는 미묘하지만 중요하다. 히스토그램은 주로 이산 변수discrete measurement에 더 가깝 고, 밀도 곡선은 연속 변수에 더 가깝다.

7.2.2 ggplot2 산점도

여기서는 ggplot2 패키지를 사용해 산점도를 만드는 방법뿐만 아니라 ggplot2 패키지
의 강력한 면을 일부 설명하려고 한다. 먼저 그림 7.2에 있는 단순 산점도를 만드는 것
부터 시작해보자. 이전과 같이 ggplot 함수로 객체로 초기화하는 것부터 시작하는데,
이번에는 aes 함수를 지옴^{geom}이 아닌 ggplot 함수 안에 포함시켜 사용한다. ggplot2 버
전은 그림 7.6과 같다.

```
> ggplot(diamonds, aes(x = carat, y = price)) + geom_point()
```

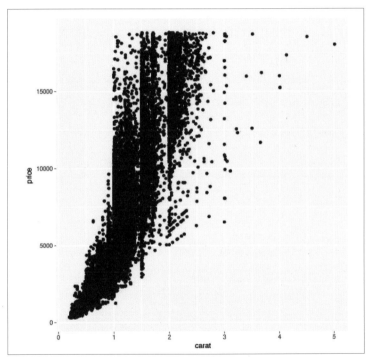

그림 7.6 간단한 ggplot2 산점도

다음 몇 개의 예들에서 ggplot(diamonds, aes(x = carat, y = price))를 반복해 사용한다. 이것을 그대로 반복하면서 사용하는 것은 불필요하게 입력을 많이 해야 한다는 것을 의미한다.

다행히 ggplot 객체를 변수에 저장하고, 나중에 여기에 레이어를 추가할 수 있다. 여기서는 g라는 변수에 저장한다. 다음 코드는 아무런 플롯도 출력하지 않는다는 점에 주목하라.

```
> # ggplot 객체를 변수에 저장
> g <- ggplot(diamonds, aes(x = carat, y = price))
```

이제 이 g에 아무런 레이어나 추가할 수 있다. g + geom_point( )를 실행하면 그림 7.6과 같은 그래프를 다시 만들게 된다.

diamonds 데이터는 재미있게 검토해볼 만한 여러 개의 변수들을 갖고 있다. 먼저 색(color)으로 살펴보자. 이 변수를 color[4] 에스테틱에 매핑해보면 그림 7.7과 같다.

```
> g + geom_point(aes(color = color))
```

---

4 ggplot은 미국식인 color, 영국식인 colour 철자를 모두 지원한다.

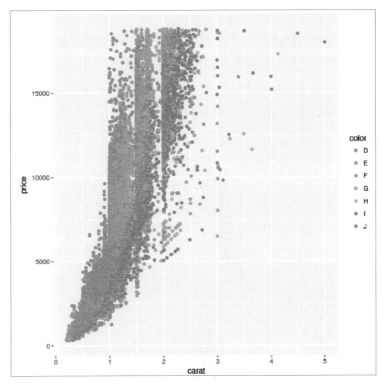

그림 7.7 다이아몬드의 색을 color 에스테틱에 매핑한 산점도

여기서 color = color를 aes 함수 안에서 사용한 것에 주목한다. 이것은 데이터 포인트들이 해당하는 데이터 값에 의해 결정되기를 원하기 때문이다. 그리고 레전드가 자동으로 생성되는 것도 확인한다. 최신 ggplot2 버전에서는 레전드를 유연하게 추가할 수 있는데, 이것은 뒤에서 다룬다.

ggplot2 패키지는 에드워드 터프티Edward Tufte가 "스몰 멀티플small multiples"이라고 부른, 패싯facet 플롯을 만들 수 있는 능력을 갖고 있다. 이것은 facet_wrap, facet_grid 함수로 만든다. facet_wrap 함수는 어떤 변수의 레벨levels에 따라 데이터를 세분한 후, 각 세분된 그룹에 따라 별도의 창pane을 만들고, 그것을 전체 플롯에 배치한다. 그림 7.8을 살펴보자. 여기서 행, 열의 배치는 어떤 의미를 갖지 않는다. facet_grid는 비슷하게 작동하기는 하는데, 어떤 변수의 모든 레벨을 하나의 행이나 열에 할당한다. 그림 7.9에서 예를 볼 수 있다. 가장 왼쪽 상단의 그래프를 들여다보면, 이것은 Fair cut, I1 clarity 값을 갖는 데이터 세트들에 대한 산점도가 된다. 그 오른쪽은 Fair cut, SI2 clarity 값을

152

갖는 다이아몬드 데이터 세트에 대한 산점도다. 두 번째 행의 첫 번째 열은 Good Gut, I1 clarity 값을 갖는 데이터 세트에 대한 산점도가 된다. 하나의 창에 있는 그래프를 읽는 방법을 이해하고 나면 쉽게 전체 창들에 나열된 그래프들도 눈에 들어오고, 쉽게 비교할 수 있다.

```
> g + geom_point(aes(color = color)) + facet_wrap(~color)
```

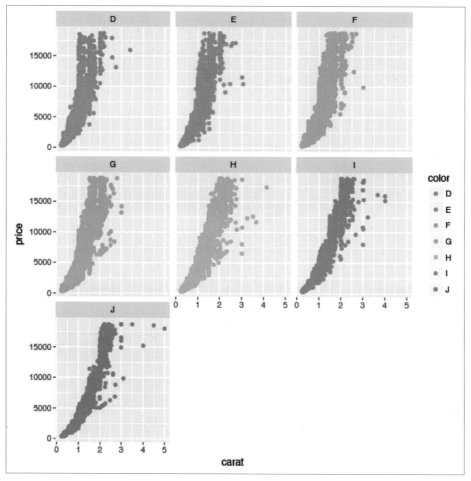

그림 7.8 다이아몬드 색을 기준으로 패싯화된 산점도

```
> g + geom_point(aes(color = color)) + facet_grid(cut ~ clarity)
```

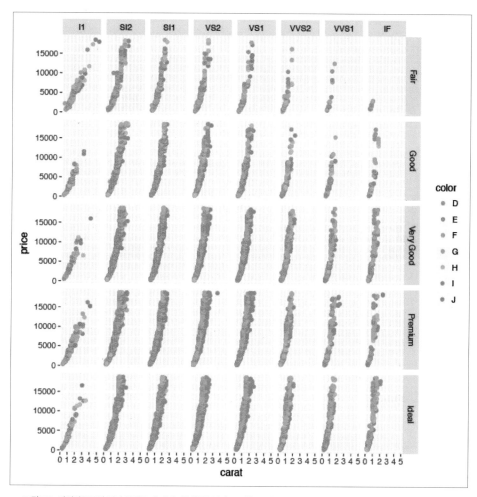

그림 7.9 다이아몬드의 컷과 투명도에 따라 패싯화된 산점도. 컷은 수평으로, 투명도는 수평으로 정렬돼 있는 것을 주목한다.

패싯팅faceting은 히스토그램이나 다른 지옴에서도 모두 사용할 수 있는데 그림 7.10에 예가 있다.

```
> ggplot(diamonds, aes(x = carat)) + geom_histogram( ) + facet_wrap(~color)
```

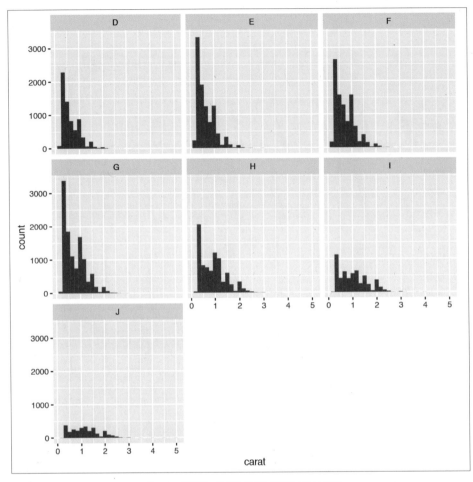

그림 7.10 다이아몬드의 색에 따라서 패싯화된 히스토그램

7.2.3 ggplot2 상자그림과 바이올린 플롯

완전한 그래픽 패키지로서 ggplot2 패키지는 상자그림을 위한 지옴도 지원하는데, geom_boxplot 함수를 사용해 상자그림을 만든다. 원래 상자그림은 y 에스테틱만을 가진 1차원 그래프이기는 하지만 x 에스테틱을 지정할 필요가 있으면 여기서는 1을 사용했다. 결과는 그림 7.11과 같다.

```
> ggplot(diamonds, aes(y = carat, x = 1)) + geom_boxplot()
```

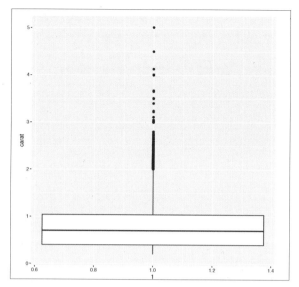

그림 7.11 ggplot2를 사용해 만든 다이아몬드 캐럿에 대한 상자그림

이것을 확장해 여러 개의 상자그림을 하나의 플롯에 그릴 수 있는데, 이들 하나하나는 어떤 변수의 하나의 레벨 값에 해당한다. 그림 7.12를 본다.

```
> ggplot(diamonds, aes(y = carat, x = cut)) + geom_boxplot()
```

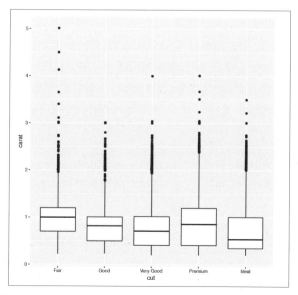

그림 7.12 ggplot2 패키지를 사용해 만든, 컷에 따른 다이아몬드의 캐럿에 대한 상자그림들

geom_violin 함수를 사용하면 그림 7.13과 같은 상자그림을 바이올린 형태로 바꾼 바이올린 플롯을 얻을 수 있다.

```
> ggplot(diamonds, aes(y = carat, x = cut)) + geom_violin()
```

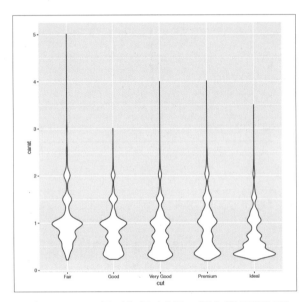

그림 7.13 ggplot2로 만든, 컷에 따른 다이아몬드 캐럿에 대한 바이올린 플롯

바이올린 플롯은 상자그림과 비슷한데 곡선으로 된 점이 다르다. 이것은 데이터의 밀도 정보를 주기 위한 것이다. 그래서 일반적으로 간단한 상자그림보다 많은 정보를 전달할 수 있다. 또 같은 플롯에도 여러 가지 레이어(지음)를 추가할 수 있는데, 그림 7.14가 그 예다. 여기서 레이어의 순서가 중요하다는 점을 알아둘 필요가 있다. 왼쪽에 있는 그래프는 바이올린 아래에 점들이 있고, 오른쪽에 있는 그래프에서는 바이올린 위에 점들이 위치한다.

```
> ggplot(diamonds, aes(y = carat, x = cut)) + geom_point() + geom_violin()
> ggplot(diamonds, aes(y = carat, x = cut)) + geom_violin() + geom_point()
```

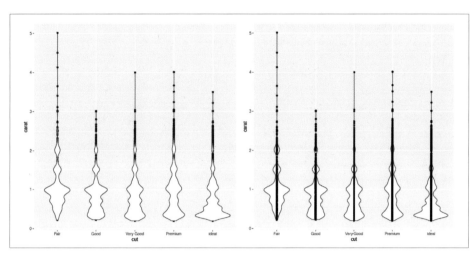

그림 7.14 점들을 갖고 있는 바이올린. 왼쪽에 있는 것은 포인트 지옴 다음에 바이올린 지옴을 사용한 반면, 오른쪽은 순서가 반대다.
지옴이 추가되는 순서에 따라 레이어의 위치가 결정된다.

7.2.4 ggplot2 꺾은선그래프

꺾은선그래프는 연속하는 한 변수를 표시하는 데 주로 사용하지만 반드시 그럴 필요는
없다. 카테고리형 변수에서도 꺾은선그래프를 사용할 충분한 이유가 있다.

그림 7.15는 ggplot2 패키지에 들어 있는 economics 데이터를 사용한 꺾은선그래프의
한 예다. ggplot2 패키지는 날짜형^{Date} 변수를 현명하게 처리하며, 그것을 논리적인 스
케일로 플롯팅한다.

```
> ggplot(economics, aes(x = date, y = pop)) + geom_line()
```

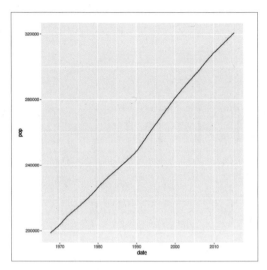

그림 7.15 ggplot2를 사용한 꺾은선그래프

가끔 geom_line 함수에서 aes(group = 1)을 지정할 필요가 있는 경우들이 있다. 약간 이상해 보이지만 그렇게 해야 하는 경우들이 있는데, 7.2.3절에서 본 것처럼 하나의 상자그림을 만들 때와 비슷하다. 이러한 group 에스테틱을 지정하지 않으면 ggplot2에서 선들이 이상하게 꼬이는 경우가 생긴다.

꺾은선그래프는 여러 해마다 반복돼 측정되는 값이 같은 월마다 어떻게 바뀌는지를 표현할 때 흔히 사용된다. 여기서는 economics 데이터와 날짜Dates 데이터를 쉽게 다룰 수 있게 해주는 해들리 위캄의 lubridate 패키지를 사용할 것이다. year, month라는 2개의 새로운 변수를 만들 것이다. 간단히 하기 위해 2000년 이후의 데이터를 갖고 작업한다.

```
> # lubridate 패키지 로딩
> library(lubridate)
>
> # year, month 변수 생성
> economics$year <- year(economics$date)
> # 다음 label 인자는 월을 숫자가 아닌 이름으로 반환하게 한다.
> economics$month <- month(economics$date, label = TRUE)
>
> # 데이터 서브세팅
> # 조건이 참인 경우에 해당하는 인덱스를 반환한다.
>
```

```
> econ2000 <- economics[which(economics$year >= 2000), ]
>
> # 축 포맷팅을 위해서 scales 패키지를 로딩
> library(scales)
>
> # 플롯의 초기화
> g <- ggplot(econ2000, aes(x = month, y = pop))
> # 선들을 색으로 코드화하고, year에 따라 그룹화한다.
> # group 에스테틱은 데이터를 별도의 그룹으로 세분한다.
> g <- g + geom_line(aes(color = factor(year), group = year))
> # 레전드의 이름을 Year로 한다.
> g <- g + scale_color_discrete(name = "Year")
> # y축 포맷
> g <- g + scale_y_continuous(labels = comma)
> # 제목과 축 레이블 추가
> g <- g + labs(title = "Population Growth", x = "Month", y = "Population")
> # 플롯을 출력
> g
```

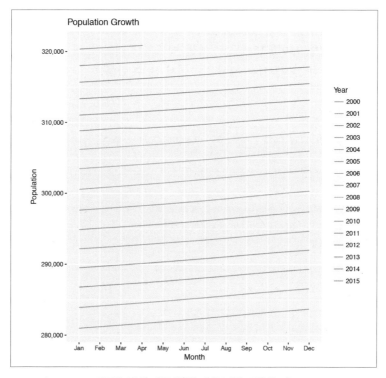

그림 7.16 각 연도별로 선들을 나눠 보여주는 꺾은선그래프

그림 7.16에는 새로운 개념이 많이 들어 있다. 첫 번째 부분인 ggplot(econ2000, aes
(x=month, y=pop)) + geom_line(aes(color=factor(year), group=year))은 이전에 봤
던 코드와 비슷하다. 이것은 꺾은선그래프를 각 연도에 대한 별도의 선으로 데이터를
표시한다. 여기에서 year에 factor 함수를 사용했는데, 이렇게 하면 이산형 컬러 스케
일이 얻어진다. 이 스케일의 이름은 scale_color_discrete(name="Year")라고 지었다.
y축의 레이블은 scale_y_continuous(labels = comma) 콤마를 사용해 포맷을 지정했
다. 마지막으로 제목, x축 레이블, y축 레이블은 labs(title = "Population Growth", x =
"Month", y = "Population")로 지정했다. 이런 것들을 모두 하나로 모아 전문적인 느낌
이 나고, 출판할 수 있는 질 높은 그래프를 얻었다.

그리고 데이터를 서브세팅할 때 which 함수를 사용한 것에 주목하라. 이것은 SQL의
where와 매우 비슷하다.

7.2.5 테마

ggplot2 패키지의 뛰어난 점 중 하나는 테마를 사용해 그래프 전체의 느낌을 쉽게 바꿀
수 있다는 것이다. 테마를 처음부터 만드는 것은 지루한 일일 것이다. 로체스터 대학교
의 제프리 아놀드^{Jeffrey Arnold}는 흔하게 사용되는 그래프들의 테마들을 모은 ggthemes
라는 패키지를 개발했다. 이코노미스트, 엑셀, 에드워드 터프티, 월 스트리즈 저널에 쓰
이는 테마들을 적용한 그래프들은 그림 7.17에서 볼 수 있다.

```
> library(ggthemes)
> # 플롯을 만들어 g2에 저장
> g2 <- ggplot(diamonds, aes(x = carat, y = price)) + geom_point(aes(color =
+         color))
>
> # 테마 설정
> g2 + theme_economist() + scale_colour_economist()
> g2 + theme_excel() + scale_colour_excel()
> g2 + theme_tufte()
> g2 + theme_wsj()
```

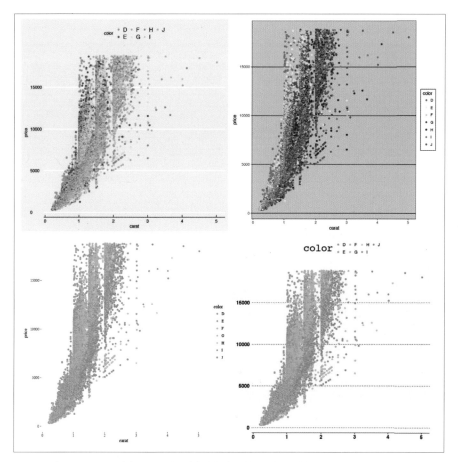

그림 7.17 ggthemes 패키지가 제공하는 여러 테마들을 사용한 그래프들. 왼쪽 위부터 가로로 이코노미스트, 엑셀, 에드워드 터프티, 월 스트리트 저널 테마 순으로 나열돼 있다.

7.3 결론

기본 그래픽, ggplot2 그래프 모두 훌륭하고 만들기 쉽다. 이 장에서 히스토그램, 산점도, 상자그림, 꺾은선그래프, 밀도 곡선 등을 만들어봤다. 그리고 데이터에 따라 색을 지정하는 방법과 데이터를 세분해 스몰-멀티플로 플롯을 구성하는 방법도 배웠다. 이 외에도 ggplot2 패키지에는 지터링, 스태킹, 도징, 알파 기능들이 있는데, 이 책에서 관련된 내용들이 나올 때 설명할 것이다.

8

R 함수 작성

반복해 사용할 코드는 함수로 만들어 사용하는 것은 좋은 습관이다. 프로그래밍에서는 가능한 한 군더더기를 줄이는 것이 최선이다. 그렇게 하는 이유는 유지 관리와 재사용의 편의성 등을 비롯해 여러 가지가 있다. R에서 함수를 만드는 것은 어렵지 않지만 다른 언어와 차이점들은 주의해서 살펴볼 필요가 있다.

8.1 헬로 월드!

"Hello, World!"를 포함하지 않으면 진정한 프로그래밍 책이라고 볼 수 없기 때문에 이것부터 시작하자. 먼저 콘솔에 간단하게 "Hello, World!"를 출력하는 함수를 만들어 보자.

```
> say.hello <- function() {
+     print("Hello, World!")
+ }
```

먼저 R에서 마침표(.) 문자는 다른 컴퓨터 언어들과 달리, 일반 문자들과 마찬가지로 특별한 의미는 없다.[1]

다음으로 주목할 것은 함수가 다른 변수와 마찬가지로 <- 연산자를 사용해 객체로 할당되고 있다는 것이다. 이 부분이 다른 컴퓨터 언어에서 넘어온 사람에게는 다소 생소

---

1 먼저 한 예외는 .으로 시작하는 이름을 가진 객체는 접근이 가능한데 보이지는 않는다. 그래서 ls 함수로 볼 수 없다. 두 번째 예외는 제네릭 함수에서 데이터 유형에 특이한 방법으로 메서드를 분배할 때 사용되는데, 우리가 사용하려는 데 큰 영향을 미치지는 않는다.

할 것이다.

function 뒤에 괄호가 뒤따라 오는데, 이것은 어떤 인자도 사용하지 않은 빈 상태일 수도 있고, 여러 가지 인자들을 가질 수도 있다. 이 부분은 8.2절에서 다룰 것이다.

함수의 보디는 중괄호({})로 둘러싼다. 드물지만 함수가 한 행으로만 돼 있는 경우, 이 중괄호는 생략할 수 있다. 그리고 반드시 필요한 사안은 아니지만, 코드들은 가독성을 높이기 위해 들여쓰기를 사용해 간결하게 사용하는 것이 좋다. 이 보디 안에 함수가 어떤 일을 할지 코드로 작성하게 된다. 세미콜론(;)을 사용해 행이 끝남을 알릴 수 있겠지만 반드시 필요한 것으로 아니고, 이것이 사용되는 경우는 눈쌀을 찌푸리게 만든다.

say.hello( )라고 호출하면 원하는 결과가 출력될 것이다.

```
> say.hello( )
[1] "Hello, World!"
```

8.2 함수 인자

함수에 인자를 전달하고 싶은 경우들이 자주 발생한다. 인자들을 함수를 선언할 때는 괄호 안에 추가해 선언한다. 우리는 "Hello Jared."라고 출력하도록 하나의 인자를 사용하려고 한다.

그 전에 먼저 간단하게 sprintf라는 함수에 대해 배울 필요가 있다. 이 함수의 첫 번째 인자는 특별한 입력 문자를 가진 하나의 문자열이다. 이어지는 인자들은 지정된 특수 입력 문자를 대신해 그 값을 채우는 데 사용된다.

```
> # 하나의 치환
> sprintf("Hello %s", "Jared")
[1] "Hello Jared"
> # 2개의 치환
> sprintf("Hello %s, today is %s", "Jared", "Sunday")
[1] "Hello Jared, today is Sunday"
```

이제 sprintf 함수를 사용해 함수의 인자로 전달된 값을 갖고 하나의 문자열을 만들 것이다.

```
> hello.person <- function(name) {
+     print(sprintf("Hello %s", name))
+ }
> hello.person("Jared")
[1] "Hello Jared"
> hello.person("Bob")
[1] "Hello Bob"
> hello.person("Sarah")
[1] "Hello Sarah"
```

인자 name은 함수 안에서 하나의 변수로 사용된다(그것은 함수 밖에는 존재하지 않는다). 이것은 다른 변수들과 똑같이 사용된다.

두 번째 인자를 추가해 이것도 출력되게 할 수 있다. 하나 이상의 인자를 사용해 함수를 호출할 때 함수 인자들에 값이 할당되는 데에는 두 가지 방법이 사용된다. 하나는 위치에 기초를 두는 방식이고, 다른 하나는 인자의 이름을 사용하는 것이다.

```
> hello.person <- function(first, last) {
+     print(sprintf("Hello %s %s", first, last))
+ }
>
> # 위치 사용
> hello.person("Jared", "Lander")
[1] "Hello Jared Lander"
> # 이름으로
> hello.person(first = "Jared", last = "Lander")
[1] "Hello Jared Lander"
> # 순서를 바꿔
> hello.person(last = "Lander", first = "Jared")
[1] "Hello Jared Lander"
> # 하나의 인자만 이름으로
> hello.person("Jared", last = "Lander")
[1] "Hello Jared Lander"
> # 하나를 이름으로 나머지는 놓아두는 경우
>  hello.person(first = "Jared", "Lander")
[1] "Hello Jared Lander"
>  # 두 번째 인자를 먼저 지정하고, 첫 번째 인자는 이름 없이
>  hello.person(last = "Lander", "Jared")
[1] "Hello Jared Lander"
```

이름을 갖고 인자를 지정할 수 있는 것은 함수 호출에서 상당한 유연성을 제공한다. 심지어 이름이 부분만 일치하도록 지정해도 작동한다. 물론 이것은 신중하게 사용해야 한다.

```
> hello.person(fir = "Jared", l = "Lander")
[1] "Hello Jared Lander"
```

8.2.1 디폴트 인자

복수의 인자를 사용할 때, 때로는 각각의 인자의 값을 모두 전달하는 것이 바람직하지 않을 수도 있다. 다른 언어였으면 함수들을 여러 번에 걸쳐 인자의 개수를 바꾸면서 함수를 여러 개로 재정의해 사용할 수 있다. 하지만 R은 디폴트 인자를 지정하는 기능을 갖고 있다. 그 값은 NULL, 문자열, 숫자를 비롯해 유효한 R 객체라면 모두 가능하다. hello.person을 다시 정의해 성을 Doe라는 디폴트 값으로 지정하고자 한다.

```
> hello.person <- function(first, last = "Doe") {
+     print(sprintf("Hello %s %s", first, last))
+ }
>
> # 성을 별도로 지정하지 않고 함수 호출
> hello.person("Jared")
[1] "Hello Jared Doe"
> # 성을 다른 값을 지정해 호출
> hello.person("Jared", "Lander")
[1] "Hello Jared Lander"
```

8.2.2 부가 인자들

R은 어떤 함수가 그 함수를 정의할 때 정의하지 않은 인자도 받을 수 있도록 만드는 특별한 연산자를 제공한다. 그것은 dot-dot-dot라고 불리는 ... 인자다. 이 기능은 상당한 유연성을 제공하는데 상당히 주의해서 사용해야 한다. 지금은 그냥 어떻게 추가 인자들을 받을 수 있게 만드는지에만 집중하려고 한다. 나중에 함수들 간에 인자들을 전달하는 경우와 같은 사용 예를 보게 될 것이다.

```
> # 부가 인자를 가진 hello.person 함수 호출
> hello.person("Jared", extra="Goodbye")
Error in hello.person("Jared", extra = "Goodbye"): 사용하지 않은 인자 (extra =
"Goodbye")
> # 2개의 유효한 인자를 주고, 세 번째 정의되지 않은 인자 사용
> hello.person("Jared", "Lander", "Goodbye")
Error in hello.person("Jared", "Lander", "Goodbye"): 사용하지 않은 인자 ("Goodbye")
> # hello.person 함수에 ... 인자를 써서 재정의해 추가 인자를 받을 수 있게
> hello.person <- function(first, last="Doe", ...) {
+    print(sprintf("Hello %s %s", first, last))
+ }
> # 추가 인자를 사용해 hello.person 호출
> hello.person("Jared", extra="Goodbye")
[1] "Hello Jared Doe"
> # 2개의 유효 인자와 정의되지 않은 세 번째 인자 사용
> hello.person("Jared", "Lander", "Goodbye")
[1] "Hello Jared Lander"
```

8.3 반환값

보통 함수는 어떤 값을 계산하기 위해 사용되기 때문에 함수는 계산한 값을 호출자에게 넘겨주기 위한 기능이 필요하다. 이것을 반환이라 하고, 아주 쉽게 처리된다. R에서 함수가 값을 반환하는 데에는 두 가지 방법이 있다. 첫 번째는 암시적인 방법으로, 함수의 마지막 코드 값이 자동으로 반환된다. 이것은 그다지 좋은 방법이 아니다. 두 번째 아주 명시적인 방법은 함수를 사용하는 것이다. 이 함수는 반환값을 반환하고 함수를 종료시킨다.

인자를 주면, 인자에 2를 곱한 값을 반환하는 함수를 갖고 설명해본다.

```
> # 명시적인 return을 사용하지 않음.
> double.num <- function(x)
+ {
+ x * 2
+ }
>
> double.num(5)
[1] 10
```

```
> # 명시적으로 return을 사용
> double.num <- function(x)
+ {
+ return(x * 2)
+ }
>
> double.num(5)
[1] 10
> # 명시적인 return을 사용한 다른 예
> double.num <- function(x)
+ {
+ return(x * 2)
+ # 아랫부분은 return( ) 함수에 의해 이미 함수가 종료되므로 실행되지 않는다.
+ print("Hello!")
+ return(17)
+ }
>
> double.num(5)
[1] 10
```

8.4 do.call

유용한데 잘 사용하지 않는 것이 do.call 함수다. 이 함수를 사용해 함수의 이름을 문자열이나 객체로 지정하고, 리스트를 갖고 해당 함수의 인자를 전달해 함수를 실행할 수 있다.

```
> do.call("hello.person", args = list(first = "Jared", last = "Lander"))
[1] "Hello Jared Lander"
> do.call(hello.person, args  = list(first = "Jared", last = "Lander"))
[1] "Hello Jared Lander"
```

이 함수는 사용자가 특정한 행동을 지정할 수 있는 함수를 만드는 데 특히 유용하다. 다음 예는 사용자가 하나의 벡터와 이 벡터를 대상으로 실행할 함수를 전달하는 경우다.

```
> run.this <- function(x, func=mean) {
+   do.call(func, args = list(x))
+ }
```

```
>
> # 디폴트로 평균 계산
> run.this(1:10)
[1] 5.5
> # 평균을 계산하도록 명시
> run.this(1:10, mean)
[1] 5.5
> # 합을 계산
> run.this(1:10, sum)
[1] 55
> # 표준편차
> run.this(1:10, sd)
[1] 3.02765
```

8.5 결론

함수를 사용하면 반복하지 않고 코드를 재사용할 수 있으며, 나중에 쉽게 내용을 수정할 수 있다. 함수의 인자, 디폴트 값, 반환값을 주의해볼 필요가 있다. 이 책에 뒷부분에서 지금까지 살펴본 것들보다 훨씬 복잡한 함수들을 만나게 될 것이다.

R 제어문

제어문은 프로그래밍의 흐름을 제어하고, 테스트 값에 따라 다른 일이 벌어지게 한다. if문 같은 데서 사용되는 테스트의 결과는 논리형^{logical}으로 TRUE나 FALSE 값을 가진다. if, else, ifelse, switch와 같은 제어문이 있다.

9.1 if와 else

가장 흔히 사용되는 제어문은 if문이다. 어떤 것이 TRUE이면 어떤 일을 수행하거나, 어떤 행동을 하지 않게 한다. 테스팅은 if 명령어에 뒤따라오는 괄호 안에 들어간다. 가장 흔히 사용되는 체크 방법들은 같은지(==), 작은지(<), 작거나 같은지(<=), 큰지(>), 크거나 같은지(>=), 다른지(!=)를 보는 것이다.

이런 테스트가 통과되면 TRUE가 되고, 통과하지 못하면 FALSE가 된다. 4.3.4절에서 본 바와 같이 TRUE는 숫자 1, FALSE는 숫자 0과 같이 취급된다.

```
> as.numeric(TRUE)
[1] 1
> as.numeric(FALSE)
[1] 0
```

이런 테스트가 반드시 if문에서만 사용되는 것은 아니다. 다음은 그 예다.

```
> 1 == 1
[1] TRUE
> 1 < 1
```

```
[1] FALSE
> 1 <= 1
[1] TRUE
> 1 > 1
[1] FALSE
> 1 >= 1
[1] TRUE
> 1 != 1
[1] FALSE
```

이제 테스트를 if문에서 사용해 어떻게 프로그램의 행동을 조절하는지 살펴보자.

```
> # 1을 변수에 저장
> toCheck <- 1
>
> # toCheck 값이 1이면 hello를 출력
> if(toCheck == 1) {
+   print("hello")
+ }
[1] "hello"
> # toCheck가 0인지 체크하고, hello를 출력한다.
> if(toCheck == 0) {
+   print("hello")
+ }
>
> # 아무런 결과가 출력되지 않음을 확인
```

if문은 모든 문장들을 중괄호 {} 안에 놓는다는 측면에서 보면 함수와 유사하다.

모든 일이 항상 간단한 것이 아니어서 어떤 것이 TRUE이면 이런 일을 하게 하고, FALSE 이면 저런 일을 하도록 만들고 싶을 경우가 생긴다. 다음 예에서는 if문과 else문으로 함수를 만들어 반복해서 이 함수를 사용할 수 있도록 했다.

```
> # 먼저 함수를 만든다.
> check.bool <- function(x) {
+   if(x == 1) {
+     # 인자가 1인 경우에는 hello를 출력
+     print("hello")
+   } else {
```

```
+     # 그렇지 않으면 goodbye를 출력한다.
+     print("goodbye")
+   }
+ }
```

여기에서 else는 이전 블록을 마치는 중괄호(})와 같은 행에서 사용한다는 점에 주목한다. 그렇지 않으면 에러가 발생한다. 이 함수가 제대로 작동하는지 살펴보자.

```
> check.bool(1)
[1] "hello"
> check.bool(0)
[1] "goodbye"
> check.bool("k")
[1] "goodbye"
> check.bool(TRUE)
[1] "hello"
```

인자가 1이 아닌 경우에는 모두 "goodbye"를 출력한다. 제대로 작동하는 것이 확인됐다. TRUE을 주면 "hello"가 출력되는 것은 TRUE는 숫자로 봤을 때 1과 같기 때문이다.

더 나아가 else if에 대해 알아보자. 먼저 하나의 문장을 테스트한 다음, 다른 문장을 테스트하고, 그다음에는 모든 경우에 대응하도록 하려고 한다. 앞에서 만들어본 check.bool 함수를 수정해 어떤 조건을 테스트한 후 다른 테스트를 할 것이다.

```
> check.bool <- function(x) {
+   if(x == 1) {
+     # 입력값이 1과 같으면 hello를 출력
+     print("hello")
+   } else if(x == 0 ) {
+     # 입력값이 0과 같으면 goodbye를 출력
+     print("goodbye")
+   } else {
+     # 그 나머지 경우는 confused를 출력
+     print("confused")
+   }
+ }
>
> check.bool(1)
[1] "hello"
```

```
> check.bool(0)
[1] "goodbye"
> check.bool(2)
[1] "confused"
> check.bool("k")
[1] "confused"
```

9.2 switch

테스트해야 하는 경우가 여러 가지인 경우, else if문을 반복적으로 사용하는 것은 귀찮기도 하고 효율적이지도 않다. 이런 경우에는 switch가 가장 유용하다. 첫 번째 인자는 테스팅할 값이다. 그다음 인자들은 특정 값과 그 값에 해당할 때 얻어지는 결과다. 마지막 인자는 값이 주어지지 않으면 디폴트 결과가 된다. 어떤 값을 받아 해당하는 결과를 반환하는 함수를 만들어보자.

```
> use.switch <- function(x) {
+    switch(x,
+      "a" = "first",
+      "b" = "second",
+      "z" = "last",
+      "c" = "third",
+      "other")
+ }
> use.switch("a")
[1] "first"
> use.switch("b")
[1] "second"
> use.switch("c")
[1] "third"
> use.switch("d")
[1] "other"
> use.switch("e")
[1] "other"
> use.switch("z")
[1] "last"
```

만약 이 함수를 호출할 때 숫자 인자를 사용하면, 해당 숫자를 위치를 인식하고 실행하게 된다. 숫자 인자가 이어지는 swith( )에서 첫 번째 인자를 제외한 나머지 인자들의 개수보다 큰 값을 주게 되면 NULL을 반환한다.

```
> use.switch(1)
[1] "first"
> use.switch(2)
[1] "second"
> use.switch(3)
[1] "last"
> use.switch(4)
[1] "third"
> use.switch(5)
[1] "other"
> use.switch(6)    # 아무것도 반환하지 않음.
> is.null(use.switch(6))
[1] TRUE
```

여기에서 is.null이라는 새로운 함수를 소개했다. 이름이 의미하는 바와 같이 이 함수는 객체가 NULL인지를 확인할 때 사용한다.

9.3 ifelse

if문이 전통적인 언어의 if문과 유사한데, ifelse 함수는 엑셀의 if 함수와 유사하다. 이 함수의 첫 번째 인자는 테스트할 조건(이것은 일반 if문과 비슷하다)이며, 두 번째 인자는 그 조건이 TRUE일 때, 세 번째 인자는 FALSE일 때 반환할 값을 지정한다. 이 함수가 전통적인 if보다 좋은 점은 벡터화된 인자를 사용할 수 있다는 것이다. R에서는 보통 그렇지만 벡터화를 사용하면 for 루프를 사용하지 않아도 되고, 코드의 속도가 높아진다. ifelse의 뉘앙스는 약간 까다롭게 느껴질 수 있어서 여러 예를 제시하려고 한다.

가장 간단한 예로 시작해보자. 1과 1이 같은지 확인하고, 그 값이 TRUE이면 "Yes"를 출력하고, 그 값이 FALSE이면 "No"를 출력한다.

```
> # 1과 1이 같은지 확인
> ifelse(1 == 1, "Yes", "No")
[1] "Yes"
```

```
> # 1과 0이 같은지 확인
> ifelse(1 == 0, "Yes", "No")
[1] "No"
```

결과를 보면 우리가 원하는 대로 출력한다는 것을 알 수 있다. ifelse는 9.1절에서 살펴본 일반적인 비교 테스트와 기타 논리적인 테스트를 모두 사용할 수 있다. 그런데 만약 단 하나의 요소(길이가 1인 벡터나 단순한 is.na 같은 경우)에 대한 테스트를 사용하는 경우에는 ifelse보다 if를 사용하는 것이 더 효율적이라는 점을 기억할 필요가 있다.이렇게 하는 것이 코드 효율적인 면에서 보면 사소하지 않다. 다음은 벡터화된 첫 인자를 사용한 예다.

```
> toTest <- c(1, 1, 0, 1, 0, 1)
> ifelse(toTest == 1, "Yes", "NO")
[1] "Yes" "Yes" "NO"  "Yes" "NO"  "Yes"
```

이것은 toTest의 요소들이 1인 경우에는 "Yes"를 출력하고, 그렇지 않은 경우에는 "No"를 출력한다.

두세 번째 인자에서 비교하는 요소에도 접근할 수 있다.

```
> ifelse(toTest == 1, toTest * 3, toTest)
[1] 3 3 0 3 0 3
> # 세 번째 인자 값이 반복되게 할 수도 있다.
> ifelse(toTest == 1, toTest * 3, "Zero")
[1] "3"    "3"    "Zero" "3"    "Zero" "3"
```

만약 toTest에 NA 값을 갖는 요소가 있는 경우, 해당하는 비교값은 NA가 된다.

```
> toTest[2] <- NA
> ifelse(toTest == 1, "Yes", "No")
[1] "Yes" NA    "No"  "Yes" "No"  "Yes"
```

두세 번째 인자가 벡터인 경우에도 같은 행동을 보인다.

```
> ifelse(toTest == 1, toTest * 3, toTest)
[1]  3 NA  0  3  0  3
> ifelse(toTest == 1, toTest * 3, "Zero")
[1] "3"    NA     "Zero" "3"    "Zero" "3"
```

9.4 복합 테스트

if, ifelse, switch문에서 사용되는 테스트는 그 결과가 논리값인 TRUE나 FALSE가 되는 경우라면 모두 사용할 수 있다. 이것이 같은지를 비교하는 것일 수도 있고, is.numeric 이나 is.na 함수 호출의 결과일 수 있다. 때때로 한 번에 하나 이상의 관계를 테스트하고 싶을 때가 있다. 이럴 때 and, or 같은 논리 연산을 사용한다. R에서 and 연산자는 &, &&, or 연산자는 |, ||가 사용된다. 이 형태의 차이점은 미묘한데 코드 속도에 영향을 미칠 수 있다.

&&, ||와 같이 더블로 쓰는 경우에는 if문, &이나 |와 같이 하나로 쓰는 경우에는 ifelse 문에 사용하는 것이 좋다. 더블형은 비교 대상에서 첫 번째 요소만 비교하고, 단일형은 벡터의 개별 요소들을 요소 대 요소로 비교해 연산한다.

```
> a <- c(1, 1, 0, 1)
> b <- c(2, 1, 0, 1)
> # 다음은 벡터 a와 b를 요소 대 요소로 비교한다.
> ifelse(a == 1 & b == 1, "Yes", "No")
[1] "No"  "Yes" "No"  "Yes"
> # 다음은 a의 첫 번째 요소와 b의 첫 번째 요소만을 비교한다.
> ifelse(a == 1 && b == 1, "Yes", "No")
[1] "No"
```

단일형과 더블형은 프로세싱되는 방법에서도 차이가 있다. 단일형을 사용하는 경우에는 연산자의 양쪽 표현식을 모두 체크한다. 하지만 더블형에서는 가끔 왼쪽 부분만 체크한다. 이를테면 1 == 0 && 2 ==2와 같은 테스팅에서는 처음 값이 이미 FALSE여서 && 연산자를 사용하는 경우에는 이미 전체 값이 FALSE이기 때문에 그다음 표현식을 검토할 필요가 없다. 3 == 3 || 0 == 0인 경우에도 처음이 TRUE이기 때문에 다음 표현식을 검토할 필요가 없다. 이런 패턴은 왼쪽 부분이 거짓인 경우에 오른쪽 부분이 에러를 유발하는 경우에 특히 도움이 된다.

비교가 2개의 조건들 뿐만 아니라 그 이상의 조건들을 조합해 이뤄지는 것도 충분히 가능하다. 여러 조건들을 and, or 연산자를 여러 번 사용해 묶을 수 있다. 조건의 일부를 수학 연산에서 처럼 괄호를 사용해 그룹화할 수도 있다. 괄호가 없는 경우의 연산 순서는 4.1절에서 보는 것처럼 PEMDAS의 원칙과 비슷한데, and 연산은 곱셈, or 연산은 덧셈에 준한다. 그래서 and가 or보다 우선한다.

9.5 결론

콘솔에서나 함수에서 프로그램의 흐름을 제어하는 기술은 데이터 분석 과정에서 중요한 역할을 한다. if, else문은 단일 요소 객체를 비교하는 데 가장 흔히 사용된다. ifelse 함수는 벡터화 특성을 사용하기 때문에 R 프로그래밍에서 흔히 사용된다. switch문은 그렇게 주목받지 못하지만 제대로 사용하면 아주 편리하다. and 연산자(&, &&)와 or 연산자(|, ||)를 사용해 여러 조건들을 하나의 조건으로 결합시키는 데 사용된다.

루프, R에서는 그다지 환영받지 못하는 존재

벡터, 리스트, 데이터 프레임에 들어 있는 요소의 값에 접근할 때 R을 처음 배우는 사람들은 루프를 사용한다. 다른 언어에서는 그렇게 하는 것이 아주 자연스러운 것이지만, R에서는 벡터화라는 개념을 사용하는 것이 권장된다. 그래도 이것을 사용해야 하는 피치 못할 상황이 있다. R에는 for, while 루프가 있다.

10.1 for 루프

가장 흔하게 사용되는 것이 for 루프다. for 루프는 벡터가 주어졌을 때 요소에 하나씩 접근하면서 어떤 연산을 한다. 간단한 예로 1에서 10까지의 정수를 출력해보자.

for를 사용해 루프를 선언한다. 그런 다음 세 부분으로 구성되는 영어 구절과 같은 인자를 취한다. 세 번째 부분에 순회할 벡터로 흔하게 숫자형 또는 문자열 벡터가 온다. 첫 번째 부분은 벡터를 순회하면서 각 요소에 대한 값이 할당되는 변수다. 중간 부분은 in으로 첫 번째 부분인 변수가 세 번째 부분의 벡터에 포함돼 있음을 나타낸다.

```
> for(i in 1:10) {
+    print(i)
+ }
[1] 1
[1] 2
[1] 3
[1] 4
[1] 5
[1] 6
```

```
[1] 7
[1] 8
[1] 9
[1] 10
```

여기서 1부터 10까지의 값을 가진 벡터를 만든 후, 각 요소를 하나씩 출력하게 했다. 이렇게 하지 않더라도 print 함수를 사용해 내장된 벡터화에 의해 이와 같은 일을 할 수 있다는 것에 주목하기 바란다.

```
> print(1:10)
 [1]  1  2  3  4  5  6  7  8  9 10
```

물론 출력된 모습이 똑같지는 않지만 거의 비슷하다. for 루프에서 사용되는 벡터가 반드시 연속적인 값을 가질 필요는 없고, 단지 벡터면 족하다.

```
> # 과일 이름을 가진 벡터
> fruit <- c("apple", "banana", "pomegranate")
> # 길이를 저장할 변수를 만듦, 처음에는 NA로 지정
> fruitLength <- rep(NA, length(fruit))
> # 모두 NA 값인지 확인
> fruitLength
[1] NA NA NA
> # 이름 부여
> names(fruitLength) <- fruit
> # 다시 내용 확인
> fruitLength
      apple      banana pomegranate
         NA          NA          NA
> # fruit를 순환히면서 길이를 벡터에 저장
> for(a in fruit) {
+     fruitLength[a] <- nchar(a)
+     }
> # 길이 확인
> fruitLength
      apple      banana pomegranate
          5           6          11
```

내장된 벡터화 연산을 사용하면 훨씬 더 간단하다.

```
> # 단순히 nchar 함수 호출
> fruitLength2 <- nchar(fruit)
> # 이름 부여
> names(fruitLength2) <- fruit
> # 보기
> fruitLength2
      apple      banana pomegranate
          5           6          11
```

기대하는 바대로 같은 결과를 보여준다. 다음과 같이 확인할 수 있다.

```
fruitLength
      apple      banana pomegranate
          5           6          11
fruitLength2
      apple      banana pomegranate
          5           6          11
> identical(fruitLength, fruitLength2)
[1] TRUE
```

10.2 while 루프

for 루프보다는 덜 사용되기는 하지만 while 루프도 사용하기 어렵지 않다. while 루프는 주어진 테스트 컨디션이 참이면 뒤따르는 중괄호 안의 코드를 반복해 실행한다. 다음 예에서는 값이 5가 될 때까지 반복해 x의 값을 출력한다. 간단한 예기는 하지만 핵심은 모두 보여준다.

```
> x <- 1
> while(x <= 5) {
+     print(x)
+     x <- x + 1
+ }
[1] 1
[1] 2
[1] 3
```

```
[1] 4
[1] 5
```

10.3 루프 조절

때로는 필요에 따라 루프에서 다음 번으로 이동하거나 완전히 빠져나오도록 만들 필요가 있다. 이럴 때는 next, break를 사용한다. 예를 들어 for 루프에서 다음과 같이 사용할 수 있다.

```
> for(i in 1:10) {
+     if (i == 3) {
+       next
+     }
+     print(i)
+ }
[1] 1
[1] 2
[1] 4
[1] 5
[1] 6
[1] 7
[1] 8
[1] 9
[1] 10
```

결과를 보면 숫자 3이 출력되지 않았다.

```
> for(i in 1:10) {
+     if(i == 4) {
+       break
+     }
+     print(i)
+ }
[1] 1
[1] 2
[1] 3
```

순회하다가 값이 4가 되면 루프를 빠져나가게 지시했다.

10.4 결론

이 장에서는 for 루프와 while 루프를 공부했다. for 루프는 일정한 요소들의 시퀀스를 순회하고, while 루프는 특정 컨디션이 참일 때 루프가 지속된다. 앞에서 언급한 바대로 루프를 사용하지 않고, 대신 벡터화나 행렬 연산을 사용할 수 있으면 루프 사용을 피하는 것이 바람직하다. 특히 루프 안에 루프와 같이 중첩된 루프는 가급적 사용을 자제해야 한다. 왜냐하면, R에서 이런 중첩 루프는 아주 느리게 처리되기 때문이다.

11

그룹별 데이터 조작

데이터 조작(심플이라는 은행을 세운 조슈아 리이체에 의해 널리 알려진 데이터 먼징$^{data\ mungin}$이라는 단어와 함께)은 전체 데이터 분석 시간의 80%를 차지한다. 이 과정에는 데이터를 세분하고 세분된 데이터에 대해 반복되는 연산을 실행하는 과정이 필요하다. 해들리 위캄은 이를 "split-apply-combine"이라고 표현했다. 즉, 데이터를 어떤 기준에 맞춰 나누고, 나눠진 데이터에 대해 어떤 종류의 변형을 가한 후, 이것들을 하나로 모으는 과정이다. 이것은 마치 해둡[1]의 맵 리듀스[2] 패러다임과 유사하다. R은 데이터를 순회하는 다양하고 편리한 함수를 제공한다. 이 장에서 소개하는 많은 함수들은 여전히 개선되고 있으며, 이어지는 12, 13장에서 관련된 최신 함수들을 접하게 될 것이다.

11.1 Apply 패밀리

R에는 tapply, lapply, mapply 등을 포함하는 apply 계열의 함수들이 내장돼 있다. 함수마다 독특한 특징이 있어서 상황에 맞게 사용할 필요가 있다.

11.1.1 apply 함수

이 계열의 함수에서 사용자들이 보통 처음 배우는 함수는 apply로, 이 계열의 함수 중 가장 제한적으로 사용된다. 이 함수에는 행렬^{matrix}만 사용할 수 있다. 이 말은 모든 요소들이 같은 데이터 유형을 가져야 한다는 것을 의미한다. 데이터 유형은 character,

---

1 해둡은 컴퓨터을 모아 놓은 그리드에 데이터를 분산해 계산하는 프레임워크를 제공한다.
2 맵 리듀스는 데이터를 세분하고, 세분된 것을 계산하고, 계산된 결과를 모으는 과정이 있게 된다.

numeric, logical 등이 될 수 있다. 행렬이 아닌 다른 객체, 예를 들어 데이터 프레임을 주면 이것을 행렬로 먼저 바꾼 다음 실행된다.

apply 함수의 첫 번째 인자는 작업하고자 하는 객체다. 두 번째 인자는 함수를 적용시킬 마진^margin^이다. 세 번째 인자는 적용 함수다. 그 이후에 오는 인자들은 모두 세 번째 인자에 명시한 함수의 인자로 사용된다. apply 함수는 행렬의 행 또는 열을 순회하면서, 행 또는 열을 하나의 입력값으로 취급하면서 이것을 세 번째 인자로 사용한 적용함수의 첫 번째 인자로 사용되게 한다. 행렬의 열 방향, 행 방향으로 합을 계산하는 간단한 예를 들어보자.

```
> # 행렬 만들기
> theMatrix <- matrix(1:9, nrow = 3)
>
> # 행에 대한 합
>
> apply(theMatrix, 1, sum)
[1] 12 15 18
> # 열에 대한 합
> apply(theMatrix, 2, sum)
[1]  6 15 24
```

이런 계산은 R에 내장된 rowSums, colSums 함수를 사용해도 쉽게 된다.

```
> rowSums(theMatrix)
[1] 12 15 18
> colSums(theMatrix)
[1]  6 15 24
```

이제 행렬의 한 요소의 값을 NA로 바꾸고, na.rm 인자를 사용해 결측값을 다루는 방법을 보려고 한다. 이 예를 통해 네 번째 이후 지정하는 인자들의 사용법을 탐구할 것이다. 4.7.1절에서 설명한 대로 어떤 벡터에 하나의 NA 값만 있어도 sum 함수의 결과는 NA가 된다. 그래서 na.rm=TRUE라는 인자를 사용하면 NA를 제외한 값만 계산할 수 있었다. apply 함수에 sum 함수를 사용할 때, na.rm 인자를 갖게 할 수 있고, 이 인자뿐만 아니라 필요한 모든 인자를 추가할 수 있다. 이런 경우, 함수를 직접 호출할 때와 달리 모든 인자는 이름을 사용해 지정해야 한다.

```
> theMatrix[2, 1] <- NA
> apply(theMatrix, 1, sum)
[1] 12 NA 18
> apply(theMatrix, 1, sum, na.rm = TRUE)
[1] 12 13 18
> rowSums(theMatrix)
[1] 12 NA 18
> rowSums(theMatrix, na.rm=TRUE)
[1] 12 13 18
```

11.1.2 lapply와 sapply 함수

lapply 함수는 리스트의 각 요소에 어떤 함수를 적용시킬 때 사용하고, 그 결과를 리스트로 반환한다.

```
> theList <- list(A = matrix(1:9, 3), B = 1:5, C = matrix(1:4, 2), D = 2)
> lapply(theList, sum)
$A
[1] 45

$B
[1] 15

$C
[1] 10

$D
[1] 2
```

리스트를 다루는 것이 좀 까다로울 수 있다. 그래서 lapply 대신 sapply 함수를 사용할 수 있다. 값은 lapply를 사용할 때와 같은데, 이 경우에는 벡터를 반환한다.

```
> sapply(theList, sum)
 A  B  C  D
45 15 10  2
```

어떤 벡터는 기술적으로 리스트의 한 형태이기 때문에 lapply나 sapply 함수는 벡터를 인풋으로 취할 수 있다.

```
> theNames <- c("Jared", "Deb", "Paul")
> lapply(theNames, nchar)
[[1]]
[1] 5

[[2]]
[1] 3

[[3]]
[1] 4
```

11.1.3 mapply 함수

아마도 apply 계열의 함수 중에 mapply 함수는 가장 간과되지만, 제대로 사용하면 아주 유용한 함수가 아닐까 생각한다. 이 함수는 여러 개의 리스트가 있을 때 각각의 리스트에 대해 어떤 함수를 적용한다. 이런 상황이 발생하면 대부분의 사람은 루프를 떠올리지만 굳이 이 루프를 사용할 필요가 없다.

```
> # 2개의 리스트를 만든다.
> firstList <- list(A=matrix(1:16, 4), B = matrix(1:16, 2), C=1:5)
> secondList <- list(A = matrix(1:16, 4), B = matrix(1:16, 8), C = 15:1)
>
> # 두 리스트의 요소끼리 같은지 테스트
> mapply(identical, firstList, secondList)
    A     B     C
 TRUE FALSE FALSE
> # 간단한 함수를 만든다.
> ## 이 함수는 각 요소의 행의 길을 더한다.
> simpleFunc <- function(x, y) {
+     NROW(x) + NROW(y)
+ }
>
> # 만든 함수를 2개의 리스트에 적용한다.
> mapply(simpleFunc, firstList, secondList)
 A  B  C
 8 10 20
```

11.1.4 기타 apply 함수들

이외에도 apply 계열의 함수는 많다. 실제로 아주 자주 사용하지는 않으며 plyr, dplyr, purrr 패키지 등에서 관련된 기능이 많이 향상된 함수로 제공되는 경우가 많다(어떤 사람은 lapply나 sapply 함수 역시 이들 패키지의 함수들에서 많이 개선됐다고 보지만, 이들 패키지가 제공하지 않는 나름의 장점을 갖고 있다).

- tapply
- rapply
- eapply
- vapply
- by

11.2 집계

SQL 경험이 많은 사람은 일반적으로 데이터를 그룹으로 나누고, 그룹에 따른 집계 aggregate를 계산하는 데 익숙하다. R로 하는 가장 간단한 방법은 aggregate라는 함수를 사용하는 것이다. 이 함수를 호출하는 데에는 여러 가지가 방식이 있는데, 이 중 가장 편리한 방법은 포뮬러formula를 사용하는 것이다.

뒤의 19장에서 선형 모형을 다룰 때 포뮬러를 많이 사용하게 될 것인데, 이런 포뮬러는 R에서 매우 유용하게 사용된다. 포뮬러는 틸드(~)를 사이를 두고 왼쪽과 오른쪽으로 구분된다. 왼쪽에는 계산하고자 하는 대상이 되는 변수가 오고, 오른쪽에는 그룹을 나눌 때 기준이 되는 변수가 온다.[3]

ggplot2 패키지에 있는 diamonds 데이터를 갖고 aggregate 함수를 사용하는 방법을 살펴보자.

```
> data(diamonds, package = "ggplot2")
> head(diamonds)
  carat       cut color clarity depth table price    x    y    z
```

3　19장에서 소개되는데, 비록 aggregate 함수에서는 주로 카테고리형 변수를 쓰게 되겠지만, 포뮬러의 오른쪽에 숫자가 올 수도 있다.

```
1  0.23      Ideal    E   SI2  61.5   55   326 3.95 3.98 2.43
2  0.21    Premium    E   SI1  59.8   61   326 3.89 3.84 2.31
3  0.23       Good    E   VS1  56.9   65   327 4.05 4.07 2.31
4  0.29    Premium    I   VS2  62.4   58   334 4.20 4.23 2.63
5  0.31       Good    J   SI2  63.3   58   335 4.34 4.35 2.75
6  0.24 Very Good    J   VVS2 62.8   57   336 3.94 3.96 2.48
```

여기에서 cut의 타입에 따른 price의 평균을 구해보자. aggregate 함수의 첫 번째 인자는 포뮬러로 price를 cut에 따라 구분되도록 지정한다. 두 번째 인자는 사용할 데이터다. 이 경우에는 diamonds이다. 세 번째 인자는 세분된 데이터 세트에 적용할 함수다. 우리는 평균을 구하려고 하므로 mean을 사용한다.

```
> aggregate(price ~ cut, diamonds, mean)
        cut     price
1      Fair 4358.758
2      Good 3928.864
3 Very Good 3981.760
4   Premium 4584.258
5     Ideal 3457.542
```

첫 번째 인자로 포뮬러를 사용해 price로 cut별로 구분되게 지정했다. 여기에서 주목할 것은 열의 이름을 직접 적고 어떤 데이터인지는 지정하지 않았다는 것이다. 그 이유는 두 번째 인자로 주기 때문이다. 세 번째 인자에서 함수를 지정한 후, 그다음 인자들은 이 함수에서 사용될 수 있는 인자를 지정한다. 이를테면 aggregate(price ~cut, diamonds, mean, na.rm=TRUE)와 같은 형태를 사용한다.

어떤 데이터를 2개 이상의 변수를 사용해 그룹화하려면 추가 변수를 포뮬러의 오른쪽에 + 기호를 사용해 추가한다.

```
> aggregate(price ~ cut + color, diamonds, mean)
        cut color     price
1      Fair     D 4291.061
2      Good     D 3405.382
3 Very Good     D 3470.467
4   Premium     D 3631.293
5     Ideal     D 2629.095
6      Fair     E 3682.312
7      Good     E 3423.644
```

```
8  Very Good  E 3214.652
9    Premium  E 3538.914
10     Ideal  E 2597.550
11      Fair  F 3827.003
12      Good  F 3495.750
13 Very Good  F 3778.820
14   Premium  F 4324.890
15     Ideal  F 3374.939
16      Fair  G 4239.255
17      Good  G 4123.482
18 Very Good  G 3872.754
19   Premium  G 4500.742
20     Ideal  G 3720.706
21      Fair  H 5135.683
22      Good  H 4276.255
23 Very Good  H 4535.390
24   Premium  H 5216.707
25     Ideal  H 3889.335
26      Fair  I 4685.446
27      Good  I 5078.533
28 Very Good  I 5255.880
29   Premium  I 5946.181
30     Ideal  I 4451.970
31      Fair  J 4975.655
32      Good  J 4574.173
33 Very Good  J 5103.513
34   Premium  J 6294.592
35     Ideal  J 4918.186
```

2개의 변수에 대해 그룹화하려면 포뮬러의 왼쪽에 cbind 함수를 사용해 해당 변수들을 묶는다.

```
> aggregate(cbind(price, carat) ~ cut, diamonds, mean)
        cut    price     carat
1      Fair 4358.758 1.0461366
2      Good 3928.864 0.8491847
3 Very Good 3981.760 0.8063814
4   Premium 4584.258 0.8919549
5     Ideal 3457.542 0.7028370
```

이렇게 하면 cut 변수의 각 레벨에 따라 price와 carat의 평균을 구할 수 있다. 중요한 것은 오로지 하나의 함수만 제공할 수 있다는 점이다. 하나 이상의 함수를 적용시키려면 plyr이나 dplyr 패키지를 사용하는 것이 편리하다. 이에 대해서는 11.3절과 12장에서 설명한다.

물론 포뮬러에 왼쪽과 오른쪽 동시에 변수를 한꺼번에 지정할 수도 있다.

```
> aggregate(cbind(price, carat) ~ cut + color, diamonds, mean)
        cut color    price    carat
1      Fair     D 4291.061 0.9201227
2      Good     D 3405.382 0.7445166
3  Very Good    D 3470.467 0.6964243
4   Premium     D 3631.293 0.7215471
5     Ideal     D 2629.095 0.5657657
6      Fair     E 3682.312 0.8566071
7      Good     E 3423.644 0.7451340
8  Very Good    E 3214.652 0.6763167
9   Premium     E 3538.914 0.7177450
10    Ideal     E 2597.550 0.5784012
11     Fair     F 3827.003 0.9047115
12     Good     F 3495.750 0.7759296
13 Very Good    F 3778.820 0.7409612
14  Premium     F 4324.890 0.8270356
15    Ideal     F 3374.939 0.6558285
16     Fair     G 4239.255 1.0238217
17     Good     G 4123.482 0.8508955
18 Very Good    G 3872.754 0.7667986
19  Premium     G 4500.742 0.8414877
20    Ideal     G 3720.706 0.7007146
21     Fair     H 5135.683 1.2191749
22     Good     H 4276.255 0.9147293
23 Very Good    H 4535.390 0.9159485
24  Premium     H 5216.707 1.0164492
25    Ideal     H 3889.335 0.7995249
26     Fair     I 4685.446 1.1980571
27     Good     I 5078.533 1.0572222
28 Very Good    I 5255.880 1.0469518
29  Premium     I 5946.181 1.1449370
30    Ideal     I 4451.970 0.9130291
```

```
31     Fair    J 4975.655 1.3411765
32     Good    J 4574.173 1.0995440
33 Very Good   J 5103.513 1.1332153
34  Premium    J 6294.592 1.2930941
35    Ideal    J 4918.186 1.0635937
```

불행하게도 aggregate 함수는 계산이 상당히 느리다. 다행히 plyr, dplyr, data.table과
같은 패키지를 사용하면 속도를 상당히 개선할 수 있다.

11.3 plyr 패키지

R 세계에서 일어났던 일 가운데 가장 좋았던 사건을 꼽으라면 해들리 위캄의 plyr[4] 패
키지 개발을 들 수 있다. 이 패키지는 데이터 조작 과정에서 "split-apply-combine"
방법을 구체화했다. plyr 패키지의 핵심 함수들로는 ddply, llply, ldply를 들 수 있다.
이런 함수들의 철자는 모두 다섯 자로 돼 있으며 모두 ply로 끝난다. 처음 철자는 입력
데이터의 타입, 두 번째 철자는 출력 데이터의 타입을 말한다. 그래서 ddply는 데이터
프레임을 받아 데이터 프레임을 반환하고, llply는 리스트를 받아 리스트를 반환한다.
ldply는 리스트를 받아 데이터 프레임을 반환한다. 표 11.1에 전체 함수가 열거돼 있다.

표 2 plyr 패키지 함수들과 해당하는 입력과 출력

함수	입력 타입	출력 타입
ddply	데이터 프레임	데이터 프레임
llply	리스트	리스트
aaply	배열/벡터/행렬	배열/벡터/행렬
dlply	데이터 프레임	리스트
daply	데이터 프레임	배열/벡터/행렬
d_ply	데이터 프레임	node(부수 효과를 위해)
ldply	리스트	데이터 프레임
laply	리스트	배열/벡터/행렬
l_ply	리스트	node(부수 효과를 위해)

---

4 이 단어는 pliers(펜치라는 공구)에서 따온 것으로, 다용도로 활용이 가능한 핵심 도구라는 의미를 담고 있다.

adply	배열/벡터/행렬	데이터 프레임
alply	배열/벡터/행렬	리스트
a_ply	배열/벡터/행렬	node(부수 효과를 위해)

11.3.1 ddply 함수

ddply 함수는 데이터 프레임을 취해 어떤 변수별로 데이터를 세분한 후, 원하는 함수를 적용시키고 하나의 데이터 프레임을 내놓는다. ddply 함수를 배우기 위해 plyr 패키지에 있는 baseball 데이터를 갖고 시작해보자.

```
> library(plyr)
> head(baseball)
         id year stint team lg  g  ab  r  h X2b X3b hr rbi sb cs bb so
4   ansonca01 1871     1  RC1     25 120 29 39  11   3  0  16  6  2  2  1
44  forceda01 1871     1  WS3     32 162 45 45   9   4  0  29  8  0  4  0
68  mathebo01 1871     1  FW1     19  89 15 24   3   1  0  10  2  1  2  0
99  startjo01 1871     1  NY2     33 161 35 58   5   1  1  34  4  2  3  0
102 suttoez01 1871     1  CL1     29 128 35 45   3   7  3  23  3  1  1  0
106 whitede01 1871     1  CL1     29 146 40 47   6   5  1  21  2  2  4  1
    ibb hbp sh sf gidp
4    NA  NA NA NA   NA
44   NA  NA NA NA   NA
68   NA  NA NA NA   NA
99   NA  NA NA NA   NA
102  NA  NA NA NA   NA
106  NA  NA NA NA   NA
```

야구에서 흔히 사용되는 통계량 중에는 출루율OBP, On Base Percentage이 있는데, 이것은 다음과 같이 계산된다.

$$OBP = \frac{H + BB + HBP}{AB + BB + HBP + SF} \tag{11.1}$$

H: 안타Hits

BB Base on Balls: 사구

HBP Hit by Pitch: 몸에 맞는 공

$AB^{\text{At Bat}}$: 타수

$SF^{\text{Sacrifice Fly}}$: 희생 플라이

1954년 이전에는 희생 플라이가 희생타$^{\text{Sacrifice Hits}}$의 일부로 포함돼 계산됐는데 희생타에는 희생 번트가 포함된다. 그래서 1954년 이전 선수의 기록에서는 희생 플라이는 0이 돼야 한다. 이렇게 수정하는 것이 첫 번째 일이다. 몸에 맞는 공이 NA로 기록돼 있는 경우가 많아 이것 역시 0으로 처리하려고 한다. 그리고 한 시즌에 50타석이 안 되는 선수들은 제외하려고 한다.

```
> # [ 사용해 서브세팅, 이것은 ifelse 함수보다 빠르다.
> baseball$sf[baseball$year < 1954] <- 0
>
> # 제대로 됐는지 확인
> any(is.na(baseball$sf))
[1] FALSE
> # 몸에 맞는 공이 NA인 경우 0으로 처리
> baseball$hbp[is.na(baseball$hbp)] <- 0
> # 확인
> any(is.na(baseball$hbp))
[1] FALSE
> # 한 시즌 50 타석 미만인 선수는 제외
> baseball <- baseball[baseball$ab >= 50, ]
```

그다음은 주어진 해에 어떤 선수의 출루율을 계산하는 것이 아주 간단하다.

```
> # 출루율 계산
> baseball$OBP <- with(baseball, (h + bb + hbp) / (ab + bb + hbp + sf))
> tail(baseball)
```

	id	year	stint	team	lg	g	ab	r	h	X2b	X3b	hr	rbi	sb	cs	bb
89499	claytro01	2007	1	TOR	AL	69	189	23	48	14	0	1	12	2	1	14
89502	cirilje01	2007	1	MIN	AL	50	153	18	40	9	2	2	21	2	0	15
89521	bondsba01	2007	1	SFN	NL	126	340	75	94	14	0	28	66	5	0	132
89523	biggicr01	2007	1	HOU	NL	141	517	68	130	31	3	10	50	4	3	23
89530	ausmubr01	2007	1	HOU	NL	117	349	38	82	16	3	3	25	6	1	37
89533	aloumo01	2007	1	NYN	NL	87	328	51	112	19	1	13	49	3	0	27

	so	ibb	hbp	sh	sf	gidp	OBP
89499	50	0	1	3	3	8	0.3043478
89502	13	0	1	3	2	9	0.3274854
89521	54	43	3	0	2	13	0.4800839

```
89523 112  0  3  7  5   5 0.2846715
89530  74  3  6  4  1  11 0.3180662
89533  30  5  2  0  3  13 0.3916667
```

여기에서 새롭게 with 함수를 사용했다. 이 함수는 데이터 프레임의 변수에 대해 앞에
데이터 프레임의 이름을 명시하지 않아도 사용할 수 있게 만들어준다. 즉, baseball$ab
를 사용하지 않고 그냥 ab라고 쓸 수 있게 해준다.

이제 한 선수 경력 전체에 관한 출루율을 계산해보자. 이 경우 시즌별 출루율만 계산해
서는 안 된다. 출루율을 계산하는 공식의 분모, 분자에 대해서도 계산이 필요하다. 이런
경우 ddply를 사용할 필요가 있다.

먼저 계산에 사용될 함수를 정의한다. 다음 ddply 함수를 사용해 개별 선수에 대해 계
산을 실행한다.

```
> library(plyr)
> # 이 함수는 데이터의 열 이름이 아래와 같을 것이라고 가정한다.
> obp <- function(data) {
+   c(OBP = with(data, sum(h + bb + hbp) / sum(ab + bb + hbp + sf)))
+ }
>
> # ddply 함수를 사용해 선수별 경력 기간 동안의 출루율을 계산한다.
> careerOBP <- ddply(baseball, .variables = "id", .fun = obp)
>
> # 결과를 출루율에 대해 정렬
> careerOBP <- careerOBP[order(careerOBP$OBP, decreasing = TRUE), ]
>
> # 결과를 보자.
> head(careerOBP, 10)
            id       OBP
1089 willite01 0.4816861
875   ruthba01 0.4742209
658  mcgrajo01 0.4657478
356  gehrilo01 0.4477848
85   bondsba01 0.4444622
476  hornsro01 0.4339068
184   cobbty01 0.4329655
327   foxxji01 0.4290509
953  speaktr01 0.4283386
191  collied01 0.4251246
```

이것은 전체 선수 경력 전체에서 상위 10위 출루율을 가진 선수들의 정보를 보여준다. 여기에 빌리 해밀턴과 빌 조이스가 결과에서 빠졌다. 이상하게 baseball 데이터에는 이들의 기록이 빠져 있다.

11.3.2 llply

11.1.2절에서 리스트의 각 요소에 대해 합계를 계산할 때 lapply 함수를 사용했다.

```
> theList <- list(A = matrix(1:9, 3), B = 1:5, C = matrix(1:4, 2), D = 2)
> lapply(theList, sum)
$A
[1] 45

$B
[1] 15

$C
[1] 10

$D
[1] 2
```

이것은 llply 함수를 사용해도 같은 결과를 보여준다.

```
> llply(theList, sum)
$A
[1] 45

$B
[1] 15

$C
[1] 10

$D
[1] 2
> identical(lapply(theList, sum), llply(theList, sum))
[1] TRUE
```

결과를 벡터로 반환할 때는 laply를 sapply와 같이 사용할 수 있다.

```
> sapply(theList, sum)
 A  B  C  D
45 15 10  2
> laply(theList, sum)
[1] 45 15 10  2
```

이때 laply 함수는 벡터에 대한 이름을 포함하고 있지 않다는 점에 주목하다. 이런 미묘한 차이가 사람을 미치게 하지만, 도움말을 보면 언제 어떤 함수를 사용할지 선택하는 데 도움을 받을 수 있다.

11.3.3 plyr 헬퍼 함수

plyr 패키지에는 each 함수와 같이 도움이 될 만한 함수가 많다. each 함수는 aggregate 같은 함수에 여러 개의 함수를 전달할 수 있도록 해준다. 그런데 이 함수의 단점은 추가 인자들을 적용 함수에 더 이상 제공할 수 없다는 데 있다.

```
> aggregate(price ~ cut, diamonds, each(mean, median))
        cut price.mean price.median
1      Fair   4358.758     3282.000
2      Good   3928.864     3050.500
3 Very Good   3981.760     2648.000
4   Premium   4584.258     3185.000
5     Ideal   3457.542     1810.000
```

또 하나의 유용한 함수는 idata.frame 함수인데, 이 함수는 데이터 프레임에 대한 레퍼런스를 만들어준다. 그래서 서브세팅 작업을 빠르게 하고, 메모리 효율을 높인다. 예를 들어 일반적인 데이터 프레임과 idata.frame 형태로 돼 있는 baseball 데이터 세트를 갖고 계산 효율을 비교해본다.

```
> system.time(dlply(baseball, "id", nrow))
  사용자  시스템 elapsed
  0.105   0.001   0.106
> iBaseball <- idata.frame(baseball)
> system.time(dlply(iBaseball, "id", nrow))
  사용자  시스템 elapsed
  0.113   0.001   0.114
```

속도에 대한 이점은 데이터의 크기가 커질수록, 계산의 복잡도가 커질수록 높아진다. 이 경우에는 성능이 약간 떨어졌다. 그래서 속도가 문제가 되는 상황에서는 plyr과 idata.frame을 사용하는 대신 dplyr 패키지를 사용할 필요가 있다.

11.3.4 속도 대 편의성

plyr 패키지에 대한 비판은 느리다는 것이다. 이것에 대한 전형적인 반응은 plyr 패키지의 사용은 속도 대 편의성의 문제라는 것이다. plyr 패키지의 대부분 기능은 베이스 함수나 다른 함수를 사용해도 모두 가능하지만, plyr 패키지를 사용하는 것이 훨씬 쉽다. 해들리 위캄은 수년에 걸쳐 plyr 패키지의 속도를 높이기 위해 R 코드를 최적화하고, C++ 코드와 병렬 처리 등의 작업을 실행해 왔다. 이렇게 해서 새롭게 만들어진 것이 14장에서 소개하는 plyr 패키지다.

11.4 data.table

빠른 스피드가 필요한 경우라면 매트 다울리$^{Matt Dowle}$가 만든 data.table 패키지가 적격이다. 이 패키지는 데이터 프레임을 확장하고 기능을 개선했다. 문법은 일반적인 데이터 프레임과 약간 달라 적응하는 데 시간이 좀 걸린다. 아마 이 점이 널리 사용하지 못하는 주요한 원인일 것이다.

data.tables 패키지의 속도 비밀은 데이터베이스와 같은 인덱스 시스템에 있다. 이것은 값에 대한 접근, 그룹에 따른 계산, 데이터 조인 등의 작업 속도를 높인다.

data.table 객체를 만드는 것은 일반적인 데이터 프레임을 만드는 것과 비슷하다.

```
> library(data.table)
> # 일반 데이터 프레임 만들기
> theDF <- data.frame(A=1:10,
+                     B = letters[1:10],
+                     C = LETTERS[11:20],
+                     D = rep(c("One", "Two", "Three"), length.out = 10))
> # 데이터 테이블 만들기
> theDT <- data.table(A = 1:10,
+                     B = letters[1:10],
+                     C = LETTERS[11:20],
+                     D = rep(c("One", "Two", "Three"), length.out=10))
```

```
> theDF
    A B C      D
1   1 a K    One
2   2 b L    Two
3   3 c M Three
4   4 d N    One
5   5 e O    Two
6   6 f P Three
7   7 g Q    One
8   8 h R    Two
9   9 i S Three
10 10 j T    One
> theDT
    A B C      D
 1:  1 a K    One
 2:  2 b L    Two
 3:  3 c M Three
 4:  4 d N    One
 5:  5 e O    Two
 6:  6 f P Three
 7:  7 g Q    One
 8:  8 h R    Two
 9:  9 i S Three
10: 10 j T    One
> # data.frame 함수는 문자열을 디폴트로 팩터로 변환한다.
> # 그렇지만 data.table은 그렇지 않다.
> class(theDF$B)
[1] "factor"
> class(theDT$B)
[1] "character"
```

data.frame 함수는 B를 팩터로 변환시키는 반면, data.table 함수는 그렇지 않다는 점을 제외하고는 대부분 비슷하고 출력되는 방식만 달라 보일 뿐이다.

기존 데이터 프레임을 data.table로 바꿀 수도 있다.

```
> diamondsDT <- data.table(diamonds)
> diamondsDT
      carat     cut color clarity depth table price    x    y    z
  1:  0.23   Ideal     E     SI2  61.5    55   326 3.95 3.98 2.43
```

```
  2:  0.21    Premium   E   SI1  59.8   61   326 3.89 3.84 2.31
  3:  0.23      Good    E   VS1  56.9   65   327 4.05 4.07 2.31
  4:  0.29    Premium   I   VS2  62.4   58   334 4.20 4.23 2.63
  5:  0.31      Good    J   SI2  63.3   58   335 4.34 4.35 2.75
   ---
53936:  0.72     Ideal   D   SI1  60.8   57  2757 5.75 5.76 3.50
53937:  0.72      Good   D   SI1  63.1   55  2757 5.69 5.75 3.61
53938:  0.70 Very Good   D   SI1  62.8   60  2757 5.66 5.68 3.56
53939:  0.86   Premium   H   SI2  61.0   58  2757 6.15 6.12 3.74
53940:  0.75     Ideal   D   SI2  62.2   55  2757 5.83 5.87 3.64
```

diamonds 데이터 프레임을 출력할 때는 모든 데이터를 출력하려고 하지만, data.table
은 처음과 끝의 다섯 행만 출력한다. 행에 접근할 때는 데이터 프레임에서 행에 접근할
때와 같은 방법을 사용한다.

```
> theDT[1:2, ]
   A B C   D
1: 1 a K One
2: 2 b L Two
> theDT[theDT$A >= 7, ]
   A B C    D
1: 7 g Q  One
2: 8 h R  Two
3: 9 i S Three
4: 10 j T  One
> theDT[A >= 7, ]
   A B C    D
1: 7 g Q  One
2: 8 h R  Two
3: 9 i S Three
4: 10 j T  One
```

위에서 두 번째 문장은 문법에 어긋나지 않지만 효율적인 코드로 보기는 어렵다. 이 코
드는 TRUE 또는 FALSE 값으로 구성된 길이가 10(nrow(theDT) = 10)인 벡터를 만들고 이
것에 기반을 두고 벡터 스캔vector scan이라는 방식을 사용해 계산한다. 만약, data.table
에 대한 키를 만들면 이를 활용해 행을 선택할 수 있는데, 이 경우 이진 검색binary search
을 활용할 수 있어서 무척 빠르다. 이는 11.4.1절에서 다룬다. 세 번째 행은 두 번째 행

과 같은 것을 계산하는데, 다른 점은 달러 기호($)가 없다는 것이다. data.table인 경우에는 열 A가 theDT라는 데이터 테이블 안에 있다는 것을 알 수 있도록 만들기 때문이다.

이제 개별 열에 접근하는 방법을 살펴보자. 이것은 일반 데이터 프레임의 열에 접근할 때와는 약간 다르다. 5.1절에서 데이터 프레임에서 여러 개의 열을 선택할 때는 이 열들을 하나의 문자열 벡터로 만들어 지정해줬다. data.table에서는 문자열이 아닌 열의 이름을 리스트로 묶어 전달한다.

```
> theDT[, list(A, C)]
      A C
 1:   1 K
 2:   2 L
 3:   3 M
 4:   4 N
 5:   5 O
 6:   6 P
 7:   7 Q
 8:   8 R
 9:   9 S
10:  10 T
> # 하나의 열만 있는 경우
> theDT[, B]
 [1] "a" "b" "c" "d" "e" "f" "g" "h" "i" "j"
> # data.table의 구조를 유지하면서 하나의 열에 접근
> theDT[, list(B)]
     B
 1:  a
 2:  b
 3:  c
 4:  d
 5:  e
 6:  f
 7:  g
 8:  h
 9:  i
10:  j
```

만약 열 이름이 문자열로 줘야 하는 경우(대부분 그것들이 함수의 인자로 전달된 경우가 많다)에는 with 인자의 값을 FALSE로 설정해야 한다.

```
> theDT[, "B", with = FALSE]
      B
 1: a
 2: b
 3: c
 4: d
 5: e
 6: f
 7: g
 8: h
 9: i
10: j
> theDT[, c("A", "C"), with = FALSE]
      A C
 1:  1 K
 2:  2 L
 3:  3 M
 4:  4 N
 5:  5 O
 6:  6 P
 7:  7 Q
 8:  8 R
 9:  9 S
10: 10 T
> theCols <- c("A", "C")
> theDT[, theCols, with = FALSE]
      A C
 1:  1 K
 2:  2 L
 3:  3 M
 4:  4 N
 5:  5 O
 6:  6 P
 7:  7 Q
 8:  8 R
 9:  9 S
10: 10 T
```

이번에는 리스트 대신 벡터에 열의 이름을 저장했다. 이 미묘한 차이는 data.table을 사용할 때와 적절한 함수를 선택할 때 중요하다.

11.4.1 키

이제 몇 개의 data.table 객체를 메모리에 만들게 됐다. 이들에 대한 정보가 궁금할 수 있는데, 이 경우 tables 함수를 사용한다.

```
> # 테이블 보기
> tables()
     NAME          NROW NCOL MB
[1,] diamondsDT 53,940   10  4
[2,] theDT          10    4  1
     COLS                                          KEY
[1,] carat,cut,color,clarity,depth,table,price,x,y,z
[2,] A,B,C,D
Total: 5MB
```

이 함수는 메모리에 존재하는 data.table들의 이름, 행의 개수, 차지하는 용량, 열과 키의 이름을 보여준다. 아직까지 어느 data.table에도 키를 부여하지 않았기 때문에 키에 대한 열은 비어 있는 상태다. 키는 data.table을 인덱싱하는 데 사용돼 속도를 높인다.

먼저 theDT에 키를 추가하는 것에서 시작하자. 우리는 data.table의 D열을 인덱싱하는 데 사용한다. 이때 setkey 함수를 사용하는데, 이 함수는 첫 인자로 data.table을 받고, 두 번째 인자는 인덱싱에 사용할 열이다. 이 경우 열은 인용 부호를 사용하지 않는다.

```
> # 키 설정
> setkey(theDT, D)
>
> # 데이터 테이블 다시 보기
> theDT
     A B C     D
1:   1 a K   One
2:   4 d N   One
3:   7 g Q   One
4: 10 j T   One
5:   3 c M Three
6:   6 f P Three
```

```
 7:  9 i S Three
 8:  2 b L   Two
 9:  5 e O   Two
10:  8 h R   Two
```

데이터가 D열에 따라 알파벳 순으로 정렬됐다. key 함수를 사용해 키가 설정됐는지 확인할 수 있다.

```
> key(theDT)
[1] "D"
```

다시 tables 함수를 실행해보자.

```
> tables()
     NAME          NROW NCOL MB
[1,] diamondsDT 53,940   10  4
[2,] theDT          10    4  1
     COLS                                          KEY
[1,] carat,cut,color,clarity,depth,table,price,x,y,z
[2,] A,B,C,D                                       D
Total: 5MB
```

이렇게 키를 사용하면 데이터 테이블에서 행을 선택하는데 새로운 기능을 추가할 수 있다. 행 번호나 TRUE 또는 FALSE 값으로 평가되는 표현식 이외에 키 열의 값을 지정해도 된다.

```
> theDT["One", ]
    A B C   D
1:  1 a K One
2:  4 d N One
3:  7 g Q One
4: 10 j T One
> theDT[c("One", "Two"), ]
    A B C   D
1:  1 a K One
2:  4 d N One
3:  7 g Q One
4: 10 j T One
```

```
5:   2 b L Two
6:   5 e O Two
7:   8 h R Two
```

키를 설정할 때 하나 이상의 열을 사용할 수도 있다.

```
> # 키 설정
> setkey(diamondsDT, cut, color)
```

2개의 키를 사용해 행에 접근할 때는 J라는 특별한 함수를 사용한다. 이들 인자 하나 하나는 선택할 값으로 구성된 벡터다.

```
> # 몇 개의 행에 접근
> diamondsDT[J("Ideal", "E"), ]
        carat    cut color clarity depth table price    x    y    z
   1:    0.23 Ideal     E     SI2  61.5    55   326 3.95 3.98 2.43
   2:    0.26 Ideal     E    VVS2  62.9    58   554 4.02 4.06 2.54
   3:    0.70 Ideal     E     SI1  62.5    57  2757 5.70 5.72 3.57
   4:    0.59 Ideal     E    VVS2  62.0    55  2761 5.38 5.43 3.35
   5:    0.74 Ideal     E     SI2  62.2    56  2761 5.80 5.84 3.62
  ---
3899:    0.70 Ideal     E     SI1  61.7    55  2745 5.71 5.74 3.53
3900:    0.51 Ideal     E    VVS1  61.9    54  2745 5.17 5.11 3.18
3901:    0.56 Ideal     E    VVS1  62.1    56  2750 5.28 5.29 3.28
3902:    0.77 Ideal     E     SI2  62.1    56  2753 5.84 5.86 3.63
3903:    0.71 Ideal     E     SI1  61.9    56  2756 5.71 5.73 3.54
> diamondsDT[J("Ideal", c("E", "D")), ]
        carat    cut color clarity depth table price    x    y    z
   1:    0.23 Ideal     E     SI2  61.5    55   326 3.95 3.98 2.43
   2:    0.26 Ideal     E    VVS2  62.9    58   554 4.02 4.06 2.54
   3:    0.70 Ideal     E     SI1  62.5    57  2757 5.70 5.72 3.57
   4:    0.59 Ideal     E    VVS2  62.0    55  2761 5.38 5.43 3.35
   5:    0.74 Ideal     E     SI2  62.2    56  2761 5.80 5.84 3.62
  ---
6733:    0.51 Ideal     D    VVS2  61.7    56  2742 5.16 5.14 3.18
6734:    0.51 Ideal     D    VVS2  61.3    57  2742 5.17 5.14 3.16
6735:    0.81 Ideal     D     SI1  61.5    57  2748 6.00 6.03 3.70
6736:    0.72 Ideal     D     SI1  60.8    57  2757 5.75 5.76 3.50
6737:    0.75 Ideal     D     SI2  62.2    55  2757 5.83 5.87 3.64
```

11.4.2 데이터 테이블 집계

인덱싱으로 얻어지는 가장 큰 장점은 빠른 집계aggregation이다. 앞에서 본 aggregate 함수나 d*ply 함수도 데이터 테이블이 데이터 프레임을 확장한 것이기 때문에 데이터 테이블에 적용해 사용할 수 있지만, 데이터 테이블에 내장된 집계 함수를 사용하는 것보다는 느리다. 11.2절에서는 다이아몬드 데이터에 대해 cut에 따라 평균 가격을 계산했다.

```
> aggregate(price ~ cut, diamonds, mean)
        cut    price
1      Fair 4358.758
2      Good 3928.864
3 Very Good 3981.760
4   Premium 4584.258
5     Ideal 3457.542
```

데이터 테이블을 사용해 같은 결과를 얻고자 할 때는 다음과 같이 실행한다.

```
> diamondsDT[, mean(price), by = cut]
        cut       V1
1:      Fair 4358.758
2:      Good 3928.864
3: Very Good 3981.760
4:   Premium 4584.258
5:     Ideal 3457.542
```

이전 결과와 이번 결과의 차이점은 열 이름이 다르다는 것밖에 없다. 출력되는 객체의 열의 이름을 명시하고 싶은 경우에는 집계 함수를 이름이 있는 리스트로 전달한다.

```
> diamondsDT[, list(price = mean(price)), by = cut]
        cut    price
1:      Fair 4358.758
2:      Good 3928.864
3: Very Good 3981.760
4:   Premium 4584.258
5:     Ideal 3457.542
```

여러 개의 열에 대해 집계하고자 할 때는 list( )에 지정한다.

```
> diamondsDT[, mean(price), by = list(cut, color)]
          cut color      V1
 1:      Fair     D 4291.061
 2:      Fair     E 3682.312
 3:      Fair     F 3827.003
 4:      Fair     G 4239.255
 5:      Fair     H 5135.683
 6:      Fair     I 4685.446
 7:      Fair     J 4975.655
 8:      Good     D 3405.382
 9:      Good     E 3423.644
10:      Good     F 3495.750
11:      Good     G 4123.482
12:      Good     H 4276.255
13:      Good     I 5078.533
14:      Good     J 4574.173
15: Very Good     D 3470.467
16: Very Good     E 3214.652
17: Very Good     F 3778.820
18: Very Good     G 3872.754
19: Very Good     H 4535.390
20: Very Good     I 5255.880
21: Very Good     J 5103.513
22:   Premium     D 3631.293
23:   Premium     E 3538.914
24:   Premium     F 4324.890
25:   Premium     G 4500.742
26:   Premium     H 5216.707
27:   Premium     I 5946.181
28:   Premium     J 6294.592
29:     Ideal     D 2629.095
30:     Ideal     E 2597.550
31:     Ideal     F 3374.939
32:     Ideal     G 3720.706
33:     Ideal     H 3889.335
34:     Ideal     I 4451.970
35:     Ideal     J 4918.186
          cut color      V1
```

여러 인자들에 대해 집계하려면 그것을 리스트에 담아 전달해야 한다. aggregate 함수와는 각 열에 대해 여러 가지 수치들을 한꺼번에 계산할 수 있다.

```
> diamondsDT[, list(pricce = mean(price), carat=mean(carat)), by = cut]
        cut    pricce      carat
1:      Fair 4358.758 1.0461366
2:      Good 3928.864 0.8491847
3: Very Good 3981.760 0.8063814
4:   Premium 4584.258 0.8919549
5:     Ideal 3457.542 0.7028370
> diamondsDT[, list(price=mean(price), carat = mean(carat), caratSum =
+                sum(carat)), by = cut]
        cut    price      carat caratSum
1:      Fair 4358.758 1.0461366  1684.28
2:      Good 3928.864 0.8491847  4166.10
3: Very Good 3981.760 0.8063814  9742.70
4:   Premium 4584.258 0.8919549 12300.95
5:     Ideal 3457.542 0.7028370 15146.84
```

마지막으로 계산하고자 하는 여러 개의 수치들과 복수의 그룹핑 변수들을 동시에 지정할 수 있다.

```
> diamondsDT[, list(pricce = mean(price), carat=mean(carat)), by = list(cut,
+          color)]
        cut color    price      carat
 1:     Fair     D 4291.061 0.9201227
 2:     Fair     E 3682.312 0.8566071
 3:     Fair     F 3827.003 0.9047115
 4:     Fair     G 4239.255 1.0238217
 5:     Fair     H 5135.683 1.2191749
 6:     Fair     I 4685.446 1.1980571
 7:     Fair     J 4975.655 1.3411765
 8:     Good     D 3405.382 0.7445166
 9:     Good     E 3423.644 0.7451340
10:     Good     F 3495.750 0.7759296
11:     Good     G 4123.482 0.8508955
12:     Good     H 4276.255 0.9147293
13:     Good     I 5078.533 1.0572222
14:     Good     J 4574.173 1.0995440
```

```
15: Very Good    D 3470.467 0.6964243
16: Very Good    E 3214.652 0.6763167
17: Very Good    F 3778.820 0.7409612
18: Very Good    G 3872.754 0.7667986
19: Very Good    H 4535.390 0.9159485
20: Very Good    I 5255.880 1.0469518
21: Very Good    J 5103.513 1.1332153
22:   Premium    D 3631.293 0.7215471
23:   Premium    E 3538.914 0.7177450
24:   Premium    F 4324.890 0.8270356
25:   Premium    G 4500.742 0.8414877
26:   Premium    H 5216.707 1.0164492
27:   Premium    I 5946.181 1.1449370
28:   Premium    J 6294.592 1.2930941
29:     Ideal    D 2629.095 0.5657657
30:     Ideal    E 2597.550 0.5784012
31:     Ideal    F 3374.939 0.6558285
32:     Ideal    G 3720.706 0.7007146
33:     Ideal    H 3889.335 0.7995249
34:     Ideal    I 4451.970 0.9130291
35:     Ideal    J 4918.186 1.0635938
          cut color    price    carat
```

11.5 결론

그룹별 집계 연산은 분석 과정에서 매우 중요하다. 때로는 그것 자체가 목적이 되기도 하고, 때로는 좀 더 나아간 방법을 적용하기 위한 준비 과정이 되기도 한다. 그룹별 집계의 목적에 상관없이 이것을 할 수 있는 다양한 도구가 있다. 베이스 R에 내장된 **aggregate**, **apply**, **lapply** 함수들, **plyr** 패키지에 있는 여러 함수와 데이터 테이블을 사용해 그룹별 집계 등의 다양한 방법을 구사할 수 있다.

12

dplyr 패키지로 빠르게
그룹 단위로 데이터 다루기

해들리 위캄은 data.table을 개발한 매트 다울리^{Matt Dowle}에 못지않게 그의 유명한 plyr 패키지의 후속작으로 속도에 중점을 둔 dplyr 패키지를 개발했다. 패키지 이름 앞에 들어간 d라는 문자는, list, vector와 관련된 기능들은 13장에서 자세하게 설명할 purrr 패키지로 넘기고, 이 패키지가 주로 데이터 프레임^{data.frame}에 집중한다는 것을 강조한다. dplyr이 점점 더 많은 인기를 얻고 있고, plyr 패키지를 대치해 데이터 먼징 작업의 사실상의 표준 방법이 되고 있다. 효율이 높은 R 코드를 작성한다는 면에서 매트 다울리와 해들리 위캄 사이에 치열한 경쟁이 벌어지고 있고, dplyr 패키지가 사용의 편의성과 속도를 적절히 배합했다는 점은 R 사용자에게 행운이다.

dplyr로 코드를 작성하는 것은 데이터 먼징 작업에 "데이터의 문법^{grammer of data}"이라는 개념을 적용하는 것이다. 각 단계는 해당 작업을 의미하는 동사^{verb}에 부합하는 하나의 함수 호출로 이뤄진다. 이들 동사들은 SQL 사용자들에게는 좀 더 익숙한 단어일 것이다. 열을 선택하는 select, 행을 필터링하는 filter, 데이터를 그룹화하는 group_by, 기존에 열에 기반해 새로운 행을 추가하는 mutate 단어(함수)들이 존재한다. 이들은 dplyr 패키지가 제공하는 함수들의 일부에 불과하다.

plyr과 dplyr 패키지를 동시에 사용하는 경우, 먼저 plyr 패키지를 먼저 로딩하고 그다음 dplyr 패키지를 로딩하는 것이 중요하다. 왜냐하면, 같은 이름을 사용하는 함수들이 많은데, 일반적으로 R에서는 마지막에 로딩된 패키지의 함수가 우선적으로 사용되기 때문이다. 그래서 어떤 경우에는 해당 함수가 어느 패키지에 있는 것인지 분명하게 알려주기 위해 plyr::summarize, dplyr::summarise와 같이 더블 콜론 연산자(::)를 사용할 필요가 있다.

12.1 파이프(Pipes)

dplyr 패키지는 놀랍도록 빠르기도 하지만, 이 패키지는 magrittr 패키지를 통해 구현되는 새로운 파이핑 패러다임을 대중화하는 데도 이바지했다. 기존에 함수가 다른 함수를 내포하고, 중간에 생기는 값을 임시 변수에 저장하는 방식으로 코딩했다면, 파이핑을 사용하면 %>% 연산자를 사용해 앞의 함수의 결과를 이어지는 함수로 보낼 수 있다.

파이프를 사용하면 앞의 함수가 반환한 객체를 다음 함수의 첫 번째 인자로 보낸다. 이런 연산들을 체인으로 연결시킬 수 있다. 그 사례로 diamonds 데이터를 파이핑해 head 함수로 보내고, 그 결과를 dim 함수로 보내보고자 한다.

```
> library(magrittr)
> data(diamonds, package = "ggplot2")
> dim(head(diamonds, n = 4))
[1]  4 10
> diamonds %>% head(4) %>% dim
[1]  4 10
```

12.2 tbl

data.table 패키지에서 data.table이라는 객체를 통해 데이터 프레임을 확장했듯이 dplyr 패키지 역시 tbl 객체를 통해 데이터 프레임을 확장한다. 이 객체를 사용하면 여러 가지 장점들이 있는데, 눈에 띄는 가장 큰 특징은 tbl을 스크린에 출력했을 때 스크린에 맞도록 전체 데이터 세트를 출력하지 않고, 몇 개의 행과 열만을 출력한다는 것이다.[1] 또 다른 특징은 출력했을 때 열 이름 아래 저장된 데이터의 유형까지 보여준다는 것이다.

ggplot2 패키지에 들어 있는 diamonds 데이터 세트 역시 tbl, 더 자세히는 tbl_df 클래스로 돼 있는데, 이것 역시 tbl의 확장이다. dplyr 패키지나 tbl에 기초를 둔 패키지가 로딩되지 않은 경우에는 일반적인 데이터 프레임data.frame과 같이 출력된다.

```
> library(ggplot2)
> class(diamonds)
```

---

1 출력되는 열의 개수는 스크린 크기에 따라 다르다.

```
[1] "tbl_df"     "tbl"        "data.frame"
> head(diamonds)
# A tibble: 6 x 10
  carat        cut color clarity depth table price     x     y     z
  <dbl>      <ord> <ord>   <ord> <dbl> <dbl> <int> <dbl> <dbl> <dbl>
1  0.23      Ideal     E     SI2  61.5    55   326  3.95  3.98  2.43
2  0.21    Premium     E     SI1  59.8    61   326  3.89  3.84  2.31
3  0.23       Good     E     VS1  56.9    65   327  4.05  4.07  2.31
4  0.29    Premium     I     VS2  62.4    58   334  4.20  4.23  2.63
5  0.31       Good     J     SI2  63.3    58   335  4.34  4.35  2.75
6  0.24 Very Good     J    VVS2  62.8    57   336  3.94  3.96  2.48
```

dplyr 패키지가 로딩된 경우에는 다음과 같이 출력된다.

```
> library(dplyr)
> head(diamonds)
# A tibble: 6 x 10
  carat        cut color clarity depth table price     x     y     z
  <dbl>      <ord> <ord>   <ord> <dbl> <dbl> <int> <dbl> <dbl> <dbl>
1  0.23      Ideal     E     SI2  61.5    55   326  3.95  3.98  2.43
2  0.21    Premium     E     SI1  59.8    61   326  3.89  3.84  2.31
3  0.23       Good     E     VS1  56.9    65   327  4.05  4.07  2.31
4  0.29    Premium     I     VS2  62.4    58   334  4.20  4.23  2.63
5  0.31       Good     J     SI2  63.3    58   335  4.34  4.35  2.75
6  0.24 Very Good     J    VVS2  62.8    57   336  3.94  3.96  2.48
```

tbl은 자동으로 일부의 행만 보여주기 때문에 우리는 굳이 head 함수를 사용할 필요가 없다.

```
> diamonds
# A tibble: 53,940 x 10
  carat        cut color clarity depth table price     x     y     z
  <dbl>      <ord> <ord>   <ord> <dbl> <dbl> <int> <dbl> <dbl> <dbl>
1  0.23      Ideal     E     SI2  61.5    55   326  3.95  3.98  2.43
2  0.21    Premium     E     SI1  59.8    61   326  3.89  3.84  2.31
3  0.23       Good     E     VS1  56.9    65   327  4.05  4.07  2.31
4  0.29    Premium     I     VS2  62.4    58   334  4.20  4.23  2.63
5  0.31       Good     J     SI2  63.3    58   335  4.34  4.35  2.75
6  0.24 Very Good     J    VVS2  62.8    57   336  3.94  3.96  2.48
```

```
 7  0.24 Very Good    I    VVS1 62.3    57   336  3.95  3.98  2.47
 8  0.26 Very Good    H    SI1  61.9    55   337  4.07  4.11  2.53
 9  0.22      Fair    E    VS2  65.1    61   337  3.87  3.78  2.49
10  0.23 Very Good    H    VS1  59.4    61   338  4.00  4.05  2.39
# ... with 53,930 more rows
```

tbl 객체는 원래 dplyr 패키지에서 처음 소개됐는데 이후에 tibble이라는 별도의 패키
지로 확장됐다. 이 새로운 패키지가 소개되고 나서 이런 객체는 이제는 tibble로 불리
지만, 그래도 클래스 이름은 여전히 tbl이다.

12.3 select

select 함수는 첫 번째 인자로 데이터 프레임 또는 tbl 객체를 받고, 그다음은 원하는
열들의 이름을 인자로 취한다. 다른 모든 dplyr 함수와 같이 이 함수는 함수들을 내포
하는 전통적인 방식은 물론 파이프 방식으로도 사용이 가능하다.

```
> select(diamonds, carat, price)
# A tibble: 53,940 x 2
   carat price
   <dbl> <int>
 1  0.23   326
 2  0.21   326
 3  0.23   327
 4  0.29   334
 5  0.31   335
 6  0.24   336
 7  0.24   336
 8  0.26   337
 9  0.22   337
10  0.23   338
# ... with 53,930 more rows
> diamonds %>% select(carat, price)
# A tibble: 53,940 x 2
   carat price
   <dbl> <int>
 1  0.23   326
 2  0.21   326
```

```
 3  0.23   327
 4  0.29   334
 5  0.31   335
 6  0.24   336
 7  0.24   336
 8  0.26   337
 9  0.22   337
10  0.23   338
# ... with 53,930 more rows
> # 원하는 열들의 이름을 하나의 문자열 벡터로 지정할 수도 있다.
> diamonds %>% select(c(carat, price))
# A tibble: 53,940 x 2
   carat price
   <dbl> <int>
 1  0.23   326
 2  0.21   326
 3  0.23   327
 4  0.29   334
 5  0.31   335
 6  0.24   336
 7  0.24   336
 8  0.26   337
 9  0.22   337
10  0.23   338
# ... with 53,930 more rows
```

select 함수는 원하는 열을 지정할 때 인터랙티브 환경에서 사용의 편리를 위해서 인용
부호를 사용하지 않고 열 이름을 지정한다. 열들의 이름은 개별 인자로도 전달할 수 있
고, 하나의 벡터로도 전달할 수 있다. 인용된 이름이 필요한 경우에는, select 함수의 표
준 평가 버전인 select_를 사용할 수 있다.

```
> diamonds %>% select_('carat', 'price')
# A tibble: 53,940 x 2
   carat price
   <dbl> <int>
 1  0.23   326
 2  0.21   326
 3  0.23   327
 4  0.29   334
```

```
 5  0.31   335
 6  0.24   336
 7  0.24   336
 8  0.26   337
 9  0.22   337
10  0.23   338
# ... with 53,930 more rows
```

만약 열 이름들이 어떤 변수에 저장됐을 때 .dots라는 인자를 사용해 전달돼야 한다.

```
> theCols <- c('carat', 'price')
> diamonds %>% select_(.dots = theCols)
# A tibble: 53,940 x 2
   carat price
   <dbl> <int>
 1  0.23   326
 2  0.21   326
 3  0.23   327
 4  0.29   334
 5  0.31   335
 6  0.24   336
 7  0.24   336
 8  0.26   337
 9  0.22   337
10  0.23   338
# ... with 53,930 more rows
```

dplyr 버전 0.6.0에서부터 select_ 함수는 이전 버전과의 호환을 위해서 유지되기는 하지만 더 이상 쓰지 말도록 권고되고 있다. 대안은 기존의 select 함수와 함께 one_of 함수를 사용하는 것이다.

```
> diamonds %>% select(one_of('carat', 'price'))
# A tibble: 53,940 x 2
   carat price
   <dbl> <int>
 1  0.23   326
 2  0.21   326
 3  0.23   327
 4  0.29   334
```

```
 5  0.31   335
 6  0.24   336
 7  0.24   336
 8  0.26   337
 9  0.22   337
10  0.23   338
# ... with 53,930 more rows
> # 하나의 변수에 열 이름들이 저장된 경우
> theCols <- c('carat', 'price')
> diamonds %>% select(one_of(theCols))
# A tibble: 53,940 x 2
   carat price
   <dbl> <int>
 1  0.23   326
 2  0.21   326
 3  0.23   327
 4  0.29   334
 5  0.31   335
 6  0.24   336
 7  0.24   336
 8  0.26   337
 9  0.22   337
10  0.23   338
# ... with 53,930 more rows
```

전통적인 R의 꺾쇠 괄호([])를 사용해도 dplyr에서 출력되는 규칙이 그대로 적용된다.

```
> diamonds[, c('carat', 'price')]
# A tibble: 53,940 x 2
   carat price
   <dbl> <int>
 1  0.23   326
 2  0.21   326
 3  0.23   327
 4  0.29   334
 5  0.31   335
 6  0.24   336
 7  0.24   336
 8  0.26   337
```

```
 9  0.22    337
10  0.23    338
# ... with 53,930 more rows
```

꺾쇠 괄호를 사용하는 문법에서와 같이 열 이름 대신 인덱스를 사용해 열의 위치값을
사용할 수도 있다.

```
> select(diamonds, 1, 7)
# A tibble: 53,940 x 2
    carat price
    <dbl> <int>
 1  0.23   326
 2  0.21   326
 3  0.23   327
 4  0.29   334
 5  0.31   335
 6  0.24   336
 7  0.24   336
 8  0.26   337
 9  0.22   337
10  0.23   338
# ... with 53,930 more rows
> diamonds %>% select(1, 7)
# A tibble: 53,940 x 2
    carat price
    <dbl> <int>
 1  0.23   326
 2  0.21   326
 3  0.23   327
 4  0.29   334
 5  0.31   335
 6  0.24   336
 7  0.24   336
 8  0.26   337
 9  0.22   337
10  0.23   338
# ... with 53,930 more rows
```

열 이름에 대해 부분 매칭을 사용해 검색하는 경우에는 starts_with, ends_with, contains라는 dplyr 함수들을 사용한다.

```
> diamonds %>% select(starts_with('c'))
# A tibble: 53,940 x 4
    carat        cut color clarity
    <dbl>      <ord> <ord>   <ord>
 1  0.23      Ideal     E     SI2
 2  0.21    Premium     E     SI1
 3  0.23       Good     E     VS1
 4  0.29    Premium     I     VS2
 5  0.31       Good     J     SI2
 6  0.24  Very Good     J    VVS2
 7  0.24  Very Good     I    VVS1
 8  0.26  Very Good     H     SI1
 9  0.22       Fair     E     VS2
10  0.23  Very Good     H     VS1
# ... with 53,930 more rows
> diamonds %>% select(ends_with('e'))
# A tibble: 53,940 x 2
    table price
    <dbl> <int>
 1     55   326
 2     61   326
 3     65   327
 4     58   334
 5     58   335
 6     57   336
 7     57   336
 8     55   337
 9     61   337
10     61   338
# ... with 53,930 more rows
> diamonds %>% select(contains('l'))
# A tibble: 53,940 x 3
    color clarity table
    <ord>   <ord> <dbl>
 1      E     SI2    55
 2      E     SI1    61
```

```
 3   E   VS1    65
 4   I   VS2    58
 5   J   SI2    58
 6   J   VVS2   57
 7   I   VVS1   57
 8   H   SI1    55
 9   E   VS2    61
10   H   VS1    61
# ... with 53,930 more rows
```

정규 표현식을 갖고 검색을 할 때는 matches라는 함수를 사용한다. 다음은 r 문자 다음에, 그 수에 제한을 받지 않는 와일드 카드가 오고, 다음은 문자 t가 뒤따르는 열을 찾는다.[2] 정규 표현식에 대해서는 16.4절에서 더 자세히 설명한다.

```
> diamonds %>% select(matches('r.+t'))
# A tibble: 53,940 x 2
    carat clarity
    <dbl>   <ord>
 1   0.23    SI2
 2   0.21    SI1
 3   0.23    VS1
 4   0.29    VS2
 5   0.31    SI2
 6   0.24    VVS2
 7   0.24    VVS1
 8   0.26    SI1
 9   0.22    VS2
10   0.23    VS1
# ... with 53,930 more rows
```

열 이름 앞에 마이너스 기호(-)를 붙이면 해당 열을 제외해 선택한다는 의미다.

```
> # 이름으로
> diamonds %>% select(-carat, -price)
# A tibble: 53,940 x 8
          cut color clarity depth table      x      y      z
```

---

2 r로 시작해 t로 끝나는 문자열을 포함하는 열들을 찾는다. t로 끝난다는 의미는 아니다. – 옮긴이

```
           <ord> <ord>    <ord> <dbl> <dbl> <dbl> <dbl> <dbl>
 1    Ideal    E      SI2  61.5    55  3.95  3.98  2.43
 2  Premium    E      SI1  59.8    61  3.89  3.84  2.31
 3     Good    E      VS1  56.9    65  4.05  4.07  2.31
 4  Premium    I      VS2  62.4    58  4.20  4.23  2.63
 5     Good    J      SI2  63.3    58  4.34  4.35  2.75
 6 Very Good   J     VVS2  62.8    57  3.94  3.96  2.48
 7 Very Good   I     VVS1  62.3    57  3.95  3.98  2.47
 8 Very Good   H      SI1  61.9    55  4.07  4.11  2.53
 9     Fair    E      VS2  65.1    61  3.87  3.78  2.49
10 Very Good   H      VS1  59.4    61  4.00  4.05  2.39
# ... with 53,930 more rows
> diamonds %>% select(-c(carat, price))
# A tibble: 53,940 x 8
         cut color clarity depth table     x     y     z
       <ord> <ord>   <ord> <dbl> <dbl> <dbl> <dbl> <dbl>
 1    Ideal    E      SI2  61.5    55  3.95  3.98  2.43
 2  Premium    E      SI1  59.8    61  3.89  3.84  2.31
 3     Good    E      VS1  56.9    65  4.05  4.07  2.31
 4  Premium    I      VS2  62.4    58  4.20  4.23  2.63
 5     Good    J      SI2  63.3    58  4.34  4.35  2.75
 6 Very Good   J     VVS2  62.8    57  3.94  3.96  2.48
 7 Very Good   I     VVS1  62.3    57  3.95  3.98  2.47
 8 Very Good   H      SI1  61.9    55  4.07  4.11  2.53
 9     Fair    E      VS2  65.1    61  3.87  3.78  2.49
10 Very Good   H      VS1  59.4    61  4.00  4.05  2.39
# ... with 53,930 more rows
> # 숫자로
> diamonds %>% select(-1, -7)
# A tibble: 53,940 x 8
         cut color clarity depth table     x     y     z
       <ord> <ord>   <ord> <dbl> <dbl> <dbl> <dbl> <dbl>
 1    Ideal    E      SI2  61.5    55  3.95  3.98  2.43
 2  Premium    E      SI1  59.8    61  3.89  3.84  2.31
 3     Good    E      VS1  56.9    65  4.05  4.07  2.31
 4  Premium    I      VS2  62.4    58  4.20  4.23  2.63
 5     Good    J      SI2  63.3    58  4.34  4.35  2.75
 6 Very Good   J     VVS2  62.8    57  3.94  3.96  2.48
 7 Very Good   I     VVS1  62.3    57  3.95  3.98  2.47
 8 Very Good   H      SI1  61.9    55  4.07  4.11  2.53
```

```
9    Fair       E    VS2   65.1    61   3.87  3.78  2.49
10 Very Good    H    VS1   59.4    61   4.00  4.05  2.39
# ... with 53,930 more rows
> diamonds %>% select(-c(1, 7))
# A tibble: 53,940 x 8
        cut color clarity depth table     x     y     z
      <ord> <ord>   <ord> <dbl> <dbl> <dbl> <dbl> <dbl>
1     Ideal     E     SI2  61.5    55  3.95  3.98  2.43
2   Premium     E     SI1  59.8    61  3.89  3.84  2.31
3      Good     E     VS1  56.9    65  4.05  4.07  2.31
4   Premium     I     VS2  62.4    58  4.20  4.23  2.63
5      Good     J     SI2  63.3    58  4.34  4.35  2.75
6 Very Good     J    VVS2  62.8    57  3.94  3.96  2.48
7 Very Good     I    VVS1  62.3    57  3.95  3.98  2.47
8 Very Good     H     SI1  61.9    55  4.07  4.11  2.53
9      Fair     E     VS2  65.1    61  3.87  3.78  2.49
10 Very Good    H     VS1  59.4    61  4.00  4.05  2.39
# ... with 53,930 more rows
```

인용 부호가 사용된 이름을 사용해 열을 제외하고자 하는 경우에는 마이너스 기호를 인용 부호 안에 사용하고, 그것을 .dots 인자에 전달한다.

```
> diamonds %>% select_(.dots = c('-carat', '-price'))
# A tibble: 53,940 x 8
        cut color clarity depth table     x     y     z
      <ord> <ord>   <ord> <dbl> <dbl> <dbl> <dbl> <dbl>
1     Ideal     E     SI2  61.5    55  3.95  3.98  2.43
2   Premium     E     SI1  59.8    61  3.89  3.84  2.31
3      Good     E     VS1  56.9    65  4.05  4.07  2.31
4   Premium     I     VS2  62.4    58  4.20  4.23  2.63
5      Good     J     SI2  63.3    58  4.34  4.35  2.75
6 Very Good     J    VVS2  62.8    57  3.94  3.96  2.48
7 Very Good     I    VVS1  62.3    57  3.95  3.98  2.47
8 Very Good     H     SI1  61.9    55  4.07  4.11  2.53
9      Fair     E     VS2  65.1    61  3.87  3.78  2.49
10 Very Good    H     VS1  59.4    61  4.00  4.05  2.39
# ... with 53,930 more rows
```

one_of 함수를 사용하는 경우에는 - 기호를 one_of 앞에 둔다.

```
> diamonds %>% select(-one_of('carat', 'price'))
# A tibble: 53,940 x 8
          cut color clarity depth table     x     y     z
        <ord> <ord>   <ord> <dbl> <dbl> <dbl> <dbl> <dbl>
 1      Ideal     E     SI2  61.5    55  3.95  3.98  2.43
 2    Premium     E     SI1  59.8    61  3.89  3.84  2.31
 3       Good     E     VS1  56.9    65  4.05  4.07  2.31
 4    Premium     I     VS2  62.4    58  4.20  4.23  2.63
 5       Good     J     SI2  63.3    58  4.34  4.35  2.75
 6  Very Good     J    VVS2  62.8    57  3.94  3.96  2.48
 7  Very Good     I    VVS1  62.3    57  3.95  3.98  2.47
 8  Very Good     H     SI1  61.9    55  4.07  4.11  2.53
 9       Fair     E     VS2  65.1    61  3.87  3.78  2.49
10  Very Good     H     VS1  59.4    61  4.00  4.05  2.39
# ... with 53,930 more rows
```

12.4 filter

논리값에 기반해 특정 행을 고를 때는 filter 함수를 사용한다.

```
> diamonds %>% filter(cut == "Ideal")
# A tibble: 21,551 x 10
   carat   cut color clarity depth table price     x     y     z
   <dbl> <ord> <ord>   <ord> <dbl> <dbl> <int> <dbl> <dbl> <dbl>
 1  0.23 Ideal     E     SI2  61.5    55   326  3.95  3.98  2.43
 2  0.23 Ideal     J     VS1  62.8    56   340  3.93  3.90  2.46
 3  0.31 Ideal     J     SI2  62.2    54   344  4.35  4.37  2.71
 4  0.30 Ideal     I     SI2  62.0    54   348  4.31  4.34  2.68
 5  0.33 Ideal     I     SI2  61.8    55   403  4.49  4.51  2.78
 6  0.33 Ideal     I     SI2  61.2    56   403  4.49  4.50  2.75
 7  0.33 Ideal     J     SI1  61.1    56   403  4.49  4.55  2.76
 8  0.23 Ideal     G     VS1  61.9    54   404  3.93  3.95  2.44
 9  0.32 Ideal     I     SI1  60.9    55   404  4.45  4.48  2.72
10  0.30 Ideal     I     SI2  61.0    59   405  4.30  4.33  2.63
# ... with 21,541 more rows
```

베이스 R을 사용한다면 다음과 같이 꺾쇠 괄호를 사용해 좀 장황한 형태를 사용했을 것이다.

```
> diamonds[diamonds$cut == "Ideal", ]
# A tibble: 21,551 x 10
    carat   cut color clarity depth table price     x     y     z
    <dbl> <ord> <ord>   <ord> <dbl> <dbl> <int> <dbl> <dbl> <dbl>
 1   0.23 Ideal     E     SI2  61.5    55   326  3.95  3.98  2.43
 2   0.23 Ideal     J     VS1  62.8    56   340  3.93  3.90  2.46
 3   0.31 Ideal     J     SI2  62.2    54   344  4.35  4.37  2.71
 4   0.30 Ideal     I     SI2  62.0    54   348  4.31  4.34  2.68
 5   0.33 Ideal     I     SI2  61.8    55   403  4.49  4.51  2.78
 6   0.33 Ideal     I     SI2  61.2    56   403  4.49  4.50  2.75
 7   0.33 Ideal     J     SI1  61.1    56   403  4.49  4.55  2.76
 8   0.23 Ideal     G     VS1  61.9    54   404  3.93  3.95  2.44
 9   0.32 Ideal     I     SI1  60.9    55   404  4.45  4.48  2.72
10   0.30 Ideal     I     SI2  61.0    59   405  4.30  4.33  2.63
# ... with 21,541 more rows
```

어떤 열의 값이 여러 가능한 값 가운데 하나라도 맞는 행들을 필터링하려면 %in% 연산자를 사용하면 된다.

```
> diamonds %>% filter(cut %in% c("Ideal", "Good"))
# A tibble: 26,457 x 10
    carat   cut color clarity depth table price     x     y     z
    <dbl> <ord> <ord>   <ord> <dbl> <dbl> <int> <dbl> <dbl> <dbl>
 1   0.23 Ideal     E     SI2  61.5    55   326  3.95  3.98  2.43
 2   0.23  Good     E     VS1  56.9    65   327  4.05  4.07  2.31
 3   0.31  Good     J     SI2  63.3    58   335  4.34  4.35  2.75
 4   0.30  Good     J     SI1  64.0    55   339  4.25  4.28  2.73
 5   0.23 Ideal     J     VS1  62.8    56   340  3.93  3.90  2.46
 6   0.31 Ideal     J     SI2  62.2    54   344  4.35  4.37  2.71
 7   0.30 Ideal     I     SI2  62.0    54   348  4.31  4.34  2.68
 8   0.30  Good     J     SI1  63.4    54   351  4.23  4.29  2.70
 9   0.30  Good     J     SI1  63.8    56   351  4.23  4.26  2.71
10   0.30  Good     I     SI2  63.3    56   351  4.26  4.30  2.71
# ... with 26,447 more rows
```

모든 표준 비교 연산자들을 filter에서 사용할 수 있다.

```
> diamonds %>% filter(price >= 1000)
# A tibble: 39,441 x 10
     carat       cut color clarity depth table price     x     y     z
     <dbl>     <ord> <ord>   <ord> <dbl> <dbl> <int> <dbl> <dbl> <dbl>
 1  0.70     Ideal     E     SI1  62.5    57  2757  5.70  5.72  3.57
 2  0.86      Fair     E     SI2  55.1    69  2757  6.45  6.33  3.52
 3  0.70     Ideal     G     VS2  61.6    56  2757  5.70  5.67  3.50
 4  0.71 Very Good     E     VS2  62.4    57  2759  5.68  5.73  3.56
 5  0.78 Very Good     G     SI2  63.8    56  2759  5.81  5.85  3.72
 6  0.70      Good     E     VS2  57.5    58  2759  5.85  5.90  3.38
 7  0.70      Good     F     VS1  59.4    62  2759  5.71  5.76  3.40
 8  0.96      Fair     F     SI2  66.3    62  2759  6.27  5.95  4.07
 9  0.73 Very Good     E     SI1  61.6    59  2760  5.77  5.78  3.56
10  0.80   Premium     H     SI1  61.5    58  2760  5.97  5.93  3.66
# ... with 39,431 more rows
> diamonds %>% filter(price != 1000)
# A tibble: 53,915 x 10
     carat       cut color clarity depth table price     x     y     z
     <dbl>     <ord> <ord>   <ord> <dbl> <dbl> <int> <dbl> <dbl> <dbl>
 1  0.23     Ideal     E     SI2  61.5    55   326  3.95  3.98  2.43
 2  0.21   Premium     E     SI1  59.8    61   326  3.89  3.84  2.31
 3  0.23      Good     E     VS1  56.9    65   327  4.05  4.07  2.31
 4  0.29   Premium     I     VS2  62.4    58   334  4.20  4.23  2.63
 5  0.31      Good     J     SI2  63.3    58   335  4.34  4.35  2.75
 6  0.24 Very Good     J    VVS2  62.8    57   336  3.94  3.96  2.48
 7  0.24 Very Good     I    VVS1  62.3    57   336  3.95  3.98  2.47
 8  0.26 Very Good     H     SI1  61.9    55   337  4.07  4.11  2.53
 9  0.22      Fair     E     VS2  65.1    61   337  3.87  3.78  2.49
10  0.23 Very Good     H     VS1  59.4    61   338  4.00  4.05  2.39
# ... with 53,905 more rows
```

복잡한 필더링 조건은 콤마(,)나 앰퍼샌드(&) 기호를 사용해 만들 수 있다.

```
> diamonds %>% filter(carat > 2, price < 14000)
# A tibble: 644 x 10
     carat     cut color clarity depth table price     x     y     z
     <dbl>   <ord> <ord>   <ord> <dbl> <dbl> <int> <dbl> <dbl> <dbl>
 1  2.06 Premium     J      I1  61.2    58  5203  8.10  8.07  4.95
 2  2.14    Fair     J      I1  69.4    57  5405  7.74  7.70  5.36
```

```
 3 2.15    Fair    J      I1 65.5    57 5430 8.01 7.95 5.23
 4 2.22    Fair    J      I1 66.7    56 5607 8.04 8.02 5.36
 5 2.01    Fair    I      I1 67.4    58 5696 7.71 7.64 5.17
 6 2.01    Fair    I      I1 55.9    64 5696 8.48 8.39 4.71
 7 2.27    Fair    J      I1 67.6    55 5733 8.05 8.00 5.43
 8 2.03    Fair    H      I1 64.4    59 6002 7.91 7.85 5.07
 9 2.03    Fair    H      I1 66.6    57 6002 7.81 7.75 5.19
10 2.06    Good    H      I1 64.3    58 6091 8.03 7.99 5.15
# ... with 634 more rows
> diamonds %>% filter(carat > 2 & price < 14000)
# A tibble: 644 x 10
     carat       cut color clarity depth table price    x     y     z
     <dbl>     <ord> <ord>   <ord> <dbl> <dbl> <int> <dbl> <dbl> <dbl>
 1 2.06 Premium       J      I1 61.2    58 5203 8.10 8.07 4.95
 2 2.14    Fair       J      I1 69.4    57 5405 7.74 7.70 5.36
 3 2.15    Fair       J      I1 65.5    57 5430 8.01 7.95 5.23
 4 2.22    Fair       J      I1 66.7    56 5607 8.04 8.02 5.36
 5 2.01    Fair       I      I1 67.4    58 5696 7.71 7.64 5.17
 6 2.01    Fair       I      I1 55.9    64 5696 8.48 8.39 4.71
 7 2.27    Fair       J      I1 67.6    55 5733 8.05 8.00 5.43
 8 2.03    Fair       H      I1 64.4    59 6002 7.91 7.85 5.07
 9 2.03    Fair       H      I1 66.6    57 6002 7.81 7.75 5.19
10 2.06    Good       H      I1 64.3    58 6091 8.03 7.99 5.15
# ... with 634 more rows
```

논리적인 "또는"(or) 문은 수직 바(|)를 사용해 만든다.

```
> diamonds %>% filter(carat < 1 | carat > 5)
# A tibble: 34,881 x 10
     carat       cut color clarity depth table price    x     y     z
     <dbl>     <ord> <ord>   <ord> <dbl> <dbl> <int> <dbl> <dbl> <dbl>
 1 0.23     Ideal   E      SI2 61.5    55  326 3.95 3.98 2.43
 2 0.21   Premium   E      SI1 59.8    61  326 3.89 3.84 2.31
 3 0.23      Good   E      VS1 56.9    65  327 4.05 4.07 2.31
 4 0.29   Premium   I      VS2 62.4    58  334 4.20 4.23 2.63
 5 0.31      Good   J      SI2 63.3    58  335 4.34 4.35 2.75
 6 0.24 Very Good   J     VVS2 62.8    57  336 3.94 3.96 2.48
 7 0.24 Very Good   I     VVS1 62.3    57  336 3.95 3.98 2.47
 8 0.26 Very Good   H      SI1 61.9    55  337 4.07 4.11 2.53
```

```
 9  0.22       Fair      E     VS2  65.1     61    337  3.87  3.78  2.49
10  0.23 Very Good      H     VS1  59.4     61    338  4.00  4.05  2.39
# ... with 34,871 more rows
```

인용된 표현식을 사용해 변수의 값에 기초해 필터링할 때는 **filter_**를 사용한다. 인용된 표현식은 텍스트일 수도 있고, 맨 앞에 틸데(~)로 시작되는 표현식일 수도 있다. 인용되지 않은 표현식(비-표준 평가로 인식되는)과 인용된 표현식(표준 평가)를 서로 바꾸는 것은 쉽지 않은 일이지만, dplyr 패키지를 인터랙티브에 사용할 때의 편의성과 함수들의 실용성을 고려한 결과다.

```
> diamonds %>% filter_("cut == 'Ideal'")
# A tibble: 21,551 x 10
    carat   cut color clarity depth table price     x     y     z
    <dbl> <ord> <ord>   <ord> <dbl> <dbl> <int> <dbl> <dbl> <dbl>
 1  0.23 Ideal     E     SI2  61.5    55   326  3.95  3.98  2.43
 2  0.23 Ideal     J     VS1  62.8    56   340  3.93  3.90  2.46
 3  0.31 Ideal     J     SI2  62.2    54   344  4.35  4.37  2.71
 4  0.30 Ideal     I     SI2  62.0    54   348  4.31  4.34  2.68
 5  0.33 Ideal     I     SI2  61.8    55   403  4.49  4.51  2.78
 6  0.33 Ideal     I     SI2  61.2    56   403  4.49  4.50  2.75
 7  0.33 Ideal     J     SI1  61.1    56   403  4.49  4.55  2.76
 8  0.23 Ideal     G     VS1  61.9    54   404  3.93  3.95  2.44
 9  0.32 Ideal     I     SI1  60.9    55   404  4.45  4.48  2.72
10  0.30 Ideal     I     SI2  61.0    59   405  4.30  4.33  2.63
# ... with 21,541 more rows
> diamonds %>% filter_(~cut == 'Ideal')
# A tibble: 21,551 x 10
    carat   cut color clarity depth table price     x     y     z
    <dbl> <ord> <ord>   <ord> <dbl> <dbl> <int> <dbl> <dbl> <dbl>
 1  0.23 Ideal     E     SI2  61.5    55   326  3.95  3.98  2.43
 2  0.23 Ideal     J     VS1  62.8    56   340  3.93  3.90  2.46
 3  0.31 Ideal     J     SI2  62.2    54   344  4.35  4.37  2.71
 4  0.30 Ideal     I     SI2  62.0    54   348  4.31  4.34  2.68
 5  0.33 Ideal     I     SI2  61.8    55   403  4.49  4.51  2.78
 6  0.33 Ideal     I     SI2  61.2    56   403  4.49  4.50  2.75
 7  0.33 Ideal     J     SI1  61.1    56   403  4.49  4.55  2.76
 8  0.23 Ideal     G     VS1  61.9    54   404  3.93  3.95  2.44
 9  0.32 Ideal     I     SI1  60.9    55   404  4.45  4.48  2.72
```

```
10  0.30 Ideal    I   SI2 61.0   59   405 4.30 4.33 2.63
# ... with 21,541 more rows
> # 변수에 먼저 값을 저장
> theCut <- "Ideal"
> diamonds %>% filter_(~cut == theCut)
# A tibble: 21,551 x 10
    carat   cut color clarity depth table price    x    y    z
    <dbl> <ord> <ord>   <ord> <dbl> <dbl> <int> <dbl> <dbl> <dbl>
 1  0.23 Ideal     E     SI2  61.5   55   326 3.95 3.98 2.43
 2  0.23 Ideal     J     VS1  62.8   56   340 3.93 3.90 2.46
 3  0.31 Ideal     J     SI2  62.2   54   344 4.35 4.37 2.71
 4  0.30 Ideal     I     SI2  62.0   54   348 4.31 4.34 2.68
 5  0.33 Ideal     I     SI2  61.8   55   403 4.49 4.51 2.78
 6  0.33 Ideal     I     SI2  61.2   56   403 4.49 4.50 2.75
 7  0.33 Ideal     J     SI1  61.1   56   403 4.49 4.55 2.76
 8  0.23 Ideal     G     VS1  61.9   54   404 3.93 3.95 2.44
 9  0.32 Ideal     I     SI1  60.9   55   404 4.45 4.48 2.72
10  0.30 Ideal     I     SI2  61.0   59   405 4.30 4.33 2.63
# ... with 21,541 more rows
```

값과 열을 모두 변수에 지정하고 사용하는 것은 까다로운 부분이고, 종종 어떤 함수를 만들어 그 안에 filter_ 함수를 사용해서 구현한다. dplyr 패키지에서 의도한 것은 아니지만 가장 쉬운 방법은 sprintf 함수를 사용해 전체 표현식을 하나의 문자열로 구성하는 것이다.

```
> theCol <- "cut"
> theCut <- "Ideal"
> diamonds %>% filter_(sprintf("%s == '%s'", theCol, theCut))
# A tibble: 21,551 x 10
    carat   cut color clarity depth table price    x    y    z
    <dbl> <ord> <ord>   <ord> <dbl> <dbl> <int> <dbl> <dbl> <dbl>
 1  0.23 Ideal     E     SI2  61.5   55   326 3.95 3.98 2.43
 2  0.23 Ideal     J     VS1  62.8   56   340 3.93 3.90 2.46
 3  0.31 Ideal     J     SI2  62.2   54   344 4.35 4.37 2.71
 4  0.30 Ideal     I     SI2  62.0   54   348 4.31 4.34 2.68
 5  0.33 Ideal     I     SI2  61.8   55   403 4.49 4.51 2.78
 6  0.33 Ideal     I     SI2  61.2   56   403 4.49 4.50 2.75
 7  0.33 Ideal     J     SI1  61.1   56   403 4.49 4.55 2.76
 8  0.23 Ideal     G     VS1  61.9   54   404 3.93 3.95 2.44
```

```
 9  0.32 Ideal     I     SI1 60.9    55    404 4.45 4.48 2.72
10  0.30 Ideal     I     SI2 61.0    59    405 4.30 4.33 2.63
# ... with 21,541 more rows
```

dplyr 버전 0.6.0 이전에 표준 평가 방법으로 권고되는 방법은 lazyeval 패키지의 interp이라는 함수를 사용해 변수들을 사용해 포뮬러를 구성하는 것이다. 그 표현식의 일부가 열의 이름이기 때문에 그 부분을 as.name 함수로 감싸게 된다.

```
> library(lazyeval)
> # 변수를 사용해 포뮬러 표현식을 만듦.
> interp(~a == b, a = as.name(theCol), b = theCut)
~cut == "Ideal"
> # 이것을 filter_의 인자로 사용
> diamonds %>% filter_(interp(~a == b, a = as.name(theCol), b = theCut))
# A tibble: 21,551 x 10
   carat   cut color clarity depth table price    x    y    z
   <dbl> <ord> <ord>   <ord> <dbl> <dbl> <int> <dbl> <dbl> <dbl>
 1  0.23 Ideal     E     SI2 61.5    55    326 3.95 3.98 2.43
 2  0.23 Ideal     J     VS1 62.8    56    340 3.93 3.90 2.46
 3  0.31 Ideal     J     SI2 62.2    54    344 4.35 4.37 2.71
 4  0.30 Ideal     I     SI2 62.0    54    348 4.31 4.34 2.68
 5  0.33 Ideal     I     SI2 61.8    55    403 4.49 4.51 2.78
 6  0.33 Ideal     I     SI2 61.2    56    403 4.49 4.50 2.75
 7  0.33 Ideal     J     SI1 61.1    56    403 4.49 4.55 2.76
 8  0.23 Ideal     G     VS1 61.9    54    404 3.93 3.95 2.44
 9  0.32 Ideal     I     SI1 60.9    55    404 4.45 4.48 2.72
10  0.30 Ideal     I     SI2 61.0    59    405 4.30 4.33 2.63
# ... with 21,541 more rows
```

dplyr 패키지 버전 0.6.0 이후부터는 보통의 filter 함수를 rlang 패키지에 있는 UQE 함수와 함께 사용해 관심 있는 열에 대한 변수와 값을 갖고 행들을 필터링한다. 주의할 점은 열 이름을 문자열로 주는 것이고 그것을 as.name 함수를 사용해 name 객체로 바꾸는 것이다. 그런 다음 UQE 함수를 사용해 인용을 푼다.

```
> diamonds %>% filter(UQE(as.name(theCol)) == theCut)
# A tibble: 21,551 x 10
   carat   cut color clarity depth table price    x    y    z
   <dbl> <ord> <ord>   <ord> <dbl> <dbl> <int> <dbl> <dbl> <dbl>
```

```
 1  0.23 Ideal     E    SI2  61.5   55   326  3.95  3.98  2.43
 2  0.23 Ideal     J    VS1  62.8   56   340  3.93  3.90  2.46
 3  0.31 Ideal     J    SI2  62.2   54   344  4.35  4.37  2.71
 4  0.30 Ideal     I    SI2  62.0   54   348  4.31  4.34  2.68
 5  0.33 Ideal     I    SI2  61.8   55   403  4.49  4.51  2.78
 6  0.33 Ideal     I    SI2  61.2   56   403  4.49  4.50  2.75
 7  0.33 Ideal     J    SI1  61.1   56   403  4.49  4.55  2.76
 8  0.23 Ideal     G    VS1  61.9   54   404  3.93  3.95  2.44
 9  0.32 Ideal     I    SI1  60.9   55   404  4.45  4.48  2.72
10  0.30 Ideal     I    SI2  61.0   59   405  4.30  4.33  2.63
# ... with 21,541 more rows
```

12.5 slice

filter는 논리적인 표현식에 기반해 행을 필터링하는 데 사용되는 반면, slice 함수는 행 번호를 갖고 행을 필터링한다. 원하는 인덱스 값을 벡터로 slice 함수의 인자로 전달한다.

```
> diamonds %>% slice(1:5)
# A tibble: 5 x 10
   carat      cut color clarity depth table price     x     y     z
   <dbl>    <ord> <ord>   <ord> <dbl> <dbl> <int> <dbl> <dbl> <dbl>
1  0.23    Ideal     E     SI2  61.5    55   326  3.95  3.98  2.43
2  0.21  Premium     E     SI1  59.8    61   326  3.89  3.84  2.31
3  0.23     Good     E     VS1  56.9    65   327  4.05  4.07  2.31
4  0.29  Premium     I     VS2  62.4    58   334  4.20  4.23  2.63
5  0.31     Good     J     SI2  63.3    58   335  4.34  4.35  2.75
> diamonds %>% slice(c(1:5, 8, 15:20))
# A tibble: 12 x 10
   carat       cut color clarity depth table price     x     y     z
   <dbl>     <ord> <ord>   <ord> <dbl> <dbl> <int> <dbl> <dbl> <dbl>
1  0.23     Ideal     E     SI2  61.5    55   326  3.95  3.98  2.43
2  0.21   Premium     E     SI1  59.8    61   326  3.89  3.84  2.31
3  0.23      Good     E     VS1  56.9    65   327  4.05  4.07  2.31
4  0.29   Premium     I     VS2  62.4    58   334  4.20  4.23  2.63
5  0.31      Good     J     SI2  63.3    58   335  4.34  4.35  2.75
6  0.26 Very Good     H     SI1  61.9    55   337  4.07  4.11  2.53
```

```
 7  0.20    Premium    E    SI2  60.2   62   345  3.79  3.75  2.27
 8  0.32    Premium    E     I1  60.9   58   345  4.38  4.42  2.68
 9  0.30     Ideal     I    SI2  62.0   54   348  4.31  4.34  2.68
10  0.30      Good      J    SI1  63.4   54   351  4.23  4.29  2.70
11  0.30      Good      J    SI1  63.8   56   351  4.23  4.26  2.71
12  0.30  Very Good    J    SI1  62.7   59   351  4.21  4.27  2.66
```

결과물의 왼쪽에 표시되는 행 번호는 반환된 객체의 행 번호가 아니라 원래 객체의 행 번호인 점을 주목하기 바란다.

인덱스를 음수로 정하면 해당 행은 제외한다.

```
> diamonds %>% slice(-1)
# A tibble: 53,939 x 10
    carat       cut color clarity depth table price     x     y     z
    <dbl>     <ord> <ord>   <ord> <dbl> <dbl> <int> <dbl> <dbl> <dbl>
 1  0.21    Premium     E     SI1  59.8    61   326  3.89  3.84  2.31
 2  0.23      Good      E     VS1  56.9    65   327  4.05  4.07  2.31
 3  0.29    Premium     I     VS2  62.4    58   334  4.20  4.23  2.63
 4  0.31      Good      J     SI2  63.3    58   335  4.34  4.35  2.75
 5  0.24  Very Good    J    VVS2  62.8    57   336  3.94  3.96  2.48
 6  0.24  Very Good    I    VVS1  62.3    57   336  3.95  3.98  2.47
 7  0.26  Very Good    H     SI1  61.9    55   337  4.07  4.11  2.53
 8  0.22      Fair      E     VS2  65.1    61   337  3.87  3.78  2.49
 9  0.23  Very Good    H     VS1  59.4    61   338  4.00  4.05  2.39
10  0.30      Good      J     SI1  64.0    55   339  4.25  4.28  2.73
# ... with 53,929 more rows
```

12.6 mutate

새로운 열을 추가하거나 기존의 열로부터 새로운 열을 만들어 추가할 때는 mutate 함수를 사용한다. price와 carat의 비 값을 갖는 새로운 열을 추가하려면 mutate 함수에 그 비 값을 인자로 전달한다.

```
> diamonds %>% mutate(price/carat)
# A tibble: 53,940 x 11
    carat       cut color clarity depth table price     x     y     z
```

```
     <dbl>     <ord> <ord>   <ord> <dbl> <dbl> <int> <dbl> <dbl> <dbl>
 1   0.23     Ideal     E     SI2  61.5    55   326  3.95  3.98  2.43
 2   0.21   Premium     E     SI1  59.8    61   326  3.89  3.84  2.31
 3   0.23      Good     E     VS1  56.9    65   327  4.05  4.07  2.31
 4   0.29   Premium     I     VS2  62.4    58   334  4.20  4.23  2.63
 5   0.31      Good     J     SI2  63.3    58   335  4.34  4.35  2.75
 6   0.24 Very Good     J    VVS2  62.8    57   336  3.94  3.96  2.48
 7   0.24 Very Good     I    VVS1  62.3    57   336  3.95  3.98  2.47
 8   0.26 Very Good     H     SI1  61.9    55   337  4.07  4.11  2.53
 9   0.22      Fair     E     VS2  65.1    61   337  3.87  3.78  2.49
10   0.23 Very Good     H     VS1  59.4    61   338  4.00  4.05  2.39
# ... with 53,930 more rows, and 1 more variables: `price/carat` <dbl>
```

콘솔의 크기에 따라서 모든 열들이 스크린에 잘 보이지 않을 수 있다. 새롭게 추가한 열이 잘 보이도록 하려면, 관심 있는 열들을 select 함수를 써서 선택하고 그것을 mutate 함수로 파이핑할 수 있다.

```
> diamonds %>% select(carat, price) %>% mutate(price/carat)
# A tibble: 53,940 x 3
   carat price `price/carat`
   <dbl> <int>         <dbl>
 1  0.23   326      1417.391
 2  0.21   326      1552.381
 3  0.23   327      1421.739
 4  0.29   334      1151.724
 5  0.31   335      1080.645
 6  0.24   336      1400.000
 7  0.24   336      1400.000
 8  0.26   337      1296.154
 9  0.22   337      1531.818
10  0.23   338      1469.565
# ... with 53,930 more rows
```

새로 만든 열이 아직 이름을 부여받지 못했는데, (price/carat) 표현식을 이름으로 할당하면 쉽게 해결된다.

```
> diamonds %>% select(carat, price) %>% mutate(Ratio=price/carat)
# A tibble: 53,940 x 3
```

```
   carat price    Ratio
   <dbl> <int>    <dbl>
 1  0.23   326 1417.391
 2  0.21   326 1552.381
 3  0.23   327 1421.739
 4  0.29   334 1151.724
 5  0.31   335 1080.645
 6  0.24   336 1400.000
 7  0.24   336 1400.000
 8  0.26   337 1296.154
 9  0.22   337 1531.818
10  0.23   338 1469.565
# ... with 53,930 more rows
```

mutate 함수로 생성되는 열들은 같은 mutate 함수 호출에서 곧바로 사용할 수 있다.

```
> diamonds %>%
+   select(carat, price) %>%
+   mutate(Ratio = price /carat, Double = Ratio*2)
# A tibble: 53,940 x 4
   carat price    Ratio   Double
   <dbl> <int>    <dbl>    <dbl>
 1  0.23   326 1417.391 2834.783
 2  0.21   326 1552.381 3104.762
 3  0.23   327 1421.739 2843.478
 4  0.29   334 1151.724 2303.448
 5  0.31   335 1080.645 2161.290
 6  0.24   336 1400.000 2800.000
 7  0.24   336 1400.000 2800.000
 8  0.26   337 1296.154 2592.308
 9  0.22   337 1531.818 3063.636
10  0.23   338 1469.565 2939.130
# ... with 53,930 more rows
```

지금까지 diamonds 데이터는 변경하지 않았음을 주목한다. 변경된 내용을 저장하려면 새로운 결과를 명시적으로 diamonds 객체로 저장할 필요가 있다.

magrittr 패키지가 갖고 있는 좋은 기능 중 하나는 할당 파이프(%<>%)인데, 이것을 사용하면 왼쪽에 있는 것을 오른쪽에 파이핑하면서 동시에 그 결과를 다시 왼쪽에 할당한다.

```
> library(magrittr)
> diamonds2 <- diamonds
> diamonds2
# A tibble: 53,940 x 10
    carat       cut color clarity depth table price     x     y     z
    <dbl>     <ord> <ord>   <ord> <dbl> <dbl> <int> <dbl> <dbl> <dbl>
 1   0.23     Ideal     E     SI2  61.5    55   326  3.95  3.98  2.43
 2   0.21   Premium     E     SI1  59.8    61   326  3.89  3.84  2.31
 3   0.23      Good     E     VS1  56.9    65   327  4.05  4.07  2.31
 4   0.29   Premium     I     VS2  62.4    58   334  4.20  4.23  2.63
 5   0.31      Good     J     SI2  63.3    58   335  4.34  4.35  2.75
 6   0.24 Very Good     J    VVS2  62.8    57   336  3.94  3.96  2.48
 7   0.24 Very Good     I    VVS1  62.3    57   336  3.95  3.98  2.47
 8   0.26 Very Good     H     SI1  61.9    55   337  4.07  4.11  2.53
 9   0.22      Fair     E     VS2  65.1    61   337  3.87  3.78  2.49
10   0.23 Very Good     H     VS1  59.4    61   338  4.00  4.05  2.39
# ... with 53,930 more rows
> diamonds2 %<>%
+    select(carat, price) %>%
+    mutate(Ratio = price / carat, Double = Ratio * 2)
> diamonds2
# A tibble: 53,940 x 4
   carat price    Ratio   Double
   <dbl> <int>    <dbl>    <dbl>
 1  0.23   326 1417.391 2834.783
 2  0.21   326 1552.381 3104.762
 3  0.23   327 1421.739 2843.478
 4  0.29   334 1151.724 2303.448
 5  0.31   335 1080.645 2161.290
 6  0.24   336 1400.000 2800.000
 7  0.24   336 1400.000 2800.000
 8  0.26   337 1296.154 2592.308
 9  0.22   337 1531.818 3063.636
10  0.23   338 1469.565 2939.130
# ... with 53,930 more rows
```

전통적인 할당 연산자를 사용하지 못하는 것은 아니다.

```
> diamonds2 <- diamonds2 %>%
+    mutate(Quadruple = Double * 2)
> diamonds2
# A tibble: 53,940 x 5
    carat price    Ratio   Double Quadruple
    <dbl> <int>    <dbl>    <dbl>     <dbl>
 1   0.23   326 1417.391 2834.783  5669.565
 2   0.21   326 1552.381 3104.762  6209.524
 3   0.23   327 1421.739 2843.478  5686.957
 4   0.29   334 1151.724 2303.448  4606.897
 5   0.31   335 1080.645 2161.290  4322.581
 6   0.24   336 1400.000 2800.000  5600.000
 7   0.24   336 1400.000 2800.000  5600.000
 8   0.26   337 1296.154 2592.308  5184.615
 9   0.22   337 1531.818 3063.636  6127.273
10   0.23   338 1469.565 2939.130  5878.261
# ... with 53,930 more rows
```

12.7 summarize

mutate 함수는 열들에 대해 벡터화된 함수를 적용시키는 반면, summarize 함수는
mean, max, median과 같은 여러 요소가 있는 벡터를 받아 길이 1인 결과로 반환하는
함수들을 열들에 적용한다. summarize 함수(영국식으로 summarise으로 쓸 수도 있다)를
호출할 때, 적용 함수에서 데이터 프레임에 있는 열들의 이름을 사용할 수 있게 한다.
이것은 마치 베이스 R의 with 함수와 같은 행동이다. 이를테면 diamonds 데이터에서
어떤 열의 평균을 계산할 수 있다.

```
> summarize(diamonds, mean(price))
# A tibble: 1 x 1
  `mean(price)`
         <dbl>
1       3932.8
> # 파이프를 사용한 경우
> diamonds %>% summarize(mean(price))
# A tibble: 1 x 1
  `mean(price)`
```

236

```
          <dbl>
1        3932.8
```

언뜻보기에는 베이스 R로 하는 것보다 더 많이 입력하는 것 같지만, 궁극적으로 복잡한 표현식이 끼어들 때는 타이핑을 줄이고 코드의 이해를 쉽게 만든다.

summrize 함수의 또 하나의 장점은 계산된 결과에 대해 이름을 부여할 수 있으며, 같은 호출에서 여러 개의 계산을 동시에 수행한다는 점이다.

```
> diamonds %>%
+   summarize(AvgPrice = mean(price),
+            MedianPrice = median(price),
+            AvgCarat = mean(carat)
+            )
# A tibble: 1 x 3
  AvgPrice MedianPrice  AvgCarat
     <dbl>       <dbl>     <dbl>
1   3932.8        2401 0.7979397
```

12.8 group_by

summarize 함수는 단독으로 사용했을 때는 적당히 유용한데, group_by 함수와 같이 사용될 때 상당히 빛을 낸다. group_by 함수는 데이터를 먼저 그룹으로 나누고, 거기에 summarize 함수를 적용할 수 있어서 그룹별로 어떤 함수들을 동시에 적용시킬 수 있다. 어떤 변수를 기준으로 데이터를 나누고 각 세분 데이터에서 요약 함수를 적용시키려면, 먼저 데이터를 group_by 함수에 넘기고, 그 결과로써 반환되는 데이터 프레임 또는 tbl 객체를 summarize 함수로 전달한다. 그러면 summarize 함수가 그룹별로 계산을 실행시킨다. 이런 경우 파이핑의 강력함과 편의성이 드러난다.

```
> diamonds %>%
+   group_by(cut) %>%
+   summarize(AvgPrice = mean(price))
# A tibble: 5 x 2
       cut AvgPrice
     <ord>    <dbl>
1     Fair 4358.758
```

```
2       Good 3928.864
3 Very Good 3981.760
4    Premium 4584.258
5      Ideal 3457.542
```

이렇게 group_by를 summarize 함수와 함께 사용하는 것은 aggregate 함수를 사용하는 것보다 좀 더 간략하고 빠르며, 쉽게 데이터를 그룹화하고, 한꺼번에 여러 가지 계산을 실행시킬 수도 있고, 그룹핑을 여러 변수에 따라서 할 수도 있는 유용한 방법이다.

```
> diamonds %>%
+   group_by(cut) %>%
+   summarize(AvgPrice=mean(price), SumCarat=sum(carat))
# A tibble: 5 x 3
        cut AvgPrice SumCarat
      <ord>    <dbl>    <dbl>
1      Fair 4358.758  1684.28
2      Good 3928.864  4166.10
3 Very Good 3981.760  9742.70
4   Premium 4584.258 12300.95
5     Ideal 3457.542 15146.84
> diamonds %>%
+   group_by(cut, color) %>%
+   summarize(AvgPrice=mean(price), SumCarat=mean(carat))
# A tibble: 35 x 4
# Groups:   cut [?]
     cut color AvgPrice  SumCarat
   <ord> <ord>    <dbl>     <dbl>
 1  Fair     D 4291.061 0.9201227
 2  Fair     E 3682.312 0.8566071
 3  Fair     F 3827.003 0.9047115
 4  Fair     G 4239.255 1.0238217
 5  Fair     H 5135.683 1.2191749
 6  Fair     I 4685.446 1.1980571
 7  Fair     J 4975.655 1.3411765
 8  Good     D 3405.382 0.7445166
 9  Good     E 3423.644 0.7451340
10  Good     F 3495.750 0.7759296
# ... with 25 more rows
```

앞의 결과를 자세히 보면 그룹화된 데이터 프레임에 summarize 함수가 적용될 때 가장 안쪽에 있는 그룹핑은 제거시키고 있다. 그래서 먼저 결과를 그룹이 없는 데이터 프레임을 반환하고, 두 번째는 하나의 그룹을 갖고 있는 데이터 프레임을 반환한다.[3]

12.9 arrange

정렬할 때는 arrange 함수를 사용하는데, 베이스 R에 있는 order와 sort 함수보다 훨씬 이해하기 쉽다.

```
> diamonds %>%
+   group_by(cut) %>%
+   summarize(AvgPrice=mean(price), SumCarat=sum(carat)) %>% arrange(AvgPrice)
# A tibble: 5 x 3
        cut AvgPrice SumCarat
      <ord>    <dbl>    <dbl>
1     Ideal 3457.542 15146.84
2      Good 3928.864  4166.10
3 Very Good 3981.760  9742.70
4      Fair 4358.758  1684.28
5   Premium 4584.258 12300.95
> diamonds %>%
+   group_by(cut) %>%
+   summarize(AvgPrice = mean(price), SumCarat = sum(carat)) %>%
+   arrange(desc(AvgPrice))
# A tibble: 5 x 3
        cut AvgPrice SumCarat
      <ord>    <dbl>    <dbl>
1   Premium 4584.258 12300.95
2      Fair 4358.758  1684.28
3 Very Good 3981.760  9742.70
4      Good 3928.864  4166.10
5     Ideal 3457.542 15146.84
```

---

3 # Groups:... 부분을 확인한다. – 옮긴이

12.10 do

filter, mutate, summarise와 같은 특화된 데이터 조작 함수로 다루지 못하는 보다 일반적인 목적의 계산은 do 함수를 사용해 해결한다. 이 함수를 사용하면 임의의 함수를 데이터에 적용할 수 있다. 한 예로 diamonds 데이터를 정렬한 다음, 첫 N개의 행을 반환하는 함수를 만들어 설명한다.

```
> topN <- function(x, N=5) {
+   x %>% arrange(desc(price)) %>% head(N)
+ }
```

do 함수를 group_by 함수와 결합해 diamonds 데이터를 cut별로 세분한 다음, price에 대해 정렬하고, 정렬한 세부 그룹에서 처음 N개의 행을 반환하려고 한다. 파이핑을 사용할 때 왼쪽 부분이 오른쪽 부분의 함수의 첫 번째 인자가 된다. do 함수는 첫 번째 인자가 하나의 함수여서 파이프의 왼쪽 객체를 받지 않는다. 왼쪽 객체가 디폴트 위치로 들어가지 않기 때문에 도트(.)를 사용해 객체가 들어갈 부분을 지정한다.

```
> diamonds %>% group_by(cut) %>% do(topN(., N = 3))
# A tibble: 15 x 10
# Groups:   cut [5]
```

	carat	cut	color	clarity	depth	table	price	x	y	z
	<dbl>	<ord>	<ord>	<ord>	<dbl>	<dbl>	<int>	<dbl>	<dbl>	<dbl>
1	2.01	Fair	G	SI1	70.6	64	18574	7.43	6.64	4.69
2	2.02	Fair	H	VS2	64.5	57	18565	8.00	7.95	5.14
3	4.50	Fair	J	I1	65.8	58	18531	10.23	10.16	6.72
4	2.80	Good	G	SI2	63.8	58	18788	8.90	8.85	0.00
5	2.07	Good	I	VS2	61.8	61	18707	8.12	8.16	5.03
6	2.67	Good	F	SI2	63.8	58	18686	8.69	8.64	5.54
7	2.00	Very Good	G	SI1	63.5	56	18818	7.90	7.97	5.04
8	2.00	Very Good	H	SI1	62.8	57	18803	7.95	8.00	5.01
9	2.03	Very Good	H	SI1	63.0	60	18781	8.00	7.93	5.02
10	2.29	Premium	I	VS2	60.8	60	18823	8.50	8.47	5.16
11	2.29	Premium	I	SI1	61.8	59	18797	8.52	8.45	5.24
12	2.04	Premium	H	SI1	58.1	60	18795	8.37	8.28	4.84
13	1.51	Ideal	G	IF	61.7	55	18806	7.37	7.41	4.56
14	2.07	Ideal	G	SI2	62.5	55	18804	8.20	8.13	5.11
15	2.15	Ideal	G	SI2	62.6	54	18791	8.29	8.35	5.21

이 예에서와 같이 하나의 이름 없는 인자를 do 함수에서 사용하는 경우에는 반환하는 객체는 데이터 프레임이다. 만약 이름이 있는 인자를 사용하면 표현식이 데이터 프레임의 열에 들어가게 되는데, 해당 그 열의 값은 실제로는 하나의 리스트[list]다.

```
> diamonds %>%
+     # cut 값에 따라서 데이터 세분화
+     # 이렇게 하면 본질적으로 분리된 데이터 세트를 만든다.
+     group_by(cut) %>%
+     # topN 함수를 두 번째 인자를 3으로 지정해 적용
+     # 계산은 그룹별로 독립적으로 이뤄진다.
+     do(Top=topN(., 3))
Source: local data frame [5 x 2]
Groups: <by row>

# A tibble: 5 x 2
        cut           Top
*     <ord>        <list>
1      Fair <tibble [3 x 10]>
2      Good <tibble [3 x 10]>
3 Very Good <tibble [3 x 10]>
4   Premium <tibble [3 x 10]>
5     Ideal <tibble [3 x 10]>
> topByCut <- diamonds %>% group_by(cut) %>% do(Top=topN(., 3))
> class(topByCut)
[1] "rowwise_df" "tbl_df"     "tbl"          "data.frame"
> class(topByCut$Top)
[1] "list"
> class(topByCut$Top[[1]])
[1] "tbl_df"     "tbl"          "data.frame"
> topByCut$Top[[1]]
# A tibble: 3 x 10
  carat   cut color clarity depth table price     x     y     z
  <dbl> <ord> <ord>   <ord> <dbl> <dbl> <int> <dbl> <dbl> <dbl>
1  2.01  Fair     G     SI1  70.6    64 18574  7.43  6.64  4.69
2  2.02  Fair     H     VS2  64.5    57 18565  8.00  7.95  5.14
3  4.50  Fair     J      I1  65.8    58 18531 10.23 10.16  6.72
```

이 예에서는 계산된 열은 하나의 리스트가 되는데, 그 리스트의 개별 엔트리는 diamonds를 cut별로 세분한 그룹에서 가격에 따라 정렬한 다음, 상위 3개의 행을 담은

데이터 프레임이었다. 데이터 프레임 열에 리스트를 저장하는 것이 이상해 보일 수 있을 것이다. 그렇지만 그것은 데이터 프레임이 원래 갖고 있는 기능이다.

do 함수를 이름 있는 인자와함께 사용하는 것은 plyr 패키지에 ldply를 사용하는 것에 상응하는 방법이다.

12.11 데이터베이스와 dplyr 사용[4]

dplyr 패키지의 또 다른 중요한 기능은 데이터베이스에 저장된 데이터를 일반적인 데이터 프레임에 있는 데이터를 다루는 방법과 거의 동일한 방법으로 다루는 것이다. 이글을 쓰는 시점에서 dplyr 패키지는 PostgresQL, MySQL, SQLite, MonetDB, Google BigQuery, Spark DataFrames 등의 데이터베이스를 지원한다. 표준화된 계산법을 위해서 R 코드는 SQL 코드로 번역된다. SQL로 쉽게 번역이 되지 않는 R 코드가 있는 경우에는 dplyr 패키지가 실험적이기는 하지만 데이터를 메모리로 끌고 와서 독립적인 계산을 수행한다. 이런 방식을 사용하면 메모리에 들어올 수 없는 크기가 큰 데이터에 대해서도 데이터 조작과 분석을 실행할 수 있다. 데이터베이스 연산이 데이터 프레임에 대한 연산보다는 느리기는 하지만 어차피 메모리로 갖고 올 수 없다면 그다지 중요한 문제가 안 된다.

diamonds 데이터와 이와 관련된 데이터를 저장한 2개의 테이블을 가진 SQLite 데이터베이스를 갖고 설명한다. download.file 함수를 사용해서 이 데이터베이스를 다운로드한다.

```
> download.file("http://www.jaredlander.com/data/diamonds.db",
+                destfile = "data/diamonds.db", mode = 'wb')
```

첫 번째 단계는 데이터베이스에 대한 커넥션connection을 생성하는 것이다. dplyr 0.6.0 버전부터는 데이터베이스 작업을 위해서는 반드시 로딩할 필요는 없지만 현재의 컴퓨터에는 dbplyr 패키지를 인스톨해야 한다.

```
> diaDBSource <- src_sqlite("data/diamonds.db")
> diaDBSource
```

---

4 이 기능은 이제 dbplyr라는 별도의 패키지로 제공된다. 관련 패키지의 비니에트를 참고한다. - 옮긴이

```
src:  sqlite 3.19.3 [/Users/koseokbum/Dropbox/Writing/r4everyone/data/diamonds.db]
tbls: DiamondColors, diamonds, sqlite_stat1
```

dplyr 0.6.0 이후의 버전에는 DBI 패키지를 직접 사용할 수도 있다.

```
> diaDBSource2 <- DBI::dbConnect(RSQLite::SQLite(), "data/diamonds.db")
> diaDBSource2
<SQLiteConnection>
  Path: /Users/koseokbum/Dropbox/Writing/r4everyone/data/diamonds.db
  Extensions: TRUE
```

데이터베이스에 대한 커넥션을 만들었으므로, 이제 안에 들어 있는 특정 테이블을 지목할 필요가 있다. 이 예에서 사용된 데이터베이스는 diamonds, DiamondColors라는 테이블과 sqlite_stat1이라고 하는 메타데이터 테이블을 갖고 있다. 데이터베이스의 각 테이블은 별도로 접근해야 한다. 우리는 diamonds 테이블만 사용해보자.

```
> diaTab <- tbl(diaDBSource, "diamonds")
> diaTab
# Source:    table<diamonds> [?? x 10]
# Database: sqlite 3.19.3
#   [/Users/koseokbum/Dropbox/Writing/r4everyone/data/diamonds.db]
    carat          cut color clarity depth table price     x     y     z
    <dbl>        <chr> <chr>   <chr> <dbl> <dbl> <int> <dbl> <dbl> <dbl>
 1   0.23        Ideal     E     SI2  61.5    55   326  3.95  3.98  2.43
 2   0.21      Premium     E     SI1  59.8    61   326  3.89  3.84  2.31
 3   0.23         Good     E     VS1  56.9    65   327  4.05  4.07  2.31
 4   0.29      Premium     I     VS2  62.4    58   334  4.20  4.23  2.63
 5   0.31         Good     J     SI2  63.3    58   335  4.34  4.35  2.75
 6  0.24 Very Good     J    VVS2  62.8    57   336  3.94  3.96  2.48
 7  0.24 Very Good     I    VVS1  62.3    57   336  3.95  3.98  2.47
 8  0.26 Very Good     H     SI1  61.9    55   337  4.07  4.11  2.53
 9   0.22         Fair     E     VS2  65.1    61   337  3.87  3.78  2.49
10  0.23 Very Good     H     VS1  59.4    61   338  4.00  4.05  2.39
# ... with more rows
```

이것을 보면 일반적인 데이터 프레임 같아 보이지만 실제로는 데이터베이스에 저장된 테이블이고 단지 처음 몇 개의 행들만 쿼리되고 표시될 뿐이다. 이 tbl에 대한 대부분의 계산은 실제로는 데이터베이스 자체에서 이뤄진다.

```
> diaTab %>% group_by(cut) %>% summarize(Price = mean(price))
# Source:   lazy query [?? x 2]
# Database: sqlite 3.19.3
#   [/Users/koseokbum/Dropbox/Writing/r4everyone/data/diamonds.db]
        cut    Price
      <chr>    <dbl>
1      Fair 4358.758
2      Good 3928.864
3     Ideal 3457.542
4   Premium 4584.258
5 Very Good 3981.760
> diaTab %>% group_by(cut)  %>%
+   summarize(Price = mean(price), Carat = mean(Carat))
# Source:   lazy query [?? x 3]
# Database: sqlite 3.19.3
#   [/Users/koseokbum/Dropbox/Writing/r4everyone/data/diamonds.db]
        cut    Price     Carat
      <chr>    <dbl>     <dbl>
1      Fair 4358.758 1.0461366
2      Good 3928.864 0.8491847
3     Ideal 3457.542 0.7028370
4   Premium 4584.258 0.8919549
5 Very Good 3981.760 0.8063814
```

12.12 결론

해들리 위캄의 차세대 패키지 dplyr를 사용하면 간결한 코드와 빠른 속도로 데이터를 조작할 수 있다. 그 문법은 select, filter, arrange, group_by와 같은 데이터 조작과 관련된 동사를 중심으로 하고 있으며 읽기 편하고 빠른 코드를 작성할 수 있게 설계됐다.

13

purrr 패키지를 사용한 순회

R은 리스트(또는 벡터)의 요소들을 순회하는 다양한 방법을 갖고 있는데, 해들리 위캄 Hadley Wickham은 purrr 패키지를 통해서 그런 패턴을 개선하고 표준화하려는 목표를 갖고 있다. R은 태생적으로 함수형 프로그래밍functional programming 언어이며, purrr 패키지는 함수형 프로그래밍 패러다임을 활용할 수 있도록 만들어졌다. 함수형 프로그래밍은 어떤 함수의 행동이 입력된 인자에 의해서 결정된다. 함수형 프로그래밍을 사용해 리스트의 요소들을 순회하고 개별 요소들에 독립적으로 어떤 함수를 적용한다. 이 패키지는 주로 리스트에 대한 연산을 목적으로 하고 있으나 벡터에 대해 벡터화되지 않은 함수들을 적용시킬 때도 사용 가능하다.

purrr이라는 이름은 여러 의미를 갖고 있다. 이것은 이 패키지가 순수 함수pure function를 사용한 프로그래밍을 강조한다는 의미를 가진다. 그리고 고양이들의 가르랑거리는 행동purr을 의미하기도 하고, 해들리 위캄의 다른 패키지들, dplyr, readr, tidyr처럼 5개의 알파벳을 가진 이름이 되게 한 것이다.

13.1 map

purrr 패키지의 가장 기본이 되는 함수는 map이다. 이 함수는 리스트의 각 요소에 대해 어떤 함수를 독립적으로 적용한 다음에, 그것을 같은 길이의 리스트로 반환한다. 이것은 11.1.2절에서 설명한 lapply 함수와 같은 기능을 하는데, 여기에 파이프 기능을 사용할 수 있도록 했다.

11.1.2절의 예로 돌아가서 4개의 요소를 가진 리스트를 만들고, lapply 함수를 갖고 각 요소에 대해 sum 함수를 적용시켜본다.

```
> theList <- list(
+    A = matrix(1:9, 3),
+    B = 1:5,
+    C = matrix(1:4, 2),
+    D = 2)
>
> lapply(theList, sum)
$A
[1] 45

$B
[1] 15

$C
[1] 10

$D
[1] 2
```

map 함수를 사용해도 같은 결과를 얻는다.

```
> library(purrr)
> theList %>% map(sum)
$A
[1] 45

$B
[1] 15

$C
[1] 10

$D
[1] 2
> identical(lapply(theList, sum), theList %>% map(sum))
[1] TRUE
```

theList의 요소가 결측값(NA)을 갖고 있는 경우를 대비해 sum 함수에 na.rm = TRUE라는 인자를 주는 것이 좋다. 이렇게 하려면 sum 함수를 무명 함수annonymous function에 넣

어서 이것을 map 함수를 호출할 때 사용하거나 map 함수의 추가 인자로 na.rm=TRUE
을 넘겨주면 자동으로 sum 함수에 적용되게 할 수 있다.

다음 예를 갖고 알아보자.

```
> theList2 <- theList
> theList2[[1]][2, 1] <- NA
> theList2[[2]][4] <- NA
```

이 상태에서 map 함수를 사용해 sum 함수를 적용시키면, 합산한 결과에서 2개의 요소가
NA가 된다.

```
> theList2 %>% map(sum)
$A
[1] NA

$B
[1] NA

$C
[1] 10

$D
[1] 2
```

먼저 무명 함수를 사용한 해법을 보면 다음과 같다.

```
> theList2 %>% map(function(x) sum(x, na.rm = TRUE))
$A
[1] 43

$B
[1] 11

$C
[1] 10

$D
[1] 2
```

다음은 map 함수의 ... 인자에 **na.rm=TRUE**를 넘겨서 이것이 sum 함수의 부가 인자로 사용되게 하는 방법이다.

```
> theList2 %>% map(sum, na.rm = TRUE)
$A
[1] 43

$B
[1] 11

$C
[1] 10

$D
[1] 2
```

이렇게 무명 함수를 사용하는 것이 간단한 연산을 위해서 불필요한 코드를 많이 작성하는 것처럼 보일 수도 있겠지만, 함수형 프로그래밍에서는 많이 사용되는 패턴이다. 그리고 map 함수를 사용할 때 함수의 인자들이 사용하기 좋은 패턴이 아닐 때 특히 유용하다.

13.2 반환값의 유형을 정의한 map 함수

map 함수의 반환값의 유형은 항상 리스트다. 이것은 포괄적으로 사용할 수 있기는 하지만 항상 그것이 필요하지는 않다. 베이스 R에는 sapply 함수는 어떤 결과를 가능한한 간단하게 결과를 낸다. 가능하면 벡터로 결과를 반환하고, 그렇지 않을 때는 리스트를 반환한다. 이렇게 간략하게 하는 것이 좋기는 하지만 결과값의 데이터 유형을 확실하게 보장하지 못한다. 결과를 간단하게 만들어 벡터로 반환하면서 반환값의 유형을 보장하기 위해 purrr 패키지는 기대하는 결과의 유형을 명시한 여러 종류의 map 함수들을 제공한다. 지정한 유형의 값을 반환할 수 없을 때 이들 함수는 에러를 반환한다. 에러는 원하는 것이 아니지만, 나중에 가서 오류를 일으키는 것보다 조기에 에러를 파악하면 이것을 처리하고 넘어가기 때문에 오히려 더 낫다. 이런 모든 함수들은 map_*과 같은 형태를 갖는데 * 부분에 반환값의 유형을 명시한다. 반환할 수 있는 값의 유형과 해당 함수들이 표 13.1에 정리돼 있다.

표 13.1 map 함수들과 반환값의 유형

함수	반환값의 유형
map	리스트(list)
map_int	정수(integer)
map_dbl	실수(numeric)
map_chr	문자열(character)
map_lgl	논리형(logical)
map_df	데이터프레임(data.frame)

이와 같은 map_* 함수들은 입력되는 리스트의 각 요소에 대응해 길이가 1인 벡터를 기대한다. 어떤 하나의 요소에 대해 길이가 1보다 큰 경우에는 에러가 발생한다.

13.2.1 map_int

map_int 함수는 결과가 정수형 벡터를 원할 때 사용된다. theList의 각 요소에 NROW 함수를 적용하는 예를 갖고 설명하려고 하는데, 이 함수는 요소가 1차원이면 요소의 개수를 반환하고, 2차원이면 행의 개수를 반환한다.

```
> theList %>% map_int(NROW)
A B C D
3 5 2 1
```

실수를 반환하는 mean 함수를 적용하도록 하고, 이것을 map_int 함수와 같이 사용하면 에러를 유발한다.

```
> theList %>% map_int(mean)
Error: Can't coerce element 1 from a double to a integer
```

13.2.2 map_dbl

실수를 반환하는 함수를 적용시키려면 map_dbl[1]을 사용한다.

---

1 double은 numeric과 같다고 보면 된다.

```
> theList %>% map_dbl(mean)
  A   B   C   D
5.0 3.0 2.5 2.0
```

13.2.3 map_chr

문자열^{character}를 반환할 때 필요한 함수는 map_chr 함수다.

```
> theList %>% map_chr(class)
        A         B         C         D
 "matrix" "integer"  "matrix" "numeric"
```

theList의 요소들 가운데 하나가 여러 개의 클래스를 갖고 있는 경우는 map_chr 함수는 에러를 유발한다. 이것은 리스트의 각 요소에 이 함수를 적용시킨 결과가 길이가 1인 벡터가 돼야 하기 때문이다. 그 예를 보기 위해서 어떤 요소의 클래스를 ordered factor라고 지정해보자.

```
> theList3 <- theList
> theList3[['E']] <- factor(c("A", "B", "C"), ordered = TRUE)
> class(theList3$E)
[1] "ordered" "factor"
```

이 새로운 요소의 클래스의 길이는 2이기 때문에 그냥 map_chr 함수를 쓰면 에러를 유발한다.

```
> theList3 %>% map_chr(class)
Error: Result 5 is not a length 1 atomic vector
```

가장 간단하게 해결하는 방법은 map 함수를 써서 리스트를 반환하도록 하는 것이다. 이것은 단순한 벡터를 반환하는 것이 아니기 때문에 에러를 유발하지 않는다. map_*과 함께 사용할 수 있는 연산은 모두 map에서도 사용 가능하다.

```
> theList3 %>% map(class)
$A
[1] "matrix"

$B
```

```
[1] "integer"

$C
[1] "matrix"

$D
[1] "numeric"

$E
[1] "ordered" "factor"
```

13.2.4 map_lgl

논리형^{logical} 연산의 결과를 논리형 벡터에 저장할 때는 map_lgl 함수를 사용한다.

```
> theList %>% map_lgl(function(x) NROW(x) < 3)
    A     B     C     D
FALSE FALSE  TRUE  TRUE
```

13.2.5 map_df

plyr 패키지에서 인기 있는 함수는 ldply인데, 이 함수는 리스트를 순회하고, 어떤 함수를 적용한 다음 결과들을 데이터 프레임으로 묶어서 반환한다. purrr 패키지에서 이에 상응하는 함수가 map_df이다.

용례를 설명하기 위해서 2개의 열을 가진 데이터프레임을 만드는 함수를 만들었다. 데이터 프레임의 행의 개수는 이 함수의 인자로 결정된다. 이 행의 개수를 리스트에 저장했다.

```
> buildDF <- function(x) {
+   data.frame(A = 1:x, B = x:1)
+ }
> listOfLengths <- list(3, 4, 1, 5)
```

리스트의 각 요소를 순환하면서 각 요소에 대해 하나의 데이터 프레임을 만든다. map 함수를 사용하면 전체가 데이터 프레임이 4개 들어 있는 하나의 리스트를 반환한다.

```
> listOfLengths %>% map(buildDF)
[[1]]
  A B
1 1 3
2 2 2
3 3 1

[[2]]
  A B
1 1 4
2 2 3
3 3 2
4 4 1

[[3]]
  A B
1 1 1

[[4]]
  A B
1 1 5
2 2 4
3 3 3
4 4 2
5 5 1
```

이런 결과들을 나눠지지 않고 하나의 데이터 프레임으로 묶이게 하려면 map_df 함수
를 사용한다.

```
> listOfLengths %>% map_df(buildDF)
   A B
1  1 3
2  2 2
3  3 1
4  1 4
5  2 3
6  3 2
7  4 1
8  1 1
```

```
 9  1 5
10  2 4
11  3 3
12  4 2
13  5 1
```

13.2.6 map_if

리스트의 요소가 어떤 조건을 만족하는 경우에만 수정되게 하고 싶은 경우가 있을 수
있다. 이럴 때 map_if 함수를 사용하면 조건에 만족하는 요소들만 수정되고, 나머지는
수정되지 않은 채로 반환받을 수 있다. 여기서는 리스트의 요소가 행렬^matrix^인 경우에
만 어떤 값을 곱하게 만들려고 한다.

```
> theList %>% map_if(is.matrix, function(x) x * 2)
$A
     [,1] [,2] [,3]
[1,]    2    8   14
[2,]    4   10   16
[3,]    6   12   18

$B
[1] 1 2 3 4 5

$C
     [,1] [,2]
[1,]    2    6
[2,]    4    8

$D
[1] 2
```

여기서는 무명 함수를 사용했는데, purrr 패키지는 이런 인라인 함수를 지정하는 다른
방법도 갖고 있다. 함수의 형태가 아니라 포뮬러^formula^를 사용할 수 있는데, 그렇게 하
면 내부적으로 map_if(다른 map 함수에도 마찬가지다)가 이것을 무명 함수로 만들어 사
용하게 된다. 인자 2개까지 지정하는 것을 허용하는데, 그런 경우에는 .x와 .y 형태로
사용해야 한다.

```
> theList %>% map_if(is.matrix, ~ .x * 2)
$A
     [,1] [,2] [,3]
[1,]    2    8   14
[2,]    4   10   16
[3,]    6   12   18

$B
[1] 1 2 3 4 5

$C
     [,1] [,2]
[1,]    2    6
[2,]    4    8

$D
[1] 2
```

13.3 데이터 프레임에서 순회하기

데이터 프레임에서 순회하는 것도 간단하다. 왜냐하면, 데이터 프레임은 기술적으로 리스트의 특별한 형태기 때문이다. diamonds 데이터 프레임에서 숫자형 열에 대한 평균을 계산해보자.

```
> data(diamonds, package = "ggplot2")
> diamonds %>% map_dbl(mean)
Warning in mean.default(.x[[i]], ...): 인자가 수치형 또는 논리형이 아니므로 NA를 반환합니다
Warning in mean.default(.x[[i]], ...): 인자가 수치형 또는 논리형이 아니므로 NA를 반환합니다
Warning in mean.default(.x[[i]], ...): 인자가 수치형 또는 논리형이 아니므로 NA를 반환합니다
      carat         cut       color     clarity       depth
  0.7979397          NA          NA          NA   61.7494049
      table       price           x           y           z
 57.4571839 3932.7997219   5.7311572   5.7345260   3.5387338
```

결과를 보면 숫자형 열에 대해서는 평균을 반환하는데, 숫자형 열이 아닌 경우에는 NA를 반환하고 있다. 그리고 경고문을 출력해서 숫자형 열이 아닌 경우에는 평균을 계산할 수 없다고 알려준다.

이것은 dplyr 패키지의 summarize_each 함수를 사용하는 것과 비슷하다. 숫자상으로는 비슷하지만 map_dbl 함수는 숫자형 벡터를 반환하는 데 비해서 summarize_each 함수는 하나의 행으로된 데이터 프레임을 반환한다는 점이 다르다.

```
> library(dplyr)
> diamonds %>% summarize_each(funs(mean))
Warning in mean.default(cut): 인자가 수치형 또는 논리형이 아니므로 NA를 반환합니다.
Warning in mean.default(color): 인자가 수치형 또는 논리형이 아니므로 NA를 반환합니다.
Warning in mean.default(clarity): 인자가 수치형 또는 논리형이 아니므로 NA를 반환합니다.
# A tibble: 1 x 10
      carat   cut color clarity   depth   table  price         x         y
      <dbl> <dbl> <dbl>   <dbl>   <dbl>   <dbl>  <dbl>     <dbl>     <dbl>
1 0.7979397    NA    NA      NA 61.7494 57.45718 3932.8 5.731157 5.734526
# ... with 1 more variables: z <dbl>
```

숫자형 열이 아닌 경우에는 mean을 적용할 수 없다는 경고문들이 출력된다. 경고문이 있지만 어쩌됐든 숫자형 열이 아닌 경우에는 NA를 출력한다.

13.4 여러 입력값에 대해 map 사용하기

11.1.3절에서 2개의 인자를 취해서 어떤 함수를 적용해 각각에 대해 리스트를 반환하는 mapply 함수를 배웠다. 이와 비슷한 것이 purrr 패키지에 있는 pmap 함수인데, map2 함수는 이 가운데 특히 2개의 인자를 받는 함수를 적용할 때 사용된다.

```
> # 2개의 리스트를 만듦.
> firstList  <- list(A = matrix(1:16, 4), B = matrix(1:16, 2), c = 1:5)
> secondList <- list(A = matrix(1:16, 4), B = matrix(1:16, 8), c = 15:1)
>
> # 각 요소에 대해 행의 개수를 서로 더한다.
> simpleFunc <- function(x, y) {
+   NROW(x) + NROW(y)
+ }
> map2(firstList, secondList, simpleFunc)
```

```
$A
[1] 8

$B
[1] 10

$c
[1] 20
> # 2개의 리스트에 대해 함수를 적용하고 정수형 벡터를 반환
> map2_int(firstList, secondList, simpleFunc)
 A  B  c
 8 10 20
```

좀 더 일반적인 경우에 적용되는 pmap 함수는 리스트들을 순회하고 그 결과를 리스트로 반환한다.

```
> pmap(list(firstList, secondList), simpleFunc)
$A
[1] 8

$B
[1] 10

$c
[1] 20
> pmap_int(list(firstList, secondList), simpleFunc)
 A  B  c
 8 10 20
```

13.5 결론

리스트 순회하는 문제는 purrr 패키지가 있어서 어느 때보다도 쉬워졌다. purrr 패키지로 할 수 있는 일들의 대부분은 lapply 함수와 같은 베이스 R 함수들로 다 할 수는 있겠지만, 이 패키지를 사용하면 프로그래밍 시간을 줄이고 효율적인 계산이 가능하다. 빠르기도 하지만 purrr 패키지는 프로그래머가 사전에 반환값의 유형을 예측할 수 있으며, 파이프 기능을 사용할 수 있도록 설계됐기 때문에 사용자 경험을 높인다.

14

데이터 재구조화

11장에서 설명한 바와 같이 실제 데이터 분석에 들어가기 전 데이터 조작 작업에 상당한 노력이 필요하다. 이 장에서는 데이터 재구조화를 다룰 것인데, 열 방향으로 정리된데이터를 행 방향으로 돌려 놓거나 그 반대로 돌려 놓는 방법, 데이터가 여러 개로 쪼개져 있을 때 그것들을 하나로 결합시키는 방법 등을 다룬다.

베이스 R 함수들을 갖고 이런 일을 할 수도 있지만, 우리는 plyr, reshape2, data.table 패키지 등에 집중한다.

이 장에서 소개되는 도구들이 데이터 구조화의 기본을 형성하지만 tidyr, dplyr과 같은새로운 패키지들이 점점 인기를 얻고 있다. 15장에서는 이 새로운 패키지에 대해 설명한다.

14.1 cbind와 rbind

가장 간단한 경우는 2개의 데이터 세트가 똑같은 열들(개수와 이름)을 갖고 있거나 같은개수의 행을 갖고 있는 경우다. 이런 경우 rbind와 cbind가 훌륭하게 제몫을 한다.

간단한 사례로 몇 개의 벡터를 cbind로 결합한 다음, rbind을 갖고 쌓아 올려서 2개의간단한 데이터 프레임을 만들어보자.

```
> # 3개의 벡터를 만들고, 결합해 하나의 데이터 프레임으로 만든다.
> sport <- c("Hockey", "Baseball", "Football")
> league <- c("NHL", "MLB", "NFL")
> trophy <- c("Stanley Cup", "Commissioner's Trophy", "Vince Lombardi Trophy")
> trophies1 <- cbind(sport, league, trophy)
```

```
>
> # data.frame( )을 사용해 또 다른 데이터 프레임을 만듦
> trophies2 <- data.frame(sport = c("Basketball", "Golf"),
+                          league = c("NBA", "PGA"),
+                          trophy = c("Larry O'Brien Championship Trophy",
+                                      "Wanamaker Trophy"),
+                          stringsAsFactors=FALSE)
> # rbind을 사용해서 하나의 데이터 프레임으로 만든다.
> trophies <- rbind(trophies1, trophies2)
```

cbind와 rbind는 임의의 객체 수를 결합할 수 있도록 복수의 인자를 받아들일 수 있다. cbind에서 데이터를 결합하면서 새로운 이름을 할당할 수도 있다.

```
> cbind(Sport=sport, Association=league, Prize=trophy)
     Sport       Association Prize
[1,] "Hockey"    "NHL"       "Stanley Cup"
[2,] "Baseball"  "MLB"       "Commissioner's Trophy"
[3,] "Football"  "NFL"       "Vince Lombardi Trophy"
```

14.2 조인

앞에서와 같이 데이터가 항상 잘 정렬돼 있어서 cbind만 사용해 문제를 해결하는 상황은 많지 않다. 이런 경우에는 공통된 키를 사용해 데이터를 조인하는 과정이 필요하다. 이런 개념은 SQL 사용자에게는 매우 익숙한 개념일 것이다. R에서 조인 문제는 SQL 조인보다 유연하지 않지만, 여전히 데이터 분석 과정에서 핵심적인 과정이다.

조인에 가장 많이 쓰이는 세 가지 도구는 베이스 R에 있는 merge 함수, plyr 패키지에 있는 join 함수, data.tables에 있는 머저 기능들이다. 이들은 각자 장단점이 있다.

이 기능을 설명하기 위해서 우리는 원래 USAID Open Government initiative[1]의 데이터를 준비했다. 데이터는 8개의 파일로 분리돼 있어서 합치는 과정이 필요하다. 이 파일들은 http://jaredlander.com/data/US_Foreign_Aid.zip에 하나의 zip 압축 파일로 돼 있다. 이것을 다운로드해서 압축을 풀 필요가 있다. 이 과정을 여러 가지 방법으로

---

1 자세한 내용은 https://www.usaid.gov/open을 참고한다.

해결할 수도 있는데, 우리는 R을 사용해 다운로드하고 압축을 푼다.

```
> download.file(url="http://jaredlander.com/data/US_Foreign_Aid.zip",
+                destfile="data/ForeignAid.zip")
> unzip("data/ForeignAid.zip", exdir="data")
```

프로그래밍 방식으로 이들 파일들을 로딩하기 위해서 10.1절에서 배운 for 루프를 이용한다. 파일들의 리스트는 dir 함수르로 확인할 수 있고, 이 리스트를 순회하면서 각각의 데이터 세트를 assign 함수를 사용해 변수에 할당한다. str_sub 함수는 문자열 벡터에서 일부 문자열을 추출하는 데 사용되는데 이것은 16.3절에 설명돼 있다.

```
> library(stringr)
>
> # 파일들의 리스트를 먼저 얻는다.
> theFiles <- dir("data/", pattern="\\.csv")
>
> # 이들 파일을 순회한다.
> for(a in theFiles) {
+     # 데이터를 할당한 좋은 이름을 만든다.
+     nameToUse <- str_sub(string = a, start = 12, end = 18)
+     # read.table 함수를 사용해 CSV 파일을 읽는다.
+     temp <- read.table(file = file.path("data", a),
+                        header = TRUE, sep = ",", stringsAsFactors = FALSE)
+     # 읽은 데이터를 워크스페이스에 할당한다.
+     assign(x = nameToUse, value = temp)
+ }
```

14.2.1 merge 함수

베이스 R에 2개의 데이터 프레임을 머지하는 merge 함수가 있는데 다음과 같이 사용한다.

```
> Aid90s00s <- merge(x = Aid_90s, y = Aid_00s,
+                     by.x = c("Country.Name", "Program.Name"),
+                     by.y = c("Country.Name", "Program.Name"))
> head(Aid90s00s)
  Country.Name                         Program.Name FY1990
1  Afghanistan           Child Survival and Health     NA
```

```
2 Afghanistan          Department of Defense Security Assistance    NA
3 Afghanistan                             Development Assistance     NA
4 Afghanistan Economic Support Fund/Security Support Assistance      NA
5 Afghanistan                               Food For Education       NA
6 Afghanistan                    Global Health and Child Survival    NA
   FY1991 FY1992    FY1993   FY1994 FY1995 FY1996 FY1997 FY1998 FY1999 FY2000
1    NA     NA        NA       NA     NA     NA     NA     NA     NA     NA
2    NA     NA        NA       NA     NA     NA     NA     NA     NA     NA
3    NA     NA        NA       NA     NA     NA     NA     NA     NA     NA
4    NA     NA  14178135  2769948     NA     NA     NA     NA     NA     NA
5    NA     NA        NA       NA     NA     NA     NA     NA     NA     NA
6    NA     NA        NA       NA     NA     NA     NA     NA     NA     NA
   FY2001    FY2002     FY2003      FY2004      FY2005      FY2006      FY2007
1     NA   2586555   56501189    40215304    39817970    40856382    72527069
2     NA   2964313         NA    45635526   151334908   230501318   214505892
3 4110478  8762080   54538965   180539337   193598227   212648440   173134034
4   61144 31827014  341306822  1025522037  1157530168  1357750249  1266653993
5     NA       NA     3957312     2610006     3254408      386891          NA
6     NA       NA         NA          NA          NA          NA          NA
     FY2008     FY2009
1   28397435        NA
2  495539084  552524990
3  150529862    3675202
4 1400237791 1418688520
5        NA         NA
6   63064912    1764252
```

by.x 인자는 왼쪽 데이터 프레임의 키 열(또는 열들)을 지정하고 by.y는 오른쪽 데이터 프레임의 키 열(또는 열들)을 지정한다. 각각의 데이터 프레임의 서로 다른 이름을 지정할 수 있는 능력이 merge 함수의 가장 유용한 기능이다. 그런데 가장 큰 단점은 다른 대안들보다 훨씬 느리다는 것이다.

14.2.2 plyr join 함수

해들리 위캄의 plyr 패키지로 돌아가보자. 이 패키지에는 join 함수가 있는데 이 함수는 merge와 비슷하게 작동하고 훨씬 빠르다. 이 함수의 가장 큰 단점은 각 테이블의 키 열의 이름이 같아야 한다는 것이다. 이전 데이터로 사용법을 알아보자.

```
> library(plyr)
> Aid90s00sJoin <- join(x = Aid_90s, y = Aid_00s,
+                       by = c("Country.Name", "Program.Name"))
> head(Aid90s00sJoin)
   Country.Name                                        Program.Name FY1990
1  Afghanistan                            Child Survival and Health     NA
2  Afghanistan          Department of Defense Security Assistance       NA
3  Afghanistan                                Development Assistance     NA
4  Afghanistan Economic Support Fund/Security Support Assistance       NA
5  Afghanistan                                     Food For Education     NA
6  Afghanistan                      Global Health and Child Survival     NA
   FY1991 FY1992    FY1993    FY1994 FY1995 FY1996 FY1997 FY1998 FY1999 FY2000
1     NA     NA        NA        NA     NA     NA     NA     NA     NA     NA
2     NA     NA        NA        NA     NA     NA     NA     NA     NA     NA
3     NA     NA        NA        NA     NA     NA     NA     NA     NA     NA
4     NA     NA  14178135   2769948     NA     NA     NA     NA     NA     NA
5     NA     NA        NA        NA     NA     NA     NA     NA     NA     NA
6     NA     NA        NA        NA     NA     NA     NA     NA     NA     NA
    FY2001    FY2002     FY2003      FY2004      FY2005      FY2006      FY2007
1       NA   2586555   56501189    40215304    39817970    40856382    72527069
2       NA   2964313         NA    45635526   151334908   230501318   214505892
3  4110478   8762080   54538965   180539337   193598227   212648440   173134034
4    61144  31827014  341306822  1025522037  1157530168  1357750249  1266653993
5       NA        NA    3957312     2610006     3254408      386891          NA
6       NA        NA         NA          NA          NA          NA          NA
       FY2008      FY2009
1    28397435          NA
2   495539084   552524990
3   150529862     3675202
4  1400237791  1418688520
5          NA          NA
6    63064912     1764252
```

join 함수에는 왼쪽, 오른쪽, 내부, 완전 외부 조인 등을 명시할 수 있는 인자를 갖고 있다.

우리는 8개의 데이터 프레임으로 쪼개진 해외 원조 데이터를 갖고 있고, 이것을 하나의 데이터 프레임으로 묶고자 한다. 가장 최선의 방식은 모든 데이터 프레임을 하나의 리스트로 묶은 다음, 그것을 Reduce 함수를 사용해 연속적으로 조인하는 것이다.

```
> # 먼저 데이터 프레임의 이름을 파악한다.
> frameNames <- str_sub(string = theFiles, start = 12, end = 18)
>
> # 빈 리스트를 만든다.
> frameList <- vector("list", length(frameNames))
> names(frameList) <- frameNames
>
> # 각 데이터 프레임을 리스트에 추가한다.
>
> for(a in frameNames) {
+     frameList[[a]] <- eval(parse(text = a))
+ }
```

위의 코드에는 많은 내용이 들어 있다. 하나씩 자세히 살펴보자. 먼저 우리는 stringr 패키지의 str_sub 함수를 사용해 데이터 프레임들의 이름을 정리했다. 이 패키지에 대해서는 16장에 자세히 설명돼 있다. 그런 다음 vector 함수로 데이터 프레임의 개수 만큼의 길이를 가진 빈 리스트를 만들었다. 이 경우에는 8이 된다. 그다음 리스트에 적절한 이름을 부여했다.

이제 리스트가 만들어졌고, 이름이 부여됐다. 해당 리스트를 루핑하면서 각각의 요소에 대해 데이터 프레임을 할당했다. 문제는 우리가 데이터 프레임의 이름을 문자열로 갖고 있는데 <- 연산자를 사용하려면 문자열이 아닌 변수가 필요하다는 점이다. 그래서 문자열을 파싱하고 평가parse, evaluate해 실제의 변수로 변환했다. 이제 조사를 해보자. 리스트에는 해당 데이터 프레임들이 들어가 있는 것을 확인할 수 있다.

```
> head(frameList[[1]])
  Country.Name                                       Program.Name FY2000
1  Afghanistan                           Child Survival and Health     NA
2  Afghanistan       Department of Defense Security Assistance        NA
3  Afghanistan                               Development Assistance     NA
4  Afghanistan Economic Support Fund/Security Support Assistance     NA
5  Afghanistan                                    Food For Education     NA
6  Afghanistan                    Global Health and Child Survival     NA
    FY2001   FY2002     FY2003      FY2004       FY2005       FY2006        FY2007
1       NA  2586555   56501189    40215304     39817970     40856382      72527069
2       NA  2964313         NA    45635526    151334908    230501318     214505892
3  4110478  8762080   54538965   180539337    193598227    212648440     173134034
4    61144 31827014  341306822  1025522037   1157530168   1357750249   1266653993
```

```
5      NA      NA  3957312   2610006   3254408    386891      NA
6      NA      NA      NA       NA        NA        NA        NA
      FY2008    FY2009
1   28397435       NA
2  495539084  552524990
3  150529862    3675202
4 1400237791 1418688520
5        NA       NA
6   63064912    1764252
> head(frameList[["Aid_00s"]])
  Country.Name                                          Program.Name FY2000
1  Afghanistan                            Child Survival and Health     NA
2  Afghanistan             Department of Defense Security Assistance     NA
3  Afghanistan                                Development Assistance     NA
4  Afghanistan Economic Support Fund/Security Support Assistance      NA
5  Afghanistan                                     Food For Education     NA
6  Afghanistan                     Global Health and Child Survival     NA
    FY2001    FY2002     FY2003      FY2004      FY2005      FY2006      FY2007
1     NA   2586555   56501189    40215304    39817970    40856382    72527069
2     NA   2964313        NA    45635526   151334908   230501318   214505892
3 4110478  8762080   54538965   180539337   193598227   212648440   173134034
4   61144 31827014  341306822  1025522037  1157530168  1357750249  1266653993
5     NA       NA    3957312     2610006     3254408      386891        NA
6     NA       NA        NA         NA          NA          NA          NA
      FY2008    FY2009
1   28397435       NA
2  495539084  552524990
3  150529862    3675202
4 1400237791 1418688520
5        NA       NA
6   63064912    1764252
> head(frameList[[5]])
  Country.Name                                          Program.Name FY1960
1  Afghanistan                            Child Survival and Health     NA
2  Afghanistan             Department of Defense Security Assistance     NA
3  Afghanistan                                Development Assistance     NA
4  Afghanistan Economic Support Fund/Security Support Assistance      NA
5  Afghanistan                                     Food For Education     NA
6  Afghanistan                     Global Health and Child Survival     NA
    FY1961     FY1962 FY1963 FY1964 FY1965 FY1966 FY1967 FY1968 FY1969
```

1	NA	NA	NA	NA	NA	NA	NA	NA	NA
2	NA	NA	NA	NA	NA	NA	NA	NA	NA
3	NA	NA	NA	NA	NA	NA	NA	NA	NA
4	NA 181177853	NA	NA	NA	NA	NA	NA	NA
5	NA	NA	NA	NA	NA	NA	NA	NA	NA
6	NA	NA	NA	NA	NA	NA	NA	NA	NA

모든 데이터 프레임드르이 하나의 리스트 안에 들어가 있어서 우리는 리스트를 순회하면서 모든 요소들을 하나로 조인할 수 잇다. 또는 각 요소들에 어떤 함수를 적용시킬 수도 있을 것이다. 루프를 사용하는 대신 Reduce 함수를 사용해 연산 속도를 높였다.

```
> allAid <- Reduce(function(...) {
+   join(..., by = c("Country.Name", "Program.Name")) },
+   frameList)
> dim(allAid)
[1] 2453   67
> library(useful)
필요한 패키지를 로딩 중입니다: ggplot2
> corner(allAid, c = 15)
  Country.Name                                        Program.Name FY2000
1  Afghanistan                          Child Survival and Health     NA
2  Afghanistan      Department of Defense Security Assistance       NA
3  Afghanistan                             Development Assistance     NA
4  Afghanistan Economic Support Fund/Security Support Assistance     NA
5  Afghanistan                               Food For Education      NA
    FY2001    FY2002     FY2003      FY2004      FY2005      FY2006      FY2007
1       NA   2586555   56501189    40215304    39817970    40856382    72527069
2       NA   2964313         NA    45635526   151334908   230501318   214505892
3  4110478   8762080   54538965   180539337   193598227   212648440   173134034
4    61144  31827014  341306822  1025522037  1157530168  1357750249  1266653993
5       NA        NA    3957312     2610006     3254408      386891          NA
       FY2008      FY2009     FY2010 FY1946 FY1947
1    28397435          NA         NA     NA     NA
2   495539084   552524990  316514796     NA     NA
3   150529862     3675202         NA     NA     NA
4  1400237791  1418688520 2797488331     NA     NA
5          NA          NA         NA     NA     NA
> bottomleft(allAid, c = 15)
      Country.Name          Program.Name  FY2000  FY2001    FY2002    FY2003
```

2449	Zimbabwe Other State Assistance	1341952	322842	NA	NA
2450	Zimbabwe Other USAID Assistance	3033599	8464897	6624408	11580999
2451	Zimbabwe Peace Corps	2140530	1150732	407834	NA
2452	Zimbabwe Title I	NA	NA	NA	NA
2453	Zimbabwe Title II	NA	NA 31019776	NA

	FY2004	FY2005	FY2006	FY2007	FY2008	FY2009	FY2010
2449	318655	44553	883546	1164632	2455592	2193057	1605765
2450	12805688	10091759	4567577	10627613	11466426	41940500	30011970
2451	NA	NA	NA	NA	NA	NA	NA
2452	NA	NA	NA	NA	NA	NA	NA
2453	NA	NA	277468	100053600	180000717	174572685	79545100

	FY1946	FY1947
2449	NA	NA
2450	NA	NA
2451	NA	NA
2452	NA	NA
2453	NA	NA

Reduce 함수는 이해하기가 어려울 수도 있다. 간단한 예로 설명해본다. 우리가 1:10 값을 갖는 하나의 벡터가 있고, 이 요소들의 값을 모두 더하려고 한다. 당분간 sum(1:10)은 생각하지 않도록 해보자. Reduce(sum, 1:10)이라고 하면 이 함수는 먼저 1, 2를 더한다. 그다음에 3과 4를 더한다. 그다음은 7을 5와 더한다. 이렇게 해서 결과가 55가 된다.

이와 비슷하게 함수에 하나의 리스트를 전달했고, 해당 입력들을 하나씩 조인한다. 이 경우에 단순히 ...를 사용했는데, 이 인자에는 아무것이나 넘길 수 있다는 의미다. ...를 사용하는 것은 바로 이해하기 까다로운 고급 R 프로그래밍 트릭이다. Reduce 함수에 리스트에 있는 첫 두 데이터 프레임이 넘겨지고, 이것들이 조인된다. 조인된 것은 그다음 데이터 프레임과 조인하게 된다. 이렇게 마지막 데이터 프레임까지 조인되게 된다.

14.2.3 data.table 패키지의 머지 기능

data.table의 여러 연산들과 같이 데이터를 조인시키는 것은 다른 문법이 필요하고, 약간 다른 방식의 생각이 필요하다. 먼저 우리의 원조 데이터 세트 데이터 프레임들을 data.table로 변환하자.

```
> library(data.table)
> dt90 <- data.table(Aid_90s, key = c("Country.Name", "Program.Name"))
> dt00 <- data.table(Aid_00s, key = c("Country.Name", "Program.Name"))
```

다음 조인하는 것은 아주 간단하다. 조인하기 위해서는 데이터 테이블에 키를 명시하는 것이 필요한데, 이것은 데이터 테이블을 만들 때 이미 만들었다.

```
> dt0090 <- dt90[dt00]
```

이 경우 dt90이 왼쪽 데이터 프레임, dt00가 오른쪽 데이터 프레임에 해당하고, 왼쪽 조인이 실행된다.

14.3 reshape2 패키지

데이터 재구조화 과정에서 흔하게 접하는 다음 문제는 데이터를 녹이거나(열 방향의 데이터를 행 방향으로 바꾸는 일), 데이터를 주조^{casting}(행 방향의 데이터를 열 방향으로 바꾸는 일)하는 일이다. R에서는 흔히 있는 일지만, 이런 일을 할 때 사용될 수 있는 방법은 여러 가지가 있다. 그렇지만 여기서는 해들리 위캄의 reshape2 패키지에 집중한다. 우리는 해들리 위캄을 자주 언급하게 되는데, 그가 만든 패키지들이 R 개발자 도구 상자에서 아주 핵심적인 것이 돼 가고 있기 때문이다.

14.3.1 melt 함수

Aid_00s 데이터 프레임을 보면, 각 연도가 하나의 열을 차지하고 있다. 즉, 어떤 국가에 대한 프로그램에 따른 금액이 연도별로 정리돼 있다. 이것을 크로스 테이블^{cross table}이라고 부르는데, 이것은 사람이 보기에는 좋지만 ggplot2나 기타 분석 알고리즘에는 적절하지 않은 폼이다. 이것을 바꿔보자.

```
> head(Aid_00s)
  Country.Name                                    Program.Name FY2000
1  Afghanistan                       Child Survival and Health     NA
2  Afghanistan         Department of Defense Security Assistance     NA
3  Afghanistan                          Development Assistance     NA
4  Afghanistan Economic Support Fund/Security Support Assistance     NA
5  Afghanistan                              Food For Education     NA
```

```
6 Afghanistan                 Global Health and Child Survival       NA
      FY2001      FY2002      FY2003      FY2004      FY2005      FY2006      FY2007
1        NA     2586555    56501189    40215304    39817970    40856382    72527069
2        NA     2964313          NA    45635526   151334908   230501318   214505892
3   4110478     8762080    54538965   180539337   193598227   212648440   173134034
4     61144    31827014   341306822  1025522037  1157530168  1357750249  1266653993
5        NA          NA     3957312     2610006     3254408      386891          NA
6        NA          NA          NA          NA          NA          NA          NA
      FY2008      FY2009
1    28397435          NA
2   495539084   552524990
3   150529862     3675202
4  1400237791  1418688520
5          NA          NA
6    63064912     1764252
```

우리는 하나의 행이 하나의 국가-프로그램-연도 항목에 대한 금액을 표시할 수 있기를 바란다. 이렇게 하기 위해서 reshape2 패키지의 melt 함수를 사용한다.

```
> library(reshape2)
```

다음의 패키지를 부착합니다: 'reshape2'
The following objects are masked from 'package:data.table':
    dcast, melt
> melt00 <- melt(Aid_00s, id.vars = c("Country.Name", "Program.Name"),
+   variable.name = "Year", value.name = "Dollars")
> tail(melt00, 10)
```
      Country.Name                                           Program.Name
24521     Zimbabwe                        Migration and Refugee Assistance
24522     Zimbabwe                                       Narcotics Control
24523     Zimbabwe Nonproliferation, Anti-Terrorism, Demining and Related
24524     Zimbabwe                              Other Active Grant Programs
24525     Zimbabwe                                 Other Food Aid Programs
24526     Zimbabwe                                   Other State Assistance
24527     Zimbabwe                                   Other USAID Assistance
24528     Zimbabwe                                              Peace Corps
24529     Zimbabwe                                                  Title I
24530     Zimbabwe                                                 Title II
        Year    Dollars
```

```
24521 FY2009    3627384
24522 FY2009         NA
24523 FY2009         NA
24524 FY2009    7951032
24525 FY2009         NA
24526 FY2009    2193057
24527 FY2009   41940500
24528 FY2009         NA
24529 FY2009         NA
24530 FY2009  174572685
```

id.vars 인자는 어떤 열들의 조합이 하나의 행을 구성할지를 결정한다.

이제 Year 열에 대한 데이터 조작과 집계가 어느 정도 돼 그림 14.1과 같이 플롯팅을 해볼 수 있다. 이 플롯은 패시팅을 사용해 각 프로그램에 대해 시간의 변화에 따라 어떻게 지원금이 변했는지 이해하기 편하다.

```
> library(scales)
> library(stringr)
> library(ggplot2)
>
> # Year 열에서 앞의 FY를 제거해 숫자로 변경
> melt00$Year <- as.numeric(str_sub(melt00$Year, 3, 6))
>
> # 데이터를 연도에 따라서 집계
> meltAgg <- aggregate(Dollars ~ Program.Name + Year, data=melt00,
+                      sum, na.rm=TRUE)
>
> # 프로그램 이름에서 앞의 10 문자만 유지한다.
> # 다음 플롯을 그린다.
> meltAgg$Program.Name <- str_sub(meltAgg$Program.Name, start = 1, end = 10)
> ggplot(meltAgg, aes(x = Year, y = Dollars)) +
+   geom_line(aes(group = Program.Name)) +
+   facet_wrap( ~ Program.Name) +
+   scale_x_continuous(breaks = seq(from = 2000, to = 2009, by = 2)) +
+   theme(axis.text.x = element_text(angle=90, vjust = 1, hjust = 0)) +
+   scale_y_continuous(labels = multiple_format(extra=dollar, multiple="B"))
```

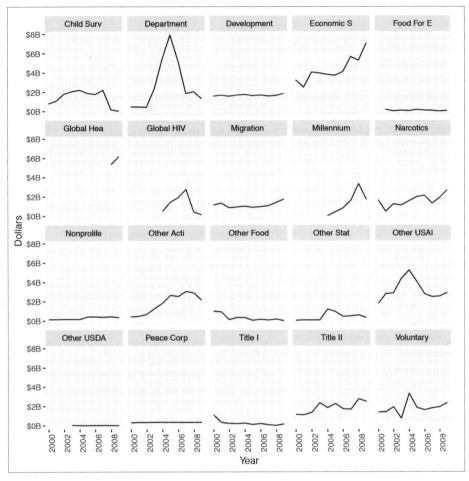

그림 14.1 각 프로그램별 연도에 따른 해외 원조에 대한 플롯

14.3.2 dcast 함수

해외 원조 데이터를 녹여봤다. 이제 이것을 주조해서 와이드 포맷으로 바꿔보자. 이 때 사용하는 함수가 dcast이다. 이 함수는 melt 함수보다 까다로운 인자를 갖고 있다. 첫 번째 인자는 주조에 사용될 데이터로 여기서는 melt00이다. 두 번째 인자는 포뮬러 formula인데, 포뮬러의 왼쪽에는 열로 남아 있어야 하는 열들을 지정하고, 오른쪽은 열 이름이 돼야 하는 열들을 지정한다. 세 번째 인자는 새로운 열들로 뿌려질 값을 담고 있는 열의 이름을 문자열로 알려준다.

```
> cast00 <- dcast(melt00, Country.Name + Program.Name ~ Year,
+                 value.var = "Dollars")
> head(cast00)
  Country.Name                                           Program.Name 2000
1  Afghanistan                          Child Survival and Health      NA
2  Afghanistan        Department of Defense Security Assistance        NA
3  Afghanistan                             Development Assistance      NA
4  Afghanistan Economic Support Fund/Security Support Assistance      NA
5  Afghanistan                                 Food For Education      NA
6  Afghanistan                 Global Health and Child Survival      NA
      2001      2002      2003       2004       2005       2006       2007
1       NA   2586555  56501189   40215304   39817970   40856382   72527069
2       NA   2964313        NA   45635526  151334908  230501318  214505892
3  4110478   8762080  54538965  180539337  193598227  212648440  173134034
4    61144  31827014 341306822 1025522037 1157530168 1357750249 1266653993
5       NA        NA   3957312    2610006    3254408     386891         NA
6       NA        NA        NA         NA         NA         NA         NA
         2008       2009
1    28397435         NA
2   495539084  552524990
3   150529862    3675202
4  1400237791 1418688520
5          NA         NA
6    63064912    1764252
```

14.4 결론

데이터를 분석하기 적합한 형태로 만드는 것은 시간이 걸리지만 불가피한 부분이기도 하다. 이 장에서 우리는 여러 가지 데이터 세트를 결합해 하나로 만들고, 열 방향의 데이터를 행 방향으로 만드는 방법 등을 설명했다. plyr, reshape2, data.table 패키지들을 활용했다. 이 장은 11장에서 내용들과 더불어 편의성과 속도 측면에서 효율적인 데이터 조작 방법의 가장 기초적인 내용들을 다루고 있다.

타이디버스로 데이터 재구조화

14장에서 행과 열을 붙이고, 조인하고, 와이드 폼을 롱 폼으로 또는 그 반대로 변환하는 등 데이터를 재구조화하는 다양한 방법을 다뤘다. 앞에서 설명한 베이스 R, plyr, data.table, reshap2 패키지 등에 있는 함수들은 모두 여전히 훌륭한 옵션이다. 그런데 새롭게 개발된 dplyr, tidyr 패키지는 파이프 기능을 갖추고 있어서 어떤 사람에게는 이것이 더 쉽게 다가갈 수 있다. 어떤 경우에는 이것들을 사용했을 때 속도가 빠르기는 하지만 항상 그런 것은 아니다. 해들리 위캄이 만든 이들 패키지들과 그가 개발한 다른 패키지들을 합쳐서 타이디버스^{tidyverse}라고 부른다.

15.1 행과 열을 붙이기

rbind, cbind 함수에 대응하는 dplyr 패키지의 함수로 bind_rows와 bind_cols가 있다. 이들 함수는 대응하는 베이스 R 함수와 똑같이 행동하지는 않는다. cbind, rbind 함수가 데이터 프레임과 행렬, 그리고 벡터를 행렬이나 데이터 프레임에 적용할 수 있는 반면, 이들 함수들은 데이터 프레임(그리고 티블)에만 적용할 수 있다. 그래서 bind_rows, bind_cols 함수가 좀 더 제한적이라고 볼 수 있는데, 데이터 프레임에 사용하면 아주 잘 작동한다.

14.1절의 내용을 다시 보고, 그것을 tibble과 dplyr 패키지를 사용해 똑같이 계산해보자.

```
> # dplyr 패키지 로딩
> library(dplyr)
> library(tibble)
>
```

```
> # 2개의 열을 가진 티블 생성
> sportLeague <- tibble(sport = c("Hotkey", "Baseball", "Football"),
+                       league=c("NHL", "MLB", "NFL"))
>
> # 하나의 열을 가진 티블 생성
> trophy <- tibble(trophy = c("Stanley Cup", "Commissioner's Trophy",
+                             "Vince Lombardi Trophy"))
>
> # 하나의 티블로 결합
> trophies1 <- bind_cols(sportLeague, trophy)
>
> # 행에서 데이터를 지정하는 방식으로 새로운 티블 만듦.
> trophies2 <- tibble(
+    ~sport, ~league, ~trophy,
+    "Basketball", "NBA", "Larry O'Brien Championship Trophy",
+    "Golf", "PGA", "Wanamaker Trophy"
+    )
>
> # 그것들을 묶어서 하나의 티블로
> trophies <- bind_rows(trophies1, trophies2)
>
> trophies
# A tibble: 5 x 3
      sport league                              trophy
      <chr> <chr>                                <chr>
1    Hotkey    NHL                         Stanley Cup
2  Baseball    MLB               Commissioner's Trophy
3  Football    NFL               Vince Lombardi Trophy
4 Basketball   NBA Larry O'Brien Championship Trophy
5      Golf    PGA                    Wanamaker Trophy
```

bind_cols, bind_rows 함수 모두 여러 개의 티블(또는 데이터 프레임)을 붙일 수도 있다.

15.2 dplyr를 사용한 조인

조인은 데이터 조작 과정에서 중요한 부분을 차지한다. 14.2절에서 베이스 R, plyr, data.table 패키지의 함수들을 사용해 조인을 수행했다. dplyr 패키지는 left_join, right_join, inner_join, full_join, semi_join, anti_join과 같은 조인 함수들을 제공한다. 동기 부여 사례로 diamonds 데이터를 갖고 설명한다. 이 데이터 세트에는 다이아몬드의 색깔 정보를 담은 열을 갖고 있다. 이 열은 다이어몬드의 색을 하나의 문자(D, E, F, G, I, J 가운데 하나)로 표시하고 있어서 이런 값이 무엇을 의미하는지 알아야 코드를 이해할 수 있다. 다행히 색깔에 대한 상세 정보를 담은 데이터를 갖고 있어서 이것을 기존의 diamonds 데이터에 조인시킬 수 있다.

먼저 우리는 readr 패키지의 read_csv 함수를 사용해 데이터를 읽는다. 이 패키지는 6.1.1절에서 소개됐고, 플레인 텍스트 파일을 빠르게 읽을 수 있다. 읽은 결과는 티블 객체로 반환한다.

```
> library(readr)
> colorsURL <- "https://www.jaredlander.com/data/DiamondColors.csv"
> diamondColors <- read_csv(colorsURL)
Parsed with column specification:
cols(
  Color = col_character(),
  Description = col_character(),
  Details = col_character()
)
> diamondColors
# A tibble: 10 x 3
   Color        Description                      Details
   <chr>            <chr>                          <chr>
 1    D Absolutely Colorless                     No color
 2    E            Colorless         Minute traces of color
 3    F            Colorless         Minute traces of color
 4    G       Near Colorless    Color is dificult to detect
 5    H       Near Colorless    Color is dificult to detect
 6    I       Near Colorless       Slightly detectable color
 7    J       Near Colorless       Slightly detectable color
 8    K          Faint Color               Noticeable color
 9    L          Faint Color               Noticeable color
10    M          Faint Color               Noticeable color
```

diamonds 데이터를 보자. color 열에 어떤 값이 있는지 보자.

```
> # diamonds 데이터 로딩
>
> data(diamonds, package = "ggplot2")
> unique(diamonds$color)
[1] E I J H F G D
Levels: D < E < F < G < H < I < J
```

우리는 왼쪽 외부 조인을 실행할 것인데, 그 결과는 각 데이터 세트의 모든 정보를 갖는 결합된 티블이 된다. diamonds를 왼쪽 테이블로, diamondColors 데이터를 오른쪽 테이블로 사용한다. 키 열이 두 데이터 프레임에서 같지 않다. diamonds에서는 color가 diamondColors에서는 Color가 키 역할을 하므로, 이것을 by 인자를 사용해 지정해준다. by 인자에 값을 줄 때는 이름 있는 벡터^{a named vector}를 사용해야 하는데, 이 벡터의 이름에 왼쪽 테이블의 키를 지정하고, 벡터의 값에 오른쪽 테이블의 키를 지정한다. 이 경우에는 각 테이블당 하나의 키만 존재하지만 때로는 여러 개의 키가 있을 수 있으며, 그런 경우에도 벡터를 사용해 개별 키들을 지정한다.

```
> library(dplyr)
> left_join(diamonds, diamondColors, by = c('color' = "Color"))
Warning: Column `color`/`Color` joining factor and character vector,
coercing into character vector
# A tibble: 53,940 x 12
    carat        cut color clarity depth table price     x     y     z
    <dbl>      <ord> <chr>   <ord> <dbl> <dbl> <int> <dbl> <dbl> <dbl>
 1  0.23      Ideal     E     SI2  61.5    55   326  3.95  3.98  2.43
 2  0.21    Premium     E     SI1  59.8    61   326  3.89  3.84  2.31
 3  0.23       Good     E     VS1  56.9    65   327  4.05  4.07  2.31
 4  0.29    Premium     I     VS2  62.4    58   334  4.20  4.23  2.63
 5  0.31       Good     J     SI2  63.3    58   335  4.34  4.35  2.75
 6  0.24  Very Good     J    VVS2  62.8    57   336  3.94  3.96  2.48
 7  0.24  Very Good     I    VVS1  62.3    57   336  3.95  3.98  2.47
 8  0.26  Very Good     H     SI1  61.9    55   337  4.07  4.11  2.53
 9  0.22       Fair     E     VS2  65.1    61   337  3.87  3.78  2.49
10  0.23  Very Good     H     VS1  59.4    61   338  4.00  4.05  2.39
# ... with 53,930 more rows, and 2 more variables: Description <chr>,
#   Details <chr>
```

경고문이 출력됐는데, 이것은 두 데이터 프레임의 키 열이 서로 다른 데이터 유형(팩터와 문자열)을 갖고 있기 때문이다. 주어진 팩터의 내부 구조에 따르면 이것은 문자열 열을 정수 열과 조인하는 것과 같은 셈이기 때문에, left_join 함수가 자동으로 팩터를 문자열로 타입 변환을 한 다음 작업하고, 그 내용을 알려준다.

책의 레이아웃이 갖는 한계로 여러 열들이 출력되지 않았다. 인터랙티브 환경에서 보이는 열들은 콘솔의 크기에 맞춰진다. 조인 결과를 다 확인하기 위해서는 다시 코드를 실행한 다음 몇 개의 열만을 select해서 살펴보자.

```
> left_join(diamonds, diamondColors, by = c('color' = 'Color')) %>%
+       select(carat, color, price, Description, Details)
Warning: Column `color`/`Color` joining factor and character vector,
coercing into character vector
# A tibble: 53,940 x 5
     carat color price   Description              Details
     <dbl> <chr> <int>        <chr>                 <chr>
 1   0.23    E    326      Colorless      Minute traces of color
 2   0.21    E    326      Colorless      Minute traces of color
 3   0.23    E    327      Colorless      Minute traces of color
 4   0.29    I    334 Near Colorless   Slightly detectable color
 5   0.31    J    335 Near Colorless   Slightly detectable color
 6   0.24    J    336 Near Colorless   Slightly detectable color
 7   0.24    I    336 Near Colorless   Slightly detectable color
 8   0.26    H    337 Near Colorless Color is dificult to detect
 9   0.22    E    337      Colorless      Minute traces of color
10   0.23    H    338 Near Colorless Color is dificult to detect
# ... with 53,930 more rows
```

이것은 왼쪽 외부 조인이다. 그래서 왼쪽에 있는 테이블(diamonds)의 모든 행은 유지되고, 오른쪽 테이블(diamondColors)에서는 매칭되는 행들만 포함됐다. diamondColors는 조인된 결과보다 더 많은 Color, Description 값에 대한 유니크한 값을 갖고 있는 것을 다음과 같이 확인할 수 있다.

```
> left_join(diamonds, diamondColors, by = c('color' = 'Color')) %>%
+       distinct(color, Description)
Warning: Column `color`/`Color` joining factor and character vector,
coercing into character vector
# A tibble: 7 x 2
```

```
      color          Description
      <chr>               <chr>
1       E            Colorless
2       I       Near Colorless
3       J       Near Colorless
4       H       Near Colorless
5       F            Colorless
6       G       Near Colorless
7       D Absolutely Colorless
> diamondColors %>% distinct(Color, Description)
# A tibble: 10 x 2
      Color          Description
      <chr>               <chr>
 1      D Absolutely Colorless
 2      E            Colorless
 3      F            Colorless
 4      G       Near Colorless
 5      H       Near Colorless
 6      I       Near Colorless
 7      J       Near Colorless
 8      K          Faint Color
 9      L          Faint Color
10      M          Faint Color
```

오른쪽 외부 조인right join은 오른쪽에 있는 테이블의 모든 행을 유지하고, 왼쪽에 있는 테이블은 매칭되는 것만 남긴다. diamondColors는 diamonds보다 Color가 더 많은 유니크한 값을 갖고 있기 때문에 조인한 결과는 diamonds보다 더 많은 행을 갖게 된다.

```
> right_join(diamonds, diamondColors, by = c('color' = 'Color')) %>% nrow
Warning: Column `color`/`Color` joining factor and character vector,
coercing into character vector
[1] 53943
> diamonds %>% nrow
[1] 53940
```

내부 조인inner join은 양쪽 테이블 모두에서 매칭되는 행들만 반환한다. 한 테이블의 행이 다른 테이블의 행과 매칭되지 않는 경우에는 그 행은 제외된다. 지금 이 경우에서는 내부 조인이나 왼쪽 조인이나 결과는 같다.

```
> all_equal(
+     left_join(diamonds, diamondColors, by = c('color' = 'Color')),
+     inner_join(diamonds, diamondColors, by = c('color' = 'Color'))
+ )
Warning: Column `color`/`Color` joining factor and character vector,
coercing into character vector

Warning: Column `color`/`Color` joining factor and character vector,
coercing into character vector
[1] TRUE
```

완전 조인full join(또는 완전 외부 조인이라고도 한다)은 두 테이블에 있는 모든 행들을 반환
한다. 매칭이 되지 않아도 상관하지 않는다. 이 경우에는 완전 조인이나 오른쪽 조인이
나 결과는 같다.

```
> all_equal(
+     right_join(diamonds, diamondColors, by = c('color' = 'Color')),
+     full_join(diamonds, diamondColors, by = c('color' = 'Color'))
+ )
Warning: Column `color`/`Color` joining factor and character vector,
coercing into character vector

Warning: Column `color`/`Color` joining factor and character vector,
coercing into character vector
[1] TRUE
```

세미 조인은 두 테이블을 합치는 것은 아니고 오른쪽 테이블과 매칭되는 행에 대해 왼
쪽 테이블의 행의 첫 행들을 반환한다. 일종의 행 필터이다. 만약 왼쪽 테이블의 한 행
이 오른쪽 테이블의 여러 행과 매칭되는 경우에는 처음으로 매칭되는 행들만 반환한다.
diamondColors 데이터 세트를 왼쪽 테이블로 뒀을 때, diamonds에는 E, I, J, H, F, G, D
색만 있기 때문에 이것에 대한 행들만 반환된다.

```
> semi_join(diamondColors, diamonds, by = c('color' = 'Color'))
Warning: Column `Color`/`color` joining character vector and factor,
coercing into character vector
# A tibble: 7 x 3
  Color         Description                    Details
  <chr>               <chr>                       <chr>
```

```
1    D Absolutely Colorless                 No color
2    E          Colorless    Minute traces of color
3    F          Colorless    Minute traces of color
4    G     Near Colorless Color is dificult to detect
5    H     Near Colorless Color is dificult to detect
6    I     Near Colorless   Slightly detectable color
7    J     Near Colorless   Slightly detectable color
```

안티 조인^{anti-join}은 세미 조인의 반대다. 왼쪽 테이블의 행에서 오른쪽 테이블의 행과 매칭되지 않는 것들만 반환한다. diamondColors에는 diamonds에 없는 K, L, M 색을 가 진 것들이 있으므로 이들 행이 반환된다.

```
> anti_join(diamondColors, diamonds, by = c('color' = 'Color'))
Warning: Column `Color`/`color` joining character vector and factor,
coercing into character vector
# A tibble: 3 x 3
  Color Description        Details
  <chr>      <chr>         <chr>
1     K Faint Color Noticeable color
2     L Faint Color Noticeable color
3     M Faint Color Noticeable color
```

semi_join이나 anti_join으로 얻을 수 있는 결과는 filter, unique 함수를 사용해도 얻 을 수 있다. 다루는 대상이 데이터 프레임인 경우에 이런 방식이 쉬울 수 있는데, semi_ join과 anti_join의 경우는 dplyr 패키지를 사용해 데이터베이스를 대상으로 작업할 때 유리하다.

```
> diamondColors %>% filter(Color %in% unique(diamonds$color))
# A tibble: 7 x 3
  Color        Description            Details
  <chr>            <chr>              <chr>
1     D Absolutely Colorless         No color
2     E          Colorless  Minute traces of color
3     F          Colorless  Minute traces of color
4     G     Near Colorless Color is dificult to detect
5     H     Near Colorless Color is dificult to detect
6     I     Near Colorless   Slightly detectable color
7     J     Near Colorless   Slightly detectable color
```

15.3 데이터 포맷 변환

14.3절에서 베이스 R 함수들과 reshape2 패키지에 있는 melt와 dcast 함수들을 사용해 데이터를 롱 폼과 와이드 폼으로 변환하는 방법을 설명했다. dplyr 패키지가 plyr 패키지의 차기 버전이라고 한다면, tidyr 패키지는 reshape2 패키지의 차기 버전이라고 볼 수 있다. 해들리 위캄은 계산 속도를 염두에 두는 대신 사용 편의성을 염두에 두고, reshape2 패키지보다 더 쉽게 사용할 수 있도록 tidyr 패키지를 개발했다. 그래서 속도라는 측면에서 이득이 별로 없지만 사용하기는 훨씬 편리하다.

예제로 컬럼비아 대학교에서 실행된 규정과 감정적인 반응에 대한 실험 데이터를 사용하려고 한다. 이 데이터 세트는 익명화했고, 랜덤 노이즈를 추가해 개인 정보가 노출되지 않도록 했다. 파일은 탭으로 구분된 텍스트로 저장돼 있어서 readr 패키지의 read_tsv 함수를 사용해 읽어서 티블로 메모리에 로딩한다. readr 패키지의 데이터 읽기 함수들은 디폴트로 각 열의 데이터 유형을 알려주는 메시지를 출력한다.

```
> library(readr)
> emotion <- read_tsv("https://www.jaredlander.com/data/reaction.txt")
Parsed with column specification:
cols(
  ID = col_integer(),
  Test = col_integer(),
  Age = col_double(),
  Gender = col_character(),
  BMI = col_double(),
  React = col_double(),
  Regulate = col_double()
)
> emotion
# A tibble: 99 x 7
      ID  Test   Age Gender   BMI React Regulate
   <int> <int> <dbl>  <chr> <dbl> <dbl>    <dbl>
1      1     1  9.69      F 14.71  4.17     3.15
2      1     2 12.28      F 14.55  3.89     2.55
3      2     1 15.72      F 19.48  4.39     4.41
4      2     2 17.62      F 19.97  2.03     2.20
5      3     1  9.52      F 20.94  3.38     2.65
6      3     2 11.84      F 23.97  4.00     3.63
7      4     1 16.29      M 25.13  3.15     3.59
```

```
 8      4     2 18.85   M 27.96 3.02    3.54
 9      5     1 15.78   M 28.35 3.08    2.64
10      5     2 18.25   M 19.57 3.17    2.29
# ... with 89 more rows
```

보는 바와 같이 이 티블 데이터는 와이드 포맷으로 돼 있어서 gather 함수[1]를 사용해 롱 폼으로 변환하려고 한다. 이 함수는 reshape2 패키지의 melt 함수와 유사하다. 우리는 Age, BMI, React, Regulate 열들을 하나의 열로 묶고, 그것을 Measurement라 하려고 한다. Type이라는 열에는 원래 열들의 이름이 들어간다. gather 함수의 첫 번째 인자는 티블(또는 데이터 프레임)이다. key 인자에는 원래의 열들에 대한 이름을 담는 데 사용되는 새로운 열 이름을 준다. value 인자에는 합쳐지는 열들의 데이터를 저장할 열의 이름을 지정한다. 이 두 인자는 인용 부호 없이 사용한다. 그다음 이어지는 인자는 합치려고 하는 열들의 이름으로서 인용 부호 없이 그 이름을 직접 지정한다.

```
> library(tidyr)
> emotion %>%
+   gather(key = Type, value = Measurement, Age, BMI, React, Regulate)
# A tibble: 396 x 5
      ID  Test Gender  Type Measurement
   <int> <int>  <chr> <chr>       <dbl>
 1     1     1      F   Age        9.69
 2     1     2      F   Age       12.28
 3     2     1      F   Age       15.72
 4     2     2      F   Age       17.62
 5     3     1      F   Age        9.52
 6     3     2      F   Age       11.84
 7     4     1      M   Age       16.29
 8     4     2      M   Age       18.85
 9     5     1      M   Age       15.78
10     5     2      M   Age       18.25
# ... with 386 more rows
```

---

1 이 함수는 여러 행들의 데이터를 모아서 하나의 열로 저장한다.

데이터는 새로 생성되는 Type 열을 기준으로 정렬돼 출력되기 때문에 어떤 일이 벌어
졌는지 확인하기 어렵다. 그래서 우리는 다시 ID에 따라서 데이터를 정렬해 보기 쉽게
한다.

```
> library(tidyr)
> emotionLong <- emotion %>%
+    gather(key = Type, value = Measurement, Age, BMI, React, Regulate) %>%
+    arrange(ID)
> head(emotionLong, 20)
# A tibble: 20 x 5
      ID  Test Gender     Type Measurement
   <int> <int>  <chr>    <chr>       <dbl>
 1     1     1      F      Age        9.69
 2     1     2      F      Age       12.28
 3     1     1      F      BMI       14.71
 4     1     2      F      BMI       14.55
 5     1     1      F    React        4.17
 6     1     2      F    React        3.89
 7     1     1      F Regulate        3.15
 8     1     2      F Regulate        2.55
 9     2     1      F      Age       15.72
10     2     2      F      Age       17.62
11     2     1      F      BMI       19.48
12     2     2      F      BMI       19.97
13     2     1      F    React        4.39
14     2     2      F    React        2.03
15     2     1      F Regulate        4.41
16     2     2      F Regulate        2.20
17     3     1      F      Age        9.52
18     3     2      F      Age       11.84
19     3     1      F      BMI       20.94
20     3     2      F      BMI       23.97
```

원래의 데이터에는 각 ID에 대해 2개의 행이 있었고, 각각에는 Age, BMI, React,
Regulate 열들이 있다. 변형된 데이터 세트에는 원래의 행 하나에 대응해 4개의 행이
만들어지게 되고, 열의 이름들이 저장된 Type 열과 Age, BMI, React, Regulate 변수들의
실제 값을 합쳐놓은 Measurement 열이 있게 된다. ID, Test, Gender 등 나머지 열들은 피
벗에 포함되지 않는 열들이다.

합칠 열들을 지정할 수도 있지만, 마이너스 기호(-)를 사용해서 피벗팅을 하지 않을 열을 지정하는 방법을 쓸 수도 있다.

```
> emotion %>%
+    gather(key=Type, value = Mearsurement, -ID, -Test, -Gender)
# A tibble: 396 x 5
      ID  Test Gender  Type Mearsurement
   <int> <int>  <chr> <chr>        <dbl>
 1     1     1      F   Age         9.69
 2     1     2      F   Age        12.28
 3     2     1      F   Age        15.72
 4     2     2      F   Age        17.62
 5     3     1      F   Age         9.52
 6     3     2      F   Age        11.84
 7     4     1      M   Age        16.29
 8     4     2      M   Age        18.85
 9     5     1      M   Age        15.78
10     5     2      M   Age        18.25
# ... with 386 more rows
> identical(
+    emotion %>%
+      gather(key = Type, value = Measurement, -ID, -Test, -Gender),
+    emotion %>%
+      gather(key = Type, value = Measurement, Age, BMI, React, Regulate)
+ )
[1] TRUE
```

gather 함수의 반대는 spread이다. 이것은 reshape2 패키지의 dcast와 유사하다. spread 함수는 데이터를 와이드 폼으로 바꾼다. key 인자는 새로운 열의 이름으로 사용될 값을 갖고 있는 열을 지정하고, value 인자에는 별도의 열들로 채워질 값을 갖고 있는 열을 지정한다.

```
> emotionLong %>%
+    spread(key = Type, value = Measurement)
# A tibble: 99 x 7
      ID  Test Gender   Age   BMI React Regulate
 * <int> <int>  <chr> <dbl> <dbl> <dbl>    <dbl>
 1     1     1      F  9.69 14.71  4.17     3.15
```

```
 2     1     2      F 12.28 14.55  3.89     2.55
 3     2     1      F 15.72 19.48  4.39     4.41
 4     2     2      F 17.62 19.97  2.03     2.20
 5     3     1      F  9.52 20.94  3.38     2.65
 6     3     2      F 11.84 23.97  4.00     3.63
 7     4     1      M 16.29 25.13  3.15     3.59
 8     4     2      M 18.85 27.96  3.02     3.54
 9     5     1      M 15.78 28.35  3.08     2.64
10     5     2      M 18.25 19.57  3.17     2.29
# ... with 89 more rows
```

15.4 결론

지난 몇 년 동안 데이터 재구조화 방법이 많이 발전해서 데이터 먼징 작업이 쉬워졌다. 특히 dplyr 패키지의 bind_rows, bind_cols, left_join, inner_join 등의 함수들과 tidyr 패키지의 gather, spread 함수들은 데이터 조작의 수준을 한층 끌어올린다. 이런 기능들이 베이스 R이나 다른 패키지들에도 이미 존재했는데, 여기서 소개한 패키지들을 사용하면 더 쉽게 할 수 있다. dplyr 패키지는 빠른 속도로 계산할 수 있게 하는 데도 중점을 뒀다.

문자열 처리

문자열 조작은 관찰값 확인, 텍스트 사전 프로세싱, 정보의 조합 등과 같은 여러 상황에서 필요하다. 베이스 R에는 paste, sprintf 함수와 같이 문자열을 다루는 여러 함수가 있다. 정규 표현식^{regular expression}을 사용하는 다양한 함수와 텍스트 데이터를 검토하는 함수도 있다. 그렇지만 해들리 위캄의 stringr 패키지를 사용하면 대부분의 과정을 훨씬 더 수월하게 처리할 수 있다.

16.1 paste 함수

처음 R을 배우는 사용자가 문자열을 모으는 방법으로 처음 접하는 함수가 paste이다. 이 함수는 일련의 문자열이나 문자열로 평가되는 표현식을 받아 그것을 하나의 문자열로 바꾼다. 먼저 3개의 간단한 문자열을 합치는 예부터 살펴보자.

```
> paste("Hello", "Jared", "and others")
[1] "Hello Jared and others"
```

두 단어 사이에 공백이 자동으로 들어가는 점에 주목한다. 단어 사이를 조절하는 것은 paste 함수의 세 번째 인자인 sep로, 이 인자는 엔트리 사이에 무엇을 넣을지 결정한다. 빈 텍스트("")를 포함해서 유효한 텍스트라면 아무것이나 들어갈 수 있다.

```
> paste("Hello", "Jared", "and others", sep = "/")
[1] "Hello/Jared/and others"
```

R의 많은 함수가 그러하듯이 paste 함수도 벡터화돼 있다. 이 말의 의미는 요소 대 요소끼리 합칠 수 있다는 뜻이다.

```
> paste(c("Hello", "Hey", "Howdy"), c("Jared", "Bob", "David"))
[1] "Hello Jared" "Hey Bob"     "Howdy David"
```

이 경우에 벡터의 길이가 서로 같아서 1 대 1로 요소끼리 결합됐다. 벡터의 길이가 다르면 재활용recycling이 발생한다.

```
> paste("Hello", c("Jared", "Bob", "David"))
[1] "Hello Jared" "Hello Bob"   "Hello David"
> paste("Hello", c("Jared", "Bob", "David"), c("Goodbye", "Seeya"))
[1] "Hello Jared Goodbye" "Hello Bob Seeya"     "Hello David Goodbye"
```

paste 함수는 여러 텍스트 요소로 구성된 문자열 벡터에 대해 요소에 있는 문자열을 묶어 하나의 문자열로 만드는 기능도 있다. 이 때 collapse 인자가 사용되고, 이 인자에 텍스트 사이를 구분하는 텍스트를 지정한다.

```
> vectorOfText <- c("Hello", "Everyone", "out there", ".")
> paste(vectorOfText, collapse = " ")
[1] "Hello Everyone out there ."
> paste(vectorOfText, collapse = "*")
[1] "Hello*Everyone*out there*."
```

16.2 sprintf 함수

paste 함수는 짧은 텍스트 쪼가리를 결합시킬 때 편리하기는 하지만, 하나의 긴 문장에서 여러 변수의 값을 삽입하는 등과 같이 긴 텍스트를 처리할 때는 매우 불편하다. 이를테면 긴 문장이 있고, 몇 개의 지점에 어떤 값을 갖는 문장을 생각할 수 있다. 예를 들어 "Hello Jared, your party of eight will be seated in 25 minutes."에서 "Jared", "eight", "25" 등을 다른 정보로 교체하게 하고 싶다.

이것을 paste 함수로 처리하도록 코딩하면 코드가 한눈에 들어오지 않아 이해하기 어렵다.

사례를 보자. 먼저 어떤 정보를 담고 있는 변수를 만들어보자.

```
> person <- "Jared"
> partySize <- "eight"
> waitTime <- 25
```

이것을 paste 함수를 사용해 작업해보자.

```
> paste("Hello ", person, ", your party of ", partySize,
+        " will be seated in ", waitTime, " minutes.", sep = "")
[1] "Hello Jared, your party of eight will be seated in 25 minutes."
```

이 경우에는 해당 문장을 일부만 수정해도 정확한 위치로 쉼표의 놓아야 오류가 생기지 않는다. 이때 sprintf 함수는 좋은 대안이 된다. 이 함수를 사용하면 긴 문장열에 값을 삽입시킬 특별한 마커를 삽입해 간단하게 일을 처리할 수 있다.

```
> sprintf("Hello %s, your party of %s will be seated in %s minutes",
+          person, partySize, waitTime)
[1] "Hello Jared, your party of eight will be seated in 25 minutes"
```

각각의 %s는 해당하는 변수의 값으로 대체된다. 이렇게 하면 긴 문장을 쉽게 작성할 수 있다. 다만 해당하는 %s와 변수의 순서를 잘 맞춰야 한다.

sprintf 함수는 벡터화돼 있다. 벡터을 조합해 문자열을 생성하게 된다.

```
> sprintf("Hello %s, your party of %s will be seated in %s minutes",
+          c("Jared", "Bob"), c("eight", 16, "four", 10), waitTime)
[1] "Hello Jared, your party of eight will be seated in 25 minutes"
[2] "Hello Bob, your party of 16 will be seated in 25 minutes"
[3] "Hello Jared, your party of four will be seated in 25 minutes"
[4] "Hello Bob, your party of 10 will be seated in 25 minutes"
```

16.3 텍스트 추출

종종 텍스트를 쪼개서 뭔가 유용하게 만들 필요가 있다. 베이스 R에도 이런 일을 하는데 사용되는 여러 함수가 있는데, stringr 패키지를 사용하는 것이 훨씬 편리하다.

먼저 어떤 데이터를 마련해보자. XML 패키지를 사용해 위키피디아에서 미국 대통령에 대한 테이블을 다운로드하자.

```
> library(XML)
필요한 패키지를 로딩 중입니다: methods
```

다음 readHTMLTable 함수를 사용해 테이블을 읽자.

```
> theURL <- "http://www.loc.gov/rr/print/list/057_chron.html"
> presidents <- readHTMLTable(theURL, which = 3, as.data.frame = TRUE,
+                             skip.rows = 1, header = TRUE,
+                             stringsAsFactors = FALSE)
```

이제 데이터를 들여다보자.

```
> head(presidents)
        YEAR           PRESIDENT
1 1789-1797 George Washington
2 1797-1801        John Adams
3 1801-1805   Thomas Jefferson
4 1805-1809   Thomas Jefferson
5 1809-1812     James Madison
6 1812-1813     James Madison
                                                        FIRST LADY
1                                               Martha Washington
2                                                  Abigail Adams
3 [Martha Wayles Skelton Jefferson \n    died before Jefferson assumed office;\nno
image of her in P&P collections]
4                                                      see above
5                                                  Dolley Madison
6                                                  Dolley Madison
    VICE PRESIDENT
1        John Adams
2 Thomas Jefferson
3        Aaron Burr
4   George Clinton
5   George Clinton
6    office vacant
```

그리고 원하지 않는 데이터가 포함돼 있는지 데이터 끝부분도 살펴보고, 64행까지만 유지시킨다.

```
> tail(presidents$YEAR)
[1] "2009-2017"
[2] "2017-"
[3] "Presidents: Introduction (Rights/Ordering\n        Info.) |
           Adams\n        - Cleveland |
           Clinton - Harding Harrison\n        - Jefferson |
           Johnson - McKinley | Monroe\n        - Roosevelt |
           Taft - Trump |
           Tyler\n        - WilsonList of names, Alphabetically |
           List\n        of names, Chronologically"
[4] "First Ladies: Introduction\n        (Rights/Ordering Info.) |
           Adams\n        - Coolidge |
           Eisenhower - HooverJackson\n        - Pierce |
           Polk - Wilson | List\n        of names, Alphabetically"
[5] "Vice Presidents: Introduction (Rights/Ordering Info.) |
           Adams - Coolidge | Curtis - Hobart Humphrey - Rockefeller |
           Roosevelt - WilsonList of names, Alphabetically |
           List of names, Chronologically"
[6] "Top\n        of Page"
> presidents <- presidents[1:64, ]
```

이제 임기 시작에 대한 데이터를 위한 열과 임기 종료에 대한 데이터를 담을 열을 새로 만든다. 이렇게 하기 위해서는 Year 열을 하이픈을 경계로 해서 분리해야 한다. stringr 패키지에는 str_split 함수가 있어서 주어진 값에 따라 문자열을 나눌 수 있다. 이 함수는 리스트를 반환한다. 이 리스트의 각 요소는 입력 벡터의 각 요소에 대응한다. 이들 요소에는 문자열을 쪼갠 개수 만큼의 요소들이 들어가게 되는데, 이 경우에는 하나(1년 미만 임기가 유지된 경우) 아니면 2개(시작과 끝)다.

```
> library(stringr)
> # 문자열 분리
> yearList <- str_split(string = presidents$YEAR, pattern = "-")
> head(yearList)
[[1]]
[1] "1789" "1797"

[[2]]
[1] "1797" "1801"
```

```
[[3]]
[1] "1801" "1805"

[[4]]
[1] "1805" "1809"

[[5]]
[1] "1809" "1812"

[[6]]
[1] "1812" "1813"
> # 이것들을 묶어서 하나의 행렬로
> yearMatrix <- data.frame(Reduce(rbind, yearList))
Warning in data.row.names(row.names,
rowsi, i): 일부 row.names가 중복됩니다.
3,4,5,6,7,8,9,10,11,12,13,14,15,16,17,18,19,20,21,22,23,24,25,26,27,28,29,3
0,31,32,33,34,35,36,37,38,39,40,41,42,43,44,45,46,47,48,49,50,51,52,53,54,5-
5,56,57,58,59,60,61,62,63,64
--> row.names는 사용하지 않았습니다.
> head(yearMatrix)
     X1    X2
1 1789 1797
2 1797 1801
3 1801 1805
4 1805 1809
5 1809 1812
6 1812 1813
> # 열에 적당한 이름 주기
> names(yearMatrix) <- c("Start", "Stop")
>
> # 데이터 프레임에 새 열을 추가
> presidents <- cbind(presidents, yearMatrix)
>
> # Start, Stop 열을 숫자로 변환
> presidents$Start <- as.numeric(as.character(presidents$Start))
> presidents$Stop <- as.numeric(as.character(presidents$Stop))
>
> # 변경된 내용 보기
> head(presidents)
       YEAR         PRESIDENT
```

```
1 1789-1797 George Washington
2 1797-1801         John Adams
3 1801-1805   Thomas Jefferson
4 1805-1809   Thomas Jefferson
5 1809-1812     James Madison
6 1812-1813     James Madison
                                                    FIRST LADY
1                                             Martha Washington
2                                                Abigail Adams
3 [Martha Wayles Skelton Jefferson \n    died before Jefferson assumed office;\nno
image of her in P&P collections]
4                                                    see above
5                                                Dolley Madison
6                                                Dolley Madison
    VICE PRESIDENT Start Stop
1        John Adams  1789 1797
2 Thomas Jefferson  1797 1801
3        Aaron Burr  1801 1805
4    George Clinton  1805 1809
5    George Clinton  1809 1812
6     office vacant  1812 1813
> tail(presidents)
        YEAR        PRESIDENT            FIRST LADY    VICE PRESIDENT Start
59 1977-1981    Jimmy Carter      Rosalynn Carter Walter F. Mondale  1977
60 1981-1989   Ronald Reagan        Nancy Reagan       George Bush  1981
61 1989-1993     George Bush        Barbara Bush       Dan Quayle  1989
62 1993-2001    Bill Clinton Hillary Rodham Clinton      Albert Gore  1993
63 2001-2009 George W. Bush          Laura Bush    Richard Cheney  2001
64 2009-2017    Barack Obama      Michelle Obama  Joseph R. Biden  2009
   Stop
59 1981
60 1989
61 1993
62 2001
63 2009
64 2017
```

앞의 예를 보면 처음에 좀 귀찮게 하는 특이한 R의 특징이 있다. 팩터인 presidents$Start
를 숫자로 변형하려면, 먼저 이것을 문자로 바꾸고 나서 실행해야 한다. 그 이유는

4.4.2절에서 설명한 바와 같이 팩터라는 것이 내부는 숫자이면서 보이기는 문자열 레이블처럼 보이기 때문이다. 그래서 팩터에 as.numeric 함수를 그대로 적용시켜버리면 본래 갖고 있는 정수가 돼버린다.

엑셀에서와 같이 str_sub 함수를 사용하면 원하는 문자만 선택할 수 있다.

```
> # 처음 3개의 문자 얻기
> str_sub(string = presidents$PRESIDENT, start = 1, end = 3)
 [1] "Geo" "Joh" "Tho" "Tho" "Jam" "Jam" "Jam" "Jam" "Jam" "Joh" "And"
[12] "And" "Mar" "Wil" "Joh" "Jam" "Zac" "Mil" "Fra" "Fra" "Jam" "Abr"
[23] "Abr" "And" "Uly" "Uly" "Uly" "Rut" "Jam" "Che" "Gro" "Gro" "Ben"
[34] "Gro" "Wil" "Wil" "Wil" "The" "The" "Wil" "Wil" "Woo" "War" "Cal"
[45] "Cal" "Her" "Fra" "Fra" "Fra" "Har" "Har" "Dwi" "Joh" "Lyn" "Lyn"
[56] "Ric" "Ric" "Ger" "Jim" "Ron" "Geo" "Bil" "Geo" "Bar"
> # 4 번째에서 8 번째 문자열 얻기
> str_sub(string = presidents$PRESIDENT, start = 4, end = 8)
 [1] "rge W" "n Ada" "mas J" "mas J" "es Ma" "es Ma" "es Ma" "es Ma"
 [9] "es Mo" "n Qui" "rew J" "rew J" "tin V" "liam " "n Tyl" "es K."
[17] "hary " "lard " "nklin" "nklin" "es Bu" "aham " "aham " "rew J"
[25] "sses " "sses " "sses " "herfo" "es A." "ster " "ver C" "ver C"
[33] "jamin" "ver C" "liam " "liam " "liam " "odore" "odore" "liam "
[41] "liam " "drow " "ren G" "vin C" "vin C" "bert " "nklin" "nklin"
[49] "nklin" "ry S." "ry S." "ght D" "n F. " "don B" "don B" "hard "
[57] "hard " "ald R" "my Ca" "ald R" "rge B" "l Cli" "rge W" "ack O"
```

이것을 활용하면 임기가 1로 끝나는 해에 시작했던 대통령을 확인할 수 있다. 이런 대통령의 경우는 끝이 0으로 끝나는 해에 당선됐음을 의미한다.

```
> presidents[str_sub(string = presidents$Start, start = 4, end = 4) == 1,
+             c("YEAR", "PRESIDENT", "Start", "Stop")]
         YEAR              PRESIDENT Start Stop
3   1801-1805        Thomas Jefferson  1801 1805
14       1841 William Henry Harrison  1841 1841
15  1841-1845             John Tyler  1841 1845
22  1861-1865        Abraham Lincoln  1861 1865
29       1881        James A. Garfield  1881 1881
30  1881-1885      Chester A. Arthur  1881 1885
37       1901        William McKinley  1901 1901
38  1901-1905      Theodore Roosevelt  1901 1905
```

```
43 1921-1923      Warren G. Harding  1921 1923
48 1941-1945  Franklin D. Roosevelt  1941 1945
53 1961-1963       John F. Kennedy  1961 1963
60 1981-1989         Ronald Reagan  1981 1989
63 2001-2009        George W. Bush  2001 2009
```

16.4 정규 표현식

문자열을 다루다 보면 어떤 패턴을 검색할 필요가 생긴다. 이런 패턴들은 일반적이고 유연해야 한다. 이럴 때 정규 표현식regular expression은 매우 유용하다. 우리는 정규 표현식에 대해 시시콜콜 설명하지는 않는다. R에서 어떻게 사용하는지에만 설명을 집중한다.

먼저 우리는 성이든, 이름이든 이름에 "John"이 들어가 있는 대통령을 찾으려 한다고 가정해보자. "John"이라는 이름이 어디에 있을지 모르기 때문에 단순히 str_sub를 사용할 수 없다. 이런 경우 str_detect 함수를 사용한다.

```
> # John이 이름에 포함돼 있으면 TRUE/FALSE 반환
> johnPos <- str_detect(string = presidents$PRESIDENT, pattern = "John")
> presidents[johnPos, c("YEAR", "PRESIDENT", "Start", "Stop")]
        YEAR          PRESIDENT Start Stop
2   1797-1801        John Adams  1797 1801
10  1825-1829 John Quincy Adams  1825 1829
15  1841-1845        John Tyler  1841 1845
24  1865-1869     Andrew Johnson  1865 1869
53  1961-1963    John F. Kennedy  1961 1963
54  1963-1965 Lyndon B. Johnson  1963 1965
55  1965-1969 Lyndon B. Johnson  1965 1969
```

이렇게 해 John Adams, John Quincy Adams, John Tyler, Andrew Johnson, John F. Kennedy, Lyndon B. Johnson 같은 이름을 찾았다. 정규 표현식은 대소문자를 구분하기 대문에 패턴에 대해 ignore.case 옵션을 지정할 필요가 있다.

```
> badSearch <- str_detect(presidents$PRESIDENT, "john")
> goodSearch <- str_detect(presidents$PRESIDENT, ignore.case("John"))
Please use (fixed|coll|regex)(x, ignore_case = TRUE) instead of ignore.case(x)
> sum(badSearch)
```

```
[1] 0
> sum(goodSearch)
[1] 7
```

더 재미있는 정규 표현식 사용 사례를 보여주기 위해서 위키피디아에 있는 미국 전쟁
리스트에 대한 또 다른 테이블 데이터를 사용하려고 한다. 우리는 인코딩 문제가 있
는 하나의 열에 관심이 있기 때문에 이 데이터를 http://www.jaredlander.com/data/
warTimes.rdata에 RData 형태로 저장해뒀다. 이 파일을 load 함수를 사용해 로드하면
warTimes라고 하는 새로운 객체가 세션에 만들어져 있음을 알게 된다.

조금 이상한 이유로 URL을 통해서 RData 파일을 바로 로딩하는 것은 CSV 파일을 읽는
것과 같이 간단하지 않다. 먼저 url 함수를 사용해 먼저 커넥션을 만들어서 해당 커넥
션을 load 함수로 로딩하게 된다. 로딩이 끝나면 close 함수로 커넥션을 종료해야 한다.

```
> con <- url("http://www.jaredlander.com/data/warTimes.rdata")
> load(con)
> close(con)
```

이 벡터는 전쟁의 시작과 끝 날짜에 대한 데이터를 갖고 있다. 어떤 것은 연도만 기록
돼 있고, 어떤 것을 달과 날짜까지 기록돼 있다. 단 하나의 연도만 있을 때도 있다. 이런
이유 때문에 여러 가지 텍스트 관련 함수를 사용해 데이터 세트를 다듬어보는 데 활용
하기 좋다. 처음 몇 개의 엔트리를 보면 다음과 같다.

```
> head(warTimes, 10)
 [1] "September 1, 1774 ACAEA September 3, 1783"
 [2] "September 1, 1774 ACAEA March 17, 1776"
 [3] "1775ACAEA1783"
 [4] "June 1775 ACAEA October 1776"
 [5] "July 1776 ACAEA March 1777"
 [6] "June 14, 1777 ACAEA October 17, 1777"
 [7] "1777ACAEA1778"
 [8] "1775ACAEA1782"
 [9] "1776ACAEA1794"
[10] "1778ACAEA1782"
```

우리는 전쟁의 시작 정보를 담은 새로운 열을 만들어보고자 한다. 이 정보를 얻으려면 Time 열을 분리할 필요가 있다. 위키피티아의 인코딩에 따르면, 구분자는 일반적인 ACAEA이고, 이것은 원래 "Ã¢Â€Â""로 돼 있던 것이 이와 같이 쉽게 변경된 것이다. "-"가 있는 경우는 두 군데가 있는데 하나는 구분자로 하나는 단어 안에서 하이픈으로 사용됐다. 이것은 다음과 같은 코드로 알 수 있다.

```
> warTimes[str_detect(string = warTimes, pattern = "-")]
[1] "6 June 1944 ACAEA mid-July 1944" "25 August-17 December 1944"
```

그래서 문자열을 나눌 때 ACAEA 또는 -를 찾을 필요가 있다. str_split 함수를 사용하게 되는데, 이 함수의 pattern 인자는 정규 표현식을 받을 수 있다. 이 경우에는 (ACAEA)|-이 된다. 이것은 "(ACAEA)" 또는(수직 파이프로 표현 |) "-"을 의미한다. 앞에서 하이픈이 "mid-July"에 사용된 경우를 제외하기 위해서 n 인자의 값을 2로 설정해 입력 벡터의 각 요소들이 나눠질 때 단지 2개의 조각으로만 나눠지게 설정하는 것이다. "(ACAEA)"에서 괄호는 문자를 매칭하기 위해서 사용하는 것이 아니면 "ACAEA"를 하나로 그룹핑하기 위해서 사용된다.[1] 이러 그룹핑은 고급 텍스트 교체에서도 중요한 역할을 하는 것으로, 이 절의 뒷편에서 다시 소개된다.

```
> theTimes <- str_split(string = warTimes, pattern= "(ACAEA) | -", n = 2)
> head(theTimes)
[[1]]
[1] "September 1, 1774 " "September 3, 1783"

[[2]]
[1] "September 1, 1774 " "March 17, 1776"

[[3]]
[1] "1775ACAEA1783"

[[4]]
[1] "June 1775 "    "October 1776"

[[5]]
[1] "July 1776 " "March 1777"
```

---

1 그냥 괄호를 매칭시키기 위해서는 앞에 백슬래시를 사용한다.

```
[[6]]
[1] "June 14, 1777 "    "October 17, 1777"
```

제대로 됐는지 앞의 몇 개의 엔트리를 살펴봤는데, 하이픈이 들어 있던 경우는 어떻게 잘 나눠졌는지도 확인하자.

```
> which(str_detect(string=warTimes, pattern = "-"))
[1] 147 150
> theTimes[[147]]
[1] "6 June 1944 "  "mid-July 1944"
> theTimes[[150]]
[1] "25 August-17 December 1944"
```

제대로 된 것 같다. "mid-July"로 돼 있는 항목은 변하지 않은 채로 남아 있고, 두 번째 엔트리는 2개의 날짜로 잘 분리됐다.

우리는 전쟁 시작 날짜에만 관심이 있으므로 리스트의 각 벡터에서 처음 요소만 추출하는 함수를 만들 필요가 있다.

```
> theStart <- sapply(theTimes, FUN = function(x) x[1])
> head(theStart)
[1] "September 1, 1774 " "September 1, 1774 " "1775ACAEA1783"
[4] "June 1775 "          "July 1776 "          "June 14, 1777 "
```

원래의 텍스트에는 분리자 주변에 빈칸이 있거나 때로는 없거나 했다. 즉, 우리가 추출한 텍스트 주변에는 보이지 않는 빈칸이 있을 수 있다. 이것을 제거하는 가장 쉬운 방법은 str_trim 함수를 사용하는 것이다.

```
> theStart <- str_trim(theStart)
> head(theStart)
[1] "September 1, 1774" "September 1, 1774" "1775ACAEA1783"
[4] "June 1775"          "July 1776"          "June 14, 1777"
```

"January"라는 단어가 있는 곳을 추출하려면 str_extract 함수를 사용한다. 없는 곳은 NA가 된다.

```
> # "January"가 있으면 추출하고 그렇지 않으면 NA로 채운다.
> str_extract(string = theStart, pattern = "January")
    [1] NA          NA          NA          NA          NA          NA          NA
    [8] NA          NA          NA          NA          NA          "January"   NA
   [15] NA          NA          NA          NA          NA          NA          NA
   [22] NA          NA          NA          NA          NA          NA          NA
   [29] NA          NA          NA          NA          NA          NA          NA
   [36] NA          NA          NA          NA          NA          NA          NA
   [43] NA          NA          NA          NA          NA          NA          NA
   [50] NA          NA          NA          NA          NA          NA          NA
   [57] NA          NA          NA          NA          NA          NA          NA
   [64] NA          NA          NA          NA          NA          NA          NA
   [71] NA          NA          NA          NA          NA          NA          NA
   [78] NA          NA          NA          NA          NA          NA          NA
   [85] NA          NA          NA          NA          NA          NA          NA
   [92] NA          NA          NA          NA          NA          NA          NA
   [99] "January"   NA          NA          NA          NA          NA          NA
  [106] NA          NA          NA          NA          NA          NA          NA
  [113] NA          NA          NA          NA          NA          NA          NA
  [120] NA          NA          NA          NA          NA          NA          NA
  [127] NA          NA          NA          NA          "January"   NA          NA
  [134] NA          "January"   NA          NA          NA          NA          NA
  [141] NA          NA          NA          NA          "January"   "January"   NA
  [148] NA          NA          NA          NA          NA          NA          NA
  [155] NA          NA          NA          NA          NA          NA          NA
  [162] NA          NA          NA          NA          NA          NA          NA
  [169] "January"   NA          NA          NA          NA          NA          NA
  [176] NA          NA          NA          NA          NA          "January"   NA
  [183] NA          NA          NA          "January"   NA          NA
```

"January"라는 단어를 포함하는 요소만 검색하는 것이 아니고, 이 단어가 포함된 항목
전체를 추출하려면 str_detect 함수를 사용한 결과를 갖고 theState 벡터에 대해 서브
세팅을 실행한다.

```
> # "January"가 발견된 요소들만 반환
> theStart[str_detect(string = theStart, pattern = "January")]
[1] "January"               "January 21ACAEA9, 1894"
[3] "January 1942"          "January"
[5] "January 22, 1944"      "22 January 1944"
```

```
 [7] "January 4, 1989"        "15 January 2002"
 [9] "January 14, 2010"
```

만약 연도만을 추출하기 위해서는 4개의 숫자가 모여 있는 경우를 찾으면 된다. 특정한 숫자를 지정하는 방법을 모르기 때문에 패턴을 사용할 필요가 있다. 정규 표현식 검색에서는 "[0-9]"가 어떤 하나의 숫자를 검색하게 된다. 우리는 연속되는 4개의 숫자를 찾기 위해서 "[0-9][0-9][0-9][0-9]"라는 패턴을 사용할 수 있다.

```
> # 하나의 행에서 4개의 숫자가 있는 경우
> head(str_extract(string=theStart, "[0-9][0-9][0-9][0-9]"), 20)
 [1] "1774" "1774" "1775" "1775" "1776" "1777" "1777" "1775" "1776" "1778"
[11] "1775" "1779" NA     "1785" "1798" "1801" NA     "1812" "1812" "1813"
```

"[0-9]"을 반복 사용하는 것은 비효율적이다. 특히 어떤 숫자가 여러 번 있는 경우에는 더욱 그러할 것이다. "[0-9]" 다음에 숫자 4를 넣으면 4개로 된 숫자만을 찾게 된다.

```
> # 더 스마트한 방법
> head(str_extract(string=theStart, "[0-9]{4}"), 20)
 [1] "1774" "1774" "1775" "1775" "1776" "1777" "1777" "1775" "1776" "1778"
[11] "1775" "1779" NA     "1785" "1798" "1801" NA     "1812" "1812" "1813"
```

심지어 "[0-9]"를 사용하는 것도 비효율적일 수 있어서 정수를 의미하는 단축형이 존재한다. 다른 언어에서는 보통 이것을 "\d"로 표시한다. 그런데 R에서는 앞에 백슬래시를 두 번 쓸 필요가 있다("\\d").

```
> # "\\d"는 "[0-9]"의 단축형
> head(str_extract(string=theStart, "\\d{4}"), 20)
 [1] "1774" "1774" "1775" "1775" "1776" "1777" "1777" "1775" "1776" "1778"
[11] "1775" "1779" NA     "1785" "1798" "1801" NA     "1812" "1812" "1813"
```

뒤에 사용된 대괄호는 더 많은 기능을 제공한다. 이를테면 숫자를 1번에서 3번까지 찾도록 하려면 다음과 같이 한다.

```
> # 숫자가 1 번, 2 번, 3 번 나오는 경우 조사
> str_extract(string=theStart, "\\d{1,3}")
 [1] "1"    "1"    "177"  "177"  "177"  "14"   "177"  "177"  "177"  "177"  "177"
[12] "177"  NA     "178"  "179"  "180"  NA     "18"   "181"  "181"  "181"  "181"
```

```
 [23] "181" "181" "181" "181" "181" "181" "181" "181" "22"  "181" "181"
 [34] "5"   "182" "182" "182" "183" "6"   "183" "23"  "183" "19"  "11"
 [45] "25"  "184" "184" "184" "184" "184" "185" "184" "28"  "185" "13"
 [56] "4"   "185" "185" "185" "185" "185" "185" "6"   "185" "6"   "186"
 [67] "12"  "186" "186" "186" "186" "186" "17"  "31"  "186" "20"  "186"
 [78] "186" "186" "186" "186" "17"  "1"   "6"   "12"  "27"  "187" "187"
 [89] "187" "187" "187" "187" NA    "30"  "188" "189" "22"  "189" "21"
[100] "189" "25"  "189" "189" "189" "189" "189" "189" "2"   "189" "28"
[111] "191" "21"  "28"  "191" "191" "191" "191" "191" "191" "191" "191"
[122] "191" "191" "7"   "194" "194" NA    NA    "3"   "7"   "194" "194"
[133] NA    "20"  NA    "1"   "16"  "194" "8"   "194" "17"  "9"   "194"
[144] "3"   "22"  "22"  "6"   "6"   "15"  "25"  "25"  "16"  "8"   "6"
[155] "194" "195" "195" "195" "195" "197" "28"  "25"  "15"  "24"  "19"
[166] "198" "15"  "198" "4"   "20"  "2"   "199" "199" "199" "19"  "20"
[177] "24"  "7"   "7"   "7"   "15"  "7"   "6"   "20"  "16"  "14"  "200"
[188] "19"
```

정규 표현식이 한 행의 시작("^")과 끝("$")에서 텍스트를 찾도록 할 수 있다. 이들 특정 위치를 지정하는 기호를 앵커^{anchor}라고 한다.

```
> # 텍스트의 시작 부분에서 4개의 숫자를 추출한다.
> head(str_extract(string=theStart, pattern="^\\d{4}"), 30)
 [1] NA     NA     "1775" NA     NA     NA     "1777" "1775" "1776" "1778"
[11] "1775" "1779" NA     "1785" "1798" "1801" NA     NA     "1812" "1813"
[21] "1812" "1812" "1813" "1813" "1813" "1814" "1813" "1814" "1813" "1815"
> # 텍스트의 끝에서 4개의 숫자를 추출한다.
> head(str_extract(string=theStart, pattern="\\d{4}$"), 30)
 [1] "1774" "1774" "1783" "1775" "1776" "1777" "1778" "1782" "1794" "1782"
[11] "1782" "1782" NA     "1795" "1800" "1805" NA     "1812" "1815" "1814"
[21] "1815" "1813" "1813" "1814" "1814" "1814" "1814" "1815" "1814" "1815"
> # 시작과 끝에서 4개의 숫자를 추출한다.
> head(str_extract(string=theStart, pattern="^\\d{4}$"), 30)
 [1] NA     NA     NA     NA     NA     NA     NA     NA     NA     NA
[11] NA     NA     NA     NA     NA     NA     NA     NA     NA     NA
[21] NA     NA     "1813" NA     NA     "1814" NA     NA     NA     "1815"
```

선택적으로 텍스트를 교체하는 것은 정규 표현식의 강력한 기능 중 하나다. 숫자를 고정된 값으로 바꾸는 단순한 일부터 시작해보자.

```
> # 첫 번째 숫자를 문자 "x"로 교체
> head(str_replace(string=theStart, pattern="\\d", replacement="x"), 30)
 [1] "September x, 1774" "September x, 1774" "x775ACAEA1783"
 [4] "June x775"         "July x776"         "June x4, 1777"
 [7] "x777ACAEA1778"     "x775ACAEA1782"     "x776ACAEA1794"
[10] "x778ACAEA1782"     "x775ACAEA1782"     "x779ACAEA1782"
[13] "January"           "x785ACAEA1795"     "x798ACAEA1800"
[16] "x801ACAEA1805"     "August"            "June x8, 1812"
[19] "x812ACAEA1815"     "x813ACAEA1814"     "x812ACAEA1815"
[22] "x812ACAEA1813"     "x813"              "x813ACAEA1814"
[25] "x813ACAEA1814"     "x814"              "x813ACAEA1814"
[28] "x814ACAEA1815"     "x813ACAEA1814"     "x815"
> # 모든 숫자를 "x"로 교체
> # "7" -> "x", "382" -> "xxx"라는 의미
> head(str_replace_all(string=theStart, pattern="\\d", replacement="x"), 30)
 [1] "September x, xxxx" "September x, xxxx" "xxxxACAEAxxxx"
 [4] "June xxxx"         "July xxxx"         "June xx, xxxx"
 [7] "xxxxACAEAxxxx"     "xxxxACAEAxxxx"     "xxxxACAEAxxxx"
[10] "xxxxACAEAxxxx"     "xxxxACAEAxxxx"     "xxxxACAEAxxxx"
[13] "January"           "xxxxACAEAxxxx"     "xxxxACAEAxxxx"
[16] "xxxxACAEAxxxx"     "August"            "June xx, xxxx"
[19] "xxxxACAEAxxxx"     "xxxxACAEAxxxx"     "xxxxACAEAxxxx"
[22] "xxxxACAEAxxxx"     "xxxx"              "xxxxACAEAxxxx"
[25] "xxxxACAEAxxxx"     "xxxx"              "xxxxACAEAxxxx"
[28] "xxxxACAEAxxxx"     "xxxxACAEAxxxx"     "xxxx"
> # 길이가 1~4까지 숫자를 "x"로 교체
> # "7" -> "x", 382" -> "x"
> head(str_replace_all(string=theStart, pattern="\\d{1,4}", replacement="x"), 30)
 [1] "September x, x" "September x, x" "xACAEAx"       "June x"
 [5] "July x"         "June x, x"      "xACAEAx"       "xACAEAx"
 [9] "xACAEAx"        "xACAEAx"        "xACAEAx"       "xACAEAx"
[13] "January"        "xACAEAx"        "xACAEAx"       "xACAEAx"
[17] "August"         "June x, x"      "xACAEAx"       "xACAEAx"
[21] "xACAEAx"        "xACAEAx"        "x"             "xACAEAx"
[25] "xACAEAx"        "x"              "xACAEAx"       "xACAEAx"
[29] "xACAEAx"        "x"
```

정규 표현식으로 고정된 값들을 하나의 문자열로 바꿀 수 있을 뿐만 아니라 검색 패턴
의 일부분을 치환할 수도 있다. 이 사례를 보기 위해서는 HTML 코드를 가진 벡터를 하

나 만들어보자.

```
> # HTML 명령을 가진 벡터 생성
> commands <- c("<a href=index.html>The Link is here</a>",
+                "<b>This is bold text</b>")
```

이제 우리는 HTML 태그 사이에 있는 텍스트를 추출하고 싶을 것이다. 그 패턴은 먼저 오프닝 앵글 브래킷과 클로징 앵글 브래킷과 그 사이에 있는 어떤 것(이것은 "<.+?>"이 된다.), 어떤 텍스트(이것은 ".+?"가 된다.), 다음은 오프닝 앵글 브래킷과 클로징 앵글 브래킷과 그 사이에 있는 어떤 것(이것은 "<.+>"이 된다.)이 된다. 여기에서 .은 어떤 것이든 될 수 있고, +는 한 번이나 그 이상을 의미하고, "?"을 통해서 그것이 아주 탐욕스러운 검색이 아님을 지시한다.

우리는 태그 사이에 어떤 텍스트가 올지 모르기 때문에 이 부분을 어떤 텍스트로 채우고 싶어한다. 그래서 이 부분을 괄호에 넣어서 그룹핑을 하게 되고, 이 부분을 \\1로 채우도록 지시하는데, 이것은 첫 번째 그룹핑을 사용하라는 의미다. 이 후에 이어지는 그룹핑은 이어지는 숫자를 사용해 지시하게 되는데, 9까지 사용할 수 있다. 다른 언어에서는 "\" 대신 "$"가 사용되기도 한다.

```
> # HTML 태그 사이의 텍스트를 얻는다.
> # (.+?)의 콘텐츠를 \\1을 사용해서 치환한다.
> str_replace(string=commands, pattern="<.+?>(.+?)<.+>", replacement="\\1")
[1] "The Link is here"  "This is bold text"
```

R은 자체만의 정규 표현식을 처리하는 방법을 갖고 있는데, 이것에 대해서는 ?regex를 실행해 도움말을 참고한다.

16.5 결론

R은 텍스트를 다루는 다양한 기능을 갖추고 있다. R로 텍스트를 만들고, 추출하고, 조작할 수 있다. 텍스트를 만들 때는 sprintf 함수를 사용하는 것이 편리하고 paste 함수도 자주 사용된다. 더 많은 텍스트 처리 기능이 필요하면 해들리 위캄의 stringr 패키지를 사용할 것을 추천한다. 이 패키지에는 str_sub 함수가 있어 특정 위치에 있는 텍스트를 뽑아내는 데 편리하고, str_detect, str_extract, str_replace 등은 정규 표현식과 함께 사용할 수 있고, str_split 함수를 사용해 문자열을 쪼갤 수 있다.

확률 분포

통계 프로그래밍 언어로서 R은 통계 계산에 필요한 모든 것을 갖추고 있다. 난수 생성, 확률 분포 계산, 평균, 분산, 최댓값, 최솟값, 상관, t-검정(18장의 주제) 등이 모두 가능하다.

확률 분포는 통계의 중심에 위치하기 때문에 R은 확률 분포를 이용하는 다양한 함수들을 제공한다. 난수를 생성하는 함수도 있고, 분포와 분위 수 계산 함수도 있다.

17.1 정규분포

아마도 가장 유명하고, 가장 흔히 사용되는 통계 분포는 정규분포다. 정규분포는 가우스 분포라고도 하는데, 다음과 같이 정의된다.

$$f(x; \mu, \sigma) = \frac{1}{\sqrt{2\pi}\sigma} e^{(-(x-\mu)^2)/(2\sigma^2)} \tag{17.1}$$

여기서 μ는 평균이고, σ는 표준편차다. 이 분포는 종 모양을 하고 있으며, 자연계의 많은 현상을 기술한다. 정규분포에서 난수를 얻을 때는 **rnorm** 함수를 사용하며, 평균과 표준편차를 지정할 수 있다.

```
> # 평균이 0, 표준편차가 1인 정규분포(표준정규) 분포를 따르는 10개의 난수 얻기
> rnorm(n = 10)
 [1]  1.262954285 -0.326233361  1.329799263  1.272429321  0.414641434
 [6] -1.539950042 -0.928567035 -0.294720447 -0.005767173  2.404653389
> # 평균 100, 표준편차 20인 분포에서 10개의 난수 얻기
> rnorm(n = 10, mean = 100, sd = 20)
```

```
[1] 115.27187  84.01982  77.04686  94.21077  94.01570  91.76978 105.04447
[8]  82.16158 108.71367  75.24923
```

정규분포의 확률 밀도probability density는 특정 값에서의 확률값을 말하는데, 이것은 dnorm 함수를 사용해 계산한다.

```
> randNorm10 <- rnorm(10)
> randNorm10
 [1] -0.22426789  0.37739565  0.13333636  0.80418951 -0.05710677
 [6]  0.50360797  1.08576936 -0.69095384 -1.28459935  0.04672617
> dnorm(randNorm10)
 [1] 0.3890348 0.3715201 0.3954117 0.2887197 0.3982923 0.3514285 0.2212668
 [8] 0.3142246 0.1748134 0.3985070
> dnorm(c(-1, 0, 1))
[1] 0.2419707 0.3989423 0.2419707
```

dnorm 함수는 특정 숫자가 발생하는 확률을 반환한다. 수학적으로 연속 분포에서는 어떤 값에 대한 확률값을 계산하는 것은 불가능한데, 이것은 확률에 대한 추정값이다. rnorm과 마찬가지로 dnorm 함수에서 평균과 표준편차를 지정할 수 있다.

이것을 시각적으로 보기 위해서 정규분포를 따르는 여러 개의 난수를 생성하고, 그 분포를 계산하고, 그것들을 플롯팅해본다. 이것은 그림 17.1과 같은 예쁜 종 모양의 곡선이 될 것이다.

```
> # 정규분포를 따른 변수 생성
> randNorm <- rnorm(30000)
>
> # 분포 계산
> randDensity <- dnorm(randNorm)
>
> # ggplot2 로딩
> library(ggplot2)
>
> # 플롯팅
> ggplot(data.frame(x = randNorm, y = randDensity)) +
+   aes(x = x, y = y) +
+   geom_point() +
+   labs(x = "Random Normal Variables", y = "Density")
```

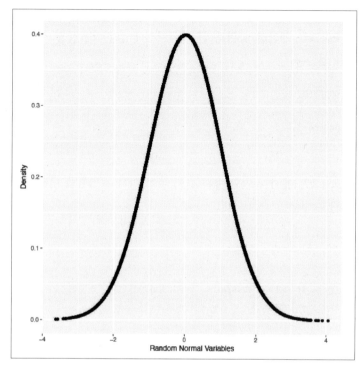

그림 17.1 정규분포를 따르는 난수들에 대한 플롯과 밀도 곡선

pnorm 함수는 주어진 숫자에서 해당 숫자까지의 누적 확률을 반환한다. 이것은 다음 식으로 정의된다.

$$\Phi(a) = P\{X <= a\} = \int_{-\infty}^{a} \frac{1}{\sqrt{2\pi}\sigma} e^{\frac{-(x-\mu)^2}{2\sigma^2}} \mathrm{d}x \qquad \textbf{(17.2)}$$

```
> pnorm(randNorm10)
 [1] 0.41127443 0.64706020 0.55303631 0.78935623 0.47723007 0.69273156
 [7] 0.86120948 0.24479727 0.09946616 0.51863426
> pnorm(c(-3, 0, 3))
[1] 0.001349898 0.500000000 0.998650102
> pnorm(-1)
[1] 0.1586553
```

기본적으로 pnorm 함수는 왼쪽 끝에서 부터 누적 확률값을 계산한다. 그래서 어떤 두 숫자 사이의 확률값을 계산하기 위해서는 두 지점에서의 확률값을 계산한 다음, 뺄셈을 사용해 값을 얻는다.

```
> pnorm(1) - pnorm(0)
[1] 0.3413447
> pnorm(1) - pnorm(-1)
[1] 0.6826895
```

이 확률값은 그림 17.2에서 표현한 바와 같이 곡선 이하의 면적을 나타낸다. 다음과 같이 그릴 수 있다.

```
> # 먼저 난수를 사용해 플롯팅한다.
> # 이 ggplot2 객체에 다른 내용을 추가하려 한다.
>
> p <- ggplot(data.frame(x = randNorm, y = randDensity)) + aes(x = x, y = y) +
+     geom_line() + labs(x = "x", y = "Density")
>
> # 현재 p를 플롯팅하면 예쁜 곡선이 출력된다.
> # 곡선 아래에 색을 추가하기 위해서 먼저 해당 영역을
> # 그릴 필요가 있다.
> # 아주 왼쪽에서 -1까지 연속된 숫자를 생성한다.
>
> neg1Seq <- seq(from = min(randNorm), to = -1, by = .1)
>
> # 연속된 값과 그 값에 해당하는 밀도값을 결합해 데이터 프레임을 만든다.
>
> lessThanNeg1 <- data.frame(x = neg1Seq, y = dnorm(neg1Seq))
> head(lessThanNeg1)
>
> # 이렇게 만든 것을 가장 왼쪽 값과 오른쪽 값을 추가해 결합한다.
> # 이 두 지정의 높이는 0으로 한다.
>
> lessThanNeg1 <- rbind(c(min(randNorm), 0),
+                       lessThanNeg1, c(max(lessThanNeg1$x), 0))
>
> # 색칠할 부분은 다각형으로 정의한다.
> p + geom_polygon(data = lessThanNeg1, aes(x= x, y = y))
>
```

```
> # 앞에서와 같이 -1에서 1까지 연속된 수를 만든다.
>
> neg1Pos1Seq <- seq(from = -1, to = 1, by = .1)
>
> # 해당 값과 그 값에 해당하는 밀도값을 결합해 데이터 프레임을 만든다.
> neg1To1 <- data.frame(x = neg1Pos1Seq, y = dnorm(neg1Pos1Seq))
> head(neg1To1)
> # 왼쪽, 오른쪽 끝 점을 명확히 한다. 높이는 0이다.
> neg1To1 <- rbind(c(min(neg1To1$x), 0),
+                  neg1To1,
+                  c(max(neg1To1$x), 0))
>
> # 색칠할 부분을 다각형으로 만든다.
> p + geom_polygon(data=neg1To1, aes(x=x, y=y))
> include_graphics("images/fig17_2.png")
```

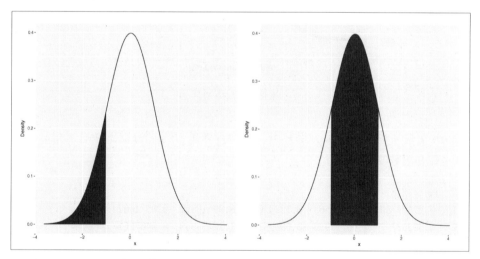

그림 17.2 확률 밀도 함수, 곡선 아래의 면적(AUC: area under the curve).
왼쪽은 -1 까지, 오른쪽은 -1과 1 사이에 해당하는 곡선 아래의 면적을 보여준다.

누적 분포 함수는 그림 17.3과 같다. 여기에서 보이는 정보는 실제로 그림 17.2와 같다.
확률 분포 함수는 확률값이 곡선 아래의 면적이 되고, 누적 분포 함수에서는 y축의 값
으로 표현된다.

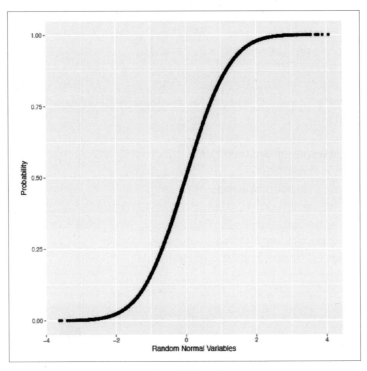

그림 17.3 누적 분포 함수

pnorm 함수의 반대는 qnorm이다. 이 함수는 주어진 누적 확률값을 주면 해당하는 분위 수를 반환한다.

```
> randNorm10
 [1] -0.22426789  0.37739565  0.13333636  0.80418951 -0.05710677
 [6]  0.50360797  1.08576936 -0.69095384 -1.28459935  0.04672617
> qnorm(pnorm(randNorm10))
 [1] -0.22426789  0.37739565  0.13333636  0.80418951 -0.05710677
 [6]  0.50360797  1.08576936 -0.69095384 -1.28459935  0.04672617
> all.equal(randNorm10, qnorm(pnorm(randNorm10)))
[1] TRUE
```

17.2 이항분포(Binomial Distribution)

정규분포와 같이 이항분포 역시 R에 잘 구현돼 있다. 이항분포의 확률 질량 함수probability mass function는 다음과 같다.

$$p(x; n, p) = \binom{n}{x} p^x (1-p)^{n-x} \tag{17.3}$$

식에 포함된 값은 다음과 같다.

$$\binom{n}{x} = \frac{n!}{x!(n-x)!} \tag{17.4}$$

n은 시행 횟수이며, p는 각 시행의 성공 확률을 말한다. 이 경우 평균은 np이고, 분산은 $np(1-p)$가 된다. $n=1$인 경우에는 이것은 베르누이분포가 된다.

이항분포에서 난수를 얻는 과정은 단순히 난수를 생성하는 것은 아니라, 독립 시행에서 성공하는 횟수를 생성한다. 각 시행의 성공 확률이 0.4인 시행에서 10번 시행해서 성공할 회수를 시뮬레이션하기 위해서는 rbinom 함수의 인자로 n=1(관찰 횟수), size=10(시행 회수), prob=0.4(성공 확률 0.4)를 사용한다.

```
> rbinom(n = 1, size = 10, prob = 0.4)
[1] 7
```

즉, 10번 시도했을 때 각각의 성공 확률이 0.4인 경우, 이 반환되는 값은 성공 횟수이다. 이 값은 난수이고, 실행할 때마다 숫자가 달라진다.

만약 n을 1이 아닌 다른 값으로 설정하면, size 값 만큼의 회수를 n 세트 시도할 때 각각의 세트에서 얻어지는 성공 회수를 반환하게 된다.

```
> rbinom(n = 1, size = 10, prob = 0.4)
[1] 6
> rbinom(n = 5, size = 10, prob = 0.4)
[1] 3 5 8 7 6
> rbinom(n = 10, size = 10, prob = 0.4)
 [1] 5 4 4 5 3 4 6 7 7 5
```

size 값을 1로 설정하게되면 이것은 베르누이 난수로 바뀌게 된다. 베르누이 난수에서는 1(성공) 또는 0(실패) 중 하나의 값만 취하게 된다.

```
> rbinom(n = 1, size = 1, prob = 0.4)
[1] 0
> rbinom(n = 5, size = 1, prob = 0.4)
[1] 1 1 0 0 0
> rbinom(n = 10, size = 1, prob = 0.4)
 [1] 0 0 0 0 1 1 0 1 0 1
```

이항분포를 시각화하기 위해서 10회의 시행을 하는 것으로 하고, 각 시행의 성공 확률을 0.3으로 지정하고, 이런 실험을 10,000회 관찰하는 것으로 지정했다. 이것은 그림 17.4와 같은데, 가장 많은 성공 회수는 3이 기대된다.

```
> binomData <- data.frame(Successes = rbinom(n = 10000, size = 10, prob = 0.3))
> ggplot(binomData, aes(x = Successes)) + geom_histogram(binwidth = 1)
```

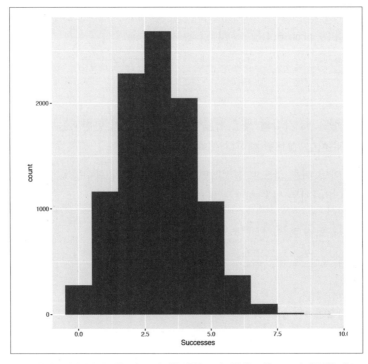

그림 17.4 매회에서 성공 확률이 0.3인 이항 실험을 10회 시행하는 것을 1,000번 반복했을 때

이항분포에서 시행 횟수size가 증가함에 따라서 정규분포에 근접해 간다. 이런 사실을 보여주기 위해서 같은 실험에서 시행 횟수를 달리 해 그 결과를 그림 17.5와 같은 그래프로 표현해본다.

```
> # size를 5로 설정하고, 10,000회 관찰한 것은 데이터 프레임으로 만든다.
> binom5 <- data.frame(Successes = rbinom(n = 10000, size = 5, prob = 0.3), Size = 5)
> dim(binom5)
[1] 10000     2
> head(binom5)
  Successes Size
1         2    5
2         1    5
3         1    5
4         0    5
5         2    5
6         3    5
> # 이전과 비슷하다. 이번에는 size를 10으로 놓고, 10,000회 관찰했다.
> binom10 <- data.frame(Successes = rbinom(n = 10000, size = 10, prob = 0.3),
+                       Size = 10)
> dim(binom10)
[1] 10000     2
> head(binom10)
  Successes Size
1         2   10
2         3   10
3         4   10
4         3   10
5         3   10
6         2   10
> binom100 <- data.frame(Successes = rbinom(n = 10000, size = 10, prob = 0.3),
+                        Size = 100)
> binom1000 <- data.frame(Successes = rbinom(n = 10000, size = 1000, prob = 0.3),
+                         Size = 1000)
>
> # 모든 것을 하나의 데이터 프레임으로 결합
> binomAll <- rbind(binom5, binom10, binom100, binom1000)
> dim(binomAll)
[1] 40000     2
> head(binomAll, 10)
```

```
     Successes Size
1           2    5
2           1    5
3           1    5
4           0    5
5           2    5
6           3    5
7           2    5
8           3    5
9           3    5
10          0    5
> tail(binomAll, 10)
      Successes Size
39991       298 1000
39992       273 1000
39993       293 1000
39994       323 1000
39995       276 1000
39996       292 1000
39997       275 1000
39998       299 1000
39999       281 1000
40000       317 1000
> # 플롯팅
> # 히스토그램은 x 에스테틱만 있으면 된다.
> # Size에 대해 패시팅해 플롯팅했다.
>
> ggplot(binomAll, aes(x = Successes)) + geom_histogram(bins = 30) +
+     facet_wrap(~ Size, scales = "free")
```

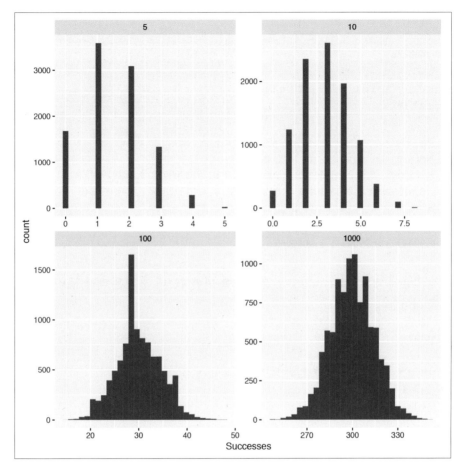

그림 17. 5 시험횟수에 따라 패시팅 해서 본 임의 이항 히스토그램. 완벽하지는 않지만 시행횟수가 증가함에 따라서 점차 정규분포와 비슷해진다. 각 페인에서 스케일이 다른 점을 주의한다.

이항분포의 누적 분포 함수는 다음과 같다.

$$F(a; n, p) = P\{X <= a\} = \sum_{i=0}^{a} \binom{n}{i} p^i (1-p)^{n-i} \tag{17.5}$$

여기에서 n, p는 각각 시행 횟수, 성공 확률이다.

앞에서 본 정규분포와 비슷하게 dbinom과 pbinom 함수는 이항분포에 대한 밀도(어떤 값에 대한 확률값)와 누적 확률값을 반환한다.

```
> # 10번 중에서 3번 성공할 확률
> dbinom(x = 3, size = 10, prob = 0.3)
[1] 0.2668279
> # 10번 중에서 3번 이하 성공할 확률
> pbinom(q = 3, size = 10, prob = 0.3)
[1] 0.6496107
> # 이 두 함수 모두 벡터화돼 있다.
>
> dbinom(x = 1:10, size = 10, prob = 0.3)
 [1] 0.1210608210 0.2334744405 0.2668279320 0.2001209490 0.1029193452
 [6] 0.0367569090 0.0090016920 0.0014467005 0.0001377810 0.0000059049
> pbinom(q = 1:10, size = 10, prob = 0.3)
 [1] 0.1493083 0.3827828 0.6496107 0.8497317 0.9526510 0.9894079 0.9984096
 [8] 0.9998563 0.9999941 1.0000000
```

주어진 확률에 대해 qbinom 함수는 분위 수를 반환하는데, 이것은 해당 분포에서 성공 횟수를 의미한다.

```
> qbinom(p = 0.3, size = 10, prob = 0.3)
[1] 2
> qbinom(p = c(0.3, 0.35, 0.4, 0.5, 0.6), size = 10, prob = 0.3)
[1] 2 2 3 3 3
```

17.3 포아송 분포

또 많이 사용되는 분포가 프아송 분포인데, 이것은 카운트 데이터에서 사용된다. 확률 질량 함수는 다음과 같다.

$$p(x; \lambda) = \frac{\lambda^x e^{-\lambda}}{x!} \tag{17.6}$$

그리고 그 누적 분포 함수는 다음과 같다.

$$F(a; \lambda) = P\{X <= a\} = \sum_{i=0}^{a} \frac{\lambda^i e^{-\lambda}}{i!} \tag{17.7}$$

이 분포의 평균과 분산은 λ가 된다.

이 분포에서 랜덤 카운트, 밀도, 누적 확률값, 분위 수는 rpois, dpois, ppois, qpois 함수를 사용해 계산한다.

λ 값이 커질수록 포아송 분포는 정규분포에 가까와진다. 포아송 분포에서 10,000개의 난수를 만들어서 히스토그램이 λ 값에 따라서 어떻게 바뀌는지 시뮬레이션해보자.

```
> # 5개의 서로 다른 포아송 분포에서 10,000개의 랜덤 카운트를 생성한다.
> pois1 <- rpois(n = 10000, lambda = 1)
> pois2 <- rpois(n = 10000, lambda = 2)
> pois5 <- rpois(n = 10000, lambda = 5)
> pois10 <- rpois(n = 10000, lambda = 10)
> pois20 <- rpois(n = 10000, lambda = 20)
> pois <- data.frame(Lambda.1 = pois1, Lambda.2 = pois2, Lambda.5 = pois5,
+                    Lambda.10 = pois10, Lambda.20 = pois20)
>
> # 플롯하기 쉽도록 데이터를 녹이기 위해서 reshape2 패키지를 로딩
> library(reshape2)
>
> # 데이터를 롱 폼으로 녹인다.
> pois <- melt(data = pois, variable.name = "Lambda", value.name = "x")
No id variables; using all as measure variables
> # 새로운 열 이름을 정돈하기 위해서 stringr 패키지 로딩
> library(stringr)
>
> # lambda의 값만을 보여주기 위해서 변수 Lambda를 정리한다.
> pois$Lambda <- as.factor(as.numeric(str_extract(string = pois$Lambda,
+                                     pattern = "\\d+")))
> head(pois)
  Lambda x
1      1 0
2      1 2
3      1 0
4      1 2
5      1 1
6      1 0
> tail(pois)
      Lambda  x
49995     20 14
49996     20 13
```

49997	20 15
49998	20 20
49999	20 19
50000	20 22

이제 바뀌는 λ 값에 따라서 각각의 히스토그램을 만들어보면 그림 17.6과 같이 된다.

```
> library(ggplot2)
> ggplot(pois, aes(x = x)) + geom_histogram(binwidth = 1) +
+ facet_wrap(~ Lambda) + ggtitle("Probability Mass Function")
```

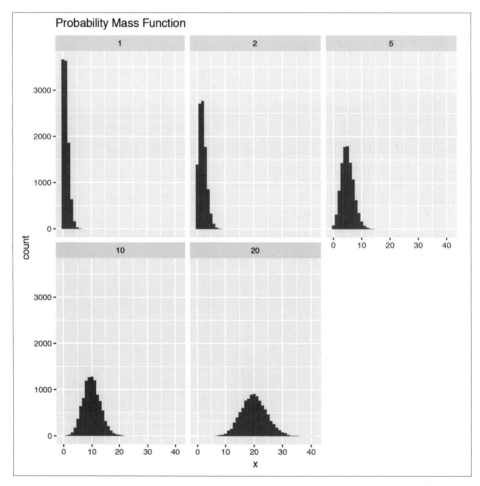

그림 17.6 서로 다른 λ에 따른 포아송 분포를 따르는 10,000개의 난수에 대한 히스토그램.
점점 정규분포를 닮아가는 점을 주목한다.

정규분포에 수렴해 가는 것을 시각적으로 더 설득력 있게 보여주는 방법은 밀도 곡선
의 변화다. 그림 17.7을 본다.

```
> ggplot(pois, aes(x = x)) +
+   geom_density(aes(group = Lambda, color = Lambda, fill = Lambda),
+                adjust = 4, alpha = 1/2) +
+   scale_color_discrete() + scale_fill_discrete() +
+   ggtitle("Probability Mass Function")
```

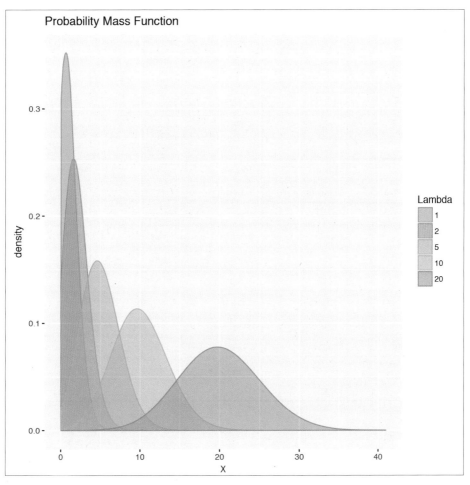

그림 17.7 서로 다른 λ에 따른 포아송 분포를 따르는 10,000개의 난수에 대한 밀도 곡선.
밀도 곡선 역시 점점 정규분포를 닮아간다.

17.4 기타 분포들

R은 아주 많은 확률 분포를 다룰 수 있다. 어떤 것을 매우 흔하지만, 또 어떤 것은 드물게 사용된다. 표 17.1에 분포와 관련된 함수들이 정리돼 있고, 표 17.2에 공식, 평균, 분산 등이 나열돼 있다.

표 17.1 통계 분포와 관련된 함수들

확률 분포	난수 생성	밀도	분포	사분위 수
Normal	rnorm	dnorm	pnorm	qnorm
Binomial	rbinom	dbinom	pbinom	qbinom
Poisson	rpois	dpois	ppois	qpois
t	rt	dt	pt	qt
F	rf	df	pf	qf
Chi–Squared	rchisq	dchisq	pchisq	qchisq
Gamma	rgamma	dgamma	pgamma	qgamma
Geometric	rgeom	dgeom	pgeom	qgeom
Negative Binomial	rnbinom	dnbinom	pnbinom	qnbinom
Exponential	rexp	dexp	pexp	qexp
Weibull	rweibull	dweibull	pweibull	qweibull
Uniform (Continuous)	runif	dunif	punif	qunif
Beta	rbeta	dbeta	pbeta	qbeta
Cauchy	rcauchy	dcauchy	pcauchy	qcauchy
Multinomial	rmultinom	dmultinom	pmultinom	qmultinom
Hypergeometric	rhyper	dhyper	phyper	qhyper
Log–normal	rlnorm	dlnorm	plnorm	qlnorm
Logisti	rlogis	dlogis	plogis	qlogis

표 17.2 다양한 통계 분포에 대한 수식, 평균, 분산. F 분포의 B는 베타 함수를 말한다.
베타 함수는 $B(x, y) = \int_0^1 t^{x-1}(1-t)^{y-1}\mathrm{d}t$와 같다.

분포	수식	평균	분산
Normal	$f(x; \mu, \sigma) = \frac{1}{\sqrt{2\pi}\sigma} e^{\frac{-(x-\mu)^2}{2\sigma^2}}$	μ	σ^2
Binomial	$p(x; n, p) = \binom{n}{x} p^x (1-p)^{n-x}$	np	$np(1-p)$
Poisson	$p(i) = \binom{n}{i} p^i (1-p)^{n-i}$	λ	λ
t	$f(x; n) = \frac{\Gamma(\frac{n+1}{2})}{\sqrt{n\pi}\Gamma(\frac{n}{2})}\left(1+\frac{x^2}{n}\right)^{-\frac{n+1}{2}}$	0	$\frac{n}{n-2}$
F	$f(x; \lambda, s) = \frac{\sqrt{\frac{(n_1 x)^{n_1} n_2^{n_2}}{(n_1 x + n_2)^{n_1+n_2}}}}{x B(\frac{n_1}{2}, \frac{n_2}{2})}$	$\frac{n_2}{n_2 - 2}$	$\frac{2n_2^2(n_1 + n_2 - 2)}{n_1(n_2-2)^2(n_2-4)}$
Chi-Squared	$f(x; n) = \frac{e^{-\frac{y}{2}} y^{(\frac{n}{2})-1}}{2^{\frac{n}{2}} \Gamma(\frac{n}{2})}$	n	$2n$
Gamma	$f(x; \lambda, s) = \frac{\lambda e^{-\lambda x}(\lambda x)^{s-1}}{\Gamma(s)}$	$\frac{s}{\lambda}$	$\frac{s}{\lambda^2}$
Geometric	$p(x; p) = p(1-p)^{x-1}$	$\frac{1}{\lambda}$	$\frac{1}{\lambda^2}$
Negative Binomial	$p(x; r, p) = \binom{x-1}{r-1} p^r (1-p)^{x-r}$	$\frac{r}{p}$	$\frac{r(1-p)}{p^2}$
Exponential	$f(x; \lambda) = \lambda e^{-\lambda x}$	$\frac{1}{\lambda}$	$\frac{1}{\lambda^2}$
Weibull	$f(x; \lambda, k) = \frac{k}{\lambda}\left(\frac{x}{\lambda}\right)^{k-1} e^{-(x/\lambda)^k}$	$\lambda\Gamma(1+\frac{1}{k})$	$\lambda^2\Gamma(1+\frac{2}{k}) - \mu^2$
Uniform	$f(x; a, b) = \frac{1}{b-a}$	$\frac{a+b}{2}$	$\frac{(b-a)^2}{12}$
Beta	$f(x; \alpha, \beta) = \frac{1}{B(\alpha, \beta)} x^{\alpha-1}(1-x)^{\beta-1}$	$\frac{\alpha}{\alpha+\beta}$	$\frac{\alpha\beta}{(\alpha+\beta)^2(\alpha+\beta+1)}$
Cauchy	$f(x; s, t) = \frac{s}{\pi(s^2 + (x-t)^2)}$	Undefined	Undefined
Multinomial	$p(x_1, \ldots, x_k; n, p_1, \ldots, p_k) = \frac{n!}{x_1! \cdots x_k!} p_1^{x_1} \cdots p_k^{x_k}$	np_i	$np_i(1-p_i)$
Hypergeometric	$p(x; N, n, m) = \frac{\binom{m}{x}\binom{N-m}{n-x}}{\binom{N}{n}}$	$\frac{nm}{N}$	$\frac{nm}{N}\left[\frac{(n-1)(m-1)}{N-1} + 1 - \frac{nm}{N}\right]$
Log-normal	$f(x; \mu, \sigma) = \frac{1}{x\sigma\sqrt{2\pi}} e^{-\frac{(\ln x - \mu)^2}{2\sigma^2}}$	$e^{\mu+\frac{\sigma^2}{2}}$	$\left(e^{\sigma^2} - 1\right)e^{2\mu+\sigma^2}$

17.5 결론

R은 표 17.1과 같이 다양한 통계 분포 함수에 대해 난수 생성, 밀도, 분포와 분위 수 등을 구하는 함수들을 갖추고 있다. 이 장에는 흔히 사용되는 정규분포, 이항분포, 포아송 분포에 대해 집중해서 설명했다. 표 17.2에는 각 분포의 수식과 평균, 분산 등이 정리돼 있다.

기초 통계학

평균, 분산, 상관, t-검정 등은 통계학에서 가장 많이 사용되는 방법이다. R의 mean, var, cor, t.test 같은 함수를 사용해 간단히 계산할 수 있다.

18.1 요약 통계

많은 사람이 통계하면 가장 많이 떠올리는 것이 평균이다. 시작은 간단한 데이터 세트로 하고, 이후에 좀 더 큰 데이터 세트를 갖고 연습해보자. 먼저 1과 100까지 자연수 중에서 100개의 난수를 뽑는다.

```
> x <- sample(x = 1:100, size = 100, replace = TRUE)
> x
  [1]  90  27  38  58  91  21  90  95  67  63   7  21  18  69  39  77  50
 [18]  72 100  39  78  94  22  66  13  27  39   2  39  87  35  49  60  50
 [35]  19  83  67  80  11  73  42  83  65  79  56  53  79   3  48  74  70
 [52]  48  87  44  25   8  10  32  52  67  41  92  30  46  34  66  26  48
 [69]  77   9  88  34  84  35  34  48  90  87  39  78  97  44  72  40  33
 [86]  76  21  72  13  25  15  24   6  65  88  78  80  46  42  82
```

sample 함수는 x에서 size 개수의 값을 가진 벡터를 반환한다. replace = TRUE라고 지정하는 것은 뽑은 숫자를 다시 뽑을 수 있다는 것을 의미한다(복원 추출).

이 벡터에 있는 요소들의 평균을 계산해보자.

```
> mean(x)
[1] 52.56
```

이것은 단순 산술평균이다. 이것은 같은 공식으로 계산한다.

$$E[X] = \frac{\sum_{i=1}^{N} x_i}{N} \tag{18.1}$$

간단하다. 실제 통계에서는 결측값이 있는 경우가 많다. 결측값을 처리하는 방법을 알아보자. 설명을 위해 벡터 x에서 20%의 요소를 NA 값으로 바꿔본다.

```
> # x를 복사
> y <- x
>
> # 여기에서 20개의 랜덤 샘플을 골라서 NA로 설정한다.
> y[sample(x = 1:100, size = 20, replace = FALSE)] <- NA
> y
  [1]  90  NA  38  58  91  21  90  95  NA  63   7  21  NA  69  39  77  50
 [18]  72 100  39  NA  94  22  66  13  27  NA   2  39  87  35  NA  60  50
 [35]  NA  83  NA  NA  11  73  42  83  65  NA  56  53  79   3  48  74  70
 [52]  48  87  NA  25   8  10  32  52  NA  NA  92  30  46  NA  66  26  48
 [69]  77   9  88  34  84  35  34  48  90  87  39  78  97  44  72  40  NA
 [86]  76  NA  72  13  25  15  24  NA  65  88  NA  80  46  NA  NA
```

y에 대해 mean 함수를 적용하면 NA가 반환된다. 이것은 mean 함수는 계산하는 벡터에 NA가 하나라도 있으면 NA를 반환하기 때문이다. 이것은 결측값이 포함된 값에 대해 잘못 계산되는 것을 막기 위한 장치다.

```
> mean(y)
[1] NA
```

이들 NA 값을 제외하고 계산하게 하려면 na.rm 인자의 값을 TRUE로 설정한다.

```
> mean(y, na.rm = TRUE)
[1] 53.5625
```

weighted.mean 함수를 사용해 가중평균을 계산할 수 있다. 계산할 벡터와 가중값으로 지정할 벡터가 필요하다. 이 함수도 na.rm 인자가 있어서 NA를 제외하고 계산하게 할 수 있다.

```
> grades <- c(95, 72, 87, 65)
> weights <- c(1/2, 1/4, 1/8, 1/8)
> mean(grades)
[1] 79.75
> weighted.mean(x = grades, w = weights)
[1] 84.5
```

weighted.mean 함수는 다음 공식으로 구한다. 이것은 확률 변수의 기댓값과 같다.

$$E[X] = \frac{\sum_{i=1}^{N} w_i x_i}{\sum_{i=1}^{N} w_i} = \sum_{i=1}^{N} p_i x_i \qquad \textbf{(18.2)}$$

또 하나 가장 중요한 통계량은 분산variance이다. 이것은 var 함수를 사용해 계산한다.

```
> var(x)
[1] 729.2792
```

분산 계산 공식은 다음과 같다.

$$Var(x) = \frac{\sum_{i=1}^{N} (x_i - \bar{x})^2}{N - 1} \qquad \textbf{(18.3)}$$

R로 이것이 맞는지 확인해보자.

```
> var(x)
[1] 729.2792
> sum((x-mean(x))^2) / (length(x) -1)
[1] 729.2792
```

표준편차는 분산의 양의 제곱근이고 sd 함수로 계산한다. mean 함수와 같이 var, sd 함수 역시 na.rm 인자가 있어서 계산 전에 NA 값을 제외하게 할 수 있다.

```
> sqrt(var(x))
[1] 27.00517
> sd(x)
[1] 27.00517
> sd(y)
[1] NA
```

```
> sd(y, na.rm = TRUE)
[1] 27.67343
```

요약 통계에서 또 자주 사용되는 함수는 min, max, median이다. 물론 이들 함수도 na.rm 인자를 갖고 있다.

```
> min(x)
[1] 2
> max(x)
[1] 100
> median(x)
[1] 49.5
> min(y)
[1] NA
> min(y, na.rm = TRUE)
[1] 2
```

중앙값^{median}은 숫자들을 숫서대로 나열했을 때 가운데 오는 것이다. 예를 들어 5, 2, 1, 8, 6이 있다면 순서대로 나열했을 때 5가 가운데 있기 때문에 중앙값은 5가 된다. 숫자가 짝수 개 있는 경우에는 중앙에 있는 두 숫자의 평균을 내서 구한다. 이를테면 5, 1, 7, 4, 3, 8, 6, 2인 경우에 중앙값은 4.5이다.

평균, 최솟값, 최댓값, 중앙값을 편리하게 한꺼번에 계산해주는 summary 함수가 있다. 이 함수는 na.rm가 필요 없다. NA가 있으면 자동으로 제외해 계산하고, 결과물에 NA의 개수를 출력한다.

```
> summary(x)
   Min. 1st Qu.  Median    Mean 3rd Qu.    Max.
   2.00   32.75   49.50   52.56   77.25  100.00
> summary(y)
   Min. 1st Qu.  Median    Mean 3rd Qu.    Max.     NA's
   2.00   33.50   51.00   53.56   77.25  100.00       20
```

이 요약 함수는 제1, 3사분위 수도 출력한다. 이 값들은 quantile 함수를 사용해 계산할 수 있다.

```
> # 25th, 75th quantile 계산
> quantile(x, probs = c(0.25, 0.75))
```

```
   25%    75%
32.75 77.25
> # y에 대해서도 계산
> quantile(y, probs = c(0.25, 0.75))
Error in quantile.default(y, probs = c(0.25, 0.75)): missing values and NaN's not
allowed if 'na.rm' is FALSE
> # na.rm=TRUE 사용
> quantile(y, probs = c(0.25, 0.75), na.rm = TRUE)
   25%    75%
33.50 77.25
> # 다른 분위 수 계산
> quantile(x, probs = c(0.1, 0.25, 0.5, 0.75, 0.99))
   10%    25%    50%    75%    99%
14.80 32.75 49.50 77.25 97.03
```

분위 수quantile는 퍼센티지에 대한 값으로 구하는데, 75번째 분위 수라는 것은 이 숫자를 기준으로 이것보다 작은 것이 75% 있다는 것을 말한다. 이 숫자가 1에서 200까지 있는 경우에 75번째 분위 수는 150.25가 된다. 즉, 1에서 200까지 있으면 150.25 이하의 숫자들이 75% 있다는 의미다.

18.2 상관과 공분산(Correlation, Covariance)

2개 이상의 변수를 다룰 때, 두 변수의 관계를 파악하고 싶을 때가 있다. 가장 흔히 사용되는 것이 상관correlation과 공분산covariance이다. ggplot2 패키지에 있는 economics를 사용해서 이 개념을 설명한다.

```
> library(ggplot2)
> head(economics)
# A tibble: 6 x 6
         date   pce    pop psavert uempmed unemploy
       <date> <dbl>  <int>   <dbl>   <dbl>    <int>
1 1967-07-01 507.4 198712    12.5     4.5     2944
2 1967-08-01 510.5 198911    12.5     4.7     2945
3 1967-09-01 516.3 199113    11.7     4.6     2958
4 1967-10-01 512.9 199311    12.5     4.9     3143
5 1967-11-01 518.1 199498    12.5     4.7     3066
6 1967-12-01 525.8 199657    12.1     4.8     3018
```

economics 데이터 세트에는 pce라고 하는 개인소비지출^{personal consumption expenditure}에 대한 변수와 psavert라고 하는 개인저축률^{persaonal saving rate} 변수가 있다. 이 두 변수의 상관관계를 cor 함수를 사용해서 계산해보자.

```
> cor(economics$pce, economics$psavert)
[1] -0.837069
```

이와 같이 아주 낮은 상관 계수는 지출과 소비가 정반대에 있는 개념이기 때문에 자연스런 결과로 볼 수 있다. 이런 상관계수는 다음과 같은 식으로 정의된다.

$$r_{xy} = \frac{\sum_{i=1}^{n}(x_i - \bar{x})(y_i - \bar{y})}{(n-1)s_x s_y} \tag{18.4}$$

여기에서 $\bar{x}, \bar{y}$는 x, y의 평균을 의미하고, s_x, s_y는 x와 y의 표준편차를 의미한다. 상관계수는 -1에서 1까지 값을 가질 수 있다. 양수/음수는 상관의 방향을 의미하고, 절대값은 상관의 강도를 의미한다. 0에 가까우면 약한 상관을 의미하고, 1에 근접하면 강한 상관을 의미한다. 위의 공식에 따라서 계산해 해당 공식이 맞는지 확인해보자.

```
> # cor 함수를 사용해 상관계수를 구함.
> cor(economics$pce, economics$psavert)
[1] -0.837069
> ## 상관계수 구하는 공식에서 각 변수 부분을 따로 계산
> xPart <- economics$pce - mean(economics$pce)
> yPart <- economics$psavert - mean(economics$psavert)
> nMinusOne <- (nrow(economics) - 1)
> xSD <- sd(economics$pce)
> ySD <- sd(economics$psavert)
>
> # 상관계수 구하는 공식을 사용
> sum(xPart * yPart) / (nMinusOne * xSD * ySD)
[1] -0.837069
```

여러 변수 간의 상관계수를 한꺼번에 계산할 때는 cor 함수에 행렬을 전달한다.

```
> cor(economics[, c(2, 4:6)])
               pce    psavert    uempmed    unemploy
pce      1.0000000 -0.8370690  0.7273492  0.6139997
psavert -0.8370690  1.0000000 -0.3874159 -0.3540073
```

```
uempmed    0.7273492 -0.3874159  1.0000000  0.8694063
unemploy   0.6139997 -0.3540073  0.8694063  1.0000000
```

이 결과는 표와 같은 형태로 제시된다. 이것을 그래프로 시각화해서 보여주면 도움이 될 수 있다. 여기서는 ggplot2 패키지를 기초를 둔 GGally 패키지의 **ggpairs** 함수를 사용해 플롯팅하는 예를 소개한다. 이 함수는 어떤 변수와 나머지 모든 변수에 대한 산점도를 만든다. GGally 패키지를 로딩하면 reshape 패키지도 로딩하면서 reshape2 패키지와 네임스페이스 문제를 유발한다. 그래서 GGally 패키지를 로딩하는 대신 :: 연산자를 사용해 함수를 호출한다. 이 연산자를 사용하면 패키지를 로딩하지 않고 함수를 호출할 수 있다.

```
> GGally::ggpairs(economics[, c(2, 4:6)]) +
+    ggplot2::theme(axis.text=ggplot2::element_text(size=2))
```

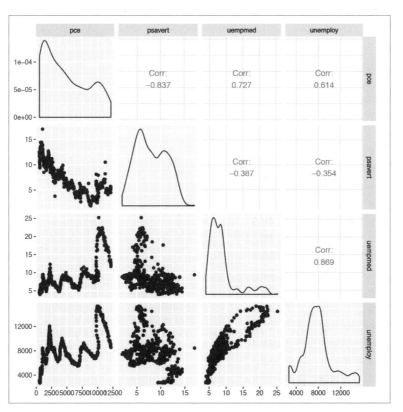

그림 18.1 economics 데이터 세트의 두 변수들간의 관계를 산점도와 상관계수로 보여주는 플롯

이것은 "스몰 멀티플" 플롯과 비슷해 보이지만, 각 페인마다 서로 다른 x, y축을 갖고 있다. 이 그래프는 상관계수 값을 보여주기는 하지만, 상관 정도를 그래프로 보여주지는 않는다. 그래서 우리는 상관계수를 갖고 그림 18.2와 같은 히트맵을 만들어보려고 한다. 양/음의 상관의 방향, 크기가 0에서 1로 갈수록 강도를 나타나게 해볼 것이다.

```r
> # 데이터를 녹이기 위해서 reshape2 패키지를 로딩함.
> library(reshape2)
>
> # ggplot을 만들 때 추가 기능을 이해 scales 패키지 로딩
> library(scales)
>
> # 상관행렬 만들기
> econCor <- cor(economics[, c(2, 4:6)])
>
> # 롱 폼으로 변환
>
> econMelt <- melt(econCor, varnames = c("x", "y"), value.name = "Correlation")
>
> # 상관계수에 따라서 정렬
> econMelt <- econMelt[order(econMelt$Correlation), ]
>
> # 데이터 확인
> econMelt
          x        y Correlation
2   psavert      pce  -0.8370690
5       pce  psavert  -0.8370690
7   uempmed  psavert  -0.3874159
10  psavert  uempmed  -0.3874159
8  unemploy  psavert  -0.3540073
14  psavert unemploy  -0.3540073
4  unemploy      pce   0.6139997
13      pce unemploy   0.6139997
3   uempmed      pce   0.7273492
9       pce  uempmed   0.7273492
12 unemploy  uempmed   0.8694063
15  uempmed unemploy   0.8694063
1       pce      pce   1.0000000
6   psavert  psavert   1.0000000
11  uempmed  uempmed   1.0000000
```

```
16 unemploy unemploy    1.0000000
```

```
> ## ggplot으로 플롯팅
> # x, y를 x, y 에스테틱으로 놓고 초기화
> ggplot(econMelt, aes(x = x, y = y)) +
+   # 상관계수에 기반해 색깔을 입힌 타일을 만듦.
+   geom_tile(aes(fill = Correlation)) +
+   # 3 단계의 색을 fill 그라디언트를 만듦.
+   # 가이드에서 틱을 없애고, 바 높이를 10 행으로 지정
+   # limits는 스케일을 -1에서 1 사이의 값으로 채우도록 제한
+   scale_fill_gradient2(low = muted("red"), mid = "white", high = "steelblue",
+   guide = guide_colourbar(ticks=FALSE, barheight = 10),
+   limits = c(-1, 1)) +
+   # minimal 테마를 사용해 필요 없는 것을 제거
+   theme_minimal() +
+   # x, y 레이블 블랭크 처리
+   labs(x = NULL, y = NULL)
```

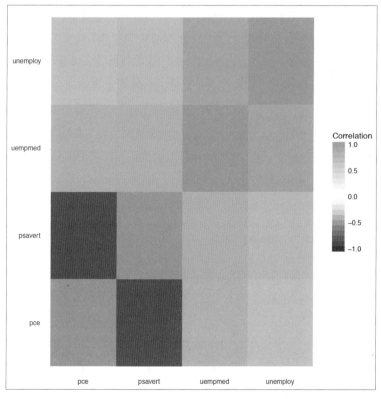

그림 18. 2 economics 데이터 세트의 변수끼리의 상관계수. 대각선에 있는 요소는 변수 자신과의 상관계수이므로 1이다. 빨간색은 음의 방향으로 강한 상관을 말하고, 파란색은 음의 방향으로 강한 상관을, 흰색은 상관이 없는 것을 가리킨다.

cor 함수를 사용할 때 역시 mean, var 함수와 마찬가지로 결측값이 문제가 된다. 그렇지만 이 경우에는 여러 열들을 동시에 고려해야 해서 좀 다른 접근법을 사용해야 한다. 그냥 na.rm=TRUE을 사용해 NA 값을 제거하는 대신 use라는 인자에 "all.obs", "complete.obs", "pairwise.complete.obs", "everything", "na.or.completed" 방법 중에서 선택하게 된다. 그 사용법을 설명하기 위해서 4, 5번째 열은 NA 값이 없고, 나머지는 1개 이상의 NA를 갖는 5-열 행렬을 만들어 사용한다.

```
> m <- c(9, 9, NA, 3, NA, 5, 8, 1, 10, 4)
> n <- c(2, NA, 1, 6, 6, 4, 1, 1, 6, 7)
> p <- c(8, 4, 3, 9, 10, NA, 3, NA, 9, 9)
> q <- c(10, 10, 7, 8, 4, 2, 8, 5, 5, 2)
> r <- c(1, 9, 7, 6, 5, 6, 2, 7, 9, 10)
>
> # 하나로 합친다.
> theMat <- cbind(m, n, p, q, r)
```

첫 번째 예는 cor 함수에 디폴트로 설정돼 있는 "everything"을 사용하는 것이다. 이 의미는 모든 열이 NA 값을 갖지 않는다는 것을 전제로 하며, NA 값을 가질 때는 NA를 반환한다. 이 옵션을 사용할 때는 대각선과 q와 r 사이에 대한 상관계수만 제외하고는 모두 NA 값을 반환하게 된다. 대각선은 어떤 벡터와 그 자신에 대한 상관계수이기 때문에 항상 1 값을 가진다.

```
> cor(theMat, use = "everything")
   m  n  p          q          r
m  1 NA NA         NA         NA
n NA  1 NA         NA         NA
p NA NA  1         NA         NA
q NA NA NA  1.0000000 -0.4242958
r NA NA NA -0.4242958  1.0000000
```

두 번째 옵션인 "all.obs"인 경우에는 어느 한 열이라도 NA를 갖고 있는 경우 에러를 발생시킨다.

```
> cor(theMat, use = "all.obs")
Error in cor(theMat, use = "all.obs"): cov/cor에 결측값들이 있습니다.
```

3, 4번째 옵션인 "complete.obs", "na.or.complete"은 모든 항목이 NA가 아닌 행들만을 갖고 계산한다는 점에서 비슷하다(NA를 갖고 있는 행은 제외하고 계산한다). 그래서 이 경우에는 전체 행렬에서 1, 4, 7, 9, 10행만 갖고 상관계수를 계산하게 된다. 둘의 차이는 "complete.obs"인 경우에는 완전한 행이 하나라도 발견되지 않으면 에러를 반환하고 (NA를 가진 행을 제거하다가 하나도 남지 않았을 때), "na.or.complete"인 경우에는 그런 경우 NA를 반환한다.

```
> cor(theMat, use = "complete.obs")
            m           n           p           q           r
m  1.0000000 -0.5228840 -0.2893527  0.2974398 -0.3459470
n -0.5228840  1.0000000  0.8090195 -0.7448453  0.9350718
p -0.2893527  0.8090195  1.0000000 -0.3613720  0.6221470
q  0.2974398 -0.7448453 -0.3613720  1.0000000 -0.9059384
r -0.3459470  0.9350718  0.6221470 -0.9059384  1.0000000
> cor(theMat, use = "na.or.complete")
            m           n           p           q           r
m  1.0000000 -0.5228840 -0.2893527  0.2974398 -0.3459470
n -0.5228840  1.0000000  0.8090195 -0.7448453  0.9350718
p -0.2893527  0.8090195  1.0000000 -0.3613720  0.6221470
q  0.2974398 -0.7448453 -0.3613720  1.0000000 -0.9059384
r -0.3459470  0.9350718  0.6221470 -0.9059384  1.0000000
> # 완전한 행에 대해서만 상관계수를 계산한다.
> cor(theMat[c(1, 4, 7, 9, 10), ])
            m           n           p           q           r
m  1.0000000 -0.5228840 -0.2893527  0.2974398 -0.3459470
n -0.5228840  1.0000000  0.8090195 -0.7448453  0.9350718
p -0.2893527  0.8090195  1.0000000 -0.3613720  0.6221470
q  0.2974398 -0.7448453 -0.3613720  1.0000000 -0.9059384
r -0.3459470  0.9350718  0.6221470 -0.9059384  1.0000000
> # "complete.obs"를 선택된 행에 대한 계산과 비교
> identical(cor(theMat, use = "complete.obs"),
+           cor(theMat[c(1, 4, 7, 9, 10), ]))
[1] TRUE
```

마지막 옵션은 "pairwise.complete"인데, 이 경우에는 가급적 값을 포함시키는 방법을 사용한다. 한꺼번에 두 열을 비교해 둘 다 NA가 아닌 경우 그 행은 유지시킨다. 그래서 이것은 use를 "complete.obs"로 놓고 두 열에 대한 모든 조합에 대해 상관계수를 계산

하는 것과 같다.

```
> # 전체 상관행렬은 다음과 같다.
> # 이것은 아래 "complete.obs" 방법에 두 열에 대해 조합한 것과 같다.
> cor(theMat, use = "pairwise.complete.obs")
            m           n          p          q           r
m  1.00000000 -0.02511812 -0.3965859  0.4622943 -0.2001722
n -0.02511812  1.00000000  0.8717389 -0.5070416  0.5332259
p -0.39658588  0.87173889  1.0000000 -0.5197292  0.1312506
q  0.46229434 -0.50704163 -0.5197292  1.0000000 -0.4242958
r -0.20017222  0.53322585  0.1312506 -0.4242958  1.0000000
> # "complete.obs"를 사용해, m 열과 n 열에 대한 상관계수 계산
> cor(theMat[, c("m", "n")], use = "complete.obs")
            m           n
m  1.00000000 -0.02511812
n -0.02511812  1.00000000
> # "complete.obs"를 사용해 m 열과 p 열에 대한 상관계수 계산
> cor(theMat[, c("m", "p")], use = "complete.obs")
           m          p
m  1.0000000 -0.3965859
p -0.3965859  1.0000000
```

ggpairs 함수가 제대로 사용되는 경우를 보여주기 위해 reshape2 패키지에 들어 있는 tips 패키지를 사용해 그림 18.3과 같은 그래프를 만들어봤다. 이 그래프는 모든 변수 쌍에 대해 변수가 연속 변수인지, 이산 변수인지를 따져서 히스토그램, 상자 플롯, 산점도 등을 한꺼번에 보여준다. 이렇게 한꺼번에 데이터를 보여주는 것이 좋아 보일지 모르겠지만, 데이터 탐색에서 항상 유용한 정보를 제시하는 것은 아니다.

```
> data(tips, package = "reshape2")
> head(tips)
  total_bill  tip    sex smoker day   time size
1      16.99 1.01 Female     No Sun Dinner    2
2      10.34 1.66   Male     No Sun Dinner    3
3      21.01 3.50   Male     No Sun Dinner    3
4      23.68 3.31   Male     No Sun Dinner    2
5      24.59 3.61 Female     No Sun Dinner    4
6      25.29 4.71   Male     No Sun Dinner    4
> GGally::ggpairs(tips)
```

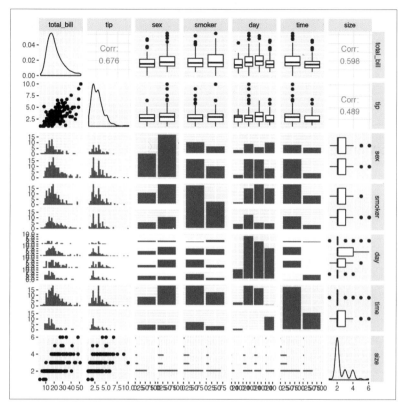

그림 18.3 연속 변수 또는 카테고리형 변수의 조합에 의거해 tips 데이터 세트를 사용해 ggpair 함수로 만든 플롯

"상관 관계가 인과를 의미하는 것은 아니다."라는 오래된 경구를 다시 언급하지 않고 통계에 대한 논의를 끝낼 수는 없다. 다른 말로 표현해보면 두 변수가 상관을 가진다고 해서 두 사이에 인과관계가 성립하지는 않는다. 이것에 대해서는 xkcd[1] 웹 툽 552번에서 언급된바 있다. xkcd에 대한 RXKCD라는 패키지도 있는데, 이것을 사용하면 개별 만화를 다운로드할 수 있다. 다음과 같은 코드를 실행하면 재미있는 결과를 볼 수 있을 것이다.

```
> library(RXKCD)
> getXKCD(which = "552")
```

---

1 통계학자, 물리학자, 수학자들에 사랑받는 랜든 먼로의 웹 툽이다. http://xkcd.com에서 확인할 수 있다.

상관 계수와 비슷한 것으로 공분산^{covariance}이 있다. 이것 역시 두 변수 간 변이를 보는 것으로 다음 공식으로 정의된다. 앞의 상관계수를 구하는 공식과 유사하다.

$$cov(X, Y) = \frac{1}{N-1} \sum_{i=1}^{N} (x_i - \bar{x})(y_i - \bar{y}) \tag{18.5}$$

cov 함수는 cor 함수와 비슷하게 작동하고, 결측값을 처리하는 같은 인자를 갖고 있다. ?cor와 ?cov 명령은 같은 도움말 페이지로 안내된다.

```
> cov(economics$pce, economics$psavert)
[1] -9361.028
> cov(economics[, c(2, 4:6)])
                  pce      psavert    uempmed   unemploy
pce       12811296.900 -9361.028324 10695.023873 5806187.162
psavert      -9361.028     9.761835    -4.972622   -2922.162
uempmed      10695.024    -4.972622    16.876582    9436.074
unemploy   5806187.162 -2922.161618  9436.074287 6979955.661
> # cov와 cor*sd*sd가 같은지 확인
> identical(cov(economics$pce, economics$psavert),
+           cor(economics$pce, economics$psavert) *
+              sd(economics$pce) * sd(economics$psavert))
[1] TRUE
```

18.3 t-검정

전통적인 통계학 수업에서, 기네스 맥주 회사에서 일하던 윌리엄 고셋에 의해서 개발된 t-검정은 데이터의 평균 또는 두 변수의 평균을 비교하는 검정을 하는 방법으로 소개된다. 앞의 18.2절에서 본 tips라는 데이터를 갖고 사용법을 소개한다.

```
> head(tips)
  total_bill  tip    sex smoker day   time size
1     16.99 1.01 Female     No Sun Dinner    2
2     10.34 1.66   Male     No Sun Dinner    3
3     21.01 3.50   Male     No Sun Dinner    3
4     23.68 3.31   Male     No Sun Dinner    2
5     24.59 3.61 Female     No Sun Dinner    4
```

```
6      25.29 4.71    Male      No Sun Dinner    4
> # 지불자의 성을 알아보자.
> unique(tips$sex)
[1] Female Male
Levels: Female Male
> # 요일
> unique(tips$day)
[1] Sun  Sat  Thur Fri
Levels: Fri Sat Sun Thur
```

18.3.1 단일-표본 t 검정

먼저 평균 팁이 \$2.50인지에 대한 단일 표본 t-검정을 실행해보자. 이 검정은 본질적으로 데이터의 평균과 신뢰 구간을 구한다. 우리가 보려고 하는 값이 신뢰 구간에 포함된다면 우리는 데이터의 평균값을 의미 있는 것으로 볼 수 있으며, 구간에 포함되지 않으면 의미 있는 것으로 볼 수 없다는 결론을 내릴 수 있다.

```
> t.test(tips$tip, alternative = "two.sided", mu = 2.50)

    One Sample t-test

data:  tips$tip
t = 5.6253, df = 243, p-value = 5.08e-08
alternative hypothesis: true mean is not equal to 2.5
95 percent confidence interval:
 2.823799 3.172758
sample estimates:
mean of x
 2.998279
```

출력을 보면, 평균이 \$2.50이라는 가설 검정 결과를 잘 정리해 보여주고 있다. t-통계량, 자유도, p-값 등이 출력된다. 그리고 95% 신뢰 구간을 알려주고, 관심 있는 데이터의 평균도 알려준다. p-값을 보면 귀무가설이 기각돼야 함을 알려주고 있어서 평균 팁은 \$2.50이라고 결론짓지 못함을 알 수 있다.

여기에서 몇 가지 개념을 만날 수 있다. t-통계량은 분자가 추정 평균에서 가정하고 있는 평균의 차이, 분모는 추정 평균의 표준 오차^{standard error}, 다음 수식과 같이 정의된다.

$$t\text{-statistic} = \frac{(\bar{x} - \mu_0)}{s_{\bar{x}}/\sqrt{n}} \tag{18.6}$$

여기에서 $\bar{x}$는 추정 평균, μ_0은 가설로 설정된 평균(모집단의 평균)을 말하고, $s_{\bar{x}}/\sqrt{n}$ 은 $\bar{x}$의 표준 오차다.[2]

가설로 설정한 평균이 맞다면 t-통계량은 t-분포에서 중앙(평균을 중심으로 2 표준편차 이내)에 들어와야 한다. 그림 18.4에서 두꺼운 검은선은 추정된 평균을 가리키는데, 이것은 분폰에서 외곽으로 떨어진 곳에 있어서 우리는 모집단의 평균이 $2.50가 같지 않다고 결론을 내리게 된다.

```r
> ## t 분포 만들기
> randT <- rt(30000, df = NROW(tips) -1)
>
> # t-통계량과 기타 정보 확보
> tipTTest <- t.test(tips$tip, alternative = "two.sided", mu = 2.50)
>
> ## 플롯팅
> ggplot(data.frame(x=randT)) +
+   geom_density(aes(x= x), fill = "grey", color="grey") +
+   geom_vline(xintercept = tipTTest$statistic) +
+   geom_vline(xintercept = mean(randT) + c(-2, 2) * sd(randT), linetype = 2)
```

---

2 $s_{\bar{x}}$는 표준편차로 n은 관측값의 개수다.

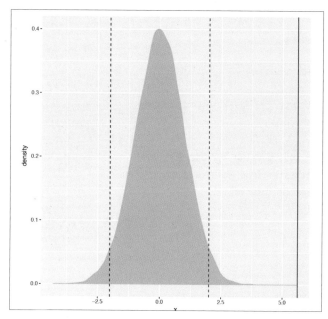

그림 18.4 tips 데이터에 대한 t-분포와 t-통계량. 점선은 평균에서 2 표준편차 떨어진 부분을 의미하고, 검은색 실선은 t-통계량을 나타낸다. 이 통계량이 분포에서 구석으로 멀리 떨어져 있어서 평균이 $2.50이라는 귀무가설을 기각하게 된다.

p-값은 흔히 잘못 이해되는 개념이다. p-값이라는 것은 귀무가설이 참이라는 가정하에서 현재와 같은 결과 이상의 극단적인 값을 얻을 확률을 말한다. 즉, 이 값은 통계량이 얼마나 극단적인지를 가리키는 지표이다. 얻어진 통계량이 너무나 극단적이면, 우리는 귀무가설을 기각한다고 결론내린다. p-값의 주요 문제는 이 극단적인 정도를 어느 수준에서 결정할 것인지에 대한 것이다. 근대 통계학의 아버지로 꼽히는 로널드 피셔 R.A. Fisher는 상황에 따라서 0.10, 0.05, 0.01보다 작으면 극단적으로 볼 수 있다고 했다. 이런 p-값이 수십년간 표준으로 여겨졌으나, 이 값은 임의로 결정된 것이고, 최근 데이터 과학자들은 그 유용성을 의심하기 시작했다. 이 경우 p-값은 5.0799885×10^{-8}로 이 값은 0.01보다 작아서 귀무가설을 기각하는 것이다.

자유도라는 개념도 이해하기 까다로운 것 가운데 하나인데, 통계학에서는 자주 사용되는 개념이다. 이것은 효과적인 관측값의 개수를 의미한다. 일반적으로 어떤 통계량이나 분포의 자유도는 관측의 개수에서 추정하고 있는 파라미터의 개수를 뺀 값이 된다. t-분포에서는 표준 오차라는 하나의 파라미터를 추정하고 있기 때문에 자유도는 nrow(tips)-1=243이다.

앞에서 양측 검정two-sided을 했는데, 이것을 단측 검정one-sided을 통해서 평균이 $2.50보다 큰지를 볼 수 있다.

```
> t.test(tips$tip, alternative = "greater", mu = 2.50)

    One Sample t-test

data:  tips$tip
t = 5.6253, df = 243, p-value = 2.54e-08
alternative hypothesis: true mean is greater than 2.5
95 percent confidence interval:
 2.852023      Inf
sample estimates:
mean of x
 2.998279
```

여기서도 p-값이 작아서 귀무가설을 기각하게 돼서 평균이 $2.50보다 크다고 결론내릴 수 있다. 이것은 신뢰 구간과 잘 일치한다.

18.3.2 이표본 t 검정

t-검정은 두 표본의 평균을 비교할 때도 많이 사용된다. 다시 tips 데이터를 갖고 남, 녀의 팁 행동 차이를 비교해보려고 한다. 먼저 두 표본의 분산을 비교할 필요가 있다. 전통적인 t-검정은 두 그룹이 분산이 같다고 가정하기 때문이다. 분산이 다른 경우에는 웰치Welch 이표본 t-검정을 사용할 수 있다. 이 두 방법을 그림 18.5와 같이 비교해보려고 한다.

```
> # 각 그룹의 분산을 먼저 계산한다.
> # 성별의 레벨에 따른 분산을 계산한다.
>
> aggregate(tip ~ sex, data = tips, var)
     sex      tip
1 Female 1.344428
2   Male 2.217424
> # 정규분포를 따르는지 확인한다.
> shapiro.test(tips$tip)

    Shapiro-Wilk normality test
```

```
data:  tips$tip
W = 0.89781, p-value = 8.2e-12
> shapiro.test(tips$tip[tips$sex == "Female"])


    Shapiro-Wilk normality test


data:  tips$tip[tips$sex == "Female"]
W = 0.95678, p-value = 0.005448
> shapiro.test(tips$tip[tips$sex == "Male"])


    Shapiro-Wilk normality test


data:  tips$tip[tips$sex == "Male"]
W = 0.87587, p-value = 3.708e-10
> # 앞의 검정이 실패했으므로 이것을 시각적으로 확인
> ggplot(tips, aes(x = tip, fill = sex)) +
+     geom_histogram(binwidth = .5, alpha = 1/2)
```

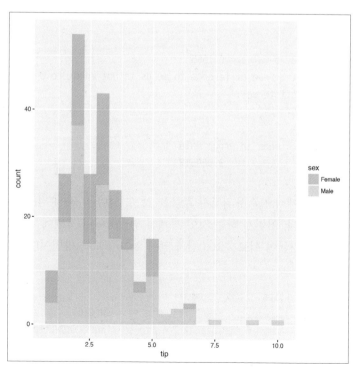

그림 18.5 성별에 따른 팁의 히스토그램. 두 분포 모두 정규분포를 따르지 않는 것으로 보인다.

데이터가 정규분포를 따르지 않는 것으로 보이기 때문에 표준 F-검정(var.test 함수 사용), 바트렛Bartlett 검정(bartlett.test를 사용) 모두 사용할 수 없다. 그래서 우리는 비모수적인 방법인 안사리-브래들리 검정Ansari-Bradley test을 사용해 등분산을 검토할 필요가 있다.

```
> ansari.test(tip ~ sex, tips)

        Ansari-Bradley test

data:  tip by sex
AB = 5582.5, p-value = 0.376
alternative hypothesis: true ratio of scales is not equal to 1
```

검정 결과를 보면 분산이 같아서 표준 이표본 t-검정을 사용할 수 있다.

```
> # var.equal = TRUE로 놓고 이표본 t-검정 실행
> # val.equal = FALSE로 지정하면, 웰치 검정을 실행하게 된다.
> t.test(tip ~ sex, data = tips, var.equal =TRUE)

        Two Sample t-test

data:  tip by sex
t = -1.3879, df = 242, p-value = 0.1665
alternative hypothesis: true difference in means is not equal to 0
95 percent confidence interval:
 -0.6197558  0.1074167
sample estimates:
mean in group Female    mean in group Male
            2.833448              3.089618
```

검정 결과를 보면 통계적으로 유의하지 않음을 알 수 있다. 따라서 남, 녀의 팁은 거의 같다고 결론낼 수 있다. 이렇게 하는 것이 통계적 엄밀성이란 측면에서 좋지만 간단하게 이런 것은 2개의 평균이 서로 2 표준편차 안에 있는지 보는 방법이다.

```
> library(plyr)
> tipSummary <- ddply(tips, "sex", summarize,
+                     tip.mean = mean(tip), tip.sd = sd(tip),
+                     Lower = tip.mean - 2 * tip.sd / sqrt(NROW(tip)),
+                     Upper = tip.mean + 2  *tip.sd / sqrt(NROW(tip)),
```

```
> tipSummary
     sex tip.mean  tip.sd   Lower    Upper
1 Female 2.833448 1.159495 2.584827 3.082070
2   Male 3.089618 1.489102 2.851931 3.327304
```

여러 내용이 이 코드에 포함돼 있다. 먼저 **ddply** 함수를 사용해 sex 변수를 그 레벨에 따라서 데이터를 세분했다. 세분된 데이터 세트에 **summarize** 함수를 적용했다. 그 결과들을 모아 하나의 데이터 프레임으로 반환한다.

늘 그랬던 것처럼 숫자를 비교하는 것보다 시각적으로 결과를 보는 것이 선호된다. 그래서 데이터를 일부 수정할 필요가 있다. 그림 18.6을 보면 두 신뢰 구간이 겹치는 부분이 발생하는데, 이것은 두 성별의 팁의 평균이 대충 비슷함을 시사한다.

```
> ggplot(tipSummary, aes(x = tip.mean, y = sex)) + geom_point() +
+     geom_errorbarh(aes(xmin = Lower, xmax = Upper), height = 0.2)
```

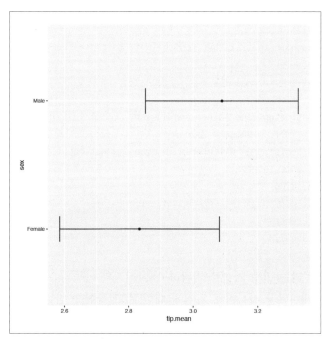

그림 18.6 성별에 따른 팁의 평균과 2 표준 오차를 플롯팅

18.3.3 짝 t 검정

쌍둥이에서 측정된 값, 치료 전후에 측정된 값, 아버지와 아들에서 측정된 값과 같은 데이터를 짝자료paired data라고 한다.[3] 이런 짝자료는 짝 t-검정을 사용해서 검정을 실행해야 한다. 실행시키는 방법은 간단하게 paired라는 인자를 TRUE로 주고, t.test를 실행하면 된다. 사례로 사용할 데이터는 칼 피어슨Karl Pearson이 수집했던 아버지와 아들의 키에 관한 것으로, UsingR이라는 패키지에 들어 있다. 키는 일반적으로 정규분포를 따르기 때문에 정규성과 등분산에 대한 검정을 그냥 넘어 가기로 한다.

```
> data(father.son, package = "UsingR")
> head(father.son)
   fheight  sheight
1 65.04851 59.77827
2 63.25094 63.21404
3 64.95532 63.34242
4 65.75250 62.79238
5 61.13723 64.28113
6 63.02254 64.24221
> t.test(father.son$fheight, father.son$sheight, paired = TRUE)


	Paired t-test

data:  father.son$fheight and father.son$sheight
t = -11.789, df = 1077, p-value < 2.2e-16
alternative hypothesis: true difference in means is not equal to 0
95 percent confidence interval:
 -1.1629160 -0.8310296
sample estimates:
mean of the differences
          -0.9969728
```

검정 결과에서 우리는 귀무 가설을 기각하고, 아버지와 아들의 키는 다르다고 결론내릴 수 있다. 이 데이터를 시각화해 차이에 대한 밀도 곡선을 만들어보면 그림 18.7과 같이 된다. 결과를 보면 평균이 0 값에 있지 않고, 신뢰 구간이 0을 포함하고 있어서 검정 결과와 일치함을 알 수 있다.

---

3 이런 데이터는 기본적으로 독립적인 데이터가 아니라 상관관계에 있는 데이터이기 때문에 별도의 처리가 필요하다. – 옮긴이

```
> heightDiff <- father.son$fheight - father.son$sheight
> ggplot(father.son, aes(x=fheight - sheight)) +
+    geom_density() +
+    geom_vline(xintercept = mean(heightDiff)) +
+    geom_vline(xintercept = mean(heightDiff) +
+                2*c(-1, 1) * sd(heightDiff)/sqrt(nrow(father.son)),
+             linetype = 2)
```

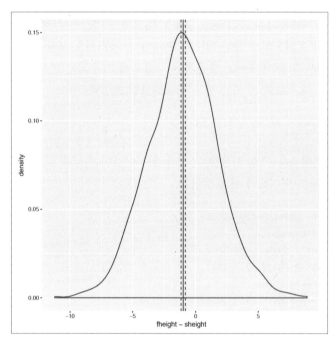

그림 18.7 아버지와 아들의 키 차이를 보여주는 밀도 곡선

18.4 ANOVA

두 그룹을 비교하고 나서, 자연스럽게 그다음 단계로 넘어가서 여러 그룹을 비교할 필요가 있다. 매해 수많은 기초 통계학 학생들은 분산분석ANOVA, analysis of variance에 대해 배우고 다음과 같은 공식을 암기하느라 고생한다.

$$F = \frac{\sum\limits_{i} n_i (\overline{Y}_i - \overline{Y})^2 / (K-1)}{\sum\limits_{ij} (Y_{ij} - \overline{Y}_i)^2 / (N-K)} \tag{18.7}$$

여기에서 n_i는 그룹 i에 있는 관측의 개수이고, $\overline{Y}_i$는 i 그룹의 평균, $\overline{Y}$는 전체 평균, Y_{ij}는 그룹 i의 j 번째 관측값이고, N은 전체 관측의 개수이고, K는 그룹의 개수다.

이 공식은 암기하기에 까다로울 뿐만 아니라 많은 학생에게 통계학에 대한 좌절감을 안기는 것이기도 하다. 그리고 그것은 그룹을 비교하는 약간 구식 방법이기도 하다. 그럼에도 불구하고 분산분석을 위한 함수가 존재한다. 여기서도 포뮬러를 사용하게 되는데, 왼쪽은 관심이 되는 변수이고 오른쪽은 그룹핑에 사용되는 변수를 지정한다. 여기서는 요일(금, 토, 일, 목요일)에 따른 팁을 비교해보려고 한다.

```
> tipAnova <- aov(tip ~ day - 1, tips)
```

포뮬러의 오른쪽에 day - 1을 사용했다. 처음에는 이것이 이상해 보일지 모르겠지만 -1 없이 해서 비교해보면 이해가 쉬울 것이다.

```
> tipIntercept <- aov(tip~day, tips)
> tipAnova$coefficients
  dayFri   daySat   daySun  dayThur
2.734737 2.993103 3.255132 2.771452
> tipIntercept$coefficients
(Intercept)      daySat      daySun     dayThur
 2.73473684  0.25836661  0.52039474  0.03671477
```

tip ~ day를 사용했을 때는 토요일, 일요일, 목요일, 그리고 절편값을 보여주는 반면, tip ~ day - 1은 금요일, 토요일, 일요일, 목요일에 대한 값이 있지만 절편값은 없다. 이런 절편의 중요성은 19장에서 좀 더 명확하게 설명할 것이다. 여기서는 절편을 두지 않는 것이 분석을 좀 쉽게 한다는 것에 만족하자.

분산분석은 그룹 간의 차이의 유무만을 따지지 어떤 그룹간에 차이가 있는지는 따지지는 않는다. 그래서 검정 결과에 대한 요약을 출력해보면 하나의 p-값만 출력한다.

```
> summary(tipAnova)
        Df Sum Sq Mean Sq F value Pr(>F)
day      4 2203.0   550.8   290.1 <2e-16 ***
```

```
Residuals 240   455.7     1.9
---
Signif. codes:  0 '***' 0.001 '**' 0.01 '*' 0.05 '.' 0.1 ' ' 1
```

검정의 결과는 통계적으로 유의한 p-값을 보여주기 때문에 그룹 간의 차이가 있는 것
으로 보인다. 이 결과를 플롯팅하는 가장 간단한 방법은 그룹 평균과 신뢰 구간을 플롯
팅해서 겹치는 것들을 찾아보는 것이다. 그림 18.8에 보면 일요일 팁이 목요일과 금요
일의 팁과는 다르다는 것을 보여준다(이 경우 90% 신뢰 구간을 사용했다).

```
> tipsByDay <- ddply(tips, "day", plyr::summarise,
+                    tip.mean = mean(tip), tip.sd = sd(tip),
+                    Length = NROW(tip),
+                    tfrac = qt(p=0.90, df = Length -1),
+                    Lower=tip.mean - tfrac*tip.sd /sqrt(Length),
+                    Upper = tip.mean + tfrac*tip.sd/sqrt(Length))
> ggplot(tipsByDay, aes(x = tip.mean, y = day)) + geom_point() +
+   geom_errorbarh(aes(xmin = Lower, xmax = Upper), height = 0.3)
```

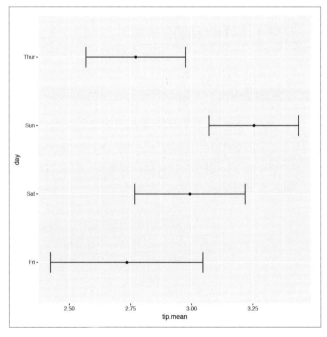

그림 18.8 각 요일별 팁 평균과 신뢰 구간. 이것을 보면 일요일은 목요일, 금요일과는 다른다는 것을 알 수 있다.

여기에서 nrow 함수 대신 NROW 함수를 사용한 것은 계산의 확실성을 보장하기 위함이다. nrow 함수는 데이터 프레임이나 행렬에 대해서만 적용할 수 있는데, NROW는 1차원을 갖는 객체인 경우에는 모두 그 개수를 반환한다.

```
> nrow(tips)
[1] 244
> NROW(tips)
[1] 244
> nrow(tips$tip)
NULL
> NROW(tips$tip)
[1] 244
```

분산분석의 결과를 확인하려면 모든 그룹의 쌍에 대해 t-검정을 18.3.2절과 같이 실행할 수도 있다. 전통적인 교과서에는 p-값을 조정해 다중 비교multiple comparison을 하도록 권고한다. 하지만 앤드류 겔만과 같은 학자들은 다중 비교를 신경 쓸 필요가 없다고도 한다.

분산분석의 대안은 절편이 없는 상태에서 하나의 카테고리형 변수를 갖고 선형 회귀를 실행하는 것인데, 이것은 19장에서 다룬다.

18.5 결론

숫자로 정리하는 작업 또는 가설 검정 등 R은 통계 작업에 사용할 수 있는 모든 함수들을 갖고 있다. 평균, 분산, 표준편차는 mean, var, sd 함수로 계산할 수 있고, 상관계수와 공분산은 cor, cov 함수를 사용해 계산한다. t-검정은 t.test 함수를 사용하고, 분산분석을 위해서 aov 함수를 사용한다.

19
선형 모형

통계학에서 선형 모형^{linear model}은 큰 비중을 차지하고 그중 회귀^{regression}는 정말 많이 사용된다. 원래 프랜시스 갈톤에 의해서 개발된 방법으로, 부모와 자녀 사이의 관계를 연구하기 위해서 개발됐고, 그 관계를 기술하면서 평균으로의 회귀^{regressing to the mean}이 라는 단어를 사용한 것에서 그 이름이 유래됐다. 이후 가장 흔히 사용되는 모형 기술로 사용됐고, 일반화 선형 모형^{generalized linear model}, 회귀 나무^{regression trees}, 벌점 회귀^{penalized regression} 등과 같은 많은 파생 모형을 낳았다. 이 장에서는 단순 회귀와 다중 회귀를 집 중 설명한다.

19.1 단순 선형 회귀

가장 간단한 형태의 회귀는 두 변수와의 관계를 결정하는 데 사용된다. 즉, 어떤 한 변 수가 주어졌을 때, 다른 변수로부터 어떤 값을 기대할 수 있는지 살펴볼 때 사용한다. 쉽게 배울 수 있고, 적은 노력으로도 상당한 분석을 할 수 있는 이 강력한 도구는 단순 선형 회귀^{simple linear regression}라는 방법이다.

더 자세히 다루기 전에 먼저 용어들을 명확히 하고 가자. 결과 변수^{outcome variable}(예측 하고자 하는 것)는 반응 변수^{response variable}라 불리고, 입력 변수(예측할 때 사용되는 것)는 예측 변수^{predictor}라 불린다. 통계학 이외의 분야에서는 다른 용어로도 많이 사용되는 데, 반응 변수와 같은 말로 측정 변수^{measured variable}, 결과 변수^{outcome variable}, 실험 변수 ^{experimental variable} 등이 사용되고, 예측 변수와 같은 말로 공변량^{covariate}, 피처^{feature}, 설명 변수^{explanatory variable}라는 용어들이 사용된다. 가장 좋지 않은 경우는 종속 변수(반응 변수)와 독립 변수(예측 변수)라는 용어다. 마지막 이 용어들은 잘못 붙여진 이름이다.

확률 이론에 따르면 변수 y가 변수 x에 의존하면, 변수 x는 변수 y에 대해 독립일 수가 없기 때문이다. 그래서 여기서는 반응 변수와 예측 변수라는 용어만 사용할 것이다.

단순 선형 회귀의 일반적인 아이디어는 예측 변수를 사용해 반응 변수의 어떤 평균값을 알아내려는 것이다. 그 관계를 따르면 다음과 같다.

$$y = a + bx + \epsilon \tag{19.1}$$

여기에서 b, a는 다음과 같다.

$$b = \frac{\sum_{i=1}^{n}(x_i - \bar{x})(y_i - \bar{y})}{\sum_{i=1}^{n}(x_i - \bar{x})^2} \tag{19.2}$$

$$a = \bar{y} - b \tag{19.3}$$

그리고 ϵ은 다음과 같이 정규분포를 따른다.

$$\epsilon \sim \mathcal{N}(0, \sigma^2) \tag{19.4}$$

앞의 식을 보면 이것은 본질적으로 y 절편이 a이고 기울기가 b인 직선이다. 아버지 키 데이터와 아들의 키 데이터의 관계를 단순 선형 회귀 모형을 사용해 플롯팅해보면 그림 19.1과 같이 된다. 이 경우 우리는 아버지의 키를 예측 변수로 사용하고 있고, 아들의 키를 반응 변수로 사용하고 있다. 점들 사이를 지나는 파란색 선은 회귀 직선을 가리키고, 선 주변의 회색 부분은 이 적합에 대한 불확실성을 나타낸다.

```
> data(father.son, package = "UsingR")
> library(ggplot2)
> head(father.son)
   fheight   sheight
1 65.04851 59.77827
2 63.25094 63.21404
3 64.95532 63.34242
4 65.75250 62.79238
5 61.13723 64.28113
6 63.02254 64.24221
> ggplot(father.son, aes(x = fheight, y = sheight)) +
+   geom_point() +
```

```
+    geom_smooth(method = "lm") +
+    labs(x = "Fathers", y = "Sons")
```

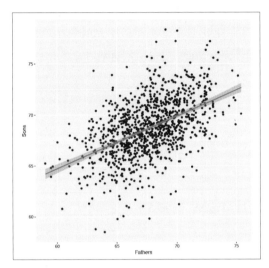

그림 19.1 단순 선형 회귀를 사용해 아버지의 키를 갖고 아들의 키를 예측하기. 아버지의 키가 예측 변수, 아들의 키는 반응 변수다. 점들 사이를 지나는 파란색 선은 회귀직선이고, 주변의 회색은 이 적합에 대한 불확실성을 나타낸다.

이 코드로 geom_smooth(method="lm")을 사용해 회귀 결과를 멋진 그래프를 보여주고 있지만, 우리가 사용할 수 있는 값을 만들어주지는 않았다. 실제로 회귀를 계산할 때는 lm 함수를 사용한다.

```
> heightsLM <- lm(sheight ~ fheight, data = father.son)
> heightsLM

Call:
lm(formula = sheight ~ fheight, data = father.son)

Coefficients:
(Intercept)      fheight
    33.8866       0.5141
```

여기서도 포뮬러를 사용해 반응 변수인 sheight와 예측 변수인 fheight와의 관계를 명시했다. 절편은 자동으로 추가된다. 그 결과를 보면 절편에 대한 계수와 fheight 예측 변수의 기울기를 알 수 있다. 이 의미는 아버지의 키가 1인치 커지면 아들의 키는 0.5

인치 커질 것으로 예측된다는 의미다. 여기서 절편은 아버지의 키가 0일 때 아들의 키를 의미하므로 그런 상황이란 불가능한 것이므로 의미가 없다.

이와 같이 계수에 대한 점 추정도 좋지만, 표준 오차가 없다면 그렇게 도움이 되지 못한다. 표준 오차는 추정에 대한 불확실한 정도를 보여주기 때문이다. 모형에 대한 전체 레포트를 빠르게 볼 때는 summary 함수를 사용한다.

```
> summary(heightsLM)

Call:
lm(formula = sheight ~ fheight, data = father.son)

Residuals:
    Min     1Q  Median     3Q     Max
-8.8772 -1.5144 -0.0079  1.6285  8.9685

Coefficients:
            Estimate Std. Error t value Pr(>|t|)
(Intercept) 33.88660    1.83235   18.49   <2e-16 ***
fheight      0.51409    0.02705   19.01   <2e-16 ***
---
Signif. codes:  0 '***' 0.001 '**' 0.01 '*' 0.05 '.' 0.1 ' ' 1

Residual standard error: 2.437 on 1076 degrees of freedom
Multiple R-squared:  0.2513,    Adjusted R-squared:  0.2506
F-statistic: 361.2 on 1 and 1076 DF,  p-value: < 2.2e-16
```

이 함수는 모형에 대한 상당히 많은 정보를 출력한다. 표준 오차, t-검정 값, 계수에 대한 p-값, 자유도, 잔차 요약 통계량(자세한 것은 21.1절에서 다룬다.), F-검정 결과 등이다. 이런 것들은 모형의 적합도를 진단하기 위한 정보들로 다중 회귀를 다루는 19.2절에서 더 자세히 설명할 것이다.

19.1.1 분산분석 대신 회귀 사용

18.4절에서 설명한 분산분석 대신 회귀를 사용할 수 있다. 이 경우에는 하나의 카테고리형 변수와 절편 없이 회귀직선을 구한다. 사례로 reshape2 패키지의 tips 데이터를 사용해 회귀 모형을 구한다.

```
> data(tips, package = "reshape2")
> head(tips)
  total_bill  tip    sex smoker day   time size
1      16.99 1.01 Female     No Sun Dinner    2
2      10.34 1.66   Male     No Sun Dinner    3
3      21.01 3.50   Male     No Sun Dinner    3
4      23.68 3.31   Male     No Sun Dinner    2
5      24.59 3.61 Female     No Sun Dinner    4
6      25.29 4.71   Male     No Sun Dinner    4
> tipsAnova <- aov(tip ~ day - 1, data = tips)
>
> # day - 1로 지정하는 것은 모형에 절편을 포함시키지 않게 하려는 것이다.
> # 카테고리형 변수 day의 각 레벨에 대해 자동으로 계수가 구해진다.
> tipsLM <- lm(tip ~ day - 1, data = tips)
> summary(tipsAnova)
           Df Sum Sq Mean Sq F value Pr(>F)
day          4 2203.0   550.8   290.1 <2e-16 ***
Residuals  240  455.7     1.9
---
Signif. codes:  0 '***' 0.001 '**' 0.01 '*' 0.05 '.' 0.1 ' ' 1
> summary(tipsLM)

Call:
lm(formula = tip ~ day - 1, data = tips)

Residuals:
    Min     1Q  Median     3Q     Max
-2.2451 -0.9931 -0.2347  0.5382  7.0069

Coefficients:
       Estimate Std. Error t value Pr(>|t|)
dayFri   2.7347     0.3161   8.651 7.46e-16 ***
daySat   2.9931     0.1477  20.261  < 2e-16 ***
daySun   3.2551     0.1581  20.594  < 2e-16 ***
```

```
dayThur    2.7715     0.1750  15.837  < 2e-16 ***
---
Signif. codes:  0 '***' 0.001 '**' 0.01 '*' 0.05 '.' 0.1 ' ' 1

Residual standard error: 1.378 on 240 degrees of freedom
Multiple R-squared:  0.8286,    Adjusted R-squared:  0.8257
F-statistic: 290.1 on 4 and 240 DF,  p-value: < 2.2e-16
```

두 경우에서 F-통계량 또는 F-값, 자유도가 같다는 점에 주목한다. 이것은 분산분석과 회귀가 하나의 기원에서 유래된 것으로, 본질적으로 같은 분석을 하기 때문이다. 계수와 표준 오차를 시각화해서 봤을 때도 같은 결과를 보인다. 이것은 그림 19.2에 제시돼 있다. 평균에 대한 점 추정값과 신뢰 구간도 비슷하다. 약간의 차이는 서로 다른 계산법을 사용하기 때문이다.

```r
> # 평균과 신뢰 구간을 매뉴얼로 계산한다.
> library(dplyr)
> tipsByDay <- tips %>%
+   group_by(day) %>%
+   dplyr::summarize(
+     tip.mean = mean(tip), tip.sd = sd(tip),
+     Length = NROW(tip),
+     tfrac = qt(p =0.9, df = Length -1),
+     Lower = tip.mean - tfrac * tip.sd / sqrt(Length),
+     Upper = tip.mean + tfrac * tip.sd /sqrt(Length)
+     )
>
> # tipsLM의 요약에서 값을 추출
> tipsInfo <- summary(tipsLM)
> tipsCoef <- as.data.frame(tipsInfo$coefficients[, 1:2])
> tipsCoef <- within(tipsCoef, {
+   Lower <- Estimate - qt(p=0.90, df = tipsInfo$df[2]) * `Std. Error`
+   Upper <- Estimate + qt(p= 0.90, df = tipsInfo$df[2]) * `Std. Error`
+   day <- rownames(tipsCoef)
+   })
> ggplot(tipsByDay, aes(x = tip.mean, y = day)) +
+   geom_point() +
+   geom_errorbarh(aes(xmin = Lower, xmax = Upper), height = 0.3) +
+   ggtitle("Tips by day calculated manually")
```

```
>
> ggplot(tipsCoef, aes(x = Estimate, y = day)) +
+   geom_point() +
+   geom_errorbarh(aes(xmin = Lower, xmax = Upper), height = 0.3) +
+   ggtitle("Tips by day calculated from regression model")
```

다음의 패키지를 부착합니다: 'dplyr'
The following objects are masked from 'package:stats':

    filter, lag
The following objects are masked from 'package:base':

    intersect, setdiff, setequal, union

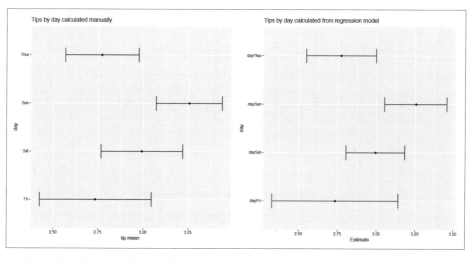

그림 19.2 회귀 모형과 손수 계산한 회귀 계수와 신뢰 구간. 평균에 대한 점 추정값은 동일하고, 신뢰 구간은 상당히 유사하다.
이것은 약간 다른 계산법을 쓰기 때문이다. y축 레이블 역시 다른데, lm 함수가 팩터의 레벨을 추적하기 때문이다.

새로운 함수와 새로운 개념들이 여기서 사용됐다. 먼저 within 함수를 소개했는데, 이
것은 with 함수와 비슷하게 데이터 프레임에서 열을 가리킬 때 사용할 수 있다. with와
는 달리 새로운 열을 만드는 것이 가능하다. 이 함수를 대신해 dplyr 패키지의 mutate
함수가 주로 사용되므로 알아두는 것이 좋다. 두 번째는 열 이름 가운데 Std. Error가
있는데, 이것은 중간 공백을 갖고 있다. 이렇게 이름에 공백 등을 갖고 있는 데이터 프
레임의 열 이름을 가리킬 때는 이것을 백틱(`)으로 둘러싼다.

19.2 다중 회귀

단순 회귀 회귀를 논리적으로 확장한 것이 다중 회귀다. 다중 회귀에서는 복수의 예측 인자predictors를 다룰 수 있다. 기본 생각은 비슷하다. 예측 인자를 갖고 반응 변수를 예측[1]하거나 추론하는 것이다. 다중 회귀를 기술하기 위해서는 행렬 연산을 사용하는 것이 편리한데, lm 함수를 갖고 그다지 어려움 없이 다중 회귀를 실행할 수 있다.

이 경우에 반응 변수와 p 개의 예측 인자는 다음과 같이 모형화할 수 있다.

$$Y = X\beta + \epsilon \tag{19.5}$$

여기에서 Y는 $n \times 1$ 반응 변수 벡터다.

$$Y = \begin{bmatrix} Y_1 \\ Y_2 \\ Y_3 \\ \vdots \\ Y_n \end{bmatrix} \tag{19.6}$$

X는 $n \times p$ 매트릭스다. 절편을 고려하지 않을 때는 n 행에 $p-1$ 예측 인자를 고려한다.

$$X = \begin{bmatrix} 1 & X_{11} & X_{12} & \dots & X_{1,p-1} \\ 1 & X_{21} & X_{22} & \dots & X_{2,p-1} \\ \vdots & \vdots & \vdots & \ddots & \vdots \\ 1 & X_{n1} & X_{n2} & \dots & X_{n,p-1} \end{bmatrix} \tag{19.7}$$

β는 $p \times 1$차원을 가진 계수들로 구성된 벡터다. 하나가 하나의 예측 인자와 절편에 대응하는 것이다.

$$\beta = \begin{bmatrix} \beta_0 \\ \beta_1 \\ \beta_2 \\ \vdots \\ \beta_{p-1} \end{bmatrix} \tag{19.8}$$

---

1 예측(prediction)은 알려진 예측 인자를 갖고 모르는 반응 변수를 예측하는 것을 말하고, 추론은 예측 인자들이 반응 변수에 어떻게 영향을 주는지 이해하는 것이다.

ϵ은 $n \times 1$차원을 가진 벡터이고, 이 값은 정규분포를 하는 에러다.

$$\epsilon = \begin{bmatrix} \epsilon_1 \\ \epsilon_2 \\ \epsilon_3 \\ \vdots \\ \epsilon_n \end{bmatrix} \tag{19.9}$$

그리고 이 값은 다음과 같이 표시할 수 있다.

$$\epsilon_i \sim \mathcal{N}(0, \sigma^2 \boldsymbol{I}) \tag{19.10}$$

앞에서 살펴본 단순 회귀보다 복잡해 보이지만 계산은 더 쉬워진다.

계수에 대한 해법을 행렬로 표시해보면 다음과 같다.

$$\hat{\boldsymbol{\beta}} = (\boldsymbol{X}^T \boldsymbol{X})^{-1} \boldsymbol{X}^T \boldsymbol{Y} \tag{19.11}$$

실제로 적용해보기 위해서 2011년에서 2012년 사이의 뉴욕시 콘도(우리 나라에서 쓰는 콘도라는 개념이 아니라 아파트와 비슷한 주거 시설)에 대한 평가 데이터를 갖고 설명한다. 이 데이터는 뉴욕시가 제공하는 공공 데이터에서 온 것이다. NYC Open Data는 더 투명하고, 더 나은 정부를 지향하기 위해서 출범했다. 이 서비스는 시가 제공하는 공공 서비스에 대한 데이터를 공개해 분석하고, 이것을 기반으로 앱 등을 만들 수 있다고 한다. http://www.bigapps.nyc에서 자세한 내용을 볼 수 있다. 이 서비스는 아주 인기가 있어서 관련된 수백 개의 앱들이 만들어졌고, 이후 시카고나 와싱턴 DC 같은 시에서도 채용됐다. 관련된 서비스들은 https://opendata.cityofnewyork.us 웹 사이트를 참고한다.

원래의 데이터는 맨해튼Manhanttan[2], 브루클린Brooklyn[3], 퀸즈Qeens[4], 브롱크스Bronx[5], 스태튼 아일랜드Staten[6]과 같은 지역구별로 구분됐고, 우리가 필요로 하지 않는 데이터들도 많

2　https://data.cityofnewyork.us/Housing-Development/DOF-Condominium-Comparable-Rental-Income-Manhattan/dvzp-h4k9

3　https://data.cityofnewyork.us/Housing-Development/DOF-Condominium-Comparable-Rental-Income-Brooklyn-/bss9-579f

4　https://data.cityofnewyork.us/Housing-Development/DOF-Condominium-Comparable-Rental-Income-Queens-FY/jcih-dj9q

5　https://data.cityofnewyork.us/Housing-Development/DOF-Condominium-Comparable-Rental-Income-Bronx-FY-/3qfc-4tta

6　https://data.cityofnewyork.us/Housing-Development/DOF-Condominiu-Comparable-Rental-Income-Staten-Is/tkdy-59zg

이 있다. 그래서 우리는 5개의 파일을 하나로 합치고, 열 이름을 정리한 다음, https://www.jaredlander.com/data/housing.csv에 올려뒀다. 데이터에 접근하기 위해서는 URL을 갖고 로컬 파일로 다운로드하거나 read.table 함수를 사용해 URL을 통해서 직접 읽을 수 있다.

```
> housing <- read.table("https://www.jaredlander.com/data/housing.csv",
+                       sep = ",", header = TRUE,
+                       stringsAsFactors = FALSE)
```

앞에서 본 read.table 함수에 대해 몇 가지 되짚어보자. sep 인자에 콤마를 지정해 값을 구분하는 것이 콤마로 돼 있음을 알리고, header로 첫 행이 열 이름으로 쓴다는 것을 지정한다. stringsAsFactors는 FALSE를 지정하면 문자열으로 자동으로 팩터로 변화시키는 것을 막을 수 있다. 데이터를 보면 열 이름들이 그다지 좋아 보이지 않아서 새로 명명한다.[7]

```
> names(housing) <- c("Neighborhood", "Class", "Units", "YearBuilt",
+                      "SqFt", "Income", "IncomePerSqFt", "Expense",
+                      "ExpensePerSqFt", "NetIncome", "Value",
+                      "ValuePerSqFt", "Boro")
> head(housing)
  Neighborhood          Class Units YearBuilt    SqFt   Income
1    FINANCIAL R9-CONDOMINIUM    42      1920   36500  1332615
2    FINANCIAL R4-CONDOMINIUM    78      1985  126420  6633257
3    FINANCIAL RR-CONDOMINIUM   500        NA  554174 17310000
4    FINANCIAL R4-CONDOMINIUM   282      1930  249076 11776313
5      TRIBECA R4-CONDOMINIUM   239      1985  219495 10004582
6      TRIBECA R4-CONDOMINIUM   133      1986  139719  5127687
  IncomePerSqFt Expense ExpensePerSqFt NetIncome    Value ValuePerSqFt
1         36.51  342005           9.37    990610  7300000       200.00
2         52.47 1762295          13.94   4870962 30690000       242.76
3         31.24 3543000           6.39  13767000 90970000       164.15
4         47.28 2784670          11.18   8991643 67556006       271.23
5         45.58 2783197          12.68   7221385 54320996       247.48
6         36.70 1497788          10.72   3629899 26737996       191.37
      Boro
```

---

7 이 파일을 https://www.jaredlander.com/data/housing.csv에서 복사해보면 이미 고친 상태로 돼 있을 것이다.

```
1 Manhattan
2 Manhattan
3 Manhattan
4 Manhattan
5 Manhattan
6 Manhattan
```

이 데이터에서 반응 변수는 평방피트당 가격^{value for square foot}이고, 나머지는 모두 예측 변수로 사용한다. 우리는 수입과 지출 변수는 무시하려고 하는데, 그 이유는 콘도를 분석과는 다소 동떨어진 모호한 데이터이기 때문이다. 가장 먼저 해볼 일은 데이터를 탐색해보는 것이다. 제일 먼저 할 일은 반응 변수인 **ValuePerSqFt**에 대한 히스토그램으로 그림 19.3과 같다.

```
> ggplot(housing, aes(x=ValuePerSqFt)) +
+   geom_histogram(binwidth=10) + labs(x="Value per Square Foot")
```

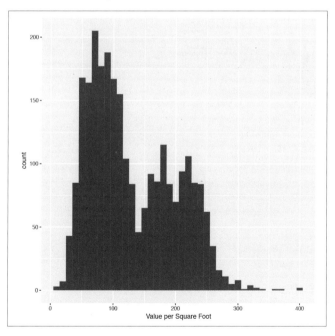

그림 19.3 뉴욕시 콘도의 가격에 대한 히스토그램. 봉우리가 2개 있다(bimodal).

히스토그램이 2개의 봉우리를 보인다는 것은 무엇인가 더 탐구할 필요가 있음을 의미한다. 그림 19.4a는 색깔을 달리해서 지역구별로 플롯팅해본 것이고, 그림 19.4b는 지역구별로 패시팅한 것이다.

```
> ggplot(housing, aes(x=ValuePerSqFt, fill=Boro)) +
+   geom_histogram(binwidth=10) + labs (x="Value per Square Foot")
>
> ggplot(housing, aes(x=ValuePerSqFt, fill=Boro)) +
+   geom_histogram(binwidth=10) + labs (x="Value per Square Foot")
+   facet_wrap(~Boro)
```

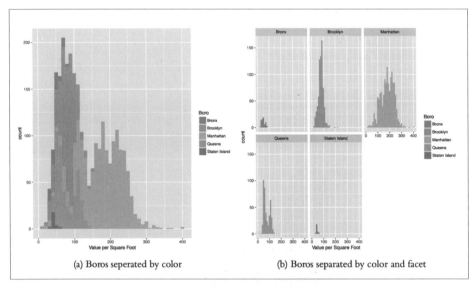

(a) Boros seperated by color   (b) Boros separated by color and facet

그림 19.4 피트당 가격에 대한 히스토그램. 이것은 보면 브루클린과 퀸즈가 하나의 봉우리를, 맨하탄이 또 다른 봉우리를 형성하고, 브롱크스와 스태픈아일랜드는 데이터가 많지 않음을 알 수 있다.

다음은 면적(평방피트)과 세대의 개수에 대해 히스토그램을 그려보자.

```
> ggplot(housing, aes(x=SqFt)) + geom_histogram()
>
> ggplot(housing, aes(x=Units)) + geom_histogram()
>
> ggplot(housing[housing$Units < 1000, ], aes(x=SqFt)) + geom_histogram()
>
```

```
> ggplot(housing[housing$Units < 1000, ], aes(x=Units)) + geom_histogram()
> p11 <- ggplot(housing, aes(x=SqFt)) + geom_histogram()
>
> p22 <- ggplot(housing, aes(x=Units)) + geom_histogram()
>
> p33 <- ggplot(housing[housing$Units < 1000, ], aes(x=SqFt)) + geom_histogram()
>
> p44 <- ggplot(housing[housing$Units < 1000, ], aes(x=Units)) + geom_histogram()
> gridExtra::grid.arrange(p11, p22, p33, p44, nrow = 2)
```

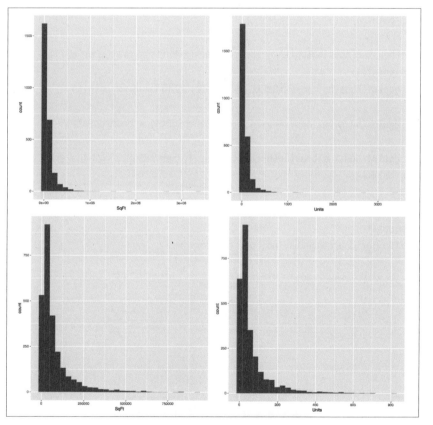

그림 19.5 총 평방피트와 세대의 개수에 대한 히스토그램. 위 2개의 그래프가 심하게 오른쪽으로 치우쳐 있어서(Right-skewed) 1,000단위 이상 되는 것들은 제외해 아래에 플롯팅했다.

그림 19.5를 보면 믿을 수 없을 정도로 많은 세대를 갖고 있는 빌딩들이 꽤 있다. 그림 19.6은 평방피트당 가격을 면적과 세대수에 따라 산점도를 그려본 것이다. 이상점을 포함한 것과 포함시키지지 않은 것도 모두 플롯팅했다. 이것을 보면 분석에서 이상점을 포함시키는 것이 좋은지, 빼는 것이 좋은지 아이디어를 얻을 수 있다.

```
> ggplot(housing, aes(x=SqFt, y=ValuePerSqFt)) + geom_point()
>
> ggplot(housing, aes(x=Units, y=ValuePerSqFt)) + geom_point()
>
> ggplot(housing[housing$Units < 1000, ], aes(x=SqFt, y=ValuePerSqFt)) +
+   geom_point()
>
> ggplot(housing[housing$Units < 1000, ], aes(x=Units, y=ValuePerSqFt)) +
+   geom_point()
> pa <- ggplot(housing, aes(x=SqFt, y=ValuePerSqFt)) + geom_point()
>
> pb <- ggplot(housing, aes(x=Units, y=ValuePerSqFt)) + geom_point()
>
> pc <- ggplot(housing[housing$Units < 1000, ], aes(x=SqFt, y=ValuePerSqFt)) +
+   geom_point()
>
> pd <- ggplot(housing[housing$Units < 1000, ], aes(x=Units, y=ValuePerSqFt)) +
+   geom_point()
> gridExtra::grid.arrange(pa, pb, pc, pd, nrow = 2)
```

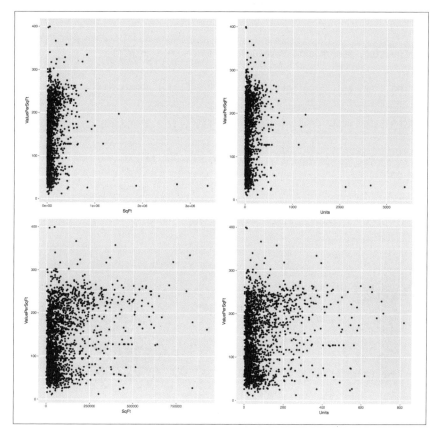

그림 19.6 평방피드당 가격 대 평방피트, 평방피트당 가격 대 세대수에 따른 산점도

```
> # 몇 개나 제거해야 하는가?
>
> sum(housing$Units >= 1000)
[1] 6
> # 그것들을 제거한다.
>
> housing <- housing[housing$Units < 1000, ]
```

이상점을 제거하고 난 후에도 데이터에 로그 변환을 하는 것이 좋을 것 같다는 느낌이
든다. 그림 19.7과 그림 19.8은 평방피트와 세대수에 로그를 사용해 변환한 것인데, 이
것은 모형화에 도움이 될 것으로 보인다.

```
> # ValuePerSqFt 대 SqFt 플롯
>
> ggplot(housing, aes(x=SqFt, y=ValuePerSqFt)) + geom_point()
>
> ggplot(housing, aes(x=log(SqFt), y=ValuePerSqFt)) + geom_point()
>
> ggplot(housing, aes(x=SqFt, y=log(ValuePerSqFt))) + geom_point()
>
> ggplot(housing, aes(x=log(SqFt), y=log(ValuePerSqFt))) +
+     geom_point()
```

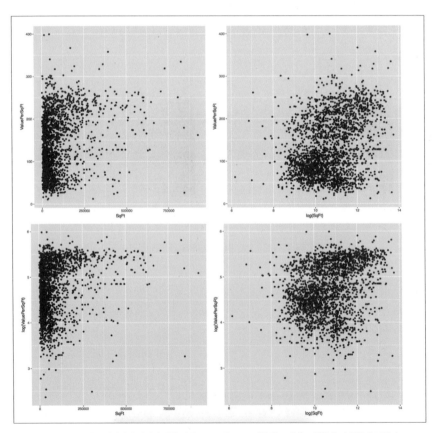

그림 19.7 가격과 면적과의 관계에 대한 산점도. SqFt를 로그 변환하는 것이 모형화에 더 유용해 보인다.

```
> # ValuePerSqFt 대 Units 플롯
>
> ggplot(housing, aes(x=Units, y=ValuePerSqFt)) + geom_point()
>
> ggplot(housing, aes(x=log(Units), y=ValuePerSqFt)) + geom_point()
>
> ggplot(housing, aes(x=Units, y=log(ValuePerSqFt))) + geom_point()
>
> ggplot(housing, aes(x=log(Units), y=log(ValuePerSqFt))) + geom_point()
```

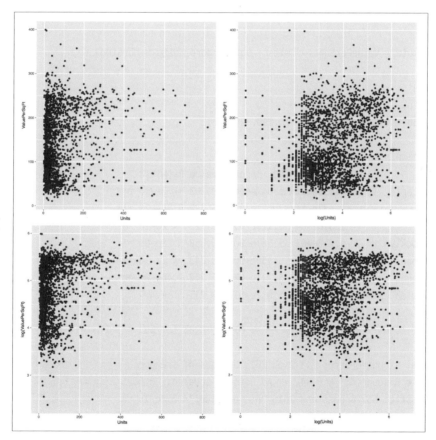

그림 19.8 가격과 세대수에 대한 산점도. 이 경우에는 로그 변환하는 것이 도움이 될지 좀 의심스럽다.

데이터의 이모저모를 살펴봤으므로 모형화를 시작할 시간이다. 그림 19.4에서 지역구를 구분해보는 것이 중요함을 알았으며, 다양한 산점도를 통해서 Units과 SqFt 역시 중요하다는 것을 파악했다.

모형 적합을 할 때는 lm 함수에 포뮬러를 사용한다. 여기서는 복수의 예측 인자를 갖고 작업하기 때문에 포뮬러의 오른쪽에 각 예측 인자를 +로 추가한다.

```
> house1 <- lm(ValuePerSqFt ~ Units + SqFt + Boro, data=housing)
>
> summary(house1)

Call:
lm(formula = ValuePerSqFt ~ Units + SqFt + Boro, data = housing)

Residuals:
     Min       1Q   Median       3Q      Max
-168.458  -22.680    1.493   26.290  261.761

Coefficients:
                   Estimate Std. Error t value Pr(>|t|)
(Intercept)       4.430e+01  5.342e+00   8.293  < 2e-16 ***
Units            -1.532e-01  2.421e-02  -6.330 2.88e-10 ***
SqFt              2.070e-04  2.129e-05   9.723  < 2e-16 ***
BoroBrooklyn      3.258e+01  5.561e+00   5.858 5.28e-09 ***
BoroManhattan     1.274e+02  5.459e+00  23.343  < 2e-16 ***
BoroQueens        3.011e+01  5.711e+00   5.272 1.46e-07 ***
BoroStaten Island -7.114e+00  1.001e+01  -0.711    0.477
---
Signif. codes:  0 '***' 0.001 '**' 0.01 '*' 0.05 '.' 0.1 ' ' 1

Residual standard error: 43.2 on 2613 degrees of freedom
Multiple R-squared:  0.6034,    Adjusted R-squared:  0.6025
F-statistic: 662.6 on 6 and 2613 DF,  p-value: < 2.2e-16
```

어떤 R 버전에서는 Boro 변수가 팩터로 변환돼 사용됐다는 경고문을 볼 수 있을 것이다. 이것은 Boro가 문자열로 저장돼 있는데, 모형화를 위해서는 모델링 함수 안에서 팩터 클래스에 지표 변수^{indicator variable}로 변환돼 사용되기 때문이다. 이런 내용은 5.1절에서 설명한 바 있다.

summary 함수는 모형에 대한 정보를 출력한다. 함수가 호출된 방법, 잔차에 대한 분위 수, 계수의 추정값, 표준 에러, 각 변수에 대한 p-값, 자유도, 모형에 대한 p-값, F-통계량 등을 볼 수 있다. 브롱크스에 대한 계수는 보이지 않는다. 이것은 Boro 변수의 레벨에서 브롱크스가 베이스 라인으로 사용되기 때문이다. 그래서 Boro 계수들은 모두 이 값에 대한 상대적인 값이 된다.

계수들은 예측 인자가 반응 인자에 미치는 영향, 표준 오차는 계수를 추정할 때의 불확실성을 나타낸다. 계수들의 t 값(t-통계량)과 p-값은 통계적 유의성의 정도를 말하는데, 이들은 주의해서 해석해야 한다. 왜냐하면, 최근 데이터 과학자들은 개별적인 계수들의 통계학적인 유의성보다는 모형 전체에 대해 판단하는 것을 중요하기 때문이다. 이 내용은 21장에서 논의된다.

모형에 대한 p-값과 F-통계량은 모형에 대한 적합도goodness of fit에 대한 척도다. 회귀에 대한 자유도는 관측값의 개수에서 계수의 숫자를 뺀 값이 된다. 이 사례에서는 nrow(housing) - length(coef(house1))= 2613이 된다.

모형에 대한 계수들을 가장 빨리 얻는 방법은 coef 함수를 사용하거나 모형 객체에 대해 $ 연산자를 사용해 모형에 있는 계수들을 가져오는 것이다.

```
> house1$coefficients
       (Intercept)            Units            SqFt       BoroBrooklyn
      4.430325e+01    -1.532405e-01    2.069727e-04       3.257554e+01
     BoroManhattan       BoroQueens BoroStaten Island
      1.274259e+02     3.011000e+01    -7.113688e+00
> coef(house1)
       (Intercept)            Units            SqFt       BoroBrooklyn
      4.430325e+01    -1.532405e-01    2.069727e-04       3.257554e+01
     BoroManhattan       BoroQueens BoroStaten Island
      1.274259e+02     3.011000e+01    -7.113688e+00
> # coef 함수와 같다.
> coefficients(house1)
       (Intercept)            Units            SqFt       BoroBrooklyn
      4.430325e+01    -1.532405e-01    2.069727e-04       3.257554e+01
     BoroManhattan       BoroQueens BoroStaten Island
      1.274259e+02     3.011000e+01    -7.113688e+00
```

반복해 이야기하지만, 우리는 정보를 표로 보기보다는 시각화하는 것을 선호한다. 회귀 결과를 시각화하는 가상 좋은 방법은 그림 19.2와 비슷한 계수 플롯을 만들어보는 것이다. 우리들이 만든 coefplot 패키지를 사용하면 바닥부터 코딩하지 않아도 된다. 그림 19.9에 결과를 볼 수 있다. 각 계수들이 굵은 선상의 하나의 점으로 제시돼 있다. 선은 표준 오류에 대한 신뢰 구간을 말한다. 수직선은 값이 0인 지점이다. 일반적으로 2 표준 에러의 신뢰 구간이 0을 포함하지 않으면 통계적으로 유의하다고 볼 수 있다.

```
> library(coefplot)
> coefplot(house1)
```

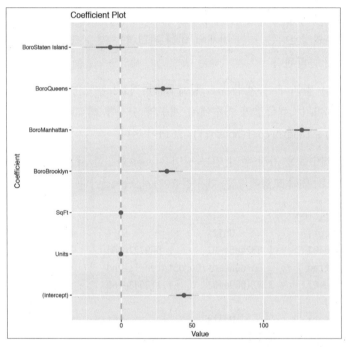

그림 19.9 콘도 가격에 대한 회귀 분석을 했을 때의 계수 플롯

그림 19.9를 보면 기대했던 것과 같이 맨하탄이 평방피트당 가격에 가장 큰 영향을 주고 있음을 알 수 있다. 놀랍게도 세대수와 면적은 그다지 가격에 영향을 주지 않는다는 사실도 알 수 있다. 이 모형은 순수하게 덧셈 항addictive term으로만 구성돼 있다. 변수 간의 상호작용interaction이 똑같이 영향을 줄 수 있다. 상호작용을 포뮬러에 포함시키려면 원하는 변수를 * 기호를 사용해 추가한다. 그렇게 하면 개별 변수의 효과에 상호작용 효과가 모두 계산된다. 개별 변수의 효과는 포함시키지 않고, 상호작용만 보고자 한다면 * 대신 :를 사용한다. 이런 상호작용을 적용시켜 본 결과는 그림 19.10과 같다.

```
> house2 <- lm(ValuePerSqFt ~ Units * SqFt + Boro, data=housing)
>
> house3 <- lm(ValuePerSqFt ~ Units : SqFt + Boro, data=housing)
>
> house2$coefficients
> house3$coefficients
> coefplot(house2)
> coefplot(house3)
```

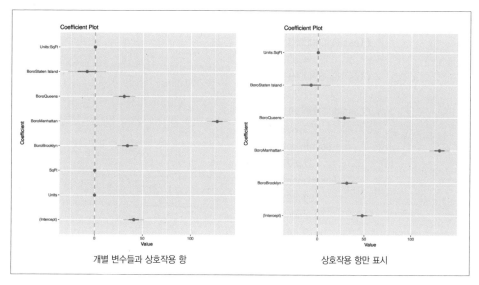

개별 변수들과 상호작용 항   상호작용 항만 표시

그림 19.10 상호작용 항을 가진 모형의 계수 플롯. 왼쪽은 개별 변수와 상호작용 항을 갖고 있고,
오른쪽은 상호작용 항만 갖고 있는 경우다.

만약 3개의 변수가 서로 상호 작용을 한다면, 그 결과는 3개의 상호작용을 동시에 고려
한 것, 2개 끼리의 상호작용, 개별 변수의 효과를 모두 보여준다.

```
> house4 <- lm(ValuePerSqFt ~ SqFt*Units*Income, housing)
> house4$coefficients
     (Intercept)            SqFt             Units           Income
    1.116433e+02    -1.694688e-03      7.142611e-03     7.250830e-05
       SqFt:Units      SqFt:Income      Units:Income SqFt:Units:Income
     3.158094e-06    -5.129522e-11     -1.279236e-07      9.107312e-14
```

하나의 연속 변수와 팩터에 대한 상호작용 항을 넣으면, 연속 변수에 대한 계수와 팩터에서 베이스라인을 제외한 레벨들에 대한 계수, 연속 변수에 베이스라인을 제외한 레벨들 간의 상호 작용에 따라서 계수가 구해진다. 2개 이상의 팩터 변수끼리의 상호작용 항을 넣으면, 베이스라인 레벨을 제외한 레벨끼리의 조합에 따라 계수가 구해진다.

```
> house5 <- lm(ValuePerSqFt ~ Class*Boro, housing)
>
> house5$coefficients
                            (Intercept)
                              47.041481
                   ClassR4-CONDOMINIUM
                               4.023852
                   ClassR9-CONDOMINIUM
                              -2.838624
                   ClassRR-CONDOMINIUM
                               3.688519
                           BoroBrooklyn
                              27.627141
                          BoroManhattan
                              89.598397
                             BoroQueens
                              19.144780
                      BoroStaten Island
                              -9.203410
   ClassR4-CONDOMINIUM:BoroBrooklyn
                               4.117977
   ClassR9-CONDOMINIUM:BoroBrooklyn
                               2.660419
   ClassRR-CONDOMINIUM:BoroBrooklyn
                             -25.607141
   ClassR4-CONDOMINIUM:BoroManhattan
                              47.198900
   ClassR9-CONDOMINIUM:BoroManhattan
                              33.479718
   ClassRR-CONDOMINIUM:BoroManhattan
                              10.619231
     ClassR4-CONDOMINIUM:BoroQueens
                              13.588293
     ClassR9-CONDOMINIUM:BoroQueens
```

```
                            -9.830637
        ClassRR-CONDOMINIUM:BoroQueens
                           34.675220
  ClassR4-CONDOMINIUM:BoroStaten Island
                                  NA
  ClassR9-CONDOMINIUM:BoroStaten Island
                                  NA
  ClassRR-CONDOMINIUM:BoroStaten Island
                                  NA
```

어느 모형을 보더라도 계수 플롯을 봤을 때 SqFt, Units은 통계적으로 유의해 보이지 않는다. 그렇지만 계수 플롯을 확대해보면 그림 19.11과 같이 이 값들이 정말로 0은 아니라는 것을 알 수 있다.

```
> coefplot(house1, sort='mag') + scale_x_continuous(limits=c(-.25, .1))
> coefplot(house1, sort='mag') + scale_x_continuous(limits=c(-.0005, .0005))
```

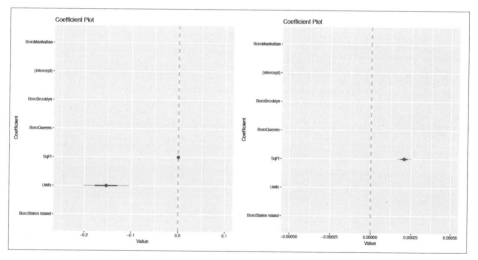

그림 19.11 house1 모형을 확대해 본 플롯

이것은 스케일링의 문제일 수 있다. Boro 변수에 대한 인디케이터는 0 또는 1 값을 가질 수 있지만, Units 변수는 1에서 818까지, SqFt는 478에서 925,645까지 값을 가질 수 있다. 이 문제는 변수들을 표준화(또는 스케일링) 방법으로 해결할 수 있다. 표준화하는 방법은 여러 가지가 있지만, 보통 실제 값에서 평균을 뺀 값을 표준편차로 나누는 방법을 많이 사용한다. 이와 같이 바꿔 계산하면, 모형의 결과는 수학적으로 같지만 모형 계수들과 절편은 다른 값을 갖게 된다. 앞에서는 어떤 계수는 예측 변수의 단위가 1 바뀔 때마다 응답 변수가 얼마나 바뀌는지를 나타내지만, 이렇게 표준화한 다음에는 예측 변수가 1 표준편차가 바뀔 때마다 반응 변수가 얼마나 바뀌는지로 바뀐다. 표준화 과정은 포뮬러 안에서 지정할 수 있고, scale 함수를 사용한다.

```
> house1.b <- lm(ValuePerSqFt ~ scale(Units) + scale(SqFt) + Boro, data=housing)
> coefplot(house1.b, sort='mag')
```

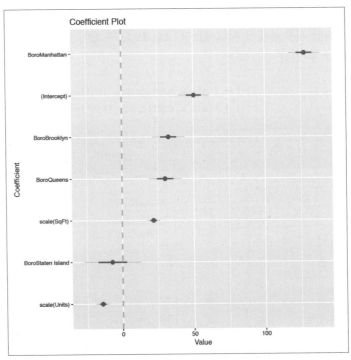

그림 19.12 Units과 SqFt를 표준화한 모형의 계수 플롯. 이것은 보면 세대수가 작을수록,
면적이 클수록 가격이 높아진다는 것을 알 수 있다.

그림 19.2에서 모형 계수는 SqFt가 1 표준편차 변하면 ValuePerSqFt는 21.95만큼 바뀐다는 것을 알 수 있다. 그리고 Units은 반대의 영향을 주고 있다. 그래서 세대수가 작을수록, 면적이 클수록 건물 가격이 높아진다는 의미다.

또 다른 방법은 Units과 SqFt에 대한 비를 하나의 변수로 높고 검정을 실행하는 것이다. 포뮬러 안에서 하나의 변수를 다른 변수로 나누기 위해서는 나누는 계산식을 I 함수로 감싸야 한다.

```
> house6 <- lm(ValuePerSqFt ~ I(SqFt/Units) + Boro, housing)
> house6$coefficients
       (Intercept)      I(SqFt/Units)        BoroBrooklyn       BoroManhattan
      43.754838763        0.004017039        30.774343209       130.769502685
        BoroQueens BoroStaten Island
      29.767922792       -6.134446417
```

I 함수는 포뮬러 안에서 수학적인 관계를 유지하기 위해 사용하는 것으로, 이것을 사용하게 되면 R에 의해서 포뮬러가 해석되는 규칙 적용을 받지 않게 만든다. 예를 들어, 포뮬러 안에 있는 (Units + SqFt)^2는 Units * SqFt와 같다. 반면, I(Units + SqFt)^2는 두 변수를 더한 값을 제곱한 것으로 하나의 항으로 만든다.

```
> house7 <- lm(ValuePerSqFt ~ (Units + SqFt)^2, housing)
>
> house7$coefficients
   (Intercept)           Units          SqFt      Units:SqFt
 1.070301e+02 -1.125194e-01  4.964623e-04 -5.159669e-07
> house8 <- lm(ValuePerSqFt ~ Units * SqFt, housing)
> identical(house7$coefficients, house8$coefficients)
[1] TRUE
> house9 <- lm(ValuePerSqFt ~ I(Units + SqFt)^2, housing)
> house9$coefficients
   (Intercept) I(Units + SqFt)
 1.147034e+02    2.107231e-04
```

이제 우리는 여러 가지 모형을 만들어봤다. 이 중에서 최적의 것을 고를 필요가 있다. 모형 선택은 21.2절에서 논의된다. 그 내용을 접하기 전까지는 여러 모형의 모형 계수를 시각화하는 방법은 쉽기 때문에 이것을 사용해보자. 그림 19.13은 house1, house2, house3에 대한 모형 계수들을 플롯팅한 것이다.

```
> # coefplot 패키지에 있는 multiplot 함수를 사용한다.
> multiplot(house1, house2, house3)
Warning: Ignoring unknown aesthetics: xmin, xmax
```

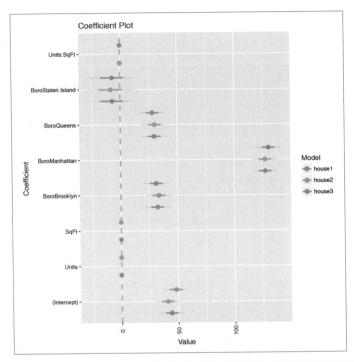

그림 19.13 여러 가지 모형들의 모형 계수에 대한 플롯. 각 모형에 대해 계수들을 y축에 같은 위치에 있게 된다. 어떤 모형이 계수가 없는 경우에는 그냥 플롯팅되지 않는다.

회귀는 종종 예측^{prediction}을 위해서 사용한다. 예측을 할 때 사용되는 R 함수는 predict 다. 하나의 예로 https://www.jaredlander.com/data/housingNew.csv에 있는 새로운 데이터를 사용해본다.

```
> housingNew <- read.table("http://www.jaredlander.com/data/housingNew.csv",
+                          sep=",", header=TRUE, stringsAsFactors=FALSE)
```

예측을 predict 함수 호출해 사용한다. 팩터형의 예측 변수를 다룰 때는 모형을 만들 때 사용했던 레벨과 같도록 만드는 것은 주의할 필요가 있다.

```
> # 95% 신뢰를 갖고 새로운 데이터를 갖고 예측한다.
>
> housePredict <- predict(house1, newdata=housingNew, se.fit=TRUE,
+                         interval="prediction", level=.95)
>
```

```
> # 표준 에러에 기반해 예측된 양 끝단의 값을 보자.
>
> head(housePredict$fit)
        fit        lwr      upr
1  74.00645 -10.813887 158.8268
2  82.04988  -2.728506 166.8283
3 166.65975  81.808078 251.5114
4 169.00970  84.222648 253.7968
5  80.00129  -4.777303 164.7799
6  47.87795 -37.480170 133.2361
> # 예측에 대한 표준 오차를 확인한다.
> head(housePredict$se.fit)
        1        2        3        4        5        6
2.118509 1.624063 2.423006 1.737799 1.626923 5.318813
```

19.3 결론

아마도 통계 분석에서 가장 많이 사용되는 것이 R의 lm 함수를 사용하는 회귀일 것이다. 이 함수는 포뮬러 인터페이스를 인자로 받는다. 포뮬러로 반응 변수와 일련의 예측인자를 갖고 모형을 기술한다. 이외에도 유용한 인자는 weights로 관측값에 대한 가중치(확률, 카운트 가중)를 줄 수 있다. subset 인자는 전체 데이터의 일부만 사용해 모형을 적합하게 한다.

일반화 선형 모형

모든 데이터를 선형 회귀만 갖고 적절하게 모형화할 수는 없다. 왜냐하면, 이항(TRUE/FALSE) 데이터, 카운트 데이터, 기타 다른 형태의 데이터를 다룰 필요가 있기 때문이다. 이런 타입의 데이터를 모형화하기 위해서 일반화 선형 모형generalized linear model이 개발됐다. 이 방법에도 여전히 선형적인 예측 인자인 $X\beta$를 사용한다. 하지만 연결 함수link function를 사용해 이것들을 변형시킨다. R 유저 입장에서 보면 일반화 선형 모델을 사용하는 것은 일반 선형 회귀를 실행하는 것보다 조금의 노력을 더하면 된다.

20.1 로직스틱 회귀

특히 마케팅이나 의학 분야 등에서 아주 강력하고 흔하게 사용되는 모형이 로지스틱 회귀다. 이 절에는 뉴욕 주의 2010 미국 커뮤니터 조사ACS, American Community Survery 데이터를 사용한다.[1] ACS 데이터에는 상당히 많은 정보가 들어 있는데, 우리는 그 가운데 22,745개의 행과 18개의 열만 추출해서 https://jaredlander.com/data/acs_ny.csv에 올려놓았다.

```
> acs <- read.table("http://jaredlander.com/data/acs_ny.csv",
+                    sep=",", header=TRUE, stringsAsFactors=FALSE)
```

로지스틱 회귀 모형은 다음과 같은 공식으로 정의된다.

$$p(y_i = 1) = \text{logit}^{-1}(\boldsymbol{X}_i\boldsymbol{\beta}) \tag{20.1}$$

---

1 ACS는 미국에서 10년마다 조사되는 센서스 조사와 거의 비슷한 대규모 조사로, 센서스보다 자주 실행되는 점만 다르다.

여기에서 y_i는 i 번째 반응 변수이고, $X\beta$는 선형 예측 인자다. 다음과 같은 logit 함수의 역함수는 선형의 예측 인자를 받아 0과 1 사이의 값을 갖는 연속적인 출력값을 만든다. 이것은 연결 함수의 역함수다.

$$\text{logit}^{-1}(x) = \frac{e^x}{1 + e^x} = \frac{1}{1 + e^{-x}} \tag{20.2}$$

이제 가계 수입이 \$150,000 보다 더 많아졌는지에 대해 질문을 던져보자. 그래서 이것을 표현할 새로운 변수를 만들어 \$150,000보다 크면 TRUE, 작으면 FALSE를 갖게 하자.

```
> acs$Income <- with(acs, FamilyIncome >= 150000)
> library(ggplot2)
> library(useful)
> ggplot(acs, aes(x = FamilyIncome)) +
+    geom_density(fill = "grey", color = "grey") +
+    geom_vline(xintercept = 150000) +
+    scale_x_continuous(labels = multiple.dollar, limits = c(0, 1000000))
```

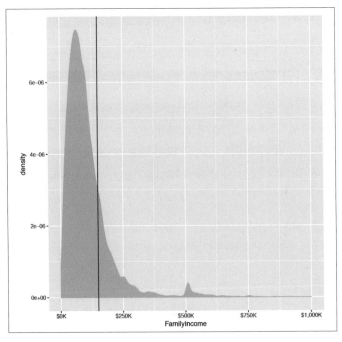

그림 20.1 가계 수입에 대한 밀도 곡선. 수직선은 \$150,000 지점을 가리킨다.

```
> head(acs)
  Acres FamilyIncome  FamilyType NumBedrooms NumChildren NumPeople
1  1-10          150     Married           4           1         3
2  1-10          180 Female Head           3           2         4
3  1-10          280 Female Head           4           0         2
4  1-10          330 Female Head           2           1         2
5  1-10          330   Male Head           3           1         2
6  1-10          480   Male Head           0           3         4
  NumRooms        NumUnits NumVehicles NumWorkers  OwnRent   YearBuilt
1        9 Single detached           1          0 Mortgage   1950-1959
2        6 Single detached           2          0   Rented Before 1939
3        8 Single detached           3          1 Mortgage   2000-2004
4        4 Single detached           1          0   Rented   1950-1959
5        5 Single attached           1          0 Mortgage Before 1939
6        1 Single detached           0          0   Rented Before 1939
  HouseCosts ElectricBill FoodStamp HeatingFuel Insurance      Language
1       1800           90        No         Gas      2500       English
2        850           90        No         Oil         0       English
3       2600          260        No         Oil      6600 Other European
4       1800          140        No         Oil         0       English
5        860          150        No         Gas       660       Spanish
6        700          140        No         Gas         0       English
  Income
1  FALSE
2  FALSE
3  FALSE
4  FALSE
5  FALSE
6  FALSE
```

로지스틱 회귀를 실행하는 것은 선형 회귀를 실행한 것과 매우 비슷하다. 여기서도 포 뮬러를 사용하는데, 함수는 lm이 아닌 glm을 사용한다(glm은 선형 회귀에서 사용할 수도 있다). 그리고 이 함수를 사용할 때는 몇 개의 옵션들을 더 지정할 필요가 있다.

```
> income1 <- glm(Income ~ HouseCosts + NumWorkers + OwnRent +
+                  NumBedrooms + FamilyType,
+                data=acs, family=binomial(link="logit"))
> summary(income1)
```

```
Call:
glm(formula = Income ~ HouseCosts + NumWorkers + OwnRent + NumBedrooms +
    FamilyType, family = binomial(link = "logit"), data = acs)

Deviance Residuals:
    Min      1Q   Median      3Q      Max
-2.8452  -0.6246  -0.4231  -0.1743   2.9503

Coefficients:
                      Estimate Std. Error z value Pr(>|z|)
(Intercept)         -5.738e+00  1.185e-01 -48.421   <2e-16 ***
HouseCosts           7.398e-04  1.724e-05  42.908   <2e-16 ***
NumWorkers           5.611e-01  2.588e-02  21.684   <2e-16 ***
OwnRentOutright      1.772e+00  2.075e-01   8.541   <2e-16 ***
OwnRentRented       -8.886e-01  1.002e-01  -8.872   <2e-16 ***
NumBedrooms          2.339e-01  1.683e-02  13.895   <2e-16 ***
FamilyTypeMale Head  3.336e-01  1.472e-01   2.266   0.0235 *
FamilyTypeMarried    1.405e+00  8.704e-02  16.143   <2e-16 ***
---
Signif. codes:  0 '***' 0.001 '**' 0.01 '*' 0.05 '.' 0.1 ' ' 1

(Dispersion parameter for binomial family taken to be 1)

    Null deviance: 22808  on 22744  degrees of freedom
Residual deviance: 18073  on 22737  degrees of freedom
AIC: 18089

Number of Fisher Scoring iterations: 6
> library(coefplot)
> coefplot(income1)
```

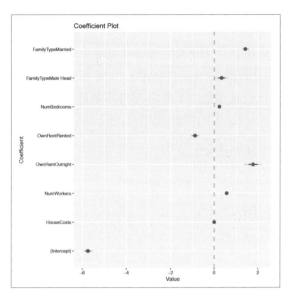

그림 19.2 가계 수입이 $150,000보다 큰지에 대한 로지스틱 회귀 모형에서의 계수 플롯

glm 결과에 대해 summary 함수를 적용한 것과 coefplot 플롯은 lm 함수 결과와 비슷하다. 계수들의 추정값, 표준 오차, p-값, 정확한 정도(이탈도[deviance]와 AIC 값으로) 등을 보여준다. 일반적으로 모형에 하나의 변수 또는 팩터형인 경우에는 하나의 레벨을 추가하면 이탈도는 2만큼 감소하는 것이 일반적이다. 그런 효과를 보이지 않는 변수라면 모형에 이롭지 않은 변수다. 상호작용과 나머지 포뮬러에 대한 개념 역시 lm에서와 같다고 보면 된다.

로지스틱 회귀에서의 회귀 계수를 해석하기 위해서는 로짓 함수의 역함수를 사용할 필요가 있다.

```
> invlogit <- function(x) {
+    1/(1 + exp(-x))
+ }
> invlogit(income1$coefficients)
        (Intercept)          HouseCosts          NumWorkers
         0.003211572         0.500184950         0.636702036
    OwnRentOutright         OwnRentRented         NumBedrooms
         0.854753527         0.291408659         0.558200010
 FamilyTypeMale Head   FamilyTypeMarried
         0.582624773         0.802983719
```

20.2 포아송 회귀

일반화 선형 모형에서 또 자주 사용되는 방법이 포아송 회귀다. 이것은 포아송 분포와 관련이 있고 카운트 데이터count data에 사용된다. 이 회귀 방법은 다른 일반화 선형 모형과 같이 glm 함수를 호출해 실행하게 된다. 설명을 위해서 앞에서 사용했더는 ACS 데이터를 다시 사용할 것이고, 자녀 수NumChildren를 반응 변수로 사용한다.

포아송 회귀에 대한 공식은 다음과 같다.

$$y_i \sim pois(\theta_i) \tag{20.3}$$

여기서 y_i는 i 번째 값이고,

$$\theta_i = e^{X_i \beta} \tag{20.4}$$

로 정의되는 것은 i 번째 관측값에 대한 분포에 대한 평균이다.

모형 적합 이전에, 가구당 자녀 수를 히스토그램으로 살펴보자.

```
> ggplot(acs, aes(x = NumChildren)) + geom_histogram(binwidth = 1)
```

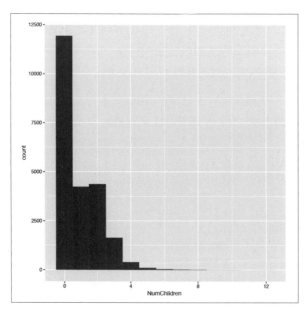

그림 20.3 ACS 데이터에서 본 가구당 자녀의 수에 대한 히스토그램.
분포가 완전한 포아송 분포를 따르는 것은 아니지만 충분하게 포아송 회귀로 모형화할 정도는 된다.

그림 20.3이 완전한 포아송 분포를 보이지는 않지만, 모형화할 정도는 충분해 보인다.
계수 플롯은 그림 20.4와 같다.

```
> children1 <- glm(NumChildren ~ FamilyIncome + FamilyType + OwnRent,
+                   data = acs, family = poisson(link = "log"))
> summary(children1)

Call:
glm(formula = NumChildren ~ FamilyIncome + FamilyType + OwnRent,
    family = poisson(link = "log"), data = acs)

Deviance Residuals:
    Min       1Q   Median       3Q      Max
-1.9950  -1.3235  -1.2045   0.9464   6.3781

Coefficients:
                      Estimate Std. Error z value Pr(>|z|)
(Intercept)         -3.257e-01  2.103e-02 -15.491  < 2e-16 ***
FamilyIncome         5.420e-07  6.572e-08   8.247  < 2e-16 ***
FamilyTypeMale Head -6.298e-02  3.847e-02  -1.637    0.102
FamilyTypeMarried    1.440e-01  2.147e-02   6.707 1.98e-11 ***
OwnRentOutright     -1.974e+00  2.292e-01  -8.611  < 2e-16 ***
OwnRentRented        4.086e-01  2.067e-02  19.773  < 2e-16 ***
---
Signif. codes:  0 '***' 0.001 '**' 0.01 '*' 0.05 '.' 0.1 ' ' 1

(Dispersion parameter for poisson family taken to be 1)

    Null deviance: 35240  on 22744  degrees of freedom
Residual deviance: 34643  on 22739  degrees of freedom
AIC: 61370

Number of Fisher Scoring iterations: 5
> coefplot(children1)
```

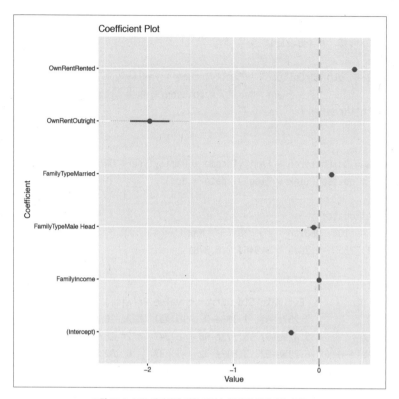

그림 20.4 ACS 데이터에 대한 포아송 회귀의 회귀 계수 플롯

출력된 결과는 로지스틱 회귀와 비슷하고, 이탈도deviance에 적용되는 규칙도 거의 같다.

포아송 회귀에서 특히 걱정되는 부분은 과대산포overdispersion다. 이 말의 의미는 평균과 분산은 같은데, 이론상의 포아송 분포보다 실제 데이터에서 보이는 변이가 크다는 의미다.

과대산포는 다음과 같이 정의된다.

$$OD = \frac{1}{n-p} \sum_{i=1}^{n} z_i^2 \tag{20.5}$$

여기에서 z_i는 다음 값이다.

$$z_i = \frac{y_i - \hat{y}_i}{sd(\hat{y}_i)} = \frac{y_i - u_i\hat{\theta}_i}{\sqrt{u_i\hat{\theta}_i}} \tag{20.6}$$

으로 표준화된 잔차를 의미한다.

R로 과대산포를 구해보면 다음과 같다.

```
> # 표준화된 잔차
> z <- (acs$NumChildren -children1$fitted.values) / sqrt(children1$fitted.values)
>
> # 과대산포 팩터
> sum(z^2) / children1$df.residual
[1] 1.469747
> # 과대산포 p-값
> pchisq(sum(z^2), children1$df.residual)
[1] 1
```

일반적으로 과대산포 비율이 2보다 크면 과대산포를 시사한다. 이 경우 과대산포 비율이 2보다 작지만 p-값이 1이어서, 통계적으로 유의한 과대산포를 시사한다. 그래서 이것을 고려해서 음이항분포negative binomial distribution을 사용하는 준포아송Quasi-Poisson 패밀리로 다시 모형을 적합시켜본다.

```
> children2 <- glm(NumChildren ~ FamilyIncome + FamilyType + OwnRent,
+                    data = acs, family = quasipoisson(link ="log"))
> multiplot(children1, children2)
```

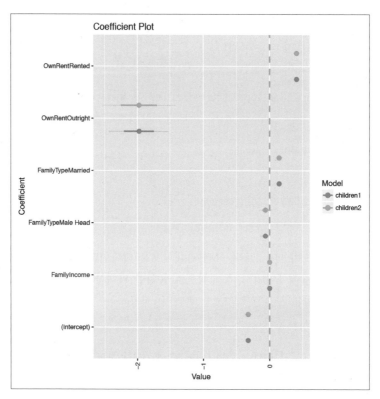

그림 20.5 포아송 모형에 대한 계수 플롯. children1 모형은 과대산포를 고려하지 않았고, children2는 고려했다.
과대산포가 크지 않기 때문에 두 번째 모형에서는 약간의 불확실성만 추가 됐다.

그림 20.5는 과대산포를 고려한 것과 고려하지 않은 모형에 대한 계수 플롯이다. 이 경우에 과대산포가 크지 않기 때문에 두 번째 모형에서는 계수 추정에서 약간의 불확실성만이 추가됐다.

20.3 기타 일반화 선형 모형들

glm 함수가 지원하는 기타 일반화 선형 모형에는 감마gamma, 역 가우스inverse gaussian 연결 함수들을 사용할 수 있는데, 로짓logit, 프로빗probit, 로그log, 코짓cauchit, 씨로그로그cloglog와 같은 함수들을 이항분포에 사용할 수 있으며, 감마분포에 대해서 항등 함수와 로그 함수, 포아송 분포에 대해서 항등 함수와 제곱근, 역 가우스 분포에 대해서 1/mu^2, 역함수, 항등 함수, 로그 함수 등을 사용할 수 있다.

여러 개의 카테고리를 분류하기 위한 다항 회귀multinomial regression을 하려면 복수의 로지스틱 회귀 또는 nnet 패키지에 있는 polr, multinom 함수 등을 사용한다.

20.4 생존 분석

기술적으로 일반화 선형 모형에는 포함되지 않지만, 생존 분석도 회귀의 개념을 확장한 방법이다. 생존 분석은 임상 의학 시험, 서버 실패 횟수, 사고 발생률, 치료 후 사망에 이르는 시간 등을 분석 등 다양한 상황에 사용된다.

생존 분석에 사용되는 데이터는 중도절단데이터censored data가 포함돼 있다는 점에서 다른 데이터 세트와 다르다. 즉, 이 데이터에는 잘 모르는 부분이 있다. 이것은 주어진 기간 동안 피실험자에서 어떤 일이 발생했는지 모른다는 의미다. 예로 survival이라는 패키지에 있는 bladder 데이터를 살펴보자.

```
> library(survival)
> head(bladder)
  id rx number size stop event enum
1 1  1      1    3    1     0    1
2 1  1      1    3    1     0    2
3 1  1      1    3    1     0    3
4 1  1      1    3    1     0    4
5 2  1      2    1    4     0    1
6 2  1      2    1    4     0    2
```

주목할 열들은 stop과 event이다. stop은 연구에 포함된 환자가 연구에서 제외되는 경우를 말하고, event는 특정 시점에서 정의한 이벤트가 발생함을 말한다. event가 0인 경우에도 어떤 이벤트가 이전에 발행했는지 여부를 우리는 모른다. 그래서 이것을 중도절단데이터라고 한다. 이런 데이터를 처리하기 위해서는 Surv 함수가 필요하다.

```
> # 먼저 데이터의 일부를 보자.
> bladder[100:105, ]
    id rx number size stop event enum
100 25  1      2    1   12     1    4
101 26  1      1    3   12     1    1
102 26  1      1    3   15     1    2
103 26  1      1    3   24     1    3
```

```
104 26  1     1   3   31    0   4
105 27  1     1   2   32    0   1
> # buil.y에 의해서 만들어지는 반응 변수를 보자.
> survObject <- with(bladder[100:105, ], Surv(stop, event))
>
> # 잘 정리된 출력으로
> survObject[, 1:2]
      time status
[1,]    12     1
[2,]    12     1
[3,]    15     1
[4,]    24     1
[5,]    31     0
[6,]    32     0
```

처음 3개는 이벤트가 발생한 행을 말하고, 그 시간은 12라고 말해주고 있다. 나머지 2의 행은 이벤트가 없는 경우고, 그 시간은 절단됐다. 왜냐하면, 이벤트가 나중에 발생할지도 모르기 때문이다.

아마도 생존 분석 기술을 응용한 모형화 방법에서 콕스 비례 위험 모형Cox proportional hazards model이 가장 많이 쓰인다. 사용되는 함수는 coxph이다. 다른 함수와 마찬가지로 포뮬러로 모형을 지정한다. survfit 함수는 그림 20.6과 같은 생존 곡선을 만든다. 생존 곡선은 주어진 시점에서는 생존하고 있는 사람에 대한 퍼센티지를 보여준다. 요약된 결과는 다른 모형 요약과 비슷한데, 생존 분석에 맞춰 결과를 보여준다.

```
> cox1 <- coxph(Surv(stop, event) ~ rx + number + size + enum, data = bladder)
> summary(cox1)
Call:
coxph(formula = Surv(stop, event) ~ rx + number + size + enum,
    data = bladder)

  n= 340, number of events= 112

           coef exp(coef) se(coef)      z Pr(>|z|)
rx     -0.59739   0.55024  0.20088 -2.974  0.00294 **
number  0.21754   1.24301  0.04653  4.675 2.93e-06 ***
size   -0.05677   0.94481  0.07091 -0.801  0.42333
enum   -0.60385   0.54670  0.09401 -6.423 1.34e-10 ***
```

```
---
Signif. codes:  0 '***' 0.001 '**' 0.01 '*' 0.05 '.' 0.1 ' ' 1

         exp(coef) exp(-coef) lower .95 upper .95
rx          0.5502     1.8174    0.3712    0.8157
number      1.2430     0.8045    1.1347    1.3617
size        0.9448     1.0584    0.8222    1.0857
enum        0.5467     1.8291    0.4547    0.6573

Concordance= 0.753  (se = 0.029 )
Rsquare= 0.179   (max possible= 0.971 )
Likelihood ratio test= 67.21  on 4 df,   p=8.804e-14
Wald test          = 64.73  on 4 df,   p=2.932e-13
Score (logrank) test = 69.42  on 4 df,   p=2.998e-14
> plot(survfit(cox1), xlab = "Days", ylab = "Survival Rate", conf.int = TRUE)
```

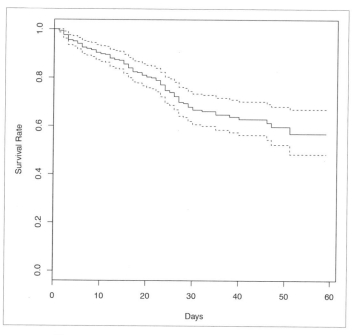

그림 20.6 bladder 데이터에 대한 콕스 비례 위험 모형에 따른 생존 곡선

이 데이터에서 rx는 플라세보와 치료 여부에 관한 변수로, 환자를 나누는 자연스럽 방법이다. rx 변수를 rstrata 함수로 포뮬러를 통해서 전달하면 데이터를 2개로 나눠 분석하고, 그 결과로 그림 20.7과 같은 2개의 생존 곡선을 얻을 수 있다.

```
> cox2 <- coxph(Surv(stop, event) ~ strata(rx) + number
+                + size + enum, data = bladder)
> summary(cox2)
Call:
coxph(formula = Surv(stop, event) ~ strata(rx) + number + size +
    enum, data = bladder)

  n= 340, number of events= 112

          coef exp(coef) se(coef)      z Pr(>|z|)
number  0.21371  1.23826  0.04648  4.598 4.27e-06 ***
size   -0.05485  0.94662  0.07097 -0.773     0.44
enum   -0.60695  0.54501  0.09408 -6.451 1.11e-10 ***
---
Signif. codes:  0 '***' 0.001 '**' 0.01 '*' 0.05 '.' 0.1 ' ' 1

       exp(coef) exp(-coef) lower .95 upper .95
number    1.2383     0.8076    1.1304    1.3564
size      0.9466     1.0564    0.8237    1.0879
enum      0.5450     1.8348    0.4532    0.6554


Concordance= 0.74  (se = 0.04 )
Rsquare= 0.166   (max possible= 0.954 )
Likelihood ratio test= 61.84  on 3 df,   p=2.379e-13
Wald test            = 60.04  on 3 df,   p=5.751e-13
Score (logrank) test = 65.05  on 3 df,   p=4.896e-14
> plot(survfit(cox2), xlab = "Days", ylab = "Survival Rate",
+      conf.int = TRUE, col = 1:2)
> legend("bottomleft", legend = c(1, 2), lty = 1, col = 1:2,
+        text.col = 1:2, title = "rx")
```

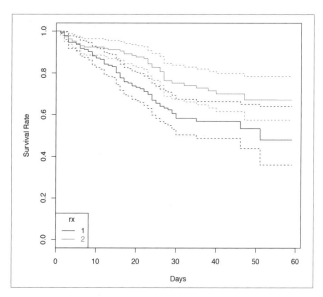

그림 20.7 rx 변수에 대해 계층화한 bladder 데이터에 대해 콕스 비례 위험 모형을 적용해 얻어지는 생존 곡선

여기에서 간단한 레전드를 붙여봤는데, ggplot2에서 할 때보다 지정해줘야 하는 내용이 많다.

비례 위험에 대한 가정을 검정할 때는 cox.zph 함수를 사용한다.

```
> cox.zph(cox1)
          rho   chisq        p
rx      0.0299  0.0957 7.57e-01
number  0.0900  0.6945 4.05e-01
size   -0.1383  2.3825 1.23e-01
enum    0.4934 27.2087 1.83e-07
GLOBAL      NA 32.2101 1.73e-06
> cox.zph(cox2)
          rho  chisq        p
number  0.0966  0.785 3.76e-01
size   -0.1331  2.197 1.38e-01
enum    0.4972 27.237 1.80e-07
GLOBAL      NA 32.101 4.98e-07
```

앤더슨-길 분석^{Andersen-Gill analysis}은 생존 분석과 유사하기는 한데, 구간화된 데이터 intervalized data를 받고, 여러 개의 이벤트를 다룰 수 있다는 점이 다르다. 그래서 응급실을 방문했는지 여부가 아니라 응급실 방문 횟수와 같은 데이터를 분석할 수 있다. 이 방법 역시 coxph 함수를 사용한다. 이 방법을 사용할 때는 복수의 이벤트를 추적하기 위해 아이디(id) 열을 클러스터로 지정해줄 필요가 있다.

```
> head(bladder)
  id rx number size stop event enum
1  1  1      1    3    1     0    1
2  1  1      1    3    1     0    2
3  1  1      1    3    1     0    3
4  1  1      1    3    1     0    4
5  2  1      2    1    4     0    1
6  2  1      2    1    4     0    2
> ag1 <- coxph(Surv(start, stop, event) ~ rx + number + size + enum +
+                    cluster(id), data = bladder2)
> ag2 <- coxph(Surv(start, stop, event) ~ strata(rx) + number + size +
+                    enum + cluster(id), data = bladder2)
> plot(survfit(ag1), conf.int = TRUE)
> plot(survfit(ag2), conf.int = TRUE, col = 1:2)
> legend("topright", legend = c(1, 2), lty = 1, col = 1:2,
+        text.col = 1:2, title = "rx")
```

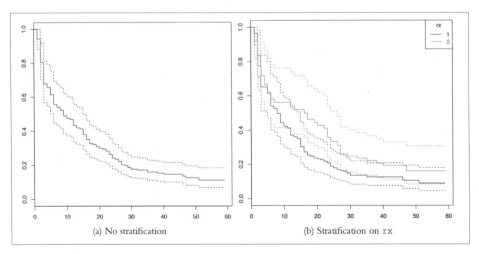

(a) No stratification (b) Stratification on rx

그림 20.8 bladder2 데이터에 대한 앤더슨-길 생존 곡선

20.5 결론

일반화 선형 모형은 예측 변수와 반응 변수의 선형 관계를 따지는 회귀 개념을 더 확장시킨 것이다. 가장 유명한 것으로 이진 데이터를 위한 로지스틱 모형, 카운트 데이터와 생존 분석을 위한 포아송 모형이 있다. 이밖에도 일반화 선형 모형은 넓은 응용 범위를 갖고 있다.

모형 진단

모형을 만드는 작업이란 변수들간의 상호작용을 추가하거나 어떤 변수를 제외하거나 변수의 변형 시키는 일 등과 같이 끊임없이 모형을 개선시켜 나가는 과정으로 끝이 보이지 않는 작업이 될 수 있다. 그렇지만 어떤 시점에 이르러서는 모형이 적당하거나 최선이라고 확정할 필요가 있다. 이때 다음과 같은 질문을 던지게 된다. 우리의 모형의 질을 어떻게 평가할 것인가? 대부분의 경우 다른 모형과 비교해서 낫다는 판단을 내리게 된다. 이런 경우 필요한 것들이 잔차 분석, ANOVA, 왈드 검정Wald test, 드롭인 이탈도 drop-in deviance 분석, AIC 또는 BIC 스코어, 교차 타당성 오류cross-validation error, 붓스트랩 방법 등이다.

21.1 잔차(Residuals)

모형의 질 분석법으로 잔차 분석이 가장 많이 교육된다. 잔차는 실제 반응값과 모형이 예측하는 적합값fitted value과의 차이다. 이것은 수식 19.1과 같은 공식에 따른 직접적인 결과다. 이 수식에서 잔차와 비슷한 개념의 오차는 정규분포를 이룬다.

기본 아이디어는 모형이 데이터에 적합하는 경우, 잔차 역시 정규분포를 이뤄야 한다는 것이다. 이것을 확인해보기 위해서 주택 데이터를 갖고 회귀모형을 적용해 보고, 그림 21.1과 같이 계수 플롯을 시각화해보려고 한다.

```
> # 데이터 읽기
> housing <- read.table("data/housing.csv", sep = ",",
+                       header = TRUE, stringsAsFactors = FALSE)
> # 데이터에 좋은 이름 붙이기
```

```
> names(housing) <- c("Neighborhood", "Class", "Units", "YearBuilt",
+                     "SqFt", "Income", "IncomePerSqFt", "Expense",
+                     "ExpensePerSqFt", "NetIncome", "Value",
+                     "ValuePerSqFt", "Boro")
> # 몇 개의 이상점 제거
> housing <- housing[housing$Units < 1000, ]
> head(housing)
  Neighborhood        Class Units YearBuilt   SqFt   Income
1   FINANCIAL R9-CONDOMINIUM    42      1920  36500  1332615
2   FINANCIAL R4-CONDOMINIUM    78      1985 126420  6633257
3   FINANCIAL RR-CONDOMINIUM   500        NA 554174 17310000
4   FINANCIAL R4-CONDOMINIUM   282      1930 249076 11776313
5     TRIBECA R4-CONDOMINIUM   239      1985 219495 10004582
6     TRIBECA R4-CONDOMINIUM   133      1986 139719  5127687
  IncomePerSqFt Expense ExpensePerSqFt NetIncome    Value ValuePerSqFt
1         36.51  342005           9.37    990610  7300000       200.00
2         52.47 1762295          13.94   4870962 30690000       242.76
3         31.24 3543000           6.39  13767000 90970000       164.15
4         47.28 2784670          11.18   8991643 67556006       271.23
5         45.58 2783197          12.68   7221385 54320996       247.48
6         36.70 1497788          10.72   3629899 26737996       191.37
       Boro
1 Manhattan
2 Manhattan
3 Manhattan
4 Manhattan
5 Manhattan
6 Manhattan
> # 모형 적합
> house1 <- lm(ValuePerSqFt ~ Units + SqFt + Boro, data = housing)
> summary(house1)

Call:
lm(formula = ValuePerSqFt ~ Units + SqFt + Boro, data = housing)

Residuals:
     Min      1Q   Median      3Q      Max
-168.458 -22.680    1.493  26.290  261.761

Coefficients:
```

```
                Estimate Std. Error t value Pr(>|t|)
(Intercept)        4.430e+01  5.342e+00    8.293  < 2e-16 ***
Units             -1.532e-01  2.421e-02   -6.330 2.88e-10 ***
SqFt               2.070e-04  2.129e-05    9.723  < 2e-16 ***
BoroBrooklyn       3.258e+01  5.561e+00    5.858 5.28e-09 ***
BoroManhattan      1.274e+02  5.459e+00   23.343  < 2e-16 ***
BoroQueens         3.011e+01  5.711e+00    5.272 1.46e-07 ***
BoroStaten Island -7.114e+00  1.001e+01   -0.711    0.477
---
Signif. codes:  0 '***' 0.001 '**' 0.01 '*' 0.05 '.' 0.1 ' ' 1

Residual standard error: 43.2 on 2613 degrees of freedom
Multiple R-squared:  0.6034,    Adjusted R-squared:  0.6025
F-statistic: 662.6 on 6 and 2613 DF,  p-value: < 2.2e-16
> # 모형 시각화
> library(coefplot)
> coefplot(house1)
```

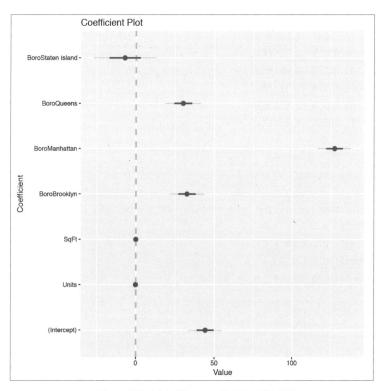

그림 21.1 주택 가격에 대한 house1 회귀모형의 계수 플롯

선형 회귀에서 잔차에 기초한 진단 그래프로 3개 정도가 중요하다. 적합값과 잔차를 대응해서 보는 그래프, Q-Q(분위 수-분위 수 그림) 그림, 잔차에 대한 히스토그램이 그것이다. 이 중 첫 번째 그래프는 ggplot2를 갖고 쉽게 만들 수 있다. 다행히 ggplot2 패키지에는 lm 모형을 다룰 수 있는 간단한 방법이 마련돼 있다. 우리는 모형을 데이터 소스로 활용해 ggplot2가 새로운 열들을 만들어 첨가하게 해 플롯팅을 간단하게 처리할 수 있다.

```
> library(ggplot2)
> # 새롭게 내용이 첨가된 lm이 어떤 모습인지 보자.
> head(fortify(house1))
  ValuePerSqFt Units   SqFt      Boro       .hat   .sigma      .cooksd
1       200.00    42  36500 Manhattan 0.0009594821 43.20952 5.424169e-05
2       242.76    78 126420 Manhattan 0.0009232393 43.19848 2.285253e-04
3       164.15   500 554174 Manhattan 0.0089836758 43.20347 1.459368e-03
4       271.23   282 249076 Manhattan 0.0035168641 43.17583 2.252653e-03
5       247.48   239 219495 Manhattan 0.0023865978 43.19289 8.225193e-04
6       191.37   133 139719 Manhattan 0.0008934957 43.21225 8.446170e-06
    .fitted    .resid  .stdresid
1 172.8475  27.15248  0.6287655
2 185.9418  56.81815  1.3157048
3 209.8077 -45.65775 -1.0615607
4 180.0672  91.16278  2.1137487
5 180.5341  66.94589  1.5513636
6 180.2661  11.10385  0.2571216
> # 그래프를 객체로 저장
> # x, y축에 대해 새로 만들어진 열들을 사용하는 것을 주목하자.
> # 그 열들의 이름은 .fitted, .resid이다.
>
> h1 <- ggplot(aes(x = .fitted, y = .resid), data = house1) +
+   geom_point() +
+   geom_hline(yintercept = 0) +
+   geom_smooth(se = FALSE) +
+   labs(x = "Fitted Values", y = "Residuals")
>
> # 플롯을 프린팅
> h1
```

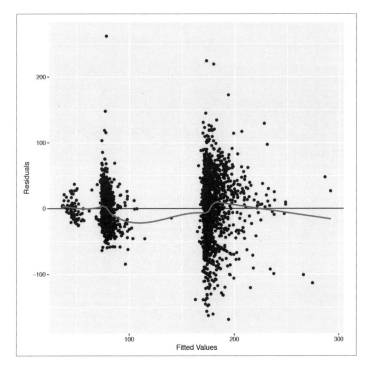

그림 21.2 house1 모형에 대한 잔차와 적합 데이터에 대한 관계.
이 그래프를 보면 데이터가 임의로 분포하지 않고 어떤 패턴을 따른다는 것을 알 수 있다.

그림 21.2를 처음 봤을 때 잔차와 적합값과의 관계는 다소 어리둥절하게 만든다. 왜냐
하면, 잔차에 대한 패턴이 기대하는 바와 같이 임의로 분포하지 않는 것 같아 보이기
때문이다. 그렇지만 좀 더 조사해보면 이것은 그림 21.3에서 보듯이 Boro 변수에 의한
효과임을 알 수 있다.

```
> h1 + geom_point(aes(color = Boro))
`geom_smooth()` using method = 'gam'
```

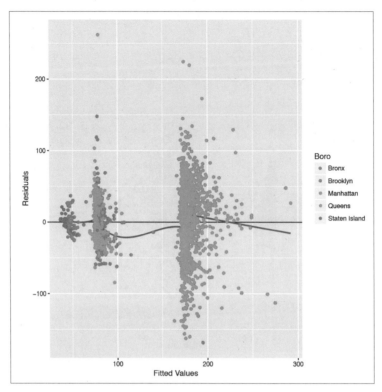

그림 21.3 house1 데이터에 대한 잔차 대 적합값의 관계를 Boro 변수를 갖고 다른 색으로 표현한 그래프.
잔차에서 관찰되는 패턴은 Boro 변수가 모형에 미치는 영향의 효과로 보인다. 점들이 x축과 평활 곡선에 위에 그려진 것을 확인하자.
이것은 geom_point를 다른 지옴보다 나중에 추가했기 때문에 다른 지옴들보다 위에 출력된다.

이와 같은 그래프는 별로 매력적이진 않지만, 내장된 플롯팅 함수들을 갖고 그림 21.4
와 같이 만들 수도 있다.

```
> # 기본 플롯
> plot(house1, which = 1)

> # 같은 그래프인데 Boro에 따라서 다른 색을 입힌 그래프
> plot(house1, which = 1, col = as.numeric(factor(house1$model$Boro)))
>
> # 레전드 추가
> legend("topright", legend = levels(factor(house1$model$Boro)), pch = 1,
+        col = as.numeric(factor(levels(factor(house1$model$Boro)))),
+        text.col = as.numeric(factor(levels(factor(house1$model$Boro)))),
+        title = "Boro")
```

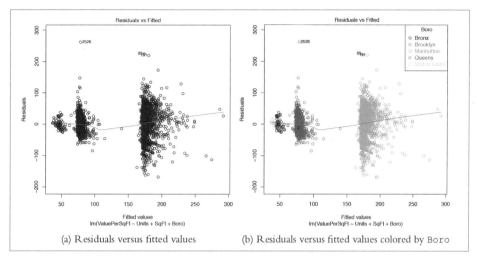

그림 21.4 내장된 기본 플롯팅 시스템으로 만든 잔차 대 적합값에 대한 그래프

다음은 Q-Q 그림(분위 수-분위 수 그림)이다. 이 그림에서는 모형의 접합도가 좋은 경우, 표준화된 잔차는 정규분포에 대한 이론적인 분위 수에 대한 그래프를 그려보면 직선 형태가 돼야 한다. 베이스 그래픽, ggplot2으로 만들어보면 그림 21.5와 같이 된다.

```
> plot(house1, which = 2)
> ggplot(house1, aes(sample = .stdresid)) + stat_qq() + geom_abline()
```

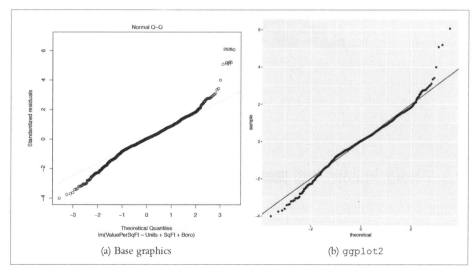

그림 21.5 house1에 대한 Q-Q 그림. 양 끝이 이론적인 선에서 부터 벗어나기 때문에 최적 접합을 갖고 있다고 보기 어렵다.

다음 진단용 플롯은 잔차에 대한 히스토그램이다. 이번에는 베이스 그래픽 사용 예는 보여주지 않을 것이다. 히스토그램에 대해서는 반복해 보여준 적이 있기 때문이다. 그림 21.6 히스토그램을 보면 정확히 정규분포를 이루지 않아 우리 모형의 적합도가 떨어지는 것을 의미한다.

```
> ggplot(house1, aes(x = .resid)) + geom_histogram()
`stat_bin()` using `bins = 30`. Pick better value with `binwidth`.
```

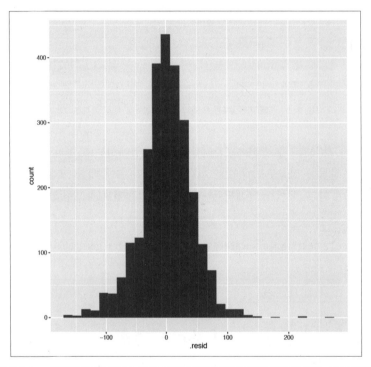

그림 21.6 house1의 잔차에 대한 히스토그램. 정규분포를 이루지 않아서 모형이 완전하지 않다는 것을 의미한다.

21.2 모형들을 비교하는 방법

앞서 살펴본 그래프만으로는 모형들을 서로 비교할 때 어떤 느낌을 잡는 정도에 그친다. 왜냐하면, 접합도라는 것이 상대적인 개념이기 때문이다. 그래서 여러 모형들을 만들고, 이것들을 서로 비교해보려고 한다.

```
> house2 <- lm(ValuePerSqFt ~ Units * SqFt + Boro, data = housing)
> house3 <- lm(ValuePerSqFt ~ Units + SqFt * Boro + Class, data = housing)
> house4 <- lm(ValuePerSqFt ~ Units + SqFt * Boro + SqFt*Class,
+              data = housing)
> house5 <- lm(ValuePerSqFt ~ Boro + Class,
+              data = housing)
```

일반적으로 첫 단계는 coefplot 패키지에 있는 multiplot 함수를 사용해 모형들을
시각화해보는 것이다. 결과는 그림 21.7과 같다. Boro 변수와 일부 주택 타입만이
ValuePerSqFt에 유의한 영향을 주는 변수라는 것을 알 수 있다.

```
> multiplot(house1, house2, house3, house4, house5, pointSize=2)
Warning: Ignoring unknown aesthetics: xmin, xmax
```

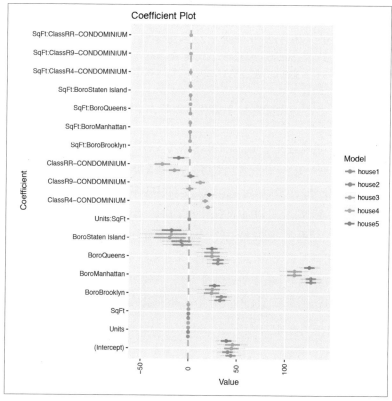

그림 21.7 housing 데이터에 대한 다양한 모형들에 대한 계수 플롯.
이 그래프를 보면 Boro와 일부 콘도미니움 형태만이 유의함을 보여준다.

우리는 여러 샘플을 테스트해보기 위해서 ANOVA를 사용하는 것을 추천하지 않지만, 서로 다른 모형들의 상대적인 장점을 테스팅하는 데 있어서 유용한 역할을 한다고 믿는다. 단순하게 anova 함수로 복수의 모형 객체들을 밀어 넣어도, 오류가 좋은지 나쁜지 볼 수 있는 잔차제곱합^{RSS, residual sum of squares}을 포함하는 표를 얻을 수 있다.

```
> anova(house1, house2, house3, house4, house5)
Analysis of Variance Table

Model 1: ValuePerSqFt ~ Units + SqFt + Boro
Model 2: ValuePerSqFt ~ Units * SqFt + Boro
Model 3: ValuePerSqFt ~ Units + SqFt * Boro + Class
Model 4: ValuePerSqFt ~ Units + SqFt * Boro + SqFt * Class
Model 5: ValuePerSqFt ~ Boro + Class
  Res.Df     RSS Df Sum of Sq       F    Pr(>F)
1   2613 4877506
2   2612 4847886  1     29620 17.0360 3.783e-05 ***
3   2606 4576769  6    271117 25.9888 < 2.2e-16 ***
4   2603 4525783  3     50986  9.7749 2.066e-06 ***
5   2612 4895630 -9   -369847 23.6353 < 2.2e-16 ***
---
Signif. codes:  0 '***' 0.001 '**' 0.01 '*' 0.05 '.' 0.1 ' ' 1
```

이 내용을 보면 네 번째 모형인 house4의 잔차제곱합^{RSS}가 가장 작아, 이것은 이들 중에서 가장 나은 모형이라는 것을 의미한다. 잔차제곱합을 척도로 사용하는 것의 문제점은 모형에 변수를 추가할수록 이 값이 항상 개선된다는 점이다. 이렇게 변수를 추가하다 보면 모형이 복잡해지고 과대 적합이 생긴다는 점이다. 그래서 모형 복잡도가 증가하는 현상을 깎아내릴 수 있도록 고안된 아카이케 정보 기준^{AIC, Akaike Information Criteria}이라는 척도가 사용되기도 한다. RSS와 비슷하게 AIC 값이 가장 작은(어떤 경우는 음수가 되기도 함) 모형을 최적이라고 판단하게 된다. 그리고 베이지안 정보 기준^{BIC, Bayesian Information Criterion}이라는 척도도 있는데, 이 역시 작은 값이 좋은 것이다.

AIC를 구하는 공식은 다음과 같다.

$$\text{AIC} = -2\ln(\mathcal{L}) + 2p \tag{21.1}$$

$\ln(\mathcal{L})$은 최대 로그-가능도를 말하고, p는 모형에 들어간 계수의 개수를 말한다. 모형이 개선되면서 최대 로그-가능도는 커지게 되는데, 수식에서 이 값을 빼게 돼 있어서 전체

AIC 값은 낮아진다. 반면, 계수를 추가하면 AIC가 커지게 되므로 이것은 결국 복잡도가 증가되면 그 만큼 AIC 값이 커지게 돼 벌점으로 작용한다.

BIC를 계산하는 공식은 앞에서 본 계수에 2를 곱하는 대신 행 수의 자연 로그 값을 곱해서 계산한다. 그 수식은 다음과 같다.

$$\mathrm{BIC} = -2\ln(\mathcal{L}) + \ln(n) \cdot p \qquad (21.2)$$

우리의 모형들에서 AIC, BIC 값은 AIC, BIC 함수를 사용해 계산할 수 있다.

```
> AIC(house1, house2, house3, house4, house5)
       df      AIC
house1  8 27177.78
house2  9 27163.82
house3 15 27025.04
house4 18 27001.69
house5  9 27189.50
> BIC(house1, house2, house3, house4, house5)
       df      BIC
house1  8 27224.75
house2  9 27216.66
house3 15 27113.11
house4 18 27107.37
house5  9 27242.34
```

glm 모형에 대해 anova 함수를 사용하면 모형의 이탈도^{deviance}를 얻을 수 있는데, 이것 역시 오류를 보는 또 하나의 척도다. 통계학자 앤드류 겔만^{Andrew Gelman}에 따르면 대체로 모형에 하나의 변수가 추가될 때마다 이탈도^{deviance}는 2만큼 감소한다. 카테고리형 변수에서는 하나의 레벨^{level}이 추가될 때마다 이탈도가 2만큼 감소한다.

이런 내용을 확인해 보기 위해서 ValuePerSqFt 변수를 갖고 이진 변수를 만들어서 몇 가지 로지스틱 회귀 모형을 적용해보자.

```
> # ValuePerSqFt 변수에서 150을 기준으로 이진 변수를 만든다.
> housing$HighValues <- housing$ValuePerSqFt >= 150
>
> # 몇 가지 모형을 만들어 본다.
> high1 <- glm(HighValues ~ Units + SqFt + Boro,
+              data = housing, family=binomial(link="logit"))
```

```
> high2 <- glm(HighValues ~ Units * SqFt + Boro,
+               data = housing, family=binomial(link="logit"))
> high3 <- glm(HighValues ~ Units + SqFt*Boro + Class,
+               data = housing, family=binomial(link="logit"))
> high4 <- glm(HighValues ~ Units * SqFt*Boro + SqFt*Class,
+               data = housing, family=binomial(link="logit"))
> high5 <- glm(HighValues ~ Boro + Class,
+               data = housing, family=binomial(link="logit"))
> # ANOVA(이탈도), AIC, BIC 계산
> anova(high1, high2, high3, high4, high5)
Analysis of Deviance Table

Model 1: HighValues ~ Units + SqFt + Boro
Model 2: HighValues ~ Units * SqFt + Boro
Model 3: HighValues ~ Units + SqFt * Boro + Class
Model 4: HighValues ~ Units * SqFt * Boro + SqFt * Class
Model 5: HighValues ~ Boro + Class
  Resid. Df Resid. Dev  Df Deviance
1      2613     1687.5
2      2612     1678.8   1    8.648
3      2606     1627.5   6   51.331
4      2594     1591.7  12   35.778
5      2612     1662.3 -18  -70.564
> AIC(high1, high2, high3, high4, high5)
      df      AIC
high1  7 1701.484
high2  8 1694.835
high3 14 1655.504
high4 26 1643.726
high5  8 1678.290
> BIC(high1, high2, high3, high4, high5)
      df      BIC
high1  7 1742.580
high2  8 1741.803
high3 14 1737.697
high4 26 1796.370
high5  8 1725.257
```

여기에서도 보면 네 번째 모형이 가장 좋다. 네 번째 모형에서는 3개의 변수를 사용했으면, 이탈도가 21만큼 떨어졌는데, 추가된 변수마다 2씩 감소하는 것보다는 훨씬 큰 값이다.

21.3 교차 타당성 검증(Cross-Validation)

잔차를 사용한 진단이나 ANOVA, AIC 등과 같은 모형 검정을 사용하는 방법들은, 현대의 컴퓨터 계산 능력을 갖추기 전에 주로 사용되던 약간 구식 방법으로 여겨지고 있다. 최근에 특히 대부분의 데이터 과학자들이 선호하는 방법은 흔히 k-폴드 교차 타당성 검증k-fold cross-validation이라고도 불리는 교차 타당성 검증이다. 이 방법에서는 먼저 데이터를 서로 겹치지 않게 k개(보통 5 또는 10개로)로 쪼갠다. 그런 다음 k-1개의 섹션에 대해 하나의 모형 적합을 실행한 다음, k 번째 섹션에 대해 예측값을 계산한다. 이런 과정을 k번 반복해 모든 섹션이 한 번은 테스팅에 사용되고, k-1번은 모형 적합에 사용되게 한다. 이런 교차 타당성 검증은 어떤 모형의 예측 정확성을 보는 척도인데, 모형의 질을 판단하는 좋은 수단으로 여겨지고 있다.

교차 타당성 검증을 위한 여러 개의 패키지들과 함수들이 있다. 이들은 모두 나름의 한계와 단점들이 존재하기 때문에 이런 불완전한 함수들을 다 들여다보는 대신, 우리는 일반선형모형(선형 회귀 포함)에 잘 들어맞는 하나를 소개한 다음, 임의의 모형 타입에 대응할 수 있는 일반적인 프레임워크를 소개하고자 한다.

브리안 리플리Brain Ripley가 만든 boot 패키지에는 cv.glm이라는 교차 타당성 검증을 수행하는 함수가 있다. 그 이름이 의미하듯이 이 함수는 일반 선형 모형에만 사용할 수 있다. 이것만 사용해도 사실은 대부분의 경우 문제 없이 처리할 수 있다.

```
> library(boot)
>
> # lm 대신 glm을 사용해 house1에 대한 모형 적합을 수행
> houseG1 <- glm(ValuePerSqFt ~ Units + SqFt + Boro,
+               data = housing, family = gaussian(link="identity"))
>
> # lm과 같은 결과가 나오는지 확인
> identical(coef(house1), coef(houseG1))
[1] TRUE
> # 5겹 교차 타당성 검증을 실행
```

```
> houseCV1 <- cv.glm(housing, houseG1, K=5)
>
> # 에러 체크
> houseCV1$delta
[1] 1870.457 1869.467
```

cv.glm 함수의 결과물에는 delta가 있는데, 이 객체는 2개의 숫자를 갖고 있다. 하나는 모든 폴드에 대해 비용 함수cost function(이 경우에는 평균 제곱 오차로 예측자의 정확도를 평가하는 것으로 수식 21.3에 정의돼 있다.)에 기반을 둔 원래의 교차타당도 오차다. 두 번째 값은 k 폴드가 아닌 하나의 데이터 포인트를 기준으로 교차타당도를 측정하는 leave-one-out 교차타당도 방법을 사용하지 않은 점을 보상한다. 이 과정은 매우 정확하기는 한데, 상당히 많은 계산이 필요하다.

$$\text{MSE} = \frac{1}{n}\sum_{i=1}^{n}(\hat{y}_i - y_i)^2 \tag{21.3}$$

오차에 대한 숫자를 얻었지만 자체로는 의미가 없고, 이것을 다른 모형의 것과 비교할 때 의미를 가진다. 따라서 우리가 만든 다른 모형들에 대해 똑같은 과정을 반복하게 해보자. glm 함수를 갖고 모형을 다시 만들어보자.

```
> # glm으로 모형 접합을 다시 시행
>
> houseG2 <- glm(ValuePerSqFt ~ Units * SqFt + Boro, data = housing)
>
> houseG3 <- glm(ValuePerSqFt ~ Units + SqFt * Boro + Class, data = housing)
>
> houseG4 <- glm(ValuePerSqFt ~ Units + SqFt * Boro + SqFt*Class, data =housing)
>
> houseG5 <- glm(ValuePerSqFt ~ Boro + Class, data = housing)
>
>
>
> # 교차타당도 계산
>
> houseCV2 <- cv.glm(housing, houseG2, K=5)
>
> houseCV3 <- cv.glm(housing, houseG3, K=5)
>
```

```
> houseCV4 <- cv.glm(housing, houseG4, K=5)
>
> houseCV5 <- cv.glm(housing, houseG5, K=5)
>
>
> ## 오차 확인
> # 결과를 데이터 프레임으로 만듦
> cvResults <- as.data.frame(rbind(houseCV1$delta, houseCV2$delta,
+                                   houseCV3$delta, houseCV4$delta,
+                                   houseCV5$delta))
>
> ## 결과를 보기 좋게 다듬기
> # 알아보기 편하게 적당한 열 이름
> names(cvResults) <- c("Error", "Adjusted.Error")
>
> # 모형 이름 추가
> cvResults$Model <- sprintf("houseG%s", 1:5)
>
> # 결과 확인
> cvResults
    Error Adjusted.Error   Model
1 1870.457        1869.467 houseG1
2 1858.962        1858.003 houseG2
3 1770.869        1768.155 houseG3
4 1749.833        1747.285 houseG4
5 1877.493        1876.496 houseG5
```

다시 보아도 네 번째 모형인 houseG4가 가장 우수하다. 그림 21.8은 모형들에 대해 ANOVA, AIC, 교차타당도가 얼마나 서로 일치하는지 보여준다. 스케일은 다르지만 플롯의 모양은 같다.

```
> # 결과 시각화 하기
>
> # NOVA
>
> cvANOVA <-anova(houseG1, houseG2, houseG3, houseG4, houseG5)
>
> cvResults$ANOVA <- cvANOVA$`Resid. Dev`
>
```

```
> # AIC
>
> cvResults$AIC <- AIC(houseG1, houseG2, houseG3, houseG4, houseG5)$AIC
>
> # 플롯팅을 위해 데이터 프레밍을 만듦.
>
> library(reshape2)
>
> cvMelt <- melt(cvResults, id.vars="Model", variable.name="Measure",
+                value.name="Value")
>
> cvMelt
      Model        Measure        Value
1  houseG1          Error     1870.457
2  houseG2          Error     1858.962
3  houseG3          Error     1770.869
4  houseG4          Error     1749.833
5  houseG5          Error     1877.493
6  houseG1 Adjusted.Error     1869.467
7  houseG2 Adjusted.Error     1858.003
8  houseG3 Adjusted.Error     1768.155
9  houseG4 Adjusted.Error     1747.285
10 houseG5 Adjusted.Error     1876.496
11 houseG1          ANOVA 4877506.411
12 houseG2          ANOVA 4847886.327
13 houseG3          ANOVA 4576768.981
14 houseG4          ANOVA 4525782.873
15 houseG5          ANOVA 4895630.307
16 houseG1            AIC    27177.781
17 houseG2            AIC    27163.822
18 houseG3            AIC    27025.042
19 houseG4            AIC    27001.691
20 houseG5            AIC    27189.499
> ggplot(cvMelt, aes(x=Model, y=Value)) +
+    geom_line(aes(group=Measure, color=Measure)) +
+    facet_wrap(~Measure, scales="free_y") +
+    theme(axis.text.x=element_text(angle=90, vjust=.5)) +
+    guides(color=FALSE)
```

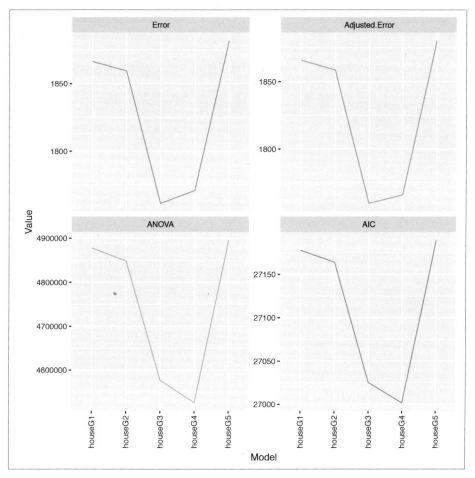

그림 21.8 housing 모형들에 대한 교차타당도 오차(원래값과 보정값), ANOVA, AIC에 대한 플롯.
축의 스케일은 당연히 다른데, 그 모양을 비슷하다. `housingG4가 가장 우수한 모형이다.

이제 **cv.glm**의 논리를 빌려와서 **glm**이 아닌 우리 모형들에 대한 교차 타당성 검증을
위한 일반적인 프레임워크를 제시하려고 한다. 이것은 다른 데서도 통할 수 있는 일반
적인 방법은 아니므로 주의한다. 이 방법은 모든 모형에 적용시킬 수는 없지만 일반적
으로 어떻게 돼야 하는지에 대한 감을 전달하는 데 목적이 있다. 실제로는 좀 더 세밀
한 조정이 필요하고, 좀 더 강력하게 만들 필요가 있다.

```
> cv.work <- function(fun, k = 5, data,
+     cost = function(y, yhat) mean((y - yhat)^2),
```

```
+   response="y", ...)
+ {
+     # 폴드(겹) 만들기
+     folds <- data.frame(Fold = sample(rep(x=1:k, length.out = nrow(data))),
+                         Row = 1:nrow(data))
+     # 오차의 초깃값을 0으로 설정
+     error <- 0
+
+     ##폴드에 대한 순회
+     ## 각 폴드에서:
+     ## 트레이닝 데이터에 대한 모형 적합 실시
+     ## 나머지 테스트에 대한 예측
+     ## 오차를 계산하고 이를 수집
+
+     for (f in 1:max(folds$Fold)) {
+
+         # 테스트로 사용될 행들
+         theRows <- folds$Row[folds$Fold == f]
+
+         ## data[-theRows, ]에 함수 적용
+         ## data[theRows, ]에 대해 예측하기
+         mod <- fun(data = data[-theRows, ], ...)
+         pred <- predict(mod, data[theRows, ])
+
+         # 해당 폴더의 행의 개수를 가중시켜 새로운 오차 추가
+         error <- error +
+           cost(data[theRows, response], pred) * (length(theRows)/nrow(data))
+     }
+     return(error)
+ }
```

만든 함수를 사용해 교차 타당성 오차를 구해보자.

```
> cv1 <- cv.work(fun = lm, k = 5, data = housing, response="ValuePerSqFt",
+               formula=ValuePerSqFt ~ Units + SqFt + Boro)
>
> cv2 <- cv.work(fun = lm, k = 5, data = housing, response="ValuePerSqFt",
+               formula=ValuePerSqFt ~ Units * SqFt + Boro)
>
```

```
> cv3 <- cv.work(fun = lm, k = 5, data=housing, response="ValuePerSqFt",
+                formula=ValuePerSqFt ~ Units + SqFt * Boro + Class)
>
> cv4 <- cv.work(fun = lm, k = 5, data=housing, response="ValuePerSqFt",
+                formula=ValuePerSqFt ~ Units + SqFt * Boro + SqFt*Class)
>
> cv5 <- cv.work(fun = lm, k = 5, data=housing, response = "ValuePerSqFt",
+                formula=ValuePerSqFt ~ Boro + Class)
>
> cvResults <- data.frame(Model = sprintf("house%s", 1:5),
+                         Error = c(cv1, cv2, cv3, cv4, cv5))
>
> cvResults
   Model    Error
1 house1 1875.856
2 house2 1861.087
3 house3 1762.242
4 house4 1756.676
5 house5 1876.576
```

이 결과는 cv.glm과 거의 비슷한 모습을 갖고 있는데, 여전히 네 번째 모형이 가장 좋다. 이런 측정법은 항상 일치하는 것은 아니지만 일치하는 경우에는 매우 훌륭한 방법이다.

21.4 붓스트랩

어떤 경우에는 이런 저런 이유로 어떤 문제에 대한 좋은 분석 해결법이 없어서 다른 전략을 필요로 하는 경우가 있다. 특히 신뢰 구간에 대한 불확실성을 측정하는 경우에 자주 이런 문제에 봉착한다. 이것을 극복하기 위해서 브래들리 에프론Bradley Efron은 1979년에 붓스트랩 방법을 제안했다. 그 이후로 붓스트랩은 현재 통계학의 혁명을 이끌었고 이제는 필수불가결한 요소가 됐다.

그 아이디어는 다음과 같다. 먼저 n개의 행을 가진 데이터 세트로 시작한다. 어떤 통계량(평균, 회귀 또는 임의의 함수)을 해당 데이터에 대해 구한다. 그런 다음, 데이터에서 샘플을 얻고 새로운 데이터 세트를 구성한다. 이 새로운 데이터 세트는 원래의 데이터 세트의 행에서 중복된 행을 갖고 올 수도 있고, 빠지는 행도 있을 수 있는데 총 행의 개수는 원래의 데이터 세트의 개수 n이 되게 한다. 이 데이터 세트에 대해 다시 통계량을 구한다. 이런 과정을 R회 반복(전형적으로 1,200 회)하면 해당 통계량에 대한 전체 분포를 얻을 수 있다. 이 분포를 갖고 해당 통계량에 대한 평균과 신뢰 구간을 구한다.

boot 패키지는 이런 붓스트랩 방법을 적용할 때 사용할 수 있는 간단하면서도 강력한 툴을 제공한다. 함수 호출을 설정할 때 주의가 좀 필요하기는 한데 그다지 어렵지는 않다.

간단한 예로 시작해보자. 1990년 이후에 미국 메이저 리그 야구 데이터에서 타율을 갖고 분석에 활용해보자. baseball 데이터에는 타석$^{at\ bat}$(ab)과 안타수^{hits}(h)에 대한 정보를 갖고 있다.

```
> library(plyr)
> baseball <- baseball[baseball >= 1990, ]
> head(baseball)
          id year stint team lg  g  ab  r  h X2b X3b hr rbi sb cs bb so
4   ansonca01 1871     1  RC1    25 120 29 39  11   3  0  16  6  2  2  1
44  forceda01 1871     1  WS3    32 162 45 45   9   4  0  29  8  0  4  0
68  mathebo01 1871     1  FW1    19  89 15 24   3   1  0  10  2  1  2  0
99  startjo01 1871     1  NY2    33 161 35 58   5   1  1  34  4  2  3  0
102 suttoez01 1871     1  CL1    29 128 35 45   3   7  3  23  3  1  1  0
106 whitede01 1871     1  CL1    29 146 40 47   6   5  1  21  2  2  4  1
    ibb hbp sh sf gidp
4    NA  NA NA NA   NA
44   NA  NA NA NA   NA
68   NA  NA NA NA   NA
99   NA  NA NA NA   NA
102  NA  NA NA NA   NA
106  NA  NA NA NA   NA
```

평균 타율을 계산하는 올바른 방법은 전체 안타수를 전체 타석으로 나누는 것이다. 이 말은 단순히 mean(h/ab), sd(h/ab)로 평균과 표준편차를 구할 수 없음을 의미한다. 평균 타율을 계산하기 위해서는 sum(h) / sum(ab)으로 구해야 하고, 그 표준편차는 쉽게 계산되지 않는다. 이런 문제가 붓스트랩을 적용하기 좋은 사례다.

원래의 데이터를 갖고 전체에 대한 평균 타율을 계산한다. 그런 다음, 복원 방식으로 n개의 행을 추출하고, 다시 평균 타율을 계산한다. 이 과정을 어떤 분포를 얻을 때까지 반복한다. 이것을 손으로 하는 대신 우리는 boot 패키지를 사용할 것이다.

boot 함수에 첫 번째 인자는 데이터다. 두 번째 인자는 계산에 사용될 함수를 전달한다. 이 함수는 적어도 2개의 인자를 취한다(sim = parametric을 사용하는 경우에는 첫 번째 인자만 필요하다). 둘 중 첫 번째는 원래의 데이터고, 두 번째는 인덱스, 빈도, 가중값에 대한 벡터다. 부가적인 이름을 가진 인자들을 함수에 전달할 수 있다.

```
> ## 평균 타율 계산을 위한 함수 만들기
> # data 인자는 사용할 데이터를 의미
> # 붓스트랩을 위한 사용될 인덱스를 제공
> # 어떤 열들은 반복해 사용될 수 있고
> # 어떤 열은 제외될 수도 있다.
>
> # 평균 63% 행을 사용하게 된다.
> # 이 함수는 boot 함수에서 반복해서 호출된다.
>
> bat.avg <- function(data, indices=1:NROW(data), hits="h", at.bats="ab") {
+   sum(data[indices, hits], na.rm=TRUE) /
+     sum(data[indices, at.bats], na.rm=TRUE)
+ }
>
> # 원래의 데이터에 대해 테스트
>
> bat.avg(baseball)
[1] 0.2739821
> # 붓스트랩 실행
> # baseball 데이터를 갖고 1,200 번 bat.avg 함수 실행
> # 필요한 인자 전달
>
> avgBoot <- boot(data = baseball, statistic = bat.avg, R=1200, stype="i")
>
> # 원래으 척도와 바이어스와 표준 오차에 대한 추정값 출력
>
> avgBoot

ORDINARY NONPARAMETRIC BOOTSTRAP

Call:
boot(data = baseball, statistic = bat.avg, R = 1200, stype = "i")
```

```
Bootstrap Statistics :
      original        bias      std. error
t1* 0.2739821 -1.570961e-05 0.0003547214
> # 신뢰 구간 출력
>
> boot.ci(avgBoot, conf=.95, type="norm")
BOOTSTRAP CONFIDENCE INTERVAL CALCULATIONS
Based on 1200 bootstrap replicates

CALL :
boot.ci(boot.out = avgBoot, conf = 0.95, type = "norm")

Intervals :
Level      Normal
95%   ( 0.2733,  0.2747 )
Calculations and Intervals on Original Scale
```

분포를 시각화하는 것은 아주 간단하다. 그림 21.9는 평균 타율에 대한 히스토그램이며, 2개의 수직선은 원래의 추정값에서 2 표준편차 거리에 있는 지점을 의미한다. 이 사이가 95% 신뢰 구간이라고 보면 된다.

```
> ggplot() +
+   geom_histogram(aes(x=avgBoot$t), fill="grey", color= "grey") +
+   geom_vline(xintercept=avgBoot$t0 + c(-1, 1)*2*sqrt(var(avgBoot$t)),
+             linetype=2)
```

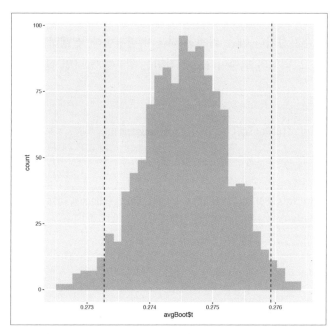

그림 21.9 평균 타율 붓스트랩에 대한 히스토그램. 직선은 원래 추정값으로부터 2 표준편차 위치를 가리킨다.
이 사이가 95% 신뢰 구간이다.

붓스트랩은 아주 강력한 도구다. boot 패키지는 우리가 여기서 소개한 것 이상의 기능을 제공한다. 이를테면 시계열 데이터나 절단된 데이터도 다룰 수 있다. 붓스트랩의 아름다운 점은 거의 모든 분야에 적용할 수 있다는 점이다. 이 방법은 실용적이고 가능한 분석법이 마땅히 없는 경우에도 사용될 수 있다. 라쏘lasso와 같이 편향된 추정값에 대한 불확실성을 측정하는 등과 같이 붓스트랩 방법이 적절하지 않은 경우도 있지만, 그런 경우들이란 매우 드물다.

21.5 단계적 변수 선택

비록 점차 그 사용하지 말도록 권고되는 방법이기는 한데, 모형에서 변수들을 선택하는 흔한 방법 가운데 단계적 선택stepwise selection법이 있다. 이 방법은 모형에서 변수를 추가하거나 제거하는 방법을 반복적으로 실행하고, 각각의 경우에 AIC 같은 통계량을 갖고 모형을 평가한다.

step 함수는 가능한 모형들을 순회한다. scope 인자는 가능한 모형들에서 상한선과 하

416

한선을 설정하는 역할을 하고, direction 인자는 모형에 변수들을 더하기만 할지, 아니면 필요한 경우 추가하거나 빼는 과정을 넣을지 결정한다. 실행하면 step 함수는 순회 과정들을 출력하고, 최적의 모형이라고 생각되는 경우를 만나면 실행이 중지된다.

```
> # 하한선을 널(null) 모형인데, 이 경우 평균값 직선이다.
>
> nullModel <- lm(ValuePerSqFt ~ 1, data = housing)
>
> # 가장 복잡한 모형 지정
>
> fullModel <- lm(ValuePerSqFt ~ Units + SqFt*Boro + Boro*Class, data=housing)
>
> # 여러 다른 모형들을 시도
> # 널 모형에서 시작
> # fullModel 이상 복잡하게 넘어가지 않음.
> # 양쪽 방향을 선택
>
> houseStep <- step(nullModel,
+                   scope = list(lower=nullModel, upper=fullModel),
+                   direction = "both")
Start:  AIC=22151.56
ValuePerSqFt ~ 1

        Df Sum of Sq      RSS   AIC
+ Boro   4   7160206  5137931 19873
+ SqFt   1   1310379 10987758 21858
+ Class  3   1264662 11033475 21873
+ Units  1    778093 11520044 21982
<none>               12298137 22152


Step:  AIC=19872.83
ValuePerSqFt ~ Boro

        Df Sum of Sq      RSS   AIC
+ Class  3    242301  4895630 19752
+ SqFt   1    185635  4952296 19778
+ Units  1     83948  5053983 19832
<none>                5137931 19873
- Boro   4   7160206 12298137 22152
```

```
Step:  AIC=19752.26
ValuePerSqFt ~ Boro + Class
```

	Df	Sum of Sq	RSS	AIC
+ SqFt	1	182170	4713460	19655
+ Units	1	100323	4795308	19700
+ Boro:Class	9	111838	4783792	19710
<none>			4895630	19752
- Class	3	242301	5137931	19873
- Boro	4	6137845	11033475	21873

```
Step:  AIC=19654.91
ValuePerSqFt ~ Boro + Class + SqFt
```

	Df	Sum of Sq	RSS	AIC
+ SqFt:Boro	4	113219	4600241	19599
+ Boro:Class	9	94590	4618870	19620
+ Units	1	37078	4676382	19636
<none>			4713460	19655
- SqFt	1	182170	4895630	19752
- Class	3	238836	4952296	19778
- Boro	4	5480928	10194388	21668

```
Step:  AIC=19599.21
ValuePerSqFt ~ Boro + Class + SqFt + Boro:SqFt
```

	Df	Sum of Sq	RSS	AIC
+ Boro:Class	9	68660	4531581	19578
+ Units	1	23472	4576769	19588
<none>			4600241	19599
- Boro:SqFt	4	113219	4713460	19655
- Class	3	258642	4858883	19736

```
Step:  AIC=19577.81
ValuePerSqFt ~ Boro + Class + SqFt + Boro:SqFt + Boro:Class
```

	Df	Sum of Sq	RSS	AIC
+ Units	1	20131	4511450	19568
<none>			4531581	19578

```
- Boro:Class   9     68660 4600241 19599
- Boro:SqFt    4     87289 4618870 19620

Step:  AIC=19568.14
ValuePerSqFt ~ Boro + Class + SqFt + Units + Boro:SqFt + Boro:Class

              Df Sum of Sq    RSS   AIC
<none>                     4511450 19568
- Units        1     20131 4531581 19578
- Boro:Class   9     65319 4576769 19588
- Boro:SqFt    4     75955 4587405 19604
```

결과적으로 step 함수는 fullModel이 가장 낮은 AIC 값을 갖는 모형이라고 결정했다. 이 방법이 작동하기는 하지만 모형에 대해 무자비한 방법을 사용하는 것이고, 그 자체의 이론적인 문제점들을 갖고 있다. 논란은 있지만 라쏘 회귀lasso regression가 변수 선택을 하는데 더 나은데, 이것은 22.1절에서 설명한다.

21.6 결론

모형의 질을 결정하는 것은 모형을 만드는 과정에서 중요한 단계다. 이 과정에는 ANOVA와 같은 전통적인 검정법이 사용되기도 하고, 좀 더 최근에 개발된 교차 타당성 검사와 같은 방법이 사용되기도 한다. 붓스트랩은 모형의 불확실성을 결정하는 또 하나의 중요한 수단인데, 특히 신뢰 구간 계산이 어려운 경우에 적합하다. 이런 방법은 모형에 사용될 변수들을 선택하는 방법들로부터 도움을 받을 수도 있다.

정형화(Regularization)와 축소(Shrinkage)

최근에는 고차원(많은 변수) 데이터들을 다루야 하는 상황이 많아져서 과대 적합을 방지할 수 있는 기술이 중요해졌다. 21장에서 설명한 바와 같이, 비록 어떤 경우에는 계산이 불가능할 경우도 있지만, 이런 경우 변수 선택^{variable selection} 방법을 많이 사용해 왔다. 변수 선택법은 여러 가지 형태가 있는데, 우리는 정형화^{regularization}와 축소^{shrinkage}에 집중하려고 한다. 이를 위해서 glmnet 패키지의 glmnet 함수와 arm 패키지의 bayesglm 함수를 사용하려고 한다.

22.1 일래스틱 넷(elastic net)

지난 5년 동안 가장 놀라운 발전을 이룬 알고리즘 가운데 하나가 일래스틱 넷^{elastic net}이다. 이 방법은 라쏘^{lasso}와 능형^{ridge} 회귀법을 역동적으로 혼합한 것이다. 라쏘는 변수 선택과 차원 축소를 위해서 L1 벌점을 사용한다. 반면 능형은 더 안정된 예측을 위해서 L2 벌점을 사용해 계수들을 축소한다. 일레스틱 넷 공식은 다음과 같다.

$$\min_{\beta_0, \beta \in \mathbb{R}^{p+1}} \left[\frac{1}{2N} \sum_{i=1}^{N} \left(y_i - \beta_0 - x_i^T \beta \right)^2 + \lambda P_\alpha \left(\beta \right) \right] \tag{22.1}$$

$P_\alpha(\beta)$는 다음과 같다.

$$P_\alpha \left(\beta \right) = (1 - \alpha) \frac{1}{2} ||\Gamma\beta||_{l_2}^2 + \alpha ||\Gamma\beta||_{l_1} \tag{22.2}$$

λ는 축소량을 조절하는 복잡도 파라미터다(0은 벌점이 없는 것이고, ∞는 가장 큰 벌점이다). α는 라쏘와 능형^{ridge} 사용 비율을 결정하는 것으로 $\alpha=0$으로 지정하면 완전히 능형만, $\alpha=1$은 완전히 라쏘만 사용하게 된다. $\varGamma$는 벌점 요인을 담은 벡터로 하나의 변수당 하나의 값을 가진다. 여기에 λ를 곱해서 각 변수에 적용되는 벌점을 세밀하게 조정한다. 여기서도 0점은 벌점이 없는 것이고, ∞는 무제한의 벌점을 부여한다.

비교적 최근에 소개된 glmnet 패키지로 일래스틱 넷을 가진 일반화 선형 모형 적합을 실행할 수 있다. 이 패키지는 일래스틱 넷에 대한 횟기적인 논문을 발표한 스탠포드 대학의 트레버 하스티$^{Trevor\ Hastie}$, 로버트 티브시라니$^{Rober\ Tibshirani}$, 제롬 프리드만$^{Jerome\ Friedman}$이 만들었다.

이 패키지는 크고 희박한 데이터를 빠르게 처리할 수도 있도록 만들어졌기 때문에 R의 다른 모형 함수들을 사용할 때보다 약간 더 노력이 필요하다. lm, glm과 같은 함수들은 포뮬러를 사용해 모형을 정의하는데, glmnet 함수는 예측 변수들의 행렬(절편 포함)과 반응 변수의 행렬을 지정해줘야 한다.

우리는 뉴욕 주의 미국 커뮤니티 조사$^{ACS,\ American\ Community\ Survey}$ 데이터를 사용한다. 이 데이터는 그렇게 높은 차원을 갖고 있지는 않지만, 우리는 가능한 모든 예측 인자를 모형에 넣고 어떤 것이 선택되는지 살펴본다.

```
> acs <- read.table("http://jaredlander.com/data/acs_ny.csv", sep=",",
+                   header=TRUE, stringsAsFactors=FALSE)
```

glmnet 함수는 예측 변수 행렬을 필요로 하기 때문에 행렬을 편리하게 만들 수 있으면 좋을 것이다. 이런 일은 model.matrix 함수를 사용하면 간단히 해결되는데, 포뮬러와 데이터 프레임 인자를 주면 원하는 행렬를 반환한다. 예로 가짜 데이터를 만들고 model.matrix 함수를 적용해본다.

```
> # 첫 3개의 열이 숫자형인 데이터 프레임을 만듦.
> testFrame <- data.frame(First=sample(1:10, 20, replace=TRUE),
+                         Second=sample(1:20, 20, replace=TRUE),
+                         Third=sample(1:10, 20, replace=TRUE),
+                         Fourth=factor(rep(c("Alice", "Bob", "Charlie",
+                                             "David"), 5)),
+                         Fifth=ordered(rep(c("Edward", "Frank", "Georgia",
+                                             "Hank", "Isaac"), 4)),
+                         Sixth=rep(c("a", "b"), 10), stringsAsFactors=F)
```

```
> head(testFrame)
  First Second Third  Fourth   Fifth Sixth
1     3      5     6   Alice  Edward     a
2     1      5     5     Bob   Frank     b
3     8      2     6 Charlie Georgia     a
4     9     13    10   David    Hank     b
5     4      7     5   Alice   Isaac     a
6     6     15    10     Bob  Edward     b
> head(model.matrix(First ~ Second + Fourth + Fifth, testFrame))
  (Intercept) Second FourthBob FourthCharlie FourthDavid    Fifth.L
1           1      5         0             0           0 -0.6324555
2           1      5         1             0           0 -0.3162278
3           1      2         0             1           0  0.0000000
4           1     13         0             0           1  0.3162278
5           1      7         0             0           0  0.6324555
6           1     15         1             0           0 -0.6324555
     Fifth.Q       Fifth.C    Fifth^4
1  0.5345225 -3.162278e-01  0.1195229
2 -0.2672612  6.324555e-01 -0.4780914
3 -0.5345225 -4.095972e-16  0.7171372
4 -0.2672612 -6.324555e-01 -0.4780914
5  0.5345225  3.162278e-01  0.1195229
6  0.5345225 -3.162278e-01  0.1195229
```

이 과정은 간단하지만 몇 가지는 주목해서 보아야 한다. 기대한 바대로 Fourth는 Fourth 변수의 레벨보다 하나 적은 열을 가진 지표 변수indicator variables로 바뀌었다. Fifth 변수를 파라미터화한 것은 좀 이상하게 보일 것이다. 열의 레벨보다 하나 작게 열이 만들어지는데, 0 또는 1 값이 부여되지 않았다. 이것은 Fifth 변수가 순서가 있는 팩터ordered factor기 때문이다.

팩터의 베이스 레벨에 대한 지표 변수를 만들지 않는 것은 대부분의 선형 모형에서 다중공선성multicollinearity를 피하기 위함이다.[1] 그렇지만 일래스틱 넷을 사용하려고 하는 경우, 예측 변수 행렬을 만들 때 이렇게 처리되면 안 된다. 그래서 약간의 창의적인 코딩을 통해서 model.matrix 함수를 사용해 어떤 팩터의 모든 레벨에 대해 지표 변수를 반

---

1 이것은 선형 대수에서 열들이 선형적으로 독립이지 않을 때 생기는 행렬의 특징이다.

422

환하도록 하는 것이 가능하다.[2] 이 과정을 쉽게 할 수 있게 useful 패키지의 build.x 함수에 그 해법을 포함시켜 놓았다.

```
> library(useful)
>
> # 항상 모든 레벨을 사용
> head(build.x(First ~ Second + Fourth + Fifth, testFrame,
+           contrasts=FALSE))
  (Intercept) Second FourthAlice FourthBob FourthCharlie FourthDavid
1           1      5          1         0             0           0
2           1      5          0         1             0           0
3           1      2          0         0             1           0
4           1     13          0         0             0           1
5           1      7          1         0             0           0
6           1     15          0         1             0           0
  FifthEdward FifthFrank FifthGeorgia FifthHank FifthIsaac
1           1          0            0         0          0
2           0          1            0         0          0
3           0          0            1         0          0
4           0          0            0         1          0
5           0          0            0         0          1
6           1          0            0         0          0
> # Fourth의 모든 레벨을 사용
> head(build.x(First ~ Second + Fourth + Fifth, testFrame,
+           contrasts=c(Fourth=FALSE, Fifth=TRUE)))
  (Intercept) Second FourthAlice FourthBob FourthCharlie FourthDavid
1           1      5          1         0             0           0
2           1      5          0         1             0           0
3           1      2          0         0             1           0
4           1     13          0         0             0           1
5           1      7          1         0             0           0
6           1     15          0         1             0           0
      Fifth.L    Fifth.Q       Fifth.C    Fifth^4
1 -0.6324555  0.5345225 -3.162278e-01  0.1195229
2 -0.3162278 -0.2672612  6.324555e-01 -0.4780914
3  0.0000000 -0.5345225 -4.095972e-16  0.7171372
```

---

2 http://stackoverflow.com/questions/4560459/all-levels-of-a-factor-in-a-model-matrix-in-r/15400119에 있는 스택 오버플로의 질의, 응답을 참고한다.

```
4  0.3162278 -0.2672612 -6.324555e-01 -0.4780914
5  0.6324555  0.5345225  3.162278e-01  0.1195229
6 -0.6324555  0.5345225 -3.162278e-01  0.1195229
```

acs 데이터에 대해 **build.x** 함수를 사용하면 **glmnet** 함수에서 사용할 수 있는 좋은 예측 행렬을 만들 수 있다. 우리는 **lm** 함수처럼 포뮬러를 사용해 상호작용 등 모형 설정에 필요한 내용을 정할 수 있다.

```
> # 로지스틱 회귀를 위해서 이진 Income 변수를 만든다.
> acs$Income <- with(acs, FamilyIncome >= 150000)
> head(acs)
  Acres FamilyIncome  FamilyType NumBedrooms NumChildren NumPeople
1  1-10          150     Married           4           1         3
2  1-10          180 Female Head           3           2         4
3  1-10          280 Female Head           4           0         2
4  1-10          330 Female Head           2           1         2
5  1-10          330   Male Head           3           1         2
6  1-10          480   Male Head           0           3         4
  NumRooms       NumUnits NumVehicles NumWorkers  OwnRent    YearBuilt
1        9 Single detached           1          0 Mortgage    1950-1959
2        6 Single detached           2          0   Rented  Before 1939
3        8 Single detached           3          1 Mortgage    2000-2004
4        4 Single detached           1          0   Rented    1950-1959
5        5 Single attached           1          0 Mortgage  Before 1939
6        1 Single detached           0          0   Rented  Before 1939
  HouseCosts ElectricBill FoodStamp HeatingFuel Insurance      Language
1       1800           90        No         Gas      2500       English
2        850           90        No         Oil         0       English
3       2600          260        No         Oil      6600 Other European
4       1800          140        No         Oil         0       English
5        860          150        No         Gas       660       Spanish
6        700          140        No         Gas         0       English
  Income
1  FALSE
2  FALSE
3  FALSE
4  FALSE
5  FALSE
6  FALSE
```

```
> # 예측 행렬 만들기
> # glmnet 함수가 자동으로 절편을 추가하기 때문에 절편을 넣지 않는다.
> acsX <- build.x(Income ~ NumBedrooms + NumChildren + NumPeople +
+                     NumRooms + NumUnits + NumVehicles + NumWorkers +
+                     OwnRent + YearBuilt + ElectricBill + FoodStamp +
+                     HeatingFuel + Insurance + Language - 1,
+                 data=acs, contrasts=FALSE)
>
> # 클래스와 차원을 체크
> class(acsX)
[1] "matrix"
> dim(acsX)
[1] 22745    44
> # 데이터의 왼쪽 위와 오른쪽 위를 보자.
> topleft(acsX, c = 6)
  NumBedrooms NumChildren NumPeople NumRooms NumUnitsMobile home
1           4           1         3        9                   0
2           3           2         4        6                   0
3           4           0         2        8                   0
4           2           1         2        4                   0
5           3           1         2        5                   0
  NumUnitsSingle attached
1                       0
2                       0
3                       0
4                       0
5                       1
> topright(acsX, c = 6)
  Insurance LanguageAsian Pacific LanguageEnglish LanguageOther
1      2500                     0               1             0
2         0                     0               1             0
3      6600                     0               0             0
4         0                     0               1             0
5       660                     0               0             0
  LanguageOther European LanguageSpanish
1                      0               0
2                      0               0
3                      1               0
4                      0               0
5                      0               1
```

```
> # 응답 행렬 만들기
> acsY <- build.y(Income ~ NumBedrooms + NumChildren + NumPeople +
+                  NumRooms + NumUnits + NumVehicles + NumWorkers +
+                  OwnRent + YearBuilt + ElectricBill + FoodStamp +
+                  HeatingFuel + Insurance + Language - 1, data=acs)
>
> head(acsY)
[1] FALSE FALSE FALSE FALSE FALSE FALSE
> tail(acsY)
[1] TRUE TRUE TRUE TRUE TRUE TRUE
```

이제 데이터가 적절하게 준비됐기 때문에 glmnet 함수를 실행할 수 있다. 수식 22.1에
서 보면 λ는 축소의 양을 결정한다. glmnet 함수는 디폴트로 100개의 서로 다른 λ에 대
한 정규화 경로^{regularization path}를 적합시킨다. 최적의 것을 고르는 것은 유저의 몫인데,
교차 타당성 방법 등을 사용하게 된다. 다행히 glmnet 패키지는 cv.glmnet이라는 함수
를 제공하는데, 이 함수는 자동으로 교차 타당성을 계산한다. 디폴트로 α=1이 사용되
는데, 이 값에서는 라쏘^{lasso}만 계산한다. 최적의 α 값을 고르기 위해서 별도의 교차 타
당성을 위한 레이어를 추가해야 한다.

```
> library(glmnet)
> set.seed(1863561)
> # 교차타당도를 가진 glmnet을 실행
> acsCV1 <- cv.glmnet(x = acsX, y = acsY, family = "binomial", nfold = 5)
```

cv.glmnet 함수가 반환하는 것 가운데 가장 중요한 정보는 교차 타당성에 대한 것
과 교차 타당성 오차를 최소화하는 λ 값이다. 부가적으로 이 함수는 교차 타당성 오차
의 최솟값의 1 표준편차 이내에 있는 가장 큰 λ 값도 반환한다. 이론에 따르면 절약성
^{parsimony} 때문에 비록 약간 덜 정확하더라도 더 단순한 모형을 선택하는 것이 좋다. 서
로 다른 λ 값에 따른 교차 타당성 오차는 그림 22.1에서 볼 수 있다. 가장 위쪽에 있는
숫자들은 주어진 $\log(\lambda)$ 값에 대해 모형에 들어 있는 변수의 개수다. 팩터인 경우에는
그 레벨에 따라서 별도의 변수로 취급된다. 점들은 해당 지점에서의 교차 타당성 오차
값을 표시하고 수직선은 해당 오차에 대한 신뢰 구간을 말한다. 가장 왼쪽에 보이는 수
직 점선은 오차가 최소가 되는 지점의 λ 값을 가리키고, 오른쪽에 보이는 수직 점선은
최솟값의 1 표준 오차 이내에 있는 그다음 큰 λ 값을 의미힌다.

```
> acsCV1$lambda.min
[1] 0.0005258299
> acsCV1$lambda.1se
[1] 0.006482677
> plot(acsCV1)
```

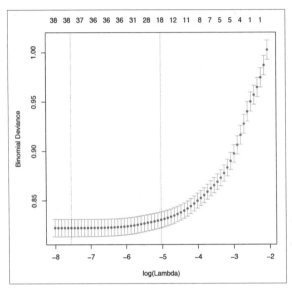

그림 22.1 acs 데이터에 glmnet 활용한 적합을 실행했을 때의 교차 타당성 곡선. 상단에 있는 숫자는 주어진 람다의 로그값에 대해 모형에 사용된 변수의 개수를 의미한다(팩터 레벨들을 하나의 변수로 취급된다). 점들은 해당 지점에서는 교차 타당성 오차를 의미하고, 수직선은 신뢰 구간을 의미한다. 왼쪽에 있는 수직 점선은 오차가 최소가 되는 지점의 람다 값, 오른쪽 수직 점선은 최솟값의 1 표준편차 이내에 있는 두 번째로 큰 람다 값을 지시한다.

계수를 추출하는 것은 다른 모형들과 같이 coef 함수를 사용하는데, 다른 점은 특정 λ 값을 지정해 줘야 한다는 점이다. 그렇지 않으면 전체 경로가 반환된다. 점은 선택되지 않은 변수를 의미한다.

```
> coef(acsCV1, s = "lambda.1se")
45 x 1 sparse Matrix of class "dgCMatrix"
                           1
(Intercept)       -5.0552170103
NumBedrooms        0.0542621380
NumChildren             .
NumPeople               .
NumRooms           0.1102021934
```

```
NumUnitsMobile home      -0.8960712560
NumUnitsSingle attached   .
NumUnitsSingle detached   .
NumVehicles               0.1283171343
NumWorkers                0.4806697219
OwnRentMortgage           .
OwnRentOutright           0.2574766773
OwnRentRented            -0.1790627645
YearBuilt15               .
YearBuilt1940-1949       -0.0253908040
YearBuilt1950-1959        .
YearBuilt1960-1969        .
YearBuilt1970-1979       -0.0063336086
YearBuilt1980-1989        0.0147761442
YearBuilt1990-1999        .
YearBuilt2000-2004        .
YearBuilt2005             .
YearBuilt2006             .
YearBuilt2007             .
YearBuilt2008             .
YearBuilt2009             .
YearBuilt2010             .
YearBuiltBefore 1939     -0.1829643904
ElectricBill              0.0018200312
FoodStampNo               0.7071289660
FoodStampYes              .
HeatingFuelCoal          -0.2635263281
HeatingFuelElectricity    .
HeatingFuelGas            .
HeatingFuelNone           .
HeatingFuelOil            .
HeatingFuelOther          .
HeatingFuelSolar          .
HeatingFuelWood          -0.7454315355
Insurance                 0.0004973315
LanguageAsian Pacific     0.3606176925
LanguageEnglish           .
LanguageOther             .
LanguageOther European    0.0389641675
LanguageSpanish           .
```

어떤 팩터형의 변수에서 어떤 레벨들은 선택되고, 어떤 것은 그렇지 않은 점이 좀 이상하게 보일지 모른다. 그렇지만 라쏘는 서로 높은 상관을 갖는 변수들을 제거한다는 점을 고려하면 이해가 가는 현상이다.

또 주목해야 할 것은 계수들에 대한 표준 오차 그리고 신뢰 구간이 없다는 점이다. 이것은 glment 모형을 사용해 예측하는 경우에 모두 적용된다. 이것은 라쏘와 능형의 이론적인 특성 때문이고, 잘 알려져 있는 문제다. 최근에는 라쏘 회귀에 대한 유의성 검정을 수행할 수 있는 방법이 소개됐다. 현재 R로 이것을 계산하기 위해서는 glmnet이 아닌 lars 패키지를 사용해야 한다.

λ 경로를 따라서 모형에 들어가는 변수들을 시각화해볼 수 있는데, 이는 그림 22.2와 같다. 각각의 선은 서로 다른 λ 값에서의 계수값들을 나타낸다. 왼쪽에 있는 수직 점선은 오차가 최소화되는 지점에서는 λ 값을 가리키고, 오른쪽 수직 점선은 최초 값의 1 표준 오차 이내에 있는 다음으로 가장 큰 λ 값을 가리킨다.

```
> # 경로 시각화
> plot(acsCV1$glmnet.fit, xvar ="lambda")
> # 최적 람다 값에 대한 수직선 추가
> abline(v = log(c(acsCV1$lambda.min, acsCV1$lambda.1se)), lty = 2)
```

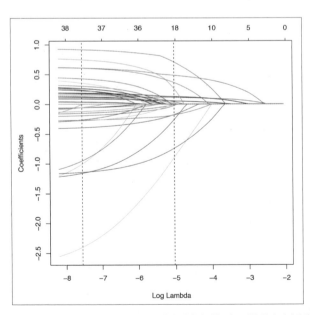

그림 22.2 acs 데이터에 glmnet 모형을 적합했을 때의 계수 프로파일. 각각의 선은 서로 다른 람다 값에서의 계수 값을 보여준다. 왼쪽 수직 점선은 오차가 최소화되는 지점의 람다 값을 알려주고, 오른쪽 수직 점선은 최솟값의 1 표준편차 이내에 있는 다음으로 큰 람다 값을 알려준다.

α 값으로 0으로 지정하면 능형 방법을 사용한 결과를 반환한다. 이 경우에 모든 변수들이 모형에 유지되는 대신 0에 가깝게 축소된다. 그림 22.3은 교차 타당성 곡선이다. 그림 22.4를 보면 모든 변수에 대해 λ 값이 사용되는 것을 볼 수 있다.

```
> # 능형 모형으로 적합
> set.seed(71623)
> acsCV2 <- cv.glmnet(x = acsX, y = acsY, family = "binomial",
+                     nfold = 5, alpha = 0)
> # 람다값 보기
> acsCV2$lambda.min
[1] 0.01396651
> acsCV2$lambda.1se
[1] 0.04681018
> # 계수보기
> coef(acsCV2, s = "lambda.1se")
45 x 1 sparse Matrix of class "dgCMatrix"
                                   1
(Intercept)              -4.8197810188
NumBedrooms               0.1027963294
NumChildren               0.0308893447
NumPeople                -0.0203037177
NumRooms                  0.0918136969
NumUnitsMobile home      -0.8470874369
NumUnitsSingle attached   0.1714879712
NumUnitsSingle detached   0.0841095530
NumVehicles               0.1583881396
NumWorkers                0.3811651456
OwnRentMortgage           0.1985621193
OwnRentOutright           0.6480126218
OwnRentRented            -0.2548147427
YearBuilt15              -0.6828640400
YearBuilt1940-1949       -0.1082928305
YearBuilt1950-1959        0.0602009151
YearBuilt1960-1969        0.0081133932
YearBuilt1970-1979       -0.0816541923
YearBuilt1980-1989        0.1593567244
YearBuilt1990-1999        0.1218212609
YearBuilt2000-2004        0.1768690849
YearBuilt2005             0.2923210334
```

```
YearBuilt2006             0.2309044444
YearBuilt2007             0.3765019705
YearBuilt2008            -0.0648999685
YearBuilt2009             0.2382560699
YearBuilt2010             0.3804282473
YearBuiltBefore 1939     -0.1648659906
ElectricBill              0.0018576432
FoodStampNo               0.3886474609
FoodStampYes             -0.3886013004
HeatingFuelCoal          -0.7005075763
HeatingFuelElectricity   -0.1370927269
HeatingFuelGas            0.0873505398
HeatingFuelNone          -0.5983944720
HeatingFuelOil            0.1241958119
HeatingFuelOther         -0.1872564710
HeatingFuelSolar         -0.0870480957
HeatingFuelWood          -0.6699727752
Insurance                 0.0003881588
LanguageAsian Pacific     0.3982023046
LanguageEnglish          -0.0851389569
LanguageOther             0.1804675114
LanguageOther European    0.0964194255
LanguageSpanish          -0.1274688978
> # 교차 타당성 오차 경로 시각화
> plot(acsCV2)
```

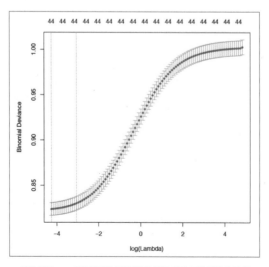

그림 22.3 acs 데이터에 능형 적합을 했을 때의 교차 타당성 곡선

```
> # 계수 경로에 대한 시각화
> plot(acsCV2$glmnet.fit, xvar = "lambda")
> abline(v = log(c(acsCV2$lambda.min, acsCV2$lambda.1se)), lty = 2)
```

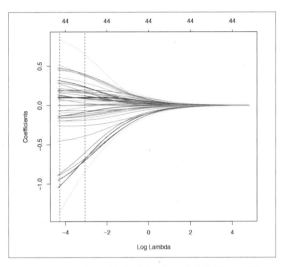

그림 22.4 acs 데이터에 능형 회귀를 실행했을 때의 계수 프로파일

최적의 α 값을 찾기 위해서는 교차 타당성 검증 층을 추가해야 한다. 불행히도 glmnet 함수가 자동으로 이것을 실행해주지 않는다. 이 말은 여러 α 값에 대해 cv.glmnet 함수를 반복해 실행할 필요가 있다는 것인데, 이것은 여러 단계에 걸쳐 꽤 많은 시간이 걸린다는 것을 의미한다. 이 경우 병렬 처리를 사용하면 좋을 것이다. 코드를 병렬로 처리하는 가장 간단한 방법은 parallel, doParallel, foreach 같은 패키지를 사용하는 것이다.

```
> library(parallel)
> library(doParallel)
필요한 패키지를 로딩 중입니다: iterators
```

먼저 과정을 빠르게 진행시키는 데 도움이 되는 객체를 만들려고 한다. 두 층의 교차 타당성을 실행할 때, 어떤 하나의 관찰값을 한 번에 같은 폴드에 넣을 필요가 있어서 폴드 멤버십 정보를 담을 벡터를 하나 만든다. 그리고 foreach가 순회하게 될 일련의 α 값들을 지정한다. 능형보다는 라쏘 방향으로 기울게 하는 것이 일반적으로 좋다고 알려져 있어서 α 값은 0.5보다 크게 지정한다.

```
> # 난수를 사용하기 때문에 재현성을 위해서 시드를 정함.
> set.seed(2834673)
>
> # 폴드 만들기
> # 실행될 때마다 관찰값들이 같은 폴드에 있도록 지정
> theFolds <- sample(rep(x=1:5, length.out=nrow(acsX)))
>
> # 알파 값 지정
> alphas <- seq(from = 0.5, to = 1, by = 0.05)
```

병렬 처리 이전에, makeCluster와 registerDoParallel 함수를 사용해 하나의 클러스터(단 하나의 머신을 사용하는 경우도 마찬가지)를 시작하고 등록해야 한다. 처리를 마치면 stopCluster 함수를 사용해 클러스트를 멈춰야 한다. .errorhandling을 "remove"로 정하면 어떤 오류가 발생했을 때 순회를 건너뛰게 한다. .inorder를 FALSE로 정하면 결과를 결합하는 순서가 중요하지 않아서 반환되는 대로 결합시키기 때문에 속도를 상당히 향상시킬 수 있다. 우리는 디폴트 조합 함수인 list를 사용하기 때문에 이 함수는 한꺼번에 여러 개의 인자들 취하므로 .multicombine을 TRUE로 설정해 속도록 올릴 수 있다. 우리는 .packages 인자에 glmnet 패키지를 지정해 각각의 워커마다 이 패키지를 로딩하게 할 것인데, 이것 역시 속도를 향상시킨다. %dopar% 연산자는 foreach 함수에 병렬로 처리할 것이라는 것을 알려준다. 병렬 처리는 환경에 의존하기 때문에 우리는 foreach 환경에 .export를 통해서 acsX, acsY, alphas, theFolds 같은 객체들을 명시적으로 로드하도록 할 것이다.

```
> # 재현성을 위해서 시드 설정
> set.seed(5127151)
>
> # 2개의 워커를 가진 한 클러스터 시작
> cl <- makeCluster(2)
> # 워커 등록
> registerDoParallel(cl)
> # 시간 트래킹
> before <- Sys.time()
> # foreach 루프 설정
> # 인자들 지정
> acsDouble <- foreach(i=1:length(alphas), .errorhandling = "remove",
+                      .inorder = FALSE, .multicombine = TRUE,
```

```
+                              .export = c("acsX", "acsY", "alphas", "theFolds"),
+                              .packages = "glmnet") %dopar%
+                              {
+                  print(alphas[i])
+                  cv.glmnet(x = acsX, y = acsY, family = "binomial", nfolds = 5,
+                              foldid = theFolds, alpha = alphas[i])
+                              }
> # 타이머 종료
> after <- Sys.time()
>
> # 일을 마친 다음 클러스터 종료
> stopCluster(cl)
>
> # 시간 계산
> # 이 값은 머신의 속도, 메모리, 코어 숫자에 따라 다르다.
> after - before
Time difference of 27.9307 secs
```

acsDouble 객체는 **cv.glment** 객체 클래스의 11개 인스턴스가 담겨진 리스트다. sapply 함수를 사용해 이 리스트의 각 요소 클래스를 체크해보자.

```
> sapply(acsDouble, class)
 [1] "cv.glmnet" "cv.glmnet" "cv.glmnet" "cv.glmnet" "cv.glmnet"
 [6] "cv.glmnet" "cv.glmnet" "cv.glmnet" "cv.glmnet" "cv.glmnet"
[11] "cv.glmnet"
```

이제 목적으로 λ와 α의 최적 조합을 찾아내는 것이므로, 몇 개의 코드로 교차 타당성 오류(신뢰 구간 포함)와 λ 값을 리스트에서 추출하자.

```
> # cv.glmnet 객체에 있는 정보를 추출하는 함수 정의
> extractGlmnetInfo <- function(object){
+     # 람다 찾기
+     lambdaMin <- object$lambda.min
+     lambda1se <- object$lambda.1se
+
+     # 이들 람다가 어느 경로에 있는지 파악하기
+     whichMin <- which(object$lambda == lambdaMin)
+     which1se <- which(object$lambda == lambda1se)
+
```

```
+    # 선택된 람다와 해당하는 오차값을 데이터 프레임의
+    # 한 행으로 만들기
+    data.frame(lambda.min = lambdaMin, error.min = object$cvm[whichMin],
+              lambda.1se = lambda1se, error.1se = object$cvm[which1se])
+ }
>
> # 만든 함수를 리스트의 각 요소에 적용하기
> # 그것들을 묶어서 하나의 데이터 프레임으로 만들기
> alphaInfo <- Reduce(rbind, lapply(acsDouble, extractGlmnetInfo))
>
> # plyr 패키지의 ldply 함수를 사용할 수도 있다.
>
> alphaInfo2 <- plyr::ldply(acsDouble, extractGlmnetInfo)
> identical(alphaInfo, alphaInfo2)
[1] TRUE
> # alphas 값을 사용해 정리
> alphaInfo$Alpha <- alphas
> alphaInfo
     lambda.min error.min  lambda.1se error.1se Alpha
1  0.0009582333 0.8220268 0.008142621 0.8275240  0.50
2  0.0009560545 0.8220229 0.007402382 0.8273831  0.55
3  0.0008763832 0.8220198 0.006785517 0.8272666  0.60
4  0.0008089692 0.8220180 0.006263554 0.8271680  0.65
5  0.0008244253 0.8220170 0.005816158 0.8270837  0.70
6  0.0007694636 0.8220153 0.005428414 0.8270087  0.75
7  0.0007213721 0.8220140 0.005585323 0.8276055  0.80
8  0.0006789385 0.8220131 0.005256774 0.8275457  0.85
9  0.0006412197 0.8220125 0.004964731 0.8274930  0.90
10 0.0006074713 0.8220120 0.004703430 0.8274462  0.95
11 0.0005770977 0.8220121 0.004468258 0.8274054  1.00
```

이제 일련의 숫자들을 확보했기 때문에 최적의 α, λ 값 조합을 그래프를 그려서 쉽게 선택할 수 있다. 이것은 그래프에서 최소 오차를 보이는 값이다. 그림 22.5는 1 표준오차 방법을 사용했을 때 그 값은 α가 0.75, λ가 0.0054284임을 알 수 있다.

```
> ## 플롯팅에 사용된 정보를 담을 데이터 프레임 준비
>
> library(reshape2)
>
```

```
> library(stringr)
>
>
> # 데이터를 롱폼으로 변환
>
> alphaMelt <- melt(alphaInfo, id.vars="Alpha", value.name="Value",
+                   variable.name="Measure")
>
> alphaMelt$Type <- str_extract(string=alphaMelt$Measure,
+                               pattern="(min)|(1se)")
>
> # 일부 정리 작업
>
> alphaMelt$Measure <- str_replace(string=alphaMelt$Measure,
+                                  pattern="\\.(min|1se)",
+                                  replacement="")
>
> alphaCast <- dcast(alphaMelt, Alpha + Type ~ Measure,
+                    value.var="Value")
>
> ggplot(alphaCast, aes(x=Alpha, y=error)) +
+   geom_line(aes(group=Type)) +
+   facet_wrap(~Type, scales="free_y", ncol=1) +
+   geom_point(aes(size=lambda))
```

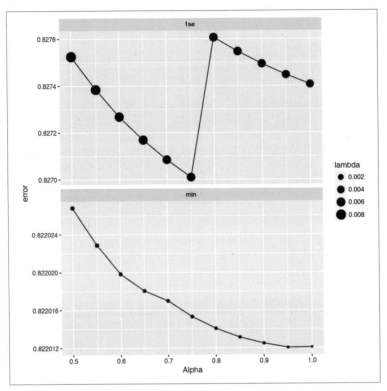

그림 22.5 ACS 데이터에 대한 glmnet 교차 타당성에 대한 오차와 α 값. 값이 작을수록 좋다. 점의 크기는 λ 값을 표시한다. 상단의 그래프는 1 표준편차 방식을 사용한 오차(0.0054)를 표시하고, 하단은 오차를 최소화하는 λ 값을 보여준다. 상단을 기준으로 했을 때 최적의 α 값은 0.75이고, 하단을 기준으로 했을 때는 0.95이다.

이제 우리는 최적의 α 값이 0.75라는 것을 알았기 때문에 다시 모형을 적합하고 결과를 확인해보자.

```
> set.seed(5127151)
> acsCV3 <- cv.glmnet(x = acsX, y = acsY, family = "binomial", nfolds = 5,
+                alpha = alphaInfo$Alpha[which.min(
+                  alphaInfo$error.1se
+                )])
```

모형 적합 후에 그림 22.6, 22.7과 같은 진단 그림을 확인해볼 수 있다.

```
> plot(acsCV3)
```

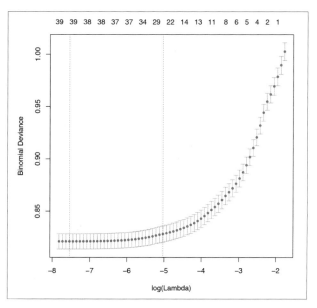

그림 22.6 α=0.75일 때 glmnet에 대한 교차 타당성 곡선

```
> plot(acsCV3$glmnet.fit, xvar = "lambda")
> abline(v = log(c(acsCV3$labmda.min, acsCV3$lambda.1se)), lty = 2)
```

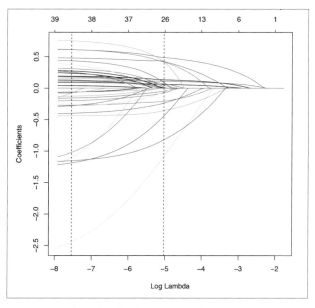

그림 22.7 α=0.75일 때 glmnet에 대한 계수의 경로

glmnet 객체의 계수들을 플롯팅하는 기능은 아직 coefplot 패키지에 구현돼 있지 않기 때문에 매뉴얼로 작업해본다. 그림 22.8을 보면 가족에서 일하는 사람의 수, 푸드스탬프를 사용하는 않는 상황이고, 수입과 가장 강한 연관을 보이며, 석탄 사용과 이동형 주택에서 사는 사람이 낮은 수입을 시사하는 가장 강한 변수임을 말해준다. glmnet은 표준 오차를 계산하기 않기 때문에 표준오차는 표시되지 않았다.

```
> theCoef <- as.matrix(coef(acsCV3, s="lambda.1se"))
>
> coefDF <- data.frame(Value=theCoef, Coefficient=rownames(theCoef))
>
> coefDF <- coefDF[nonzeroCoef(coef(acsCV3, s="lambda.1se")), ]
>
> ggplot(coefDF, aes(x=X1, y=reorder(Coefficient, X1))) +
+    geom_vline(xintercept=0, color="grey", linetype=2) +
+    geom_point(color="blue") +
+    labs(x="Value", y="Coefficient", title="Coefficient Plot")
```

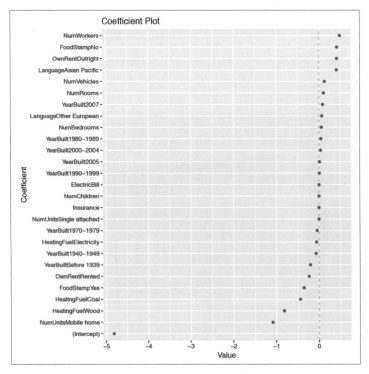

그림 22.8 ACS 데이터에 대한 glmnet 모형의 계수 플롯. 이것을 보면 가족 안에서 일하는 사람의 수, 푸드스탬프를 사용하지 않는 상태가 고수입을 가리키는 가장 강한 변수이고, 석탄 사용과 이동형 주택이 낮은 수입을 가리키는 가장 강한 변수임을 알려준다. glmnet은 표준오차를 계산하지 않기 때문에 표준오차는 표시되지 않는다.

22.2 베이즈 축소(Bayesian Shrinkage) ▰▰▰▰▰▰

베이즈 통계에서 축소는 약한 사전 확률weakly informative prior의 형태를 사용해 구현할 수 있다.[3] 이 방법은 모형이 충분하지 않은 열의 수과 몇 개의 변수들로 구성되는 데이터에 적용할 때 특히 유효하다. 설명하기 위해서 앤드류 겔만과 제니퍼 힐의 『Data Analysis Using Regression and Multilevel/Hierarchical Models』라는 책에서 소개되는 유권자 선호도에 대한 데이터를 빌려 오자. 이 데이터는 http://jaredlander.com/data/ideo.rdata에 올려놓았다.

```
> download.file('http://jaredlander.com/data/ideo.rdata', 'data/ideo.rdata')
> load("data/ideo.rdata")
> head(ideo)
  Year        Vote Age Gender  Race                             Education
1 1948    democrat  NA   male white       grade school of less (0-8 grades)
2 1948  republican  NA female white high school (12 grades or fewer, incl
3 1948    democrat  NA female white high school (12 grades or fewer, incl
4 1948  republican  NA female white some college(13 grades or more,but no
5 1948    democrat  NA   male white some college(13 grades or more,but no
6 1948  republican  NA female white high school (12 grades or fewer, incl
               Income              Religion
1   34 to 67 percentile          protestant
2 96 to 100 percentile          protestant
3  68 to 95 percentile catholic (roman catholic)
4 96 to 100 percentile          protestant
5  68 to 95 percentile catholic (roman catholic)
6 96 to 100 percentile          protestant
```

축소의 필요성을 보여주기 위해서 데이터를 연도별로 나눈 후, Race 변수의 black 레벨에 대한 계수를 보여주고자 한다. dplyr 패키지를 사용해 2개의 열을 가진 데이터 프레임을 만들 것인데, 두 번째 열은 리스트-컬럼이다.

```
> ## 여러 모형에 적합
> library(dplyr)
```

다음의 패키지를 부착합니다: 'dplyr'

---

3 베이즈 관점에서는 일래스틱 넷에서 벌절 항은 로그-프라이어로 생각할 수도 있다.

```
The following objects are masked from 'package:stats':

    filter, lag
The following objects are masked from 'package:base':

    intersect, setdiff, setequal, union
> results <- ideo %>%
+    # year에 따라 데이터를 구분
+    group_by(Year) %>%
+    # 세부 그룹에 모형을 적합
+    do(Model = glm(Vote ~ Race + Income + Gender + Education,
+                 data = .,
+                 family = binomial(link = "logit")))
> # 모형은 list-column으로 존재한다.
> # 해당 열에 이름을 준다.
> names(results$Model) <- as.character(results$Year)
> results
Source: local data frame [14 x 2]
Groups: <by row>

# A tibble: 14 x 2
     Year      Model
 * <dbl>     <list>
 1  1948 <S3: glm>
 2  1952 <S3: glm>
 3  1956 <S3: glm>
 4  1960 <S3: glm>
 5  1964 <S3: glm>
 6  1968 <S3: glm>
 7  1972 <S3: glm>
 8  1976 <S3: glm>
 9  1980 <S3: glm>
10  1984 <S3: glm>
11  1988 <S3: glm>
12  1992 <S3: glm>
13  1996 <S3: glm>
14  2000 <S3: glm>
```

모형이 모두 준비됐기 때문에 multiplot 함수로 계수들을 시각화할 수 있다. 그림 22.9
는 각각의 모형에 들어 있는 Race 변수의 black 레벨에 대한 계수를 보여준다. 결과를
보면 1964년의 결과가 다른 모형들과 현저히 다르다는 것을 볼 수 있다. 그림 22.9에
는 표준 오차도 보여주고 있는데, 다른 지점의 변이를 보면서 특정 플롯의 창으로 제한
할 필요성 때문에 스케일은 버렸다. 이와 같은 일련의 모형을 적합하고, 시간에 따라서
계수의 변화를 그려보는 것을 앤드류 겔만 교수는 "비밀 병기[secret weapon]"라고 명명했
다. 왜냐하면, 간단하면서도 단순하기 때문이다.

```
> library(coefplot)
> # 계수 정보
> voteInfo <- multiplot(results$Model,
+                       coefficients = "Raceblack", plot = FALSE)
> head(voteInfo)
        Value Coefficient    HighInner     LowInner    HighOuter
1   0.07119541    Raceblack    0.6297813   -0.4873905    1.1883673
2  -1.68490828    Raceblack   -1.3175506   -2.0522659   -0.9501930
3  -0.89178359    Raceblack   -0.5857195   -1.1978476   -0.2796555
4  -1.07674848    Raceblack   -0.7099648   -1.4435322   -0.3431811
5 -16.85751152    Raceblack  382.1171424 -415.8321655  781.0917963
6  -3.65505395    Raceblack   -3.0580572   -4.2520507   -2.4610605
     LowOuter Model
1   -1.045976  1948
2   -2.419624  1952
3   -1.503912  1956
4   -1.810316  1960
5 -814.806819  1964
6   -4.849047  1968
> # (-20, 10) 범위의 창에 한정해 플롯팅
> multiplot(results$Model,
+           coefficients = "Raceblack", secret.weapon = TRUE) +
+   coord_flip(xlim = c(-20, 10))
```

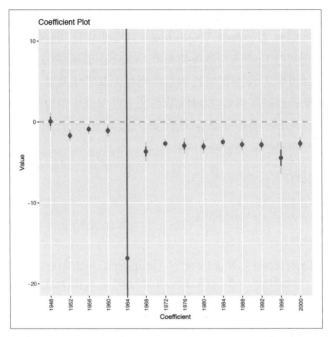

그림 22.9 각각의 모형의 Race 변수의 black 레벨에 대한 계수를 보여주는 그림. 1964년의 계수는 다른 연도에 비해 상당히 큰 폭의 표준 오차를 갖고 있다. 다른 데이터 지점들과 비교하기 위해서 그래프의 일부로 한정해 보여이도록 만들었다.

1964년 모형을 다른 모형들과 비교해봤을 때, 추정값에 뭔가 분명한 잘못이 있음을 알 수 있다. 이 문제를 해결하기 위해서 모형의 계수에 사전 확률을 부여한다. 가장 간단히 할 수 있는 방법은 겔만의 arm 패키지에 있는 bayesglm 함수를 사용하는 것이다. 디폴트로 이 함수는 코시 프라이어$^{Cauchy prior}$가 2.5로 설정돼 있다. arm 패키지의 네임스페이이가 coefplot 네임스페이스와 일부 충돌하기 때문에 패키지를 직접 로딩하지 않고 :: 연산자를 사용해 함수를 호출한다.

```
> resultsB <- ideo %>%
+   # 연도에 따라 세분
+   group_by(Year) %>%
+   # 소그룹별 모형 적합
+   do(Model = arm::bayesglm(Vote ~ Race + Income + Gender + Education,
+                            data = .,
+                            family = binomial(link = "logit"),
+                            prior.scale = 2.5, prior.df = 1))
> # 좋은 이름을 부여
```

```
> names(resultsB$Model) <- as.character(resultsB$Year)
>
> # 계수 플롯
> multiplot(resultsB$Model, coefficients = "Raceblack", secret.weapon = TRUE)
```

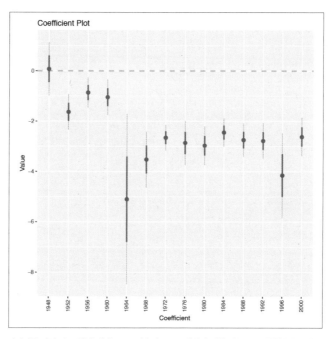

그림 22.10 코시−프라이어를 가진 각 모형에 대해 Race 변수의 black 레벨에 대한 계수를 표시함(비밀 병기 방식으로). 사전 확률을 추가하는 간단한 변화를 줬을 뿐인데 점 추정값과 표준 오차를 많이 바꿔놓았다.

그림 22.10을 보면 코시−프라이어를 단순히 추가했을 뿐인데, 계수의 추정값과 표준 오차를 모두 축소시켰음을 알 수 있다. 모형들이 독립적으로 적합된 점을 기억할 필요가 있다. 이 말은 이렇게 수정된 것이 다른 연도의 정보들이 아니라 단순히 프라이어 prior라는 것을 말해준다. 실제로 1964년에 행해진 설문조사에서는 흑인들의 응답률을 제대로 반영하지 않아서 상당히 부정확한 측정임이 드러났다.

디폴트로 지정된 코시−프라이어 2.5 값은 자유도 1의 t 분포와 동일하다. prior.scale, proir.df 인자들을 갖고 임의의 자유도에 가진 t 분포에 대응하게 만들 수 있다. 두 값을 모두 무한대로 정하면 정규 프라이어가 되고, 이런 경우에는 일반적인 glm을 실행하는 것과 동일한 형태가 된다.

22.3 결론

정형화Regularization와 축소Shrinkage는 최신의 통계에서 중요한 역할을 한다. 그것을 잘 정돈되지 않은 데이터에 모형을 적합시키는 데 도움이 되며, 복잡한 모형의 과대 적합을 막아준다. 전자는 베이지안 방법을 사용하고, bayesglm이라는 함수로 처리할 수 있다. 축소는 라쏘, 능형ridge, 일래스틱 넷과 같은 방법을 사용한다. 둘 다 매우 유용하다.

23

비선형 모형

선형 모형의 핵심은 선형 관계에 있으며, 이 선형 관계는 예측 변수가 아니라 계수에서 실제로 반영된다. 이것은 괜찮은 단순화 가정이기는 하지만, 실제로는 비선형이 유효한 경우가 종종 있다. 다행히 현대의 컴퓨팅 성능은 비선형 모형을 다루는데 선형모형보다 더 큰 차이가 날 필요가 없을 정도로 좋아졌다. 비선형 모형에서 많이 사용되는 방법은 비선형 최소 제곱, 스플라인, 의사결정 나무, 랜덤 포레스트, 일반화 가법 모형GAM, Generalized Addictive Models이다.

23.1 비선형 최소 제곱

비선형 최소 제곱법은 예측 변수의 일반적인(비선형) 함수의 최적 파라미터를 구하기 위해서 제곱 오차 손실을 이용한다.

$$y_i = f(x_i, \beta) \tag{23.1}$$

비선형 모형을 응용하는 좋은 예는 와이파이에 연결된 디바이스들을 이용해 와이파이 핫스팟 위치를 결정하는 것이다. 이와 같은 문제에서 2차원 그리드에서 디바이스들의 위치 정보가 주어지고, 거기에 기반해 핫스팟까지의 거리가 주어진다. 그렇지만 신호의 강도의 흔들림 때문에 랜덤 잡음이 생기게 된다. 예로 사용할 샘플 데이터 세트는 http://www.nature.com/news/single-cell-1.22223에 있다.

```
> load("data/wifi.rdata")
> head(wifi)
  Distance       x         y
```

```
1 21.87559 28.60461 68.429628
2 67.68198 90.29680 29.155945
3 79.25427 83.48934  0.371902
4 44.73767 61.39133 80.258138
5 39.71233 19.55080 83.805855
6 56.65595 71.93928 65.551340
```

이 데이터 세트를 ggplot2으로 플롯팅하는 것은 쉽다. x, y축은 그리드상에서 디바이스들의 위치를 의미하고, 색은 핫스팟에서 얼마나 떨어져 있는지 나타난다. 파란색은 가까운 것, 빨간색은 먼 것을 의미한다.

```
> library(ggplot2)
> ggplot(wifi, aes(x = x, y = y, color = Distance)) + geom_point() +
+    scale_color_gradient2(low = "blue", mid = "white", high = "red",
+                          midpoint = mean(wifi$Distance))
```

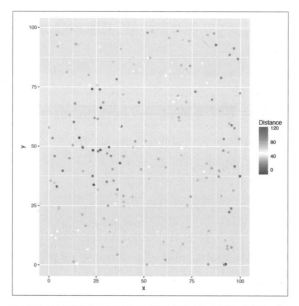

그림 23.1 핫스팟까지의 거리를 색으로 매핑한 와아파이 디바이스에 대한 그래프.
파란색은 가까운 것, 빨간색은 먼 것을 의미한다.

드바이스 i와 핫스팟까지의 거리는 다음과 같다.

$$d_i = \sqrt{(\beta_x - x_i)^2 + (\beta_y - y_i)^2} \qquad \text{(23.2)}$$

β_x, β_y는 핫스팟의 알려지지 않은 x, y 좌표다.

비선형 최소 제곱법을 계산하는 R 표준 함수는 nls다. 이런 문제들은 보통 산술적인 계산이 안 되기 때문에 수치해석적인 방법을 사용하게 되므로, 초깃값에 예민하게 된다. 따라서 적절한 초깃값 설정이 중요하다. 이 함수는 lm 함수와 비슷하게 포뮬러를 인자로 받고, 공식과 계수는 명시적으로 지정해 줘야 한다. 계수에 대한 초깃값은 리스트로 줬다.

```
> # 제곱근 모형 설정
> # 초깃값은 그리드의 중심값을 사용한다.
> wifiMod1 <- nls(Distance ~ sqrt((betaX - x)^2 + (betaY - y)^2),
+                 data = wifi, start = list(betaX = 50, betaY = 50))
> summary(wifiMod1)

Formula: Distance ~ sqrt((betaX - x)^2 + (betaY - y)^2)

Parameters:
      Estimate Std. Error t value Pr(>|t|)
betaX   17.851      1.289   13.85   <2e-16 ***
betaY   52.906      1.476   35.85   <2e-16 ***
---
Signif. codes:  0 '***' 0.001 '**' 0.01 '*' 0.05 '.' 0.1 ' ' 1

Residual standard error: 13.73 on 198 degrees of freedom

Number of iterations to convergence: 6
Achieved convergence tolerance: 3.846e-06
```

결과를 보면 핫스팟의 좌표를 (17.851, 52.906)으로 추정하고 있다. 이것을 그래프에 표시해보면 그림 23.2와 같다. 그래프를 보면 핫스팟의 위치는 파란색 점에 근접해 있는 것으로 보아 적합이 제대로 된 것이라고 판단할 수 있다.

```
> ggplot(wifi, aes(x=x, y=y, color=Distance)) + geom_point() +
+   scale_color_gradient2(low="blue", mid="white", high="red",
```

```
+                        midpoint=mean(wifi$Distance)) +
+    geom_point(data=as.data.frame(t(coef(wifiMod1))),
+               aes(x=betaX, y=betaY), size=5, color="green")
```

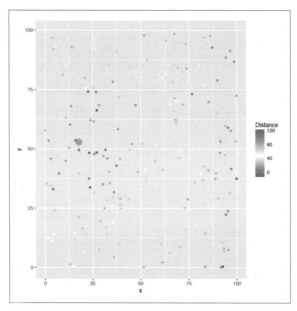

그림 23.2 와이파이 디바이스 그래프. 핫스팟은 큰 녹색점이다.
이 위치를 보면 파란색 점들의 가운데를 가리키고 있어서 제대로 된 적합이라고 판단할 수 있다.

23.2 스플라인(splines)

평활 스플라인은 비선형 행동을 보이는 데이터에 대한 평활 모형 적합에 사용되고 또 이를 바탕으로 새로운 데이터에 대한 예측을 할 수 있게 한다. 스플라인은 변수 x을 변형시켜 만들어진 N개(각각의 데이터 포인트에 대해 하나씩)의 함수들의 선형 조합으로 만들어지는 함수 f다.

$$f(x) = \sum_{j=1}^{N} N_J(x)\theta_j \tag{23.3}$$

계산의 목적은 다음 값을 최소화하는 함수 f를 알아내는 것이다.

$$RSS(f, \lambda) = \sum_{i=1}^{N} \{y_i - f(x_i)\}^2 + \lambda \int \{f''(t)\}^2 \, \mathrm{d}t \tag{23.4}$$

여기서 λ는 평활 파라미터다. λ가 작으면 울퉁불퉁한 평활 곡선이 되고, 크면 매끄러운 곡선을 얻을 수 있다.

R에서 smooth.spline 함수를 사용해 이 계산을 할 수 있다. 이 함수는 어떤 아이템을 담은 리스트를 반환하고, 아이템 x는 데이터의 고유한 값, y는 해당하는 적합값, df에는 사용될 자유도가 포함된다. diamonds 데이터 세트를 사용한 예를 소개한다.

```
> data(diamonds, package = "ggplot2")
> # 몇 개의 자유도를 갖고 적합 실행
> # 자유도는 1보다 커야 한다.
> # 그렇지만 데이터의 고유한 x 값보다는 작아야 한다.
> diaSpline1 <- smooth.spline(x = diamonds$carat, y = diamonds$price)
> diaSpline2 <- smooth.spline(x = diamonds$carat, y = diamonds$price, df = 2)
> diaSpline3 <- smooth.spline(x = diamonds$carat, y = diamonds$price, df = 10)
> diaSpline4 <- smooth.spline(x = diamonds$carat, y = diamonds$price, df = 20)
> diaSpline5 <- smooth.spline(x = diamonds$carat, y = diamonds$price, df = 50)
> diaSpline6 <- smooth.spline(x = diamonds$carat, y = diamonds$price, df = 100)
```

이런 내용을 담은 그래프를 만들기 위해서 객체에서 정보를 추출한 후, 데이터 프레임으로 저장하고, 원래 diamonds 데이터의 일반 산점도 위에 새로운 레이어를 추가한 것이 그림 23.3이다. 자유도를 낮추면 직선에 가깝게 되고, 자유도를 높이면 중간 지점들이 있는 선들이 된다.

```
> get.spline.info <- function(object) {
+    data.frame(x = object$x, y = object$y, df = object$df)
+ }
> library(plyr)
> library(ggplot2)
> # 결과들을 하나의 데이터 프레임으로 묶음.
> splineDF <- ldply(list(diaSpline1, diaSpline2, diaSpline3, diaSpline4,
+                   diaSpline5, diaSpline6),
+                   get.spline.info)
> head(splineDF)
```

```
     x        y        df
1 0.20 361.9112 101.9053
2 0.21 397.1761 101.9053
3 0.22 437.9095 101.9053
4 0.23 479.9756 101.9053
5 0.24 517.0467 101.9053
6 0.25 542.2470 101.9053
> g <- ggplot(diamonds, aes(x=carat, y=price)) + geom_point()
> g + geom_line(data=splineDF,
+               aes(x=x, y=y, color=factor(round(df, 0)), group=df)) +
+     scale_color_discrete("Degrees of \nFreedom")
```

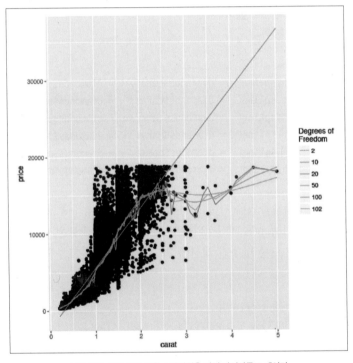

그림 23.3 여러 가지 평활 스플라인을 가진 다이아몬드 데이터

새로운 데이터엣 대한 예측은 predict 함수를 사용한다.

또 다른 스플라인의 종류에는 기저 스플라인basis spline, B-spline이 있다. 이것은 원래의 예측 변수의 변형값에 기초해 새로운 예측 변수를 만든다. 가장 많이 사용되는 기저 스플라인 방법은 자연 3차 스플라인^natural cubic spline이다. 왜냐하면, 이 방법을 사용하면 내부
변곡점에서 평평한 전환을 유도하고 입력 데이터의 끝 지점을 넘어서면 선형 행동을
강제하기 때문이다. K개의 노트^knots를 가진 자연 3차 스플라인은 K 기저 함수로 만들
어진다.

$$N_1(X) = 1, N_2(X) = X, N_{k+2} = d_k(X) - d_{K-1}(X) \qquad \text{(23.5)}$$

여기서 $d_k(X)$는 다음 값을 가진다.

$$d_k(X) = \frac{(X - \xi_k)^3_+ - (X - \xi_K)^3_+}{\xi_K - \xi_k} \qquad \text{(23.6)}$$

여기서 ξ는 노트의 위치, t_+는 t의 양수 부분을 의미한다.

수식이 복잡해 보이기는 하지만, 자연 3차 스플라인은 splines 패키지의 ns 함수를 사
용하면 쉽게 적합시킬 수 있다. 이 함수는 하나의 예측 변수와 반환할 새로운 변수의
개수를 받는다.

```
> library(splines)
> head(ns(diamonds$carat, df = 1))
              1
[1,] 0.00500073
[2,] 0.00166691
[3,] 0.00500073
[4,] 0.01500219
[5,] 0.01833601
[6,] 0.00666764
> head(ns(diamonds$carat, df = 2))
               1            2
[1,] 0.013777685 -0.007265289
[2,] 0.004593275 -0.002422504
[3,] 0.013777685 -0.007265289
[4,] 0.041275287 -0.021735857
[5,] 0.050408348 -0.026525299
[6,] 0.018367750 -0.009684459
> head(ns(diamonds$carat, df = 3))
               1          2           3
[1,] -0.03025012 0.06432178 -0.03404826
[2,] -0.01010308 0.02146773 -0.01136379
```

```
[3,] -0.03025012  0.06432178 -0.03404826
[4,] -0.08915435  0.19076693 -0.10098109
[5,] -0.10788271  0.23166685 -0.12263116
[6,] -0.04026453  0.08566738 -0.04534740
> head(ns(diamonds$carat, df = 4))
                 1            2           3           4
[1,] 3.214286e-04 -0.04811737  0.10035562 -0.05223825
[2,] 1.190476e-05 -0.01611797  0.03361632 -0.01749835
[3,] 3.214286e-04 -0.04811737  0.10035562 -0.05223825
[4,] 8.678571e-03 -0.13796549  0.28774667 -0.14978118
[5,] 1.584524e-02 -0.16428790  0.34264579 -0.17835789
[6,] 7.619048e-04 -0.06388053  0.13323194 -0.06935141
```

이렇게 만들어진 새로운 예측 변수들을 활용해 다른 예측 변수와 같이 아무런 모형에
나 사용할 수 있다. 노트^{knots}가 많다는 것은 더 많은 내삽을 의미한다. 원래의 데이터에
자연 3차 스플라인은 추가하는 것은 쉽다. 그림 23.4a는 6개의 노트를, 23.4b에는 3개
의 노트를 가진 스플라인은 추가했다. 6개의 노트를 가진 경우가 데이터에 좀 더 부드
럽게 적합되는 것을 볼 수 있다.

```
> g + stat_smooth(method = "lm", formula  = y ~ ns(x, 6), color = "blue")
> g + stat_smooth(method = "lm", formula  = y ~ ns(x, 3), color = "red")
```

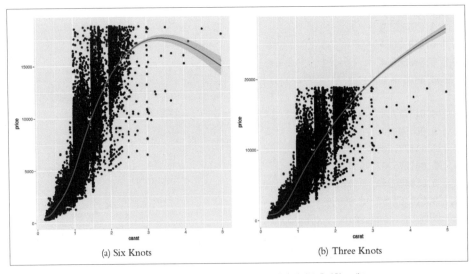

(a) Six Knots   (b) Three Knots

그림 23.4 원래 데이터 산점도에 자연 3차 스플라인 회귀를 추가한 그래프

23.3 일반화 가법 모형(Generalized Additive Models)

비선형 모형 적합법에 일반화 가법 모형GAM, Generalized Additive Models이 있는데, 이 방법은 각각의 예측 변수별로 독립적으로 별도의 평활 함수를 적합시킨다. 이름이 의미하듯이 이 방법은 일반적으로 사용 가능하고, 여러 가지 회귀 맥락에서 작동한다. 즉, 응답 변수가 연속, 이진, 카운트 또는 다른 타입이라도 괜찮다. 머신 러닝 분야의 여러 가지 최신 기술들과 비슷하게, 이것은 R 언어의 모체가 된 S 언어의 창시자인 존 챔버스의 연구에 기반을 둔 트레버 하스티Trevor Hastie와 로버트 티브시라니Robert Tibshirani에 의해서 개발됐다.

이 모형은 다음과 같이 명시된다.

$$E(Y|X_1, X_2, \ldots, X_p) = \alpha + f_1(X_1) + f_2(X_2) + \cdots + f_p(X_p) \tag{23.7}$$

여기에서 $X_1, X_2, \cdots, X_p$들은 일반적인 예측 변수들이며, f_j는 임의의 평활 함수다.

mgcv 패키지는 glm 함수와 유사한 문법으로 GAM 모형들을 적합시킨다. 캘리포니아-어바인 머신 러닝 데이터 저장소에 있는 신용등급에 대한 데이터를 사용해 살펴보려고 한다. 저장소 주소는 http://archive.ics.uci.edu/ml/machine-learning-databases/statlog/german/german.data다. 데이터는 공백 문자를 구분된 텍스트 파일이며, 헤더가 없고 카테고리형 데이터들은 불분명한 코드로 레이블링돼 있다. 이런 이상한 파일 포맷은 데이터 저장 용량에 제한이 많았던 시절에 쓰던 방식인데, 무슨 이유에서인지 아직도 유지되고 있다.

첫 번째 단계는 일반 파일을 읽는 방법과 동일하고, 열 이름을 별도로 지정해줄 필요가 있다.

```
> # 열 이름 벡터를 만든다.
> creditNames <- c("Checking", "Duration", "CreditHistory", "Purpose",
+                  "CreditAmount", "Savings", "Employment",
+                  "InstallmentRate", "GenderMarital", "OtherDebtors",
+                  "YearsAtResidence", "RealEstate", "Age",
+                  "OtherInstallment", "Housing", "ExistingCredits",
+                  "Job", "NumLiable", "Phone", "Foreign", "Credit")
>
> # read.table 함수를 사용해 파일을 읽는다.
> # 헤더가 없다는 것을 명시적으로 지정할 필요가 있다.
> # 열 이름은 creditNames에 들어 있다.
```

```
> theURL <- "http://archive.ics.uci.edu/ml/machine-learning-databases/statlog/
+           german/german.data"

> credit <- read.table(theURL, sep=" ", header=FALSE,
+                  col.names=creditNames, stringsAsFactors=FALSE)
> head(credit)
  Checking Duration CreditHistory Purpose CreditAmount Savings Employment
1      A11        6           A34     A43         1169     A65        A75
2      A12       48           A32     A43         5951     A61        A73
3      A14       12           A34     A46         2096     A61        A74
4      A11       42           A32     A42         7882     A61        A74
5      A11       24           A33     A40         4870     A61        A73
6      A14       36           A32     A46         9055     A65        A73
  InstallmentRate GenderMarital OtherDebtors YearsAtResidence RealEstate
1               4           A93         A101                4       A121
2               2           A92         A101                2       A121
3               2           A93         A101                3       A121
4               2           A93         A103                4       A122
5               3           A93         A101                4       A124
6               2           A93         A101                4       A124
  Age OtherInstallment Housing ExistingCredits  Job NumLiable Phone
1  67             A143    A152               2 A173         1  A192
2  22             A143    A152               1 A173         1  A191
3  49             A143    A152               1 A172         2  A191
4  45             A143    A153               1 A173         2  A191
5  53             A143    A153               2 A173         2  A191
6  35             A143    A153               1 A172         2  A192
  Foreign Credit
1    A201      1
2    A201      2
3    A201      1
4    A201      1
5    A201      2
6    A201      1
```

이제 코드를 의미 있는 데이터로 만들기 위해 다소 지루한 작업을 해야 한다. 시간과 노력을 줄이기 위해서 간단한 모형을 만들 때 사용할 변수들에 대해서만 코드를 해독 해본다. 가장 간단한 방법은 이름을 가진 벡터들을 만들고, 그 이름이 코드가 되고 그 값이 새로운 데이터가 되게 한다.

```
> # 변환하기 전
> head(credit[, c("CreditHistory", "Purpose", "Employment", "Credit")])
  CreditHistory Purpose Employment Credit
1           A34     A43        A75      1
2           A32     A43        A73      2
3           A34     A46        A74      1
4           A32     A42        A74      1
5           A33     A40        A73      2
6           A32     A46        A73      1
> creditHistory <- c(A30="All Paid", A31="All Paid This Bank",
+                    A32="Up To Date", A33="Late Payment",
+                    A34="Critical Account")
> purpose <- c(A40="car (new)", A41="car (used)",
+             A42="furniture/equipment", A43="radio/television",
+             A44="domestic appliances", A45="repairs",
+             A46="education",
+             A47="(vacation - does not exist?)", A48="retraining",
+             A49="business", A410="others")
>
> employment <- c(A71="unemployed", A72="< 1 year", A73="1 - 4 years",
+               A74="4 - 7 years", A75=">= 7 years")
>
> credit$CreditHistory <- creditHistory[credit$CreditHistory]
> credit$Purpose <- purpose[credit$Purpose]
> credit$Employment <- employment[credit$Employment]
>
> # 신용을 좋음/나쁨으로 표시
>
> credit$Credit <- ifelse(credit$Credit == 1, "Good", "Bad")
>
> # 신용도 좋음을 베이스 레벨로 설정
>
> credit$Credit <- factor(credit$Credit, levels=c("Good", "Bad"))
>
> # 변환한 이후
>
> head(credit[, c("CreditHistory", "Purpose", "Employment", "Credit")])
     CreditHistory          Purpose  Employment Credit
1 Critical Account radio/television  >= 7 years   Good
2       Up To Date radio/television 1 - 4 years    Bad
```

```
3 Critical Account        education 4 - 7 years    Good
4         Up To Date furniture/equipment 4 - 7 years    Good
5       Late Payment         car (new) 1 - 4 years     Bad
6         Up To Date        education 1 - 4 years    Good
```

데이터를 한번 살펴보는 것이 변수들 간의 관계에 대한 감을 잡는 데 도움이 된다. 그림 23.5와 그림 23.6을 보면 변수들 간에 뚜렷한 선형 관계가 없음을 보여주기 때문에 GAM 방법이 적당할 수 있다.

```
> library(useful)
> ggplot(credit, aes(x=CreditAmount, y=Credit)) +
+    geom_jitter(position = position_jitter(height = .2)) +
+    facet_grid(CreditHistory ~ Employment) +
+    xlab("Credit Amount") +
+    theme(axis.text.x=element_text(angle=90, hjust=1, vjust=.5)) +
+    scale_x_continuous(labels=multiple)
```

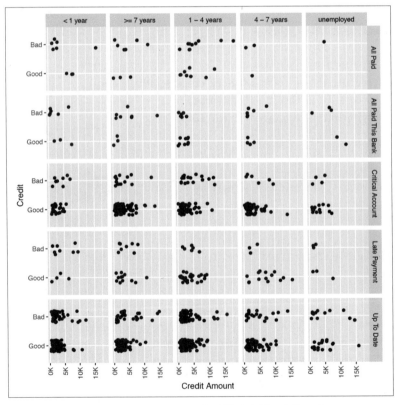

그림 23.5 신용상태, 부채, 과거력, 고용 상태들의 관계를 보여주는 그래프

```
> ggplot(credit, aes(x=CreditAmount, y=Age)) +
+    geom_point(aes(color=Credit)) +
+    facet_grid(CreditHistory ~ Employment) +
+    xlab("Credit Amount") +
+    theme(axis.text.x=element_text(angle=90, hjust=1, vjust=.5)) +
+    scale_x_continuous(labels=multiple)
```

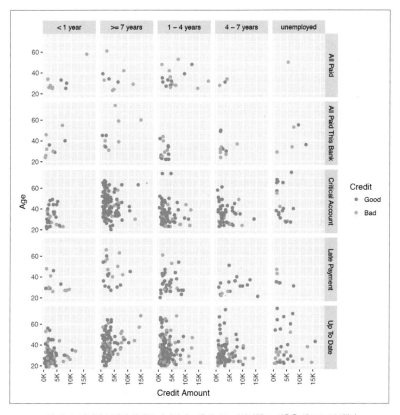

그림 23.6 나이와 부채의 관계를 과거력과 고용상태로 패싯팅했고, 신용을 색으로 구분했다.

gam 함수를 사용하는 것은 lm, glm 함수를 사용해 모형화할 때와 거의 비슷해서 하나의 포뮬러를 인자로 받는다. 차이는 CreditAmount와 같은 연속 변수들을 스플라인이나 텐서 곱[1]과 같은 비모수적인 평활 함수를 사용해 변환할 수 있다는 점이다.

---

1 텐서 곱(tensor product)는 다른 단위로 측정된 예측 변수에 대해 변환 함수를 표현하는 방법이다.

```
> library(mgcv)
> # 로지스틱 GAM을 적합
> # 텐서 곱을 CreditAmount에, 스플라인을 Age에 적용
> creditGam <- gam(Credit ~ te(CreditAmount) + s(Age) + CreditHistory +
+                     Employment,
+                 data = credit, family = binomial(link = "logit"))
> summary(creditGam)

Family: binomial
Link function: logit

Formula:
Credit ~ te(CreditAmount) + s(Age) + CreditHistory + Employment

Parametric coefficients:
                             Estimate Std. Error z value Pr(>|z|)
(Intercept)                  0.662840   0.372377   1.780  0.07507 .
CreditHistoryAll Paid This Bank 0.008412 0.453267   0.019  0.98519
CreditHistoryCritical Account -1.809046  0.376326  -4.807 1.53e-06 ***
CreditHistoryLate Payment    -1.136008   0.412776  -2.752  0.00592 **
CreditHistoryUp To Date      -1.104274   0.355208  -3.109  0.00188 **
Employment>= 7 years         -0.388518   0.240343  -1.617  0.10598
Employment1 - 4 years        -0.380981   0.204292  -1.865  0.06220 .
Employment4 - 7 years        -0.820943   0.252069  -3.257  0.00113 **
Employmentunemployed         -0.092727   0.334975  -0.277  0.78192
---
Signif. codes:  0 '***' 0.001 '**' 0.01 '*' 0.05 '.' 0.1 ' ' 1


Approximate significance of smooth terms:
                 edf Ref.df Chi.sq  p-value
te(CreditAmount) 2.415  2.783 20.896 7.26e-05 ***
s(Age)           1.932  2.435  7.383   0.0495 *
---
Signif. codes:  0 '***' 0.001 '**' 0.01 '*' 0.05 '.' 0.1 ' ' 1


R-sq.(adj) =  0.0922   Deviance explained = 8.57%
UBRE = 0.1437  Scale est. = 1        n = 1000
```

평활기smoother는 적합 과정에서 자동으로 적합된다. 그림 23.7은 평활기가 적용된 CreditAmount와 Age를 보여준다. 전자는 텐서 곱을 후자는 스플라인이 적용됐다. 회색 그늘진 영역은 평활에 대한 신뢰 구간을 나타낸다.

```
> plot(creditGam, select = 1, se = TRUE, shade = TRUE)
> plot(creditGam, select = 2, se = TRUE, shade = TRUE)
```

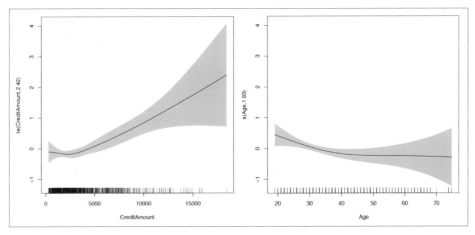

그림 23.7 credit 데이터에 대해 GAM으로 적합한 평활자 결과. 그늘진 영역은 2 표준편차에 대한 신뢰 구간을 나타낸다.

23.4 의사결정 나무(decision trees)

의사결정 나무는 비교적 최근에 개발된 비선형 모형 적합 방법 가운데 하나다. 결정 나무는 예측 변수를 재귀적인 방법으로 이분binary split하는 방식으로, 회귀regression와 분류classification에 사용할 수 있다.

먼저 회귀를 위한 결정 나무에 대해 알아보자. 여기서는 예측 변수를 R_1, R_2, $\cdots$, R_M과 같이 M개의 영역으로 나누고, 응답 변수 y를 어떤 영역의 다음과 같은 평균값을 사용해 적합시킨다.

$$\hat{f}(x) = \sum_{m=1}^{M} \hat{c}_m I(x \in R_m) \tag{23.8}$$

여기서 $\hat{c}_m$는 다음과 같다.

$$\hat{c}_m = \text{avg}(y_i | x_i \in R_m) \tag{23.9}$$

이 값은 해당 영역에 대한 y의 평균을 의미한다.

다음은 분류를 위한 결정 나무다. 이 방법도 앞과 비슷하다. 예측 변수들을 M개의 영역으로 나누고, 각 영역에 대한 각각의 클래스의 비율 $\hat{p}_{mk}$를 다음과 같이 계산한다.

$$\hat{p}_{mk} = \frac{1}{N_m} \sum_{x_i \in R_m} I(y_i = k) \tag{23.10}$$

여기에서 N_m은 영역 m에 있는 항목의 개수이고, 영역 m에 있는 클래스 k의 관찰값의 수를 모두 합산한다.

의사결정 나무는 rpart 패키지의 rpart 함수로 계산할 수 있다. 다른 모형 함수들과 같이 이 함수는 포뮬러를 사용하는데, 상호작용은 허용되지 않는다.

```
> library(rpart)
> creditTree <- rpart(Credit ~ CreditAmount + Age +
+                       CreditHistory + Employment, data=credit)
```

이 객체를 출력하면 텍스트 형태의 의사결정 나무를 출력한다.

```
> creditTree
n= 1000

node), split, n, loss, yval, (yprob)
      * denotes terminal node

 1) root 1000 300 Good (0.7000000 0.3000000)
   2) CreditHistory=Critical Account,Late Payment,Up To Date 911 247 Good (0.7288694
0.2711306)
     4) CreditAmount< 7760.5 846 211 Good (0.7505910 0.2494090) *
     5) CreditAmount>=7760.5 65  29 Bad (0.4461538 0.5538462)
      10) Age>=29.5 40  17 Good (0.5750000 0.4250000)
        20) Age< 38.5 19   4 Good (0.7894737 0.2105263) *
        21) Age>=38.5 21   8 Bad (0.3809524 0.6190476) *
      11) Age< 29.5 25   6 Bad (0.2400000 0.7600000) *
   3) CreditHistory=All Paid,All Paid This Bank 89  36 Bad (0.4044944 0.5955056) *
```

출력된 의사결정 나무는 노드 하나당 하나의 행으로 출력된다. 첫 번째 노드는 모든 데이터에 대한 루트(뿌리)가 되며, 1,000개의 관찰값이 있고, 이 가운데 300개를 "Bad"로 처리했다. 다음 단계의 들여쓰기는 첫 번째 분리^split로 이것은 CreditHistory를 사용했다. 여기서 나아간 하나의 방향은 CreditHistory가 "Critical Account" 또는 "Late Payment" 또는 "Up to Date" 값을 가질 때로 911개의 관찰값이 있고, 247개를 "Bad"라고 여겨지고 있다. 이것은 신용도가 좋을 확률은 73%라는 것을 말한다. 다른 방향은 CreditHistory가 "All Paid" 또는 "All Paid This Bank" 값을 가질 때로 불량 신용도 확률이 60%다. 다음 단계의 들여쓰기는 다음 단계의 분리^split를 의미한다.

이 결과를 계속해 읽어 나가는 것은 매우 어려운 일이 된다. 그래서 이것을 그래프에서 보는 것이 더 쉽다. 그림 23.8에 이를 시각화했고, 어떻게 분리되는지 보여준다. 왼쪽으로 분지되는 노드들은 조건에 부합하는 경우들이고, 오른쪽은 그렇지 않은 쪽이다. 각각의 터미널 노드들을 그 "Good"인지, "Bad"인지를 예측된 클래스를 표시한다. 퍼센티지는 왼쪽에서 오른쪽으로 읽고, "Good" 확률이 왼쪽에 온다.

```
> library(rpart.plot)
> rpart.plot(creditTree, extra = 4)
```

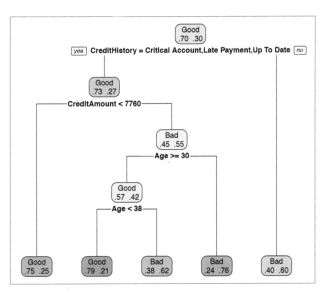

그림 23.8 credit 데이터에 대한 의사결정 나무. 왼쪽으로 나눠지는 노드들은 조건에 부합하는 경우고, 오른쪽으로 나눠지는 것은 그렇지 않은 것을 의미한다. 터미널 노드는 예측되는 클래스("Good" 또는 "Bad")를 보여준다. 확률은 왼쪽에서 오른쪽으로 읽고, "Good"이 왼쪽이다.

의사결정 나무는 해석하기 편리하고 데이터가 잘 적합되는데, 분산이 큰 경우에는 과대 적합 때문에 불안정해지는 경향이 있다. 이런 경우, 훈련 데이터를 조금만 바꿔도 모형이 아주 크게 달라지는 경향이 있다.

23.5 부스팅 의사결정 나무

부스팅은 예측 능력을 향상시킬 때 자주 사용되는 방법으로, 특히 의사결정 나무에서 많이 쓰인다. 이 방법의 핵심은 여러 모형이 아니라 하나의 모형을 연속적인 적합 과정을 거치면서 천천히 학습시키는 것이다. 먼저 어떤 모형을 모든 관찰값들이 똑같은 가중값을 가진 데이터에 적합시킨다. 그런 다음, 모형의 성능을 높이는 관찰값들의 가중값은 낮추고, 성능을 높이지 못하는 관찰값들의 가중값은 가중값을 높여서 또 하나의 새로운 모형을 적합시킨다. 이런 과정을 정해진 숫자만큼 반복하게 되고, 이런 작은 모형들이 누적돼 최종 모형이 완성된다.

부스팅 의사결정 나무^{boosted tress}를 위해서 가장 흔히 사용되는 함수는 gbm 패키지의 gbm 함수와 xgboost 패키지의 xgboost 함수다. 최근에는 xgboost의 인기가 높다. 사용 예를 보기 위해서 앞의 credit 데이터를 사용한다. rpart 패키지와는 달리, 포뮬러 인터페이스를 사용할 수 없기 때문에 예측 매트릭스와 반응 벡터를 만들어야 한다. 반응 벡터는 glm 함수와 달리, 0 또는 1 값을 사용해야 하고, 논리형 벡터는 사용할 수 없다.

```
> library(useful)
> # 모형을 기술하는 포뮬러
> # 나무이기 때문에 절편이 필요 없다.
> creditFormula <- Credit ~ CreditHistory + Purpose + Employment +
+     Duration + Age + CreditAmount - 1
> # 의사결정 나무이기 때문에 카테고리형 변수에 대해서는 모든 레벨을 사용한다.
> creditX <- build.x(creditFormula, data = credit, contrasts = FALSE)
> creditY <- build.y(creditFormula, data = credit)

# 논리형 벡터를 [0, 1]로 변환한다.
creditY <- as.integer(relevel(creditY, ref = "Bad")) - 1
```

예측 매트릭스와 반응 벡터는 각각 data, label 인자에 지정한다. nrounds 인자는 데이터에 대한 순회 횟수를 결정한다. 이 숫자를 높이면 과대 적합이 일어날 수 있기 때문에 이 값을 지정할 때는 신중히 판단한다. 학습 속도는 eta 인자로 조절한다. 낮은 값을 주면 과대 적합이 덜 되게 된다. 의사결정 나무의 최대 깊이는 max.depth로 정한다. 병렬 처리는 OpenMP가 있는 경우 자동으로 사용되며, 병렬 스레드의 개수는 nthread로 정한다. objective 인자에 사용할 모형의 타입을 지정한다.

```
> library(xgboost)
> creditBoost <- xgboost(data = creditX, label = creditY, max.depth = 3,
+                        eta = 0.3, nthread = 4, nrounds = 3,
+                        objective = "binary:logistic")
[1] train-error:0.261000
[2] train-error:0.262000
[3] train-error:0.255000
```

xgboost 함수는 디폴트로 매회 평가값을 출력한다. 순회 회수가 증가할수록 수치가 낮아진다(좋아진다).

```
> creditBoost20 <- xgboost(data = creditX, label = creditY, max.depth = 3,
+                          eta = .3, nthread = 4, nrounds = 20,
+                          objective = "binary:logistic")
[1]  train-error:0.261000
[2]  train-error:0.262000
[3]  train-error:0.255000
[4]  train-error:0.258000
[5]  train-error:0.260000
[6]  train-error:0.257000
[7]  train-error:0.256000
[8]  train-error:0.248000
[9]  train-error:0.246000
[10]    train-error:0.227000
[11]    train-error:0.230000
[12]    train-error:0.230000
[13]    train-error:0.227000
[14]    train-error:0.223000
[15]    train-error:0.223000
[16]    train-error:0.218000
[17]    train-error:0.217000
[18]    train-error:0.216000
[19]    train-error:0.211000
[20]    train-error:0.211000
```

xgboost로 생성되는 모형은 xgboost.model이라는 디폴트 이름을 가진 바이너리 파일
의 형태로 디스크에 저장된다. 파일 이름은 save_name 인자에서 별도로 지정할 수 있다.

부스팅된 의사결정 나무를 시각화할 때는 xgb.plot.multi.trees라는 함수를 사용하게
되는데, 이 함수는 htmlwidgets에 기초를 둔 DiagrammeR 패키지를 사용한다. 이 함
수는 수많은 의사결정 나무들을 하나로 합쳐 시각화한다. feature_names 인자로 노드
의 레이블을 정한다. 그림 23.9에 그 결과를 보여준다. 의사결정 나무가 적합된 방법에
따라 하나 이상의 질문이 각 노드마다 있게 된다.

```
> xgb.plot.multi.trees(creditBoost, feature_names = colnames(creditX))
```

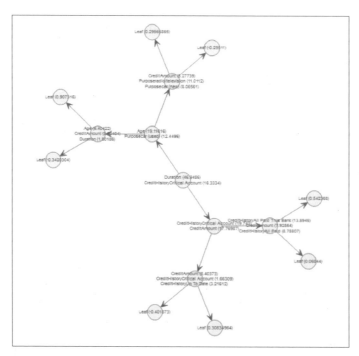

그림 23.9 부스팅된 의사결정 나무들을 하나의 나무로 프로젝션함

위 플롯은 약간 이해하기 어렵다. 좀 나은 방법이 변수 중요도 그림(variable importance
plot)으로, 이것은 각각의 변수가 모형에 얼마나 이바지하는지 보여준다. 그림 23.10을
보면 Duration과 CreditAmount가 모형에 가장 중요한 변수라는 것을 알 수 있다.

```
> xgb.plot.importance(xgb.importance(creditBoost,
+                               feature_names = colnames(creditX)))
```

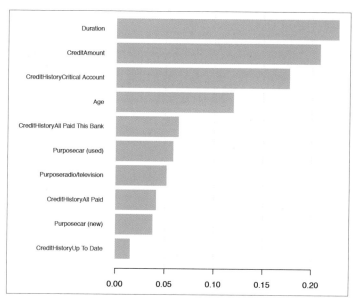

그림 23.10 credit 데이터의 부스팅된 나무에 대한 변수 중요도 그림.
Duration과 CreditAmount가 모형에 가장 중요한 변수라고 알려준다.

이렇게 부스팅 의사결정 나무는 일반적인 의사결정 나무보다 더 나은 결과를 보여주고,
xgboost 함수를 사용하면 빠르게 계산할 수 있다.

23.6 랜덤 포레스트(Random Forests)

램덤 포레스트는 앙상블 방법의 하나다. 앙상블 방법은 여러 가지 모형들을 갖고 적합
을 실행하고, 그 결과들을 모아서 더 강력한 예측을 하는 것을 말한다. 이 방법은 예측
능력이 좋지만, 추론이나 설명도 종종 제한이 있다. 랜덤 포레스트는 수많은 결정 나
무로 구성되는데, 포함되는 예측 변수와 관찰값은 임의로 선택된다. 그래서 이 이름은
임의의 나무들을 갖고 하나의 숲을 만든다는 의미로 그렇게 만들어진 것이다.

신용 데이터에서 우리는 CreditHistory, Purpose, Employment, Duration, Age,
CreditAmount 변수들을 사용하려고 한다. 어떤 나무들은 CreditHistory와 Employment

라는 변수를 갖게 될 것이고, 또 다른 나무들은 Purpose, Employment, Age 같은 변수들을 갖고, 또 어떤 것은 CreditHistory, Purpose, Employment, Age라는 변수들을 갖게 된다. 이런 다른 나무들을 모두 모아서 베이스를 형성하게 하고, 강력한 예측 능력을 가진 랜덤 포레스트를 만들게 된다.

랜덤 포레스트는 RandomForest 패키지의 RandomForest 함수를 사용해 적합을 실행한다. 일반적으로 RandomForest 함수에서 포뮬러를 사용할 수도 있지만, 카테고리형 변수인 경우에는 반드시 팩터로 저장돼 있어야 한다. 변수를 변환시켜야 하는 과정을 피하기 위해서 우리는 매트릭스를 사용한다. 이렇게 팩터로 지정돼야 하는 요구 사항은 패키지 저자(앤디 라아우)가 포뮬러 사용하는 방식을 싫어하기 때문이라고 한다. 저자는 포뮬러 방식을 버리겠다고 사용자들에게 경고하기도 한 바 있다. 우리의 경험에 따르면, 이 함수를 사용할 때 매트릭스를 사용하는 것이 포뮬러를 사용하는 것보다 일반적으로 빠르다.

```
> library(randomForest)
> library(xgboost)
> creditFormula <- Credit  ~ CreditHistory + Purpose + Employment +
+     Duration + Age + CreditAmount - 1

> # 나무를 다루기 때문에 카테고리형 변수의 모든 레벨을 사용한다.
> creditX <- build.x(creditFormula, data=credit, contrasts = FALSE)
> creditY <- build.y(creditFormula, data=credit)
>
> # 랜덤 포레스트 적합
> creditForest <- randomForest(x=creditX, y=creditY)
> creditForest

Call:
 randomForest(x = creditX, y = creditY)
               Type of random forest: classification
                     Number of trees: 500
No. of variables tried at each split: 4

        OOB estimate of  error rate: 28.4%
Confusion matrix:
     Good Bad class.error
Good  639  61 0.08714286
Bad   223  77 0.74333333
```

출력된 내용을 보면 500개의 의사결정 나무가 만들어지고, 각 스플릿에 대해 4개의 변수들이 평가됐다. 혼동 행렬confusion matrix을 보면 이것이 최적의 적합은 아니다. 개선의 여지가 남아 있다.

부스팅된 의사결정 나무와 랜덤 포레스트의 유사성으로 인해 우리는 xgboost 패키지를 사용해 몇 가진 인자를 수정하는 방법으로 랜덤 포레스트 모형을 만들 수 있다. 우리는 1,000개의 나무를 병렬(num_parallel_tree=1000), 행(subsample = 0.5), 열(colsample_bytree = 0.5)을 랜덤하게 표본을 추출한다.

```
> # 응답 행렬 만들기
> creditY2 <- as.integer(relevel(creditY, ref = "Bad")) - 1
>
> # 랜덤 포레스트 적합
> boostedForest <- xgboost(data = creditX, label = creditY2, max_depth = 4,
+                          num_parallel_tree = 1000,
+                          subsample = 0.5, colsample_bytree = 0.5,
+                          nrounds = 3, objective = "binary:logistic")
[1] train-error:0.281000
[2] train-error:0.279000
[3] train-error:0.278000
```

이 경우, 부스팅 방법의 랜덤 포레스트에 대한 오차율은 randomForest에 의한 적합과 거의 같다. nrounds 인자를 증가시키면 오차가 줄어드는 대신 과대 적합 경향은 커진다. xgboost 방법을 사용하는 이점 중의 하나는 그림 23.11과 같이 하나의 나무 형태로 랜덤 포레스트를 시각화할 수 있다는 점이다.

```
> xgb.plot.multi.trees(boostedForest, feature_names=colnames(creditX))
```

468

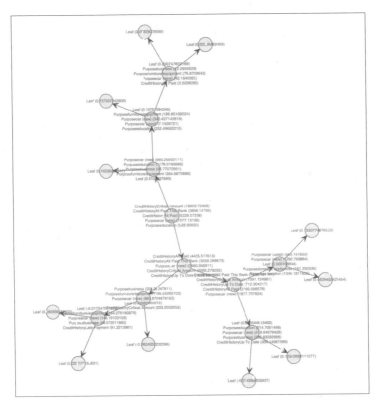

그림 23.11 부스팅된 랜덤 포레스트를 하나의 나무로 프로젝션

23.7 결론

최근 컴퓨팅 파워가 좋아지면서 계산의 어려움 때문에 계산을 간편하게 하기 위해 사용되던 선형 또는 비선형 가정들이 비모수적인 기술들에게 자리를 내주기 시작했다. 많이 사용되는 비선형 방법들에는 비선형 최소 제곱, 스플라인, 일반화 가법 모형, 의사결정 나무, 랜덤 포레스트 등이 있다. 다른 모든 모형들과 마찬가지로 이들은 각자 장단점을 갖고 있다.

시계열과 자기상관

통계학의 분야에서 특히 회계와 계량경제학에서 큰 비중을 차지하는 것이 시계열 분석인데, 시계열 데이터의 가장 큰 특징은 시간에 따른 자기상관을 가진다는 점이다. 즉, 하나의 관찰값이 이전 관찰값에 의존하고, 발생 순서 역시 중요하다. 이런 의존성을 가진 데이터를 다룰 때는 특별한 주의가 필요하다. R에는 시계열 분석을 위한 다양한 내장 함수와 패키지가 있다.

24.1 자기회귀이동평균(Autoregressive Moving Average)

시계열 모형을 적합하는 데 많이 사용되는 방법으로 자기회귀^{AR, Autoregressive}, 이동평균 ^{MA, Moving Average} 또는 이것을 혼합해 사용하는 ARMR 등이 있다. 이 모형들은 R에 잘 구현돼 있어서 쉽게 사용할 수 있다. ARMR(p, q)에 대한 공식은 다음과 같다.

$$X_t - \Phi_1 X_{t-1} - \cdots - \Phi_p X_{t-p} = Z_t + \theta_1 Z_{t-1} + \cdots + \theta_q Z_{t-q} \qquad \textbf{(24.1)}$$

여기에서 백색잡음^{white noise}은 다음과 같이 정의되는데, 이것은 본질적으로 랜덤 데이터다.

$$Z_t \sim \text{WN}(0, \sigma^2) \qquad \textbf{(24.2)}$$

자기회귀모형은 시계열에서 현재 값을 이전의 값들에 대해 선형 회귀를 실행하는 것으로 생각할 수 있다. 이동평균모형은 현재값을 현재와 과거 잔차에 대해 선형 회귀를 실행하는 것으로 생각할 수 있다.

설명을 위해서 세계은행 API를 사용해 1960년에서 2011년까지의 여러 나라의 국내총생산GDP 데이터를 다운로드한다.

```
> # 세계은행 API 패키지 로드
> library(WDI)
>
> # 데이터 갖고 오기
> gdp <- WDI(country=c("US", "CA", "GB", "DE", "CN", "JP", "SG", "IL"),
+            indicator=c("NY.GDP.PCAP.CD", "NY.GDP.MKTP.CD"),
+            start=1960, end=2011)
>
> # 적절한 이름 붙이기
> names(gdp) <- c("iso2c", "Country", "Year", "PerCapGDP", "GDP")
```

다운로드하고 데이터를 살펴보고 그림 24.1a에 1인당 국내총생산에 대한 플롯을 만들어봤고, 그림 24.1b에 절대 국내총생산을 표시해봤다. 중국의 경우, 10년 동안 GDP가 많이 성장했으나 1인당 GDP는 조금 증가했다.

```
> head(gdp)
  iso2c Country Year PerCapGDP          GDP
1    CA  Canada 1960  2294.569  41093453545
2    CA  Canada 1961  2231.294  40767969454
3    CA  Canada 1962  2255.230  41978852041
4    CA  Canada 1963  2354.839  44657169109
5    CA  Canada 1964  2529.518  48882938810
6    CA  Canada 1965  2739.586  53909570342
> library(ggplot2)
> library(scales)
>
> # 1인당 GPD
>
> ggplot(gdp, aes(Year, PerCapGDP, color=Country, linetype=Country)) +
+   geom_line() + scale_y_continuous(label=dollar)
> library(useful)
>
> # 절대 GDP
>
> ggplot(gdp, aes(Year, GDP, color=Country, linetype=Country)) +
+   geom_line() +
```

```
+    scale_y_continuous(label=multiple_format(extra=dollar, multiple="M"))
> include_graphics("images/fig24_1.png")
```

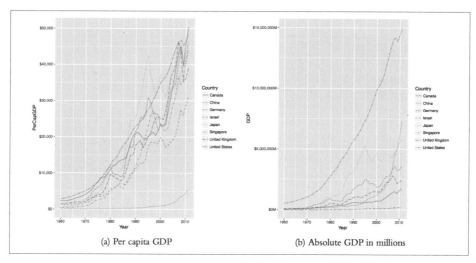

(a) Per capita GDP   (b) Absolute GDP in millions

그림 24.1 1960년에서 2011년까지의 여러 국가의 GDP

먼저 우리는 여기에서 하나의 시계열만 살펴보려고 한다. 그래서 미국 데이터만 추출했다.

```
> # 미국 데이터 추출
> us <- gdp$PerCapGDP[gdp$Country == "United States"]
>
> # 시계열로 변환
> us <- ts(us, start = min(gdp$Year), end = max(gdp$Year))
> us
Time Series:
Start = 1960
End = 2011
Frequency = 1
 [1]   3007.123   3066.563   3243.843   3374.515   3573.941   3827.527   4146.317
 [8]   4336.427   4695.923   5032.145   5246.884   5623.444   6109.926   6741.332
[15]   7242.441   7820.065   8611.402   9471.306  10587.286  11695.554  12597.668
[22]  13993.167  14438.976  15561.426  17134.286  18269.422  19115.053  20100.859
[29]  21483.233  22922.437  23954.479  24405.165  25492.952  26464.853  27776.636
[36]  28782.175  30068.231  31572.690  32949.198  34620.929  36449.855  37273.618
```

```
[43] 38166.038 39677.198 41921.810 44307.921 46437.067 48061.538 48401.427
[50] 47001.555 48373.879 49790.665
> plot(us, ylab="Per Capital GDP", xlab = "Year")
```

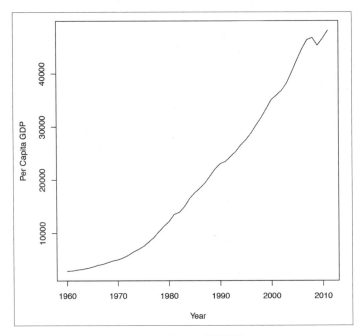

그림 24.2 미국 GDP 시계열 플롯

시계열을 평가하는 다른 방법은 자기공분산autocovariance 함수ACF와 부분자기공분산 함수 PCAF를 보는 것이다. R에는 acf, pcaf 함수가 준비돼 있다.

ACF는 어떤 시계열과 이 시계열의 시차lag에 대한 상관을 본다. 즉, 시계열이 이전 시차, 두 시차 전, 세 시차 전 등과 얼마나 상관되는지 본다.

PCAF는 약간 복잡하다. 시차 1에서의 자기상관은 시차 2, 시차 3 등 이어지는 시차에 지속되는 영향을 미친다. 부분자기상관은 어떤 시계열 데이터와 다른 어떤 시계열 데이터와의 상관을 보는데, 중간값은 무시한다. 따라서 시차 2에 대한 부분 자기상관은 어떤 시계열과 두 번째 시차와의 상관을 보기 때문에 첫 번째 상관의 효과를 배제한다.

그림 24.3에 미국의 1인당 GDP 데이터에 대한 ACF, PCF를 볼 수 있다. 수평선을 넘어서는 수직선이 해당 시차에서 유의한 자기상관과 부분자기상관을 가리킨다.

```
> acf(us)
> pacf(us)
```

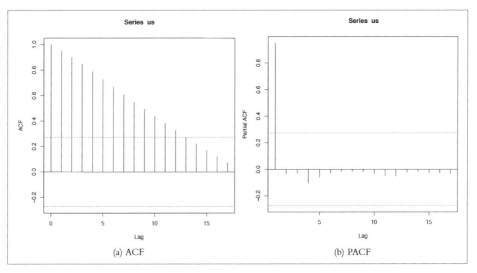

(a) ACF (b) PACF

그림 24.3 미국 1인당 GDP 데이터의 ACF와 PACF. 이런 그래프는 시계열이 안정적(stationary)이 아니라는 것을 시사한다.

이 시계열 데이터는 적절한 모형을 위해서 여러 가지 변형이 필요하다. 상승하는 경향을 보면 이것이 안정적stationary[1]이지 않음을 말한다(데이터는 미국 달러로 표시돼 있어서 인플레이션이 원인은 아니다.). 안정성 문제는 시계열의 드프닝diffing 방법을 적용하거나 다른 변형을 적용해 해결할 수 있다. 드프닝은 관찰값들을 서로 빼는 방법으로 관찰값의 개수에 상관없이 적용할 수 있다. 예를 들어, x=[1 4 8 2 6 6 5 3]과 같은 시계열 자료가 있다고 가정해보자. 1차 디프닝을 실행해 $x^{(1)}$=[3 4 -6 4 0 -1 -2]가 되는데, 이것은 서로 이어지는 관찰값의 차이를 계산해 얻는다. 2차 드프닝은 이것을 다시 디프닝하는 것이다. 그래서 $x^{(2)}$=[1 -10 10 -4 -1 -1]가 된다. 디프닝을 할수록 시계열에서 관찰값의 개수가 하나씩 줄어드는 것을 관찰하자. 이런 계산할 때는 R에서 **diff** 함수를 사용한다. **differences** 인자를 사용해 몇 번의 디프닝을 할지 정한다. **lag**는 어떤 시차를 갖고 서로 뺄지를 결정하는 것으로, 시차를 1로 하면 바로 이어지는 값들의 차이를 계산하고, 시차를 2로 두면 하나 걸러서 뺀다.

---

1 안정적이라는 것은 시계열의 평균과 분산이 전체 시리즈에 걸쳐 고정돼 있을 때를 말한다.

```
> x <- c(1 , 4 , 8 , 2 , 6 , 6 , 5, 3)
> # 하나의 디프닝
> diff(x, differences = 1)
[1]  3  4 -6  4  0 -1 -2
> # 두 번의 디프닝
> diff(x, differences = 2)
[1]   1 -10  10  -4  -1  -1
> # 하나의 디프닝과 같은 결과
> diff(x, lag = 1)
[1]  3  4 -6  4  0 -1 -2
> # 하나 걸러서 빼기
> diff(x, lag = 2)
[1]  7 -2 -2  4 -1 -3
```

적절한 디프닝 개수를 정하는 것은 조금 귀찮은 작업이다. 다행히 forecast 패키지에는 시계열 데이터를 다루는 데 편리한 여러 가지 함수들이 있는데, 여기에 최적의 디프팅 개수를 구하는 함수도 포함돼 있다. 그 결과는 그림 24.4와 같다.

```
> library(forecast)
> ndiffs(x = us)
[1] 2
> plot(diff(us, 2))
```

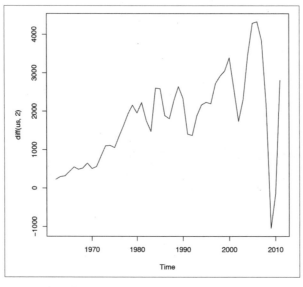

그림 24.4 두 번의 디프닝을 실행한 미국 1인당 GDP

R에는 ar, ma 함수가 있지만 더 좋은 방법은 arima 함수로, 이 함수를 사용해 AR, MR 모형과 이들이 결합된 ARMA 모형에 대한 적합을 실행할 수 있다. 그리고 이 함수는 시계열 디프닝 기능과 계절적 효과seasonal effect에 대한 적합도 실행할 수 있는 기능을 갖고 있다. 전통적으로 ACF, PACF를 분석하고 모형의 컴포넌트들의 순서를 결정한다. 이것은 상당히 주관적인 것이다. 다행히 forecast 패키지에는 auto.arima 함수를 사용하면 최적의 스펙을 정할 수 있다.

```
> usBest <- auto.arima(x = us)
> usBest
Series:
ARIMA(1,2,1)

Coefficients:
         ar1      ma1
      0.4199  -0.8793
s.e.  0.1576   0.0752

sigma^2 estimated as 306635:  log likelihood=-386.14
AIC=778.28   AICc=778.8   BIC=784.02
```

이 함수가 결정한 것을 보면 2번의 디프닝을 가진 ARMR(2, 1)(AR(2)와 MA(1) 컴포넌트)이 최소 AICc(수정된 AIC로, 앞에서 봤듯이 모형이 복잡해지면 벌점을 준다)를 갖는 최적의 모형임을 알 수 있다. 두 번의 디프닝을 했다는 점에서 이것은 ARMA 모형을 사용했다기보다는 ARIMA를 사용한 격이 되는데, 여기서 I는 "integrated"의 약자다. 만약 이 모형 적합이 최적이라고 한다면, 잔차들은 백색잡음(white noise)와 비슷해야 한다.

그림 24.5를 보면 이상적인 모형의 잔차에서 보이는 ACF, PACF 패턴을 보여준다. 이것들은 백색잡음과 비슷해 모형이 제대로 선택됐음을 시사한다.

```
> acf(usBest$residuals)
> pacf(usBest$residuals)
```

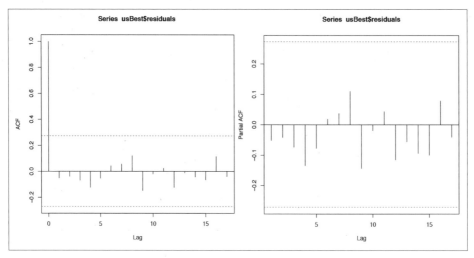

그림 24.5 auto.arima 함수가 선택한 모형의 잔차에 대한 ACF, PACF 그래프

ARIMA 모형의 계수가 AR, MR 요소다.

```
> coef(usBest)
       ar1        ma1
 0.4198853 -0.8793020
```

ARIMA 모형에 기초해 예측하는 것은 다른 모형에서와 같이 predict 함수를 사용한다.

```
> # 표준편차를 비롯한 향후 5년을 예측
> predict(usBest, n.ahead = 5, se.fit = TRUE)
$pred
Time Series:
Start = 2012
End = 2016
Frequency = 1
[1] 51065.52 52280.79 53471.03 54650.76 55826.08

$se
Time Series:
Start = 2012
End = 2016
Frequency = 1
[1]  553.7461 1017.0551 1458.6709 1884.5884 2302.1124
```

이것을 시각화하는 것은 간단한데, forecast 함수를 사용하면 더 간단하게 그림 24.6과 같이 만들 수 있다.

```
> # 향후 5년을 예측
> theForecast <- forecast(object = usBest, h = 5)
> # 그래프
> plot(theForecast)
```

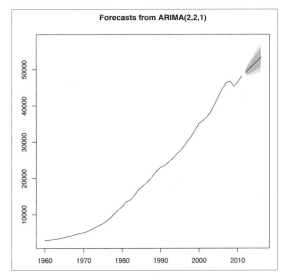

그림 24.6 미국 GDP 향후 5년 예측. 짙은 선은 추정값이고 그림자 영역은 신뢰 구간을 의미한다.

24.2 벡터자기회귀모형(VAR)

복수의 시계열 데이터를 다룰 때는 각각의 시계열이 그 자체의 과거 데이터뿐만 아니라 다른 시계열의 과거 데이터에도 영향을 받기 때문에 상황이 복잡해진다.

이 예를 소개하기 위해서 먼저 할 일은 모든 GDP 데이터를 다변량 시계열로 바꾸는 것이다. 이렇게 하기 위해서 데이터 프레임은 넓은 포맷으로 전환하고, ts 함수를 사용해 타입을 바꾼다. 그 결과는 그림 24.7과 같다.

```
> # reshape2 로딩
> library(reshape2)
>
> # 데이터 프레임을 넓은 포맷으로 만듦.
> gdpCast <- dcast(Year ~ Country,
+     data = gdp[, c("Country", "Year", "PerCapGDP")],
+     value.var = "PerCapGDP"
+     )
> head(gdpCast)
  Year   Canada    China Germany   Israel    Japan Singapore
1 1960 2294.569 89.52054      NA 1229.175 478.9953  427.8804
2 1961 2231.294 75.80584      NA 1436.384 563.5868  448.9592
3 1962 2255.230 70.90941      NA 1094.636 633.6403  471.8805
4 1963 2354.839 74.31364      NA 1257.811 717.8669  510.9872
5 1964 2529.518 85.49856      NA 1375.892 835.6573  485.3033
6 1965 2739.586 98.48678      NA 1429.315 919.7767  516.2929
  United Kingdom United States
1       1380.306      3007.123
2       1452.545      3066.563
3       1513.651      3243.843
4       1592.614      3374.515
5       1729.400      3573.941
6       1850.955      3827.527
> # 독일 자료가 없어서 처음 10개 행 삭제
>
> # 시계열로 변환
> gdpTS <- ts(data = gdpCast[, -1], start = min(gdpCast$Year),
+             end = max(gdpCast$Year))
> # 그래프 그리기
> plot(gdpTS, plot.type = "single", col = 1:8)
> legend("topleft", legend = colnames(gdpTS), ncol = 2,
+        lty= 1, col = 1:8, cex = 0.9)
```

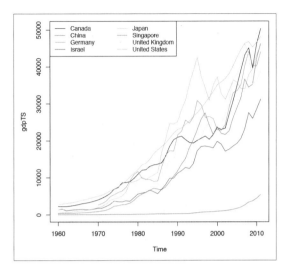

그림 24.7 데이터에 있는 모든 국가에 대한 GDP 시계열. 이것을 그림 24.1a와 같은 정보이지만 베이스 그래프로 만들었다.

진행하기에 앞서 독일과 관련된 결측값을 먼저 처리해야 한다. 어떤 이유에서인지 모르지만 세계은행에 1970년 이전의 독일 GDP에 대한 데이터가 없다. 세인트 루이스 연방준비은행 경제 데이터St. Louis Federal Reserve Economics Data와 같은 정보원이 있기는 하지만 세계은행 데이터와 일치하지 않기 때문에 우리는 독일 자료를 제거하고 사용하려고 한다.

```
> gdpTS <- gdpTS[, which(colnames(gdpTS) != "Germany")]
```

다변량 시계열 데이터에 대한 모형 적합을 하는 가장 흔한 방법은 벡터자기회귀VAR, vector Autoregressive 모형을 사용하는 것이다. VAR의 공식은 다음과 같다.

$$\mathbf{X}_t = \Phi_1 \mathbf{X}_{t-1} + \cdots + \Phi_p \mathbf{X}_{t-p} + \mathbf{Z}_t \tag{24.3}$$

여기서 Z_t는 다음과 같다.

$$\{\mathbf{Z}_t\} \sim \mathrm{WN}(\mathbf{0}, \Sigma) \tag{24.4}$$

이것은 백색잡음을 의미한다.

ar이라는 함수를 사용하면 VAR을 계산할 수는 있지만 AR의 차원이 높은 특이 행렬
singular matrices를 다루는 데 문제를 갖고 있어서 vars 패키지에 있는 VAR 함수를 사용
하는 것이 낫다. 데이터를 디핑diffing시키는 것인 좋은지 확인하기 위해서 ndiffs 함수를
gdpTS에 적용해본 다음에 디핑 숫자를 정했다. 디핑된 데이터는 그림 24.8과 같은데,
그림 24.7 보다 훨씬 안정적인 모습을 보인다.

```
> numDiffs <- ndiffs(gdpTS)
> numDiffs
[1] 1
> gdpDiffed <- diff(gdpTS, differences = numDiffs)
> plot(gdpDiffed, plot.type = "single", col = 1:7)
> legend("bottomleft", legend = colnames(gdpDiffed),
+         ncol = 2, lty = 1, col = 1:7, cex = .9
+         )
```

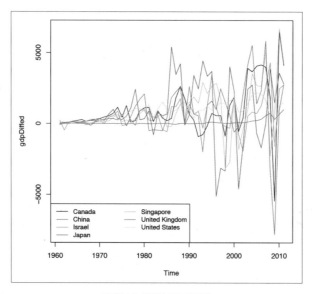

그림 24.8 디핑된 GDP 데이터

이제 데이터가 준비됐으므로 VAR 함수를 사용해 VAR 모형 적합을 실행하자. 이 과정
은 본질적으로 포함된 모든 시계열에 대해 자신의 시차들과 다른 시계열에 대해 lm 함
수를 사용해 서로 다른 회귀 분석을 반복하는 것이다. 이것은 캐나다와 일본 모형에 대
한 계수 플롯으로 확인할 수 있다. 그림 24.9에 나와 있다.

```
> library(vars)
> # 모형 접합
> gdpVar <- VAR(gdpDiffed, lag.max = 12)
> # 차원 선택
> gdpVar$p
AIC(n)
     6
> # 모형들의 이름
> names(gdpVar$varresult)
[1] "Canada"          "China"           "Israel"          "Japan"
[5] "Singapore"       "United.Kingdom"  "United.States"
> # 각 모형은 실제로는 lm 객체다.
> class(gdpVar$varresult$Canada)
[1] "lm"
> class(gdpVar$varresult$Japan)
[1] "lm"
> # 각 모형은 자신의 계수를 가진다.
> head(coef(gdpVar$varresult$Canada))
        Canada.l1          China.l1          Israel.l1          Japan.l1
       -1.8884524        -46.5630339          1.6753179        -0.4289121
     Singapore.l1 United.Kingdom.l1
        2.1599525          1.0955015
> head(coef(gdpVar$varresult$Japan))
        Canada.l1          China.l1          Israel.l1          Japan.l1
        1.0537818        -33.9584722          0.6083268          0.7716896
     Singapore.l1 United.Kingdom.l1
        0.4558218          1.3836540
> library(coefplot)
> coefplot(gdpVar$varresult$Canada)
> coefplot(gdpVar$varresult$Japan)
```

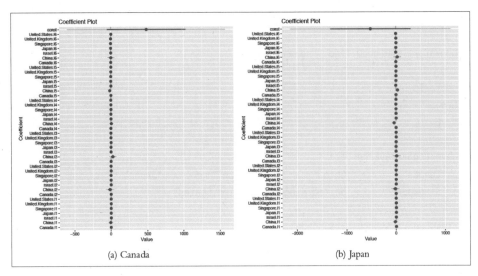

그림 24.9 캐나다와 일본의 GDP 데이터에 대한 VAR 모형에 대한 계수 플롯

이 모형을 갖고 예측하는 것은 다른 모형과 같이 predict 함수를 사용한다.

```
> predict(gdpVar, n.ahead = 5)
$Canada
            fcst        lower       upper        CI
[1,] -14593.390 -15977.020 -13209.760 1383.630
[2,]   8347.841   6780.824   9914.858 1567.017
[3,]  18031.477  15149.044  20913.911 2882.434
[4,] -62289.719 -66743.245 -57836.193 4453.526
[5,]  81737.587  76139.348  87335.827 5598.239


$China
           fcst       lower      upper        CI
[1,]  148.9670    80.42592   217.5081  68.54107
[2,] 1042.9356   949.19949  1136.6717  93.73609
[3,] 1051.0995   930.84006  1171.3590 120.25949
[4,] 1499.8892  1322.25590  1677.5224 177.63327
[5,]  227.1549    16.86699   437.4428 210.28788


$Israel
          fcst       lower      upper        CI
[1,] 7749.994   6600.538   8899.449  1149.455
```

```
[2,] -51945.169 -53114.251 -50776.088  1169.081
[3,]  67102.239  65249.412  68955.065  1852.827
[4,] -63877.602 -69401.745 -58353.459  5524.143
[5,]   9712.710  -3980.492  23405.913 13693.202
```

$Japan
```
             fcst       lower       upper        CI
[1,] -34749.337 -36743.712 -32754.962 1994.375
[2,]   4919.417   1852.017   7986.817 3067.400
[3,] -46541.471 -50232.293 -42850.649 3690.822
[4,] -10001.996 -16501.705  -3502.287 6499.709
[5,]  -8091.973 -17452.041   1268.095 9360.068
```

$Singapore
```
            fcst      lower      upper        CI
[1,] -20932.13 -22254.21 -19610.051 1322.077
[2,]  24169.98  22675.06  25664.891 1494.914
[3,] -13583.13 -17440.67  -9725.601 3857.534
[4,] -39593.66 -46676.97 -32510.342 7083.313
[5,]  72663.83  64084.93  81242.717 8578.892
```

$United.Kingdom
```
             fcst      lower      upper         CI
[1,]  -4851.227  -5574.83  -4127.625   723.6028
[2,]  28033.716  26963.12  29104.313 1070.5976
[3,]  17450.136  15690.16  19210.113 1759.9775
[4,]  16520.429  13519.69  19521.165 3000.7360
[5,] -12609.924 -16738.20  -8481.646 4128.2782
```

$United.States
```
             fcst       lower      upper        CI
[1,]  -4831.710  -5167.5055  -4495.914   335.796
[2,]  11884.504  11216.3409  12552.667   668.163
[3,]  -7805.587  -8895.1217  -6716.053  1089.534
[4,]   2820.480    573.1961   5067.765  2247.284
[5,]  11890.366   8929.6316  14851.099  2960.734
```

24.3 일반화 자동회귀 조건부 이분산 모형(GARCH)

ARMR 모형의 문제는 극단적인 이벤트 또는 변동성이 높은 경우를 제대로 예측하지 못한다는 점이다. 이것을 극복하기 위해 사용할 수 있는 것이 일반화 자동회귀 조건부 이분산 모형GARCH, Generalized Autoregressive conditional heteroskedasticity 계열의 모형들인데, 여기서는 과정에 있는 평균뿐만 아니라 분산도 모형에 포함시킨다.

GARCH(m, s)에 있는 분산에 대한 모형은 다음과 같다.

$$\epsilon_t = \sigma_t e_t \tag{24.5}$$

여기에서 σ_t^2는 다음과 같다.

$$\sigma_t^2 = \alpha_0 + \alpha_1 \epsilon_{t-1}^2 + \cdots + \alpha_m \epsilon_{t-m}^2 + \beta_1 \sigma_{t-1}^2 + \cdots + \beta_s \sigma_{t-s}^2 \tag{24.6}$$

그리고 다음은 일반화된 백색잡음을 말한다.

$$e \sim \text{GWN}(0, 1) \tag{24.7}$$

우리는 quantmod 패키지를 사용해 AT&T 주식 데이터를 다운로드해서 사용할 것이다.

```
> library(quantmod)
> att <- getSymbols("T", auto.assign=FALSE)
```

이렇게 하면 데이터가 xts 패키지에서 정의된 xts 객체로 로딩된다. 이 객체는 좀 더 로버스트한 시계열 객체로 일반 ts 객체보다 향상된 기능들을 갖고 있어서 시간상 불규칙하게 수집된 이벤트도 다룰 수 있다. 그리고 그림 24.10에서 보는 바와 같이 더 향상된 플롯팅 기능을 갖고 있다.

```
> library(xts)
> # 데이터 보기
> head(att)
           T.Open T.High T.Low T.Close T.Volume T.Adjusted
2007-01-03  35.67  35.78 34.78   34.95 33694300   19.62646
2007-01-04  34.95  35.24 34.07   34.50 44285400   19.37376
2007-01-05  34.40  34.54 33.95   33.96 36561800   19.07052
2007-01-08  33.40  34.01 33.21   33.81 40237400   19.18685
2007-01-09  33.85  34.41 33.66   33.94 40082600   19.26063
```

```
2007-01-10  34.20  35.00 31.94    34.03 29964300    19.31170
> plot(att)
```

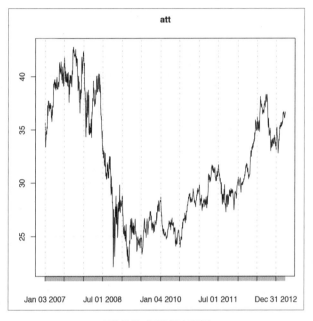

그림 24.10 AT&T 주식 데이터

주식 차트에 익숙한 사람을 위해서 chartSeries 함수를 지원한다. 그림 24.11과 같은
차트를 만들 수 있다.

```
> chartSeries(att)
> addBBands()
> addMACD(32, 50, 12)
```

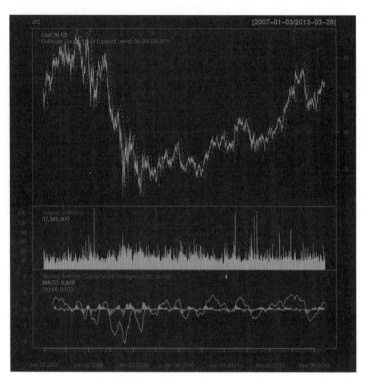

그림 24.11 AT&T 주식 차트

우리는 종간closing price만 관심이 있기 때문에 해당 변수만을 저장할 하나의 변수를 만든다.

```
> attClose <- att$T.Close
> class(attClose)
[1] "xts" "zoo"
> head(attClose)
          T.Close
2007-01-03   34.95
2007-01-04   34.50
2007-01-05   33.96
2007-01-08   33.81
2007-01-09   33.94
2007-01-10   34.03
```

GARCH 모형을 적합시키는 데 가장 많이 되는 패키지는 rugarch다. 이외에 tseries, fGarch, bayesGARCH 등과 같은 것들이 있는데, 우리는 rugarch를 사용할 것이다.

일반적으로 GARCH(1, 1)을 사용하면 데이터 모형 접합에 충분하다. 첫 번째 단계는 ugarchspec 함수를 사용해 모형의 상세 내용을 설정하는 것이다. 우리는 변동성을 GARCH(1, 1)로 설정했고, 모형으로 만들 평균을 ARMA(1, 1)이라고 설정했다. 그리고 인노베이션 분포^innovation distribution를 t 분포가 되게 했다.

```
> library(rugarch)
> attSpec <- ugarchspec(variance.model = list(model = "sGARCH",
+                                              garchOrder = c(1, 1)),
+                       mean.model = list(armaOrder = c(1, 1)),
+                       distribution.model = "std")
```

다음 단계는 ugarchfit 함수를 사용해 모형 적합을 실행하는 것이다.

```
> attGarch <- ugarchfit(spec = attSpec, data = attClose)
```

이 모형을 출력하면 많은 정보들을 쏟아낸다. 계수, 표준 오차, AIC, BIC 등이다. 이 가운데 잔차, 검정, AIC, BIC와 같은 것들을 적합의 질을 측정하는 도구다. 최적의 파라미터들은 상단에서 보인다.

```
> attGarch

*---------------------------------*
*          GARCH Model Fit        *
*---------------------------------*

Conditional Variance Dynamics
-----------------------------------
GARCH Model : sGARCH(1,1)
Mean Model  : ARFIMA(1,0,1)
Distribution    : std

Optimal Parameters
-----------------------------------
        Estimate  Std. Error    t value Pr(>|t|)
mu    35.011530    0.330521 105.928160 0.000000
```

```
ar1     0.996991    0.001186 840.413939 0.000000
ma1     0.000310    0.019373   0.016014 0.987224
omega   0.001591    0.000711   2.237933 0.025225
alpha1  0.050156    0.011865   4.227275 0.000024
beta1   0.941486    0.014242  66.107905 0.000000
shape   5.854370    0.626851   9.339330 0.000000
```

Robust Standard Errors:

```
        Estimate  Std. Error   t value Pr(>|t|)
mu     35.011530    0.082772 422.987461  0.00000
ar1     0.996991    0.001107 900.285345  0.00000
ma1     0.000310    0.020348   0.015246  0.98784
omega   0.001591    0.001008   1.578919  0.11435
alpha1  0.050156    0.018924   2.650394  0.00804
beta1   0.941486    0.022908  41.098660  0.00000
shape   5.854370    0.644071   9.089628  0.00000
```

LogLikelihood : -1179.368

Information Criteria

```
Akaike        0.86565
Bayes         0.88075
Shibata       0.86563
Hannan-Quinn  0.87111
```


Weighted Ljung-Box Test on Standardized Residuals

```
                        statistic p-value
Lag[1]                     0.07695  0.7815
Lag[2*(p+q)+(p+q)-1][5]    2.02369  0.9535
Lag[4*(p+q)+(p+q)-1][9]    3.38915  0.8233
d.o.f=2
H0 : No serial correlation
```


Weighted Ljung-Box Test on Standardized Squared Residuals

```
                        statistic p-value
Lag[1]                      1.011   0.3147
```

```
Lag[2*(p+q)+(p+q)-1][5]      1.778  0.6716
Lag[4*(p+q)+(p+q)-1][9]      3.258  0.7158
d.o.f=2
```

Weighted ARCH LM Tests

```
------------------------------------
            Statistic Shape Scale P-Value
ARCH Lag[3]     0.594 0.500 2.000  0.4409
ARCH Lag[5]     1.015 1.440 1.667  0.7286
ARCH Lag[7]     2.520 2.315 1.543  0.6084
```

Nyblom stability test

```
------------------------------------
Joint Statistic:  3.5941
Individual Statistics:
mu     0.44125
ar1    0.06456
ma1    0.16704
omega  0.10128
alpha1 0.88758
beta1  0.46504
shape  1.16976
```

Asymptotic Critical Values (10% 5% 1%)
```
Joint Statistic:       1.69 1.9 2.35
Individual Statistic:  0.35 0.47 0.75
```

Sign Bias Test

```
------------------------------------
                  t-value   prob sig
Sign Bias          1.3834 0.1666
Negative Sign Bias 0.9493 0.3426
Positive Sign Bias 0.7209 0.4711
Joint Effect       2.0230 0.5676
```

Adjusted Pearson Goodness-of-Fit Test:

```
------------------------------------
  group statistic p-value(g-1)
1   20    25.06       0.1585
```

2	30	30.98	0.3661
3	40	42.73	0.3140
4	50	60.66	0.1227

Elapsed time : 1.099342

그림 24.12에 시계열 그래프와 모형의 잔차의 ACF를 볼 수 있다.

```
> # attGarch는 S4 객체이기 때문에 @으로 슬롯에 접근한다.
> # fit 슬롯은 리스트로, 그 요소들은 $로 접근할 수 있다.
> plot(attGarch@fit$residuals, type = "l")
> plot(attGarch, which = 10)
```

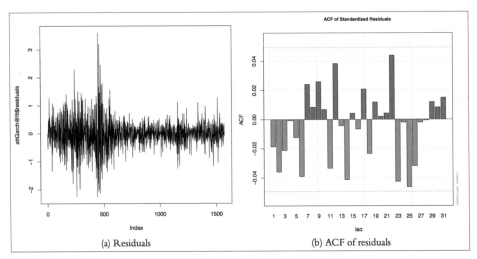

(a) Residuals　　　　　　　　(b) ACF of residuals

그림 24.12 AT&T 데이터에 대한 GARCH 모형의 잔차 그래프

모형의 질을 판단하기 위해서 다른 평균들을 가진 몇 가지 모형들을 만들어본다. 모든 GARCH(1, 1)을 사용하며, 그들의 AIC 값들을 서로 비교한다.

```
> # ARMA(1, 1)
> attSpec1 <- ugarchspec(variance.model=list(model="sGARCH",
+                                            garchOrder=c(1, 1)),
+                        mean.model=list(armaOrder=c(1, 1)),
+                        distribution.model="std")
```

```
> # ARMA(0,0)
>
> attSpec2 <- ugarchspec(variance.model=list(model="sGARCH",
+                                              garchOrder=c(1, 1)),
+                        mean.model=list(armaOrder=c(0, 0)),
+                        distribution.model="std")
> # ARMA(0,2)
>
> attSpec3 <- ugarchspec(variance.model=list(model="sGARCH",
+                                              garchOrder=c(1, 1)),
+                        mean.model=list(armaOrder=c(0, 2)),
+                        distribution.model="std")
>
> # ARMA(1,2)
>
> attSpec4 <- ugarchspec(variance.model=list(model="sGARCH",
+                                              garchOrder=c(1, 1)),
+                        mean.model=list(armaOrder=c(1, 2)),
+                        distribution.model="std")
>
> attGarch1 <- ugarchfit(spec=attSpec1, data=attClose)
> attGarch2 <- ugarchfit(spec=attSpec2, data=attClose)
> attGarch3 <- ugarchfit(spec=attSpec3, data=attClose)
> attGarch4 <- ugarchfit(spec=attSpec4, data=attClose)
>
> infocriteria(attGarch1)

Akaike       0.8656460
Bayes        0.8807545
Shibata      0.8656330
Hannan-Quinn 0.8711055
> infocriteria(attGarch2)

Akaike       4.936158
Bayes        4.946950
Shibata      4.936152
Hannan-Quinn 4.940058
> infocriteria(attGarch3)

Akaike       3.274607
```

```
Bayes          3.289715
Shibata        3.274594
Hannan-Quinn 3.280066
> infocriteria(attGarch4)

Akaike         0.8657907
Bayes          0.8830577
Shibata        0.8657738
Hannan-Quinn 0.8720302
```

결과를 보면 AIC, BIC, 기타 기준으로 보면 첫 번째와 네 번째 모형이 가장 좋다.

rugarch 객체를 사용하는 경우, 예측은 ugarchboot 함수를 사용한다. 그 결과는 그림 24.13과 같은 그래프로 그릴 수 있다.

```
> attPred <- ugarchboot(attGarch, n.ahead = 50,
+                       method = c("Partial", "Full")[1])
> plot(attPred, which = 2)
```

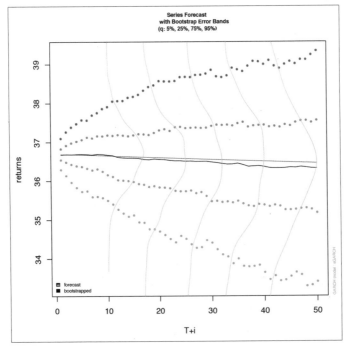

그림 24.13 AT&T 데이터에 대한 GARCH 모형의 예측

이 데이터는 주식 데이터이기 때문에 실제 종가 대신 로그 리턴 값을 사용한 모형을 계산해볼 필요가 있다.

```
> # 로그값을 디핑하고, 첫 번째 것은 NA이기 때문에 제외
> attLog <- diff(log(attClose))[-1]
>
> # 상세 설정
> attLogSpec <- ugarchspec(variance.model=list(model="sGARCH",
+                                               garchOrder=c(1, 1)),
+                     mean.model=list(armaOrder=c(1, 1)),
+                     distribution.model="std")
>
> # 모형 적합
> attLogGarch <- ugarchfit(spec=attLogSpec, data=attLog)
>
> infocriteria(attLogGarch)

Akaike        -6.133331
Bayes         -6.118218
Shibata       -6.133344
Hannan-Quinn  -6.127870
```

이렇게 하면 AIC 값이 의미 있게 떨어진다.

그런데 GARCH의 목적은 신호를 더 잘 적합하는 데 있는 것이 아니라 변동성을 더 잘 잡아내기 위한 것임을 기억하는 것이 중요하다.

24.4 결론

시계열은 여러 방법에서 중요한 역할을 한다. 특히 회계와 물리학 분야가 그렇다. 시계열에 필요한 R의 가장 기본적인 것은 ts 객체다. 이 객체를 상당히 확장한 xts 객체가 있다. 시계열에서 보편적으로 사용되는 모형으로 ARMA, VAR, GARCH 등이 있는데, arima, VAR, ugarchfit 함수를 사용하면 계산할 수 있다.

25

군집화

군집화는 데이터를 소그룹으로 분류하는 것으로, 최근 머신 러닝 분야에서 큰 역할을 하고 있다. 군집화 방법에서 가장 흔히 쓰이는 방법은 K 평균 군집화K-means clustering와 계층적 군집화Hierarchical clustering다. 군집화는 데이터 프레임의 관점으로 보면 유사한 행들을 찾는 것이다. 하나의 그룹에 속한 행들끼리는 유사성이 높고, 그룹 밖에 있는 행들끼리는 유사도가 낮게 된다.

25.1 K-평균 군집화

가장 많이 사용되는 군집화 방법은 K-평균 군집화이다. 이 알고리즘은 관찰값들을 거리distance를 기준으로 k개의 그룹으로 나눈다. 예로 캘리포니아-어바인 대학교의 머신 러닝 저장소에 있는 포도주 데이터 세트를 사용한다. 이것은 http://archive.ics.uci. edu/ml/datasets/Wine에 있다.

```
> wineUrl <- 'http://archive.ics.uci.edu/ml/
                machine-learning-databases/wine/wine.data'
> wine <- read.table(wineUrl, header=FALSE, sep=',',
+                 stringsAsFactors=FALSE,
+                 col.names=c('Cultivar', 'Alcohol', 'Malic.acid', 'Ash',
+                             'Alcalinity.of.ash', 'Magnesium',
+                             'Total.phenols', 'Flavanoids',
+                             'Nonflavanoid.phenols', 'Proanthocyanin',
+                             'Color.intensity', 'Hue',
+                             'OD280.OD315.of.diluted.wines', 'Proline'))
> head(wine)
```

	Cultivar	Alcohol	Malic.acid	Ash	Alcalinity.of.ash	Magnesium
1	1	14.23	1.71	2.43	15.6	127
2	1	13.20	1.78	2.14	11.2	100
3	1	13.16	2.36	2.67	18.6	101
4	1	14.37	1.95	2.50	16.8	113
5	1	13.24	2.59	2.87	21.0	118
6	1	14.20	1.76	2.45	15.2	112

	Total.phenols	Flavanoids	Nonflavanoid.phenols	Proanthocyanin
1	2.80	3.06	0.28	2.29
2	2.65	2.76	0.26	1.28
3	2.80	3.24	0.30	2.81
4	3.85	3.49	0.24	2.18
5	2.80	2.69	0.39	1.82
6	3.27	3.39	0.34	1.97

	Color.intensity	Hue	OD280.OD315.of.diluted.wines	Proline
1	5.64	1.04	3.92	1065
2	4.38	1.05	3.40	1050
3	5.68	1.03	3.17	1185
4	7.80	0.86	3.45	1480
5	4.32	1.04	2.93	735
6	6.75	1.05	2.85	1450

첫 번째 열은 품종Cultivar이다. 이 데이터 세트는 품종에 따른 포도주의 화학적 조성을 조사한 것이기 때문에 이 열에 의해서 대부분의 그룹 멤버십이 결정될 수 있다. 어것은 어쩌면 당연한 것이므로 이 열을 빼고 분석해보자.

```
> wineTrain <- wine[, which(names(wine) != "Cultivar")]
```

K-평균 군집화를 할 때 먼저 클러스터의 개수를 지정할 필요가 있다. 그런 다음, 알고리즘에 따라서 지정한 클러스터의 개수만큼 관찰값들을 분류한다. 클러스터의 개수를 결정하는 휴리스틱 규칙이 있는데, 이것은 뒤에서 설명한다. 지금은 그냥 3개로 한다. R에서 K-평균은 kmeans라는 함수를 사용해 간단하게 실행할 수 있다. 이 함수의 첫 번째 인자는 클러스터에 사용할 데이터인데, 이 데이터는 모두 숫자형(numeric) 데이터라야 한다. K-평균 군집화 방법은 카테고리형 데이터에는 사용할 수 없다. 다음 인자는 중심(클러스터)의 개수다. 이 함수가 실행될 때 군집화하는 방법에는 난수가 적용되기 때문에 재현 가능한 결과를 얻기 위해서 먼저 시드를 설정한다.

```
> set.seed(278613)
> wineK3 <- kmeans(x = wineTrain, centers = 3)
```

K-평균 객체를 출력하면 클러스트의 크기, 각 열에 대한 클러스터의 평균, 각 행의 클
러스터 멤버십, 유사도를 보여준다.

```
> wineK3
K-means clustering with 3 clusters of sizes 62, 47, 69

Cluster means:
    Alcohol Malic.acid      Ash Alcalinity.of.ash Magnesium Total.phenols
1 12.92984    2.504032 2.408065          19.89032 103.59677      2.111129
2 13.80447    1.883404 2.426170          17.02340 105.51064      2.867234
3 12.51667    2.494203 2.288551          20.82319  92.34783      2.070725
  Flavanoids Nonflavanoid.phenols Proanthocyanin Color.intensity       Hue
1   1.584032            0.3883871       1.503387        5.650323 0.8839677
2   3.014255            0.2853191       1.910426        5.702553 1.0782979
3   1.758406            0.3901449       1.451884        4.086957 0.9411594
  OD280.OD315.of.diluted.wines    Proline
1                     2.365484   728.3387
2                     3.114043  1195.1489
3                     2.490725   458.2319

Clustering vector:
  [1] 2 2 2 2 1 2 2 2 2 2 2 2 2 2 2 2 2 2 2 2 1 1 1 2 2 1 1 2 2 1 2 2 2 2 2
 [36] 1 1 2 2 1 1 2 2 1 1 2 2 2 2 2 2 2 2 2 2 2 2 2 2 3 1 3 1 3 3 1 3 3 1 1
 [71] 1 3 3 2 1 3 3 3 1 3 3 1 1 3 3 3 3 3 1 1 3 3 3 3 3 1 1 3 1 3 1 3 1 3 3 1
[106] 3 3 3 3 1 3 3 3 1 3 3 3 3 3 3 3 1 3 3 3 3 3 3 3 3 3 1 3 3 1 1 1 1 3 3
[141] 1 1 3 3 1 1 3 1 3 1 1 3 3 3 3 1 1 1 3 1 1 1 3 1 3 1 1 3 1 1 1 1 3 3 1 1 1
[176] 1 1 3

Within cluster sum of squares by cluster:
[1]  566572.5 1360950.5  443166.7
 (between_SS / total_SS =  86.5 %)

Available components:

[1] "cluster"      "centers"      "totss"        "withinss"
[5] "tot.withinss" "betweenss"    "size"         "iter"
[9] "ifault"
```

K-평균 군집화 결과를 시각화해 보여주는 것은 데이터의 차원이 높아서 쉽지 않다. 이것을 극복하기 위해서 useful 패키지의 plot.kmeans 함수가 있는데, 이 함수는 다차원의 스케일을 2차원으로 변형시키고, 멤버십에 따라서 색을 부여한다. 그 결과를 보면 그림 25.1과 같다.

```
> library(useful)
> plot(wineK3, data = wineTrain)
```

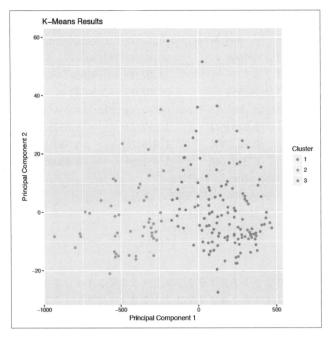

그림 25.1 2차원으로 스케일링한 포도주 데이터. 색은 K-평균 군집화의 결과에 따른 그룹에 따라 표시된다.

만약, 우리가 원래의 포도주 데이터를 사용하고, Cultivar가 진짜 멤버십을 표시하는 열로 지정하고, 이것을 점의 shape으로 코딩하면, 군집화된 결과와 원래의 데이터를 구분해서 볼 수 있을 것이다. 이것이 그림 25.2다. 점의 색과 모양이 강한 연관을 보인다면 제대로 군집화를 실행한 것이라고 볼 수 있다.

```
> plot(wineK3, data = wine, class = "Cultivar")
```

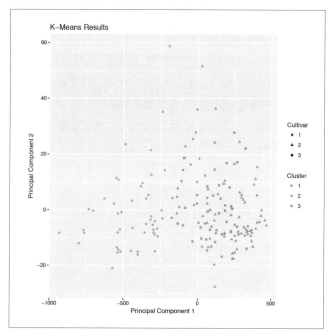

그림 25.2 K-평균 군집화의 결과와 원래 알려진 데이터 세트의 비교.
색과 모양이 강한 상관을 보인다면 군집화가 잘됐다고 볼 수 있다.

K-평균 군집화는 임의로 정해지는 최초 랜덤 조건에 따라 영향을 받을 수 있는 알고리즘이다. 그래서 여러 가지 초기 랜덤 조건에 따라서 결과가 어떻게 달라지는지 살펴보자. 이 조건을 변경하는 것이 kmeans 함수의 nstart 인자의 역할이다.

```
> set.seed(278613)
> wineK3N25 <- kmeans(wineTrain, centers = 3, nstart = 25)
>
> # 앞에서 디폴트인 nstart을 1로 놓고 계산한 결과
> wineK3$size
[1] 62 47 69
> # 클러스터 size를 25로 놓고 계산한 결과
> wineK3N25$size
[1] 62 47 69
```

우리의 데이터 세트에서는 그 결과가 바뀌지 않았다. 하지만 가끔 상당히 다른 경우들이 있을 수 있다.

적절한 클러스터의 개수를 선택하는 것이 데이터를 적절한 그룹으로 나눌 때 매우 중요하다. 전임 컬럼비아 대학교의 통계학과 주임이었고, 현재 예술과 과학 학과장이자 통계학과 교수인 데이비드 마디건[David Madigan]에 따르면, 최적의 군집 개수는 하티건 룰[Hartigan's Rule]을 따르면 된다고 했다. 하티건[J.A. Hartigan]은 K-평균 알고리즘 주개발자다. 이 방법은 본질적으로 k개의 군집으로 분류했을 때의 군집 내 제곱합[within-cluster sum of squrares]과 $k + 1$개의 군집으로 분류했을 때의 군집 내 제곱합을 비교하고, 행과 군집의 개수를 고려한다. 이 값이 10 보다 크면 $k + 1$ 군집을 따르는 것이 더 가치 있다고 평가한다. 이것을 반복적으로 실행해보는 것은 귀찮을 뿐만 아니라 제대로 계산하지 않으면 잘못될 가능성이 높다. 그래서 useful 패키지에 이것을 계산해주는 FitKMeans 함수를 사용하면 편리하다. 그 결과를 보면 그림 25.3과 같다.

```
> wineBest <- FitKMeans(wineTrain, max.clusters = 20, nstart = 25, seed = 278613)
> wineBest
   Clusters   Hartigan AddCluster
1         2 505.429310       TRUE
2         3 160.411331       TRUE
3         4 135.707228       TRUE
4         5  78.445289       TRUE
5         6  71.489710       TRUE
6         7  97.582072       TRUE
7         8  46.772501       TRUE
8         9  33.198650       TRUE
9        10  33.277952       TRUE
10       11  33.465424       TRUE
11       12  17.940296       TRUE
12       13  33.268151       TRUE
13       14   6.434996      FALSE
14       15   7.833562      FALSE
15       16  46.783444       TRUE
16       17  12.229408       TRUE
17       18  10.261821       TRUE
18       19 -13.576343      FALSE
19       20  56.373939       TRUE
> PlotHartigan(wineBest)
```

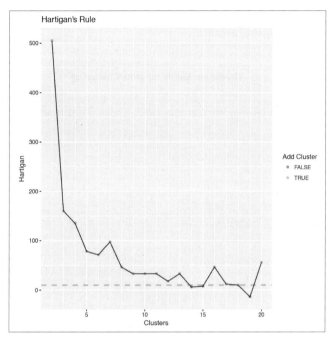

그림 25.3 하티건 규칙을 적용한 그래프

이 방법에 따르면 우리는 13개의 군집을 사용해야 한다. 하지만 이 역시도 어림짐작일 뿐이고, 반드시 그 개수에 집착할 필요는 없다. 우리는 이 데이터에 3개의 품종이 있다는 것을 미리 알고 있기 때문에 3개의 군집으로 분류하는 것이 어쩌면 당연한 것이다. 그렇지만 3개의 군집으로 군집화한 결과 역시 군집을 품종에 따라 대략적으로 분류한 것이기 때문에 제대로 된 적합이 아닐 수도 있다. 그림 25.4는 군집 할당을 왼쪽, 실제 품종을 상단에 놓은 것이다. Cultivar 1인 경우만 하더라도 자신의 그룹에 그나마 많이 할당되고, Cultivar 2는 좀 더 좋지 않고, Cultivar 3은 전혀 제대로 할당되지 않았음을 보여주고 있다. 이것에 제대로 된 적합이라면 대각선 부분의 세그먼트가 가장 커야 한다.

```
> table(wine$Cultivar, wineK3N25$cluster)

    1  2  3
  1 13 46  0
  2 20  1 50
  3 29  0 19
> plot(table(wine$Cultivar, wineK3N25$cluster),
```

```
+    main="Confusion Matrix for Wine Clustering",
+    xlab="Cultivar", ylab="Cluster")
```

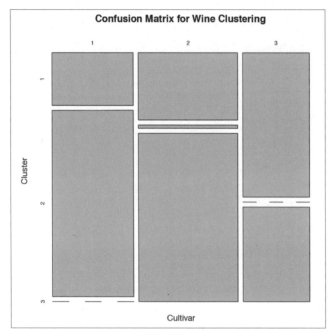

그림 25.4 포도주 데이터를 품족에 따라 군집화 했을 때의 혼동 행렬

하티건 룰 대신 사용할 수 있는 것이 갭^{Gap} 통계량인데, 이것은 군집 내 상이도^{dissimilarity}를 군집을 실행한 데이터의 것과 붓스트랩 샘플로 얻은 데이터의 것을 서로 비교한다. 이 방법은 실제와 기대와의 차이(갭)를 평가한다. 이것은 cluster 패키지의 clusGap이라는 함수를 사용해 계산할 수 있다(모두 숫자형 데이터를 사용해야 한다).

```
> library(cluster)
> theGap <- clusGap(wineTrain, FUNcluster = pam, K.max = 20)
> gapDF <- as.data.frame(theGap$Tab)
> gapDF
       logW    E.logW       gap     SE.sim
1  9.655294  9.947093 0.2917988 0.03367473
2  8.987942  9.258169 0.2702262 0.03498740
3  8.617563  8.862178 0.2446152 0.03117947
4  8.370194  8.594228 0.2240346 0.03193258
5  8.193144  8.388382 0.1952376 0.03243527
```

```
6  7.979259 8.232036 0.2527773 0.03456908
7  7.819287 8.098214 0.2789276 0.03089973
8  7.685612 7.987350 0.3017378 0.02825189
9  7.591487 7.894791 0.3033035 0.02505585
10 7.496676 7.818529 0.3218525 0.02707628
11 7.398811 7.750513 0.3517019 0.02492806
12 7.340516 7.691724 0.3512081 0.02529801
13 7.269456 7.638362 0.3689066 0.02329920
14 7.224292 7.591250 0.3669578 0.02248816
15 7.157981 7.545987 0.3880061 0.02352986
16 7.104300 7.506623 0.4023225 0.02451914
17 7.054116 7.469984 0.4158683 0.02541277
18 7.006179 7.433963 0.4277835 0.02542758
19 6.971455 7.401962 0.4305071 0.02616872
20 6.932463 7.369970 0.4375070 0.02761156
```

그림 25.5는 군집의 개수에 따른 갭 통계량을 보여준다(이어지는 부분은 독자의 이해를 돕기 위해서 원본에 약간 수정했다. https://stats.stackexchange.com/questions/95290/how-should-i-interpret-gap-statistic을 주로 참고했다). 군집의 최적 개수는 갭 통계량이 급격히 낮아지는 군집의 개수다. 수식으로 보면 다음을 만족하는 k 값이다.

$$Gap(k) \geq Gap(k+1) + s_{k+1}$$

여기에서 s_{k+1}은 군집의 개수가 $k+1$개인 경우, $Gap(k+1)$의 1 표준 오차다.

```
> # logW 곡선
> ggplot(gapDF, aes(x=1:nrow(gapDF))) +
+   geom_line(aes(y=logW), color="blue") +
+   geom_point(aes(y=logW), color="blue") +
+   geom_line(aes(y=E.logW), color="green") +
+   geom_point(aes(y=E.logW), color="green") +
+   labs(x="Number of Clusters")
>
> # 갭 곡선
> ggplot(gapDF, aes(x=1:nrow(gapDF))) +
+   geom_line(aes(y=gap), color="red") +
+   geom_point(aes(y=gap), color="red") +
+   geom_errorbar(aes(ymin=gap-SE.sim, ymax=gap+SE.sim), color="red") +
+   labs(x="Number of Clusters", y="Gap")
```

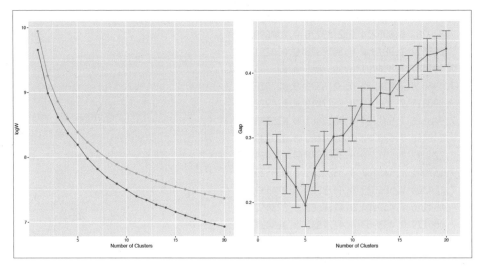

그림 25.5 포도주 데이터에 대한 갭 곡선. 파란색 곡선(하단)은 관찰되는 군집 내 상이도, 상단의 녹색 곡선은 기대되는 군집 내 상이도를 표시한다. 오른쪽 그래프가 갭 통계량(기대−관찰)과 갭에 대한 표준 오차를 나타내는 에러 바다.

이 데이터에서 최소 갭은 군집을 5개로 잡을 때의 값인 0.1952376이다. 이 경우 최솟값의 1 표준 오차 이내에 있는 군집들보다 더 작은 수의 군집화 방법은 없다. 그래서 갭 통계량에 따르면 5개의 군집이 이 경우에 최적이 된다.

25.2 PAM

K-평균 군집화에는 두 가지 문제가 있는데, 하나는 카테고리형 데이터에는 적용할 수 없다는 것이고, 다른 하나는 이상점에 취약하다는 것이다. 그 대안이 K-메도이드^{medoids} 방법이다. 이 방법에서는 군집의 중심을 군집의 평균값으로 사용하는 것이 아니라 군집에 있는 실제 관찰값 중 하나를 사용한다. 이 방법은 중앙값^{median}과 비슷한 개념으로 이상점에도 로버스트^{robust}하다.

가장 흔히 사용되는 K-메도이드 알고리즘은 PAM$^{Partitioning\ Around\ Medoids}$이다. cluster 패키지에는 PAM을 실행하는 **pam** 함수를 갖고 있다. 예제로 세계은행에 있는 데이터를 사용해보려고 한다. 숫자형 데이터인 GDP와 지역이나 소득 수준과 같은 카테고리형 정보들을 포함시킬 것이다.

```
> indicators <- c("BX.KLT.DINV.WD.GD.ZS", "NY.GDP.DEFL.KD.ZG",
+                  "NY.GDP.MKTP.CD", "NY.GDP.MKTP.KD.ZG",
+                  "NY.GDP.PCAP.CD", "NY.GDP.PCAP.KD.ZG",
+                  "TG.VAL.TOTL.GD.ZS")
>
> library(WDI)
>
>
>
> # 리스트에 있는 모든 나라에 대해 지표 데이터 갖고 오기
> # 모든 나라가 모든 지표를 갖고 있지는 않다.
> # 어떤 나라는 데이터가 아예 없는 경우도 있다.
>
> wbInfo <- WDI(country="all", indicator=indicators, start=2011,
+               end=2011, extra=TRUE)
>
> # 그룹화된 정보는 제거
>
> wbInfo <- wbInfo[wbInfo$region != "Aggregates", ]
>
> # 아무 값도 없는 나라는 제외
>
> wbInfo <- wbInfo[which(rowSums(!is.na(wbInfo[, indicators])) > 0), ]
>
> # iso 국가 코드가 없는 행은 제외
>
> wbInfo <- wbInfo[!is.na(wbInfo$iso2c), ]
```

데이터는 몇 개의 결측값을 갖고 있지만, pam 함수는 다행히 이런 결측값을 잘 처리한다. 군집화 알고리즘을 실행하기 이전에 데이터를 좀 더 다듬고자 한다. 데이터 프레임의 행 이름을 국가명으로 하고, 카테고리형 데이터들을 팩터와 그 레벨을 정확히 지정한다.

```
> # 행 이름을 국가로 할 것이고, 이것은 군집화에 사용하지 않는다.
> rownames(wbInfo) <- wbInfo$iso2c
> # region, income, lending을 팩터로 정확히 지정한다.
> # 레벨도 정확하게 지정한다.
> wbInfo$region <- factor(wbInfo$region)
> wbInfo$income <- factor(wbInfo$income)
> wbInfo$lending <- factor(wbInfo$lending)
```

이제 cluster 패키지의 pam 함수를 사용해 군집화 적합을 실행한다. 그림 26.2는 결과에 대한 실루엣 플롯이다. K-평균 군집화에서와 같이 PAM을 사용할 때도 필요한 군집의 개수는 별도로 지정할 필요가 있다. 앞에서 본 갭 통계량^{Gap statistic}을 사용할 수도 있는데, 우리는 그냥 12개의 군집을 선택할 것이다. 이 값은 데이터의 행의 개수에 제곱근보다 약간 작은 값인데, 이것도 군집의 개수를 결정하는 간단한 휴리스틱 중 하나다. 그림에서 군집화 적합을 잘하는 관찰값들은 큰 양의 값을 갖고, 그렇지 않은 관찰값들은 작거나 음의 값을 가진다. 폭의 평균이 큰 군집은 더 나은 군집화를 의미한다.

```
> # 유지할 열 찾기
> # 이 벡터에 없는 것들이다.
>
> keep.cols <- which(!names(wbInfo) %in% c("iso2c", "country", "year",
+                                          "capital", "iso3c"))
>
> # 군집화 적합 실행
>
> library(cluster)
> wbPam <- pam(x=wbInfo[, keep.cols], k=12,
+              keep.diss=TRUE, keep.data=TRUE)
>
> # 메도이드로 사용되는 관찰값 보기
>
> wbPam$medoids
   BX.KLT.DINV.WD.GD.ZS NY.GDP.DEFL.KD.ZG NY.GDP.MKTP.CD NY.GDP.MKTP.KD.ZG
KG          11.31528984         22.481842   6.197766e+09         5.9562744
CO           4.36705231          6.725212   3.354152e+11         6.5895115
RS          10.60952358          9.561040   4.646673e+10         1.4014657
SE           1.23943065          1.184244   5.631097e+11         2.6644080
KR           0.81274804          1.584604   1.202464e+12         3.6816886
KZ           7.14350879         20.542958   1.926265e+11         7.4000000
GB           1.03541072          2.011438   2.608825e+12         1.5090618
IN           2.00206555          8.539714   1.823050e+12         6.6383638
CN           3.69851712          8.152161   7.572554e+12         9.5364430
DE           2.59416067          1.070477   3.757698e+12         3.6600002
JP          -0.01381604         -1.674286   6.157460e+12        -0.1154619
US           1.65879126          2.064627   1.551793e+13         1.6014547
   NY.GDP.PCAP.CD NY.GDP.PCAP.KD.ZG TG.VAL.TOTL.GD.ZS region longitude
KG       1123.883        4.67471570         100.68305      2       202
```

CO	7227.740	5.46738346	33.13729	3	50
RS	6423.292	2.20516718	68.09471	2	128
SE	59593.287	1.89205741	64.63911	2	120
KR	24079.789	2.88746326	89.78458	1	91
KZ	11634.424	5.87546957	62.94134	2	199
GB	41240.425	0.71868164	45.36394	2	2
IN	1461.672	5.24853653	42.09251	6	203
CN	5633.796	9.01285404	48.09295	1	84
DE	46810.328	5.59948143	72.62037	2	94
JP	48167.997	0.06972213	27.26066	1	96
US	49790.665	0.84671683	24.15614	5	53

	latitude	income	lending
KG	153	3	3
CO	137	6	2
RS	158	6	2
SE	190	2	4
KR	128	2	2
KZ	178	6	2
GB	179	2	4
IN	106	4	1
CN	140	6	2
DE	182	2	4
JP	123	2	4
US	133	2	4

```
> # 실루엣 플롯 만들기
>
> plot(wbPam, which.plots=2, main="")
```

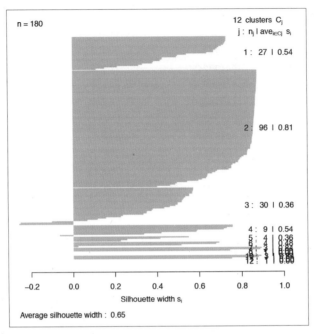

그림 25.6 군집화를 위한 실루엣 플롯. 각각의 행은 하나의 관찰값, 행들의 그룹은 하나의 군집을 나타낸다.
군집을 잘 적합하는 관찰값들은 높이가 큰 양의 선을 갖게 되고, 제대로 적합하지 못하는 관찰값들은 음의 값을 가진 선이 된다.
큰 평균 폭을 가진 군집화는 더 좋은 군집화를 의미한다.

우리는 현재 국가 단위의 정보를 다루기 때문에 세계 지도를 사용해 군집화 결과를 보여주면 유익할 것이다. 세계은행 데이터를 갖고 작업하고 있으며, 또한 세계은행의 세이프파일을 사용하려고 한다. 이 파일은 브라우저에서 다운로드할 수도 있고, R에서 다른 파일을 다운로드하는 방법과 똑같은 방법으로 다운로드할 수도 있다. R에서 다운로드하는 방식이 웹 브라우저를 사용하는 것보다 느릴 수 있지만, 여러 파일들을 프로그래밍 방식으로 다운로드할 때는 이 방법이 더 낫다.

```
> download.file(url="http://jaredlander.com/data/worldmap.zip",
+              destfile = "data/worlmap.zip", method="curl")
```

다운로드된 파일은 압축돼 있어 이를 풀 필요가 있다. 운영체제를 사용하거나 R에서 다음과 같이 해서 실행한다.

```
> unzip(zipfile = "data/worldmap.zip", exdir = "data")
```

압축이 풀린 4개의 파일에서 확장자가 .shp인 파일만 주목하면 된다. 나머지는 R이 알아서 처리한다. 우리는 maptools 패키지의 readShapeSpatial 함수를 사용해 파일을 읽을 것이다.

```
> library(maptools)
> world <- readShapeSpatial(
+     "data/world_country_admin_boundary_shapefile_with_fips_codes.shp"
+ )
        name                CntryName FipsCntry
0 Fips Cntry:               Aruba         AA
1 Fips Cntry:    Antigua & Barbuda       AC
2 Fips Cntry: United Arab Emirates      AE
3 Fips Cntry:           Afghanistan     AF
4 Fips Cntry:               Algeria       AG
5 Fips Cntry:            Azerbaijan      AJ
```

데이터를 보면 세이프파일에 있는 세계은행의 두 자리 국가코드와 WDI 패키지를 사용한 데이터의 세계은행의 두 자리 코드 사이에는 약간의 차이가 있다. 특히, 오스트리아의 경우에는 "AT", 오스트레일리아의 경우 "AU", 미얀마의 경우 "MM", 베트남은 "VN" 등이다.

```
> library(dplyr)
> world@data$FipsCntry <- as.character(
+     recode(world@data$FipsCntry,
+         AU="AT", AS="AU", VM="VN", BM="MM", SP="ES",
+         PO="PT", IC="IL", SF="ZA", TU="TR", IZ="IQ",
+         UK="GB", EI="IE", SU="SD", MA="MG", MO="MA",
+         JA="JP", SW="SE", SN="SG"
+         )
+ )
```

ggplot2 패키지를 사용하기 위해서는 세이프파일 객체를 데이터 프레임으로 변환해야 하는 데 몇 단계가 필요하다. 먼저 id라는 새 열을 만든다. 이 열에는 데이터의 행 이름이 들어간다. 다음 broom 패키지의 tidy 함수를 사용해 데이터 프레임으로 바꾼다. broom 패키지는 lm 모형, kmeans 군집화 결과물 등을 데이터 프레임과 같은 R 객체로 바꿔주는 범용 툴이다.

```
> # 행이름 데이터를 갖고 와서 id 열을 만듦.
>
> world@data$id <- rownames(world@data)
>
> # 데이터 프레임으로 변환
>
> library(broom)
>
> # 원본에는 없으나 다음 두 행이 추가로 필요하다.
> library(gpclib)
> gpclibPermit()
[1] TRUE
> world.df <- tidy(world, region = "id")
>
> head(world.df)
        long      lat order  hole piece group id
1 -69.88223 12.41111     1 FALSE     1   0.1  0
2 -69.94695 12.43667     2 FALSE     1   0.1  0
3 -70.05904 12.54021     3 FALSE     1   0.1  0
4 -70.05966 12.62778     4 FALSE     1   0.1  0
5 -70.03320 12.61833     5 FALSE     1   0.1  0
6 -69.93224 12.52806     6 FALSE     1   0.1  0
```

이 데이터를 군집화 결과물과 조인하기 위해서 먼저 FipsCntry를 world.df로 합친다.

```
> world.df <- left_join(world.df,
+                       world@data[, c("id", "CntryName", "FipsCntry")],
+                       by="id")
> head(world.df)
        long      lat order  hole piece group id CntryName FipsCntry
1 -69.88223 12.41111     1 FALSE     1   0.1  0     Aruba        AA
2 -69.94695 12.43667     2 FALSE     1   0.1  0     Aruba        AA
3 -70.05904 12.54021     3 FALSE     1   0.1  0     Aruba        AA
4 -70.05966 12.62778     4 FALSE     1   0.1  0     Aruba        AA
5 -70.03320 12.61833     5 FALSE     1   0.1  0     Aruba        AA
6 -69.93224 12.52806     6 FALSE     1   0.1  0     Aruba        AA
```

이제 군집화 데이터와 원래의 세계은행 데이터를 결합한다.

```
> clusterMembership <- data.frame(FipsCntry=names(wbPam$clustering),
+                                 Cluster=wbPam$clustering,
+                                 stringsAsFactors=FALSE)
>
> head(clusterMembership)
   FipsCntry Cluster
AD       AD       1
AE       AE       2
AF       AF       1
AG       AG       1
AL       AL       1
AM       AM       1
> world.df <- left_join(world.df, clusterMembership, by="FipsCntry")
>
> world.df$Cluster <- as.character(world.df$Cluster)
>
> world.df$Cluster <- factor(world.df$Cluster, levels=1:12)
```

플롯을 만들 때는 정확한 포맷을 위해 여러 개의 ggplot2 명령이 필요하다. 그림 25.7
은 세계지도, 군집 멤버십에 따른 색깔 코드를 보여준다. 회색으로 된 부분은 세계은행
정보가 없거나 두 데이터 세트 사이에 제대로 매칭되지 않은 경우다.

```
> ggplot( ) +
+   geom_polygon(data=world.df, aes(x=long, y=lat, group=group,
+                                   fill=Cluster, color=Cluster)) +
+   labs(x=NULL, y=NULL) + coord_equal() +
+   theme(panel.grid.major=element_blank(),
+         panel.grid.minor=element_blank(),
+         axis.text.x=element_blank(),
+         axis.text.y=element_blank(),
+         axis.ticks=element_blank(), panel.background=element_blank())
```

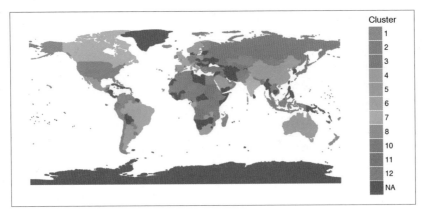

그림 25.7 세계은행 데이터의 PAM 군집화 결과를 지도에 표시.
회색으로 표시된 나라는 자료가 없거나 두 데이터 세트가 제대로 매칭되지 않은 경우다.

K-메도이드 군집화에서의 군집의 개수는 K-평균 군집화와 비슷하게 명시적으로 지정해줘야 한다. 하티건 규칙과 비슷하게 pam 함수가 반환하는 것으로, 상이도 정보 dissimilarity information를 사용할 수 있다.

```
> wbPam$clusinfo
       size      max_diss        av_diss       diameter    separation
 [1,]  101   19235245287     6043000482    26383230351  1.154300e+09
 [2,]   12   93622204812    44667462166   155363124742  1.229948e+10
 [3,]   39   59027995756    16888280920    80804806150  1.154300e+09
 [4,]    9  269436799008    78661533285   334389705334  6.042265e+10
 [5,]    6  309494574711   187187335961   595048105588  6.042265e+10
 [6,]   21   68748243992    35654866696   132736813252  1.229948e+10
 [7,]    4  332532195011   148441151835   586387683392  2.445239e+11
 [8,]    3  208718630864    81040217529   243120652588  2.445239e+11
 [9,]    1             0              0              0  1.415095e+12
[10,]    1             0              0              0  8.950181e+11
[11,]    1             0              0              0  1.415095e+12
[12,]    1             0              0              0  7.945372e+12
```

25.3 계층적 군집화

계층적 군집화는 군집 안에 군집을 만들며, K-평균 또는 K-메도이드 방법과는 대조적으로 사전에 군집의 개수를 미리 정하지 않는다. 이런 계층적 군집화 역시 일종의 의사결정 나무이고 텐드로그램^{dendrogram}으로 표시할 수 있다. 꼭대기에는 모든 관찰값이 포함된 하나의 군집이고, 아주 밑바닥은 각 관찰값이 하나의 클러스터를 구성한다. 그 사이에는 여러 수준의 군집이 있게 된다.

포도주 데이터를 사용해 hclust 함수로 군집화를 실행할 수 있다. 그 결과는 그림 25.8과 같은 텐드로그램이 된다. 텍스트가 읽기 어려운 측면이 있으나, 해당 노드에서의 관찰값들에 대한 레이블을 표시한다.

```
> wineH <- hclust(d = dist(wineTrain))
> plot(wineH)
```

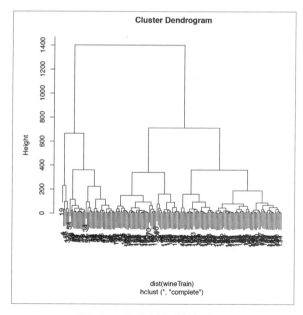

그림 25.8 포도주 데이터에 대한 계층적 군집화

계층적 군집화는 국가 정보 데이터와 같은 카테고리형 변수에서도 작동한다. 그렇지만 비유사성 매트릭스는 다른 방법으로 계산해야 한다. 결과 텐드로그램은 그림 25.9와 같다.

```
> # 거리 계산
> keep.cols <- which(!names(wbInfo) %in% c("iso2c", "country", "year",
+                                          "capital", "iso3c"))
> wbDaisy <- daisy(x=wbInfo[, keep.cols])
> wbH <- hclust(wbDaisy)
> wbH <- hclust(wbDaisy)
> plot(wbH)
```

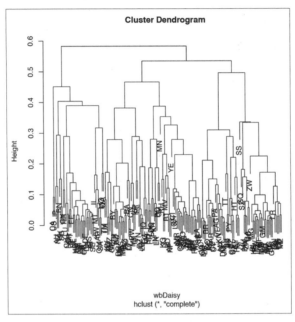

그림 25.9 국가 정보 데이터에 대한 계층적 군집화

군집 사이의 거리를 계산하는 방법은 무수히 많고, 사용된 거리에 따라서 계층적 군집화가 크게 영향을 받는다. 그림 25.10은 4개의 연결 유형linkage methods인 단일, 완전, 평균, 중계중심 연결법에 따른 계층적 군집화 결과를 보여준다. 평균 연결법은 가장 적절해 보인다.

```
> wineH1 <- hclust(dist(wineTrain), method="single")
>
> wineH2 <- hclust(dist(wineTrain), method="complete")
>
> wineH3 <- hclust(dist(wineTrain), method="average")
```

```
>
> wineH4 <- hclust(dist(wineTrain), method="centroid")
> plot(wineH1, labels=FALSE, main="Single")

> plot(wineH2, labels=FALSE, main="Complete")

> plot(wineH3, labels=FALSE, main="Average")

> plot(wineH4, labels=FALSE, main="Centroid")
```

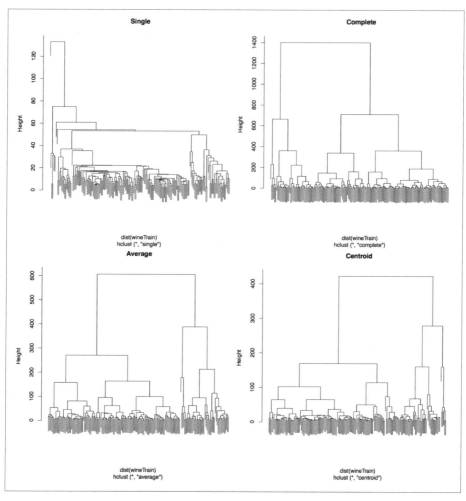

그림 25.10 연결 방법을 달리 사용했을 때의 포도주 데이터의 계층적 군집화

계층적 군집화 나무를 베어내면 관찰값들이 정의된 그룹으로 나뉜 것을 확인할 수 있다. 자르는 데에는 군집의 개수를 명시해 컷 위치를 결정하는 방법과 자를 곳을 먼저 지정해 군집의 개수를 결정하는 방법이 있다. 그림 25.11에서는 군집의 개수를 지정해 나누는 방법을 보여준다.

```
> # 나무 플롯팅
>
> plot(wineH)
>
> # 3개의 군집으로 나눔
>
> rect.hclust(wineH, k=3, border="red")
>
> # 13개의 군집으로 나눔
>
> rect.hclust(wineH, k=13, border="blue")
```

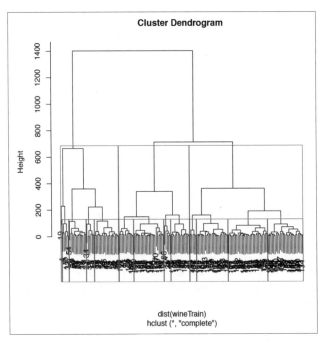

그림 25.11 3개(빨강), 13개(파랑) 그룹으로 나눈 예

그림 25.12는 나무의 높이를 지정해 자른 예다.

```
> # 나무 플롯팅
>
> plot(wineH)
>
> # 200 높이에서 자름
>
> rect.hclust(wineH, h=200, border="red")
>
> # 800 높이에서 자름
>
> rect.hclust(wineH, h=800, border="blue")
```

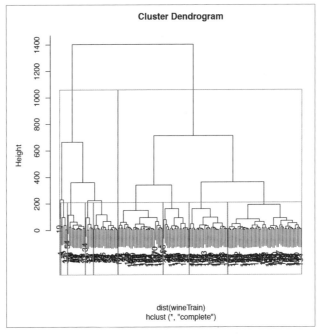

그림 25.12 자르는 높이를 지정해 데이터를 나눈 예

25.4 결론 ▐▊▊▊▊▊▊▊▊▊▊▊▊▊▊▊▊▊▊▊▊

군집화는 데이터를 나누는 데 흔히 사용된다. 기본적으로 R에서는 K-평균 군집화는 kmeans 함수, K-메도이드 군집화는 pam 함수로, 계층적 군집화는 hclust 함수를 사용할 수 있다. 군집화를 실행할 때(특히 계층적 군집화가 그러한데) 속도가 문제가 될 수도 있다. 그런 경우라면 fastcluster와 같은 패키지로 대체하면 더 빠른 hclust 함수로 대체된다.

26

caret을 사용한 모형 적합

적절한 모형을 찾는 일은 종종 수많은 파라미터에 대해 여러 가지 다른 값을 억지로 대입해보면서 그 과정마다 모형을 평가하는 단계를 거치는 끝없는 작업이다. 이런 일을 처음부터 코드화할 수도 있겠지만, caret 패키지를 사용하면 자동으로 파라미터를 조정할 수 있다. 부가적으로 이 패키지는 R의 패키지들이 지원하는 모든 통계 모형에 대해 표준적인 인터페이스를 제공하며, 여러 개의 모형을 대상으로 적합한 모형을 수월하게 찾을 수 있게 도와준다.

26.1 caret 패키지의 기초

많은 사람이 caret 패키지에 대해 처음으로 갖는 궁금증은 패키지 철자에 관한 것이다. 채소 이름도 아니고, 무게 단위도 아니기 때문이다. caret은 "Classification And Regression Training"의 약자로, 맥스 쿤^Max Kuhn이 심혈을 기울여 만든 패키지다.

caret 패키지로 데이터 다듬기, 데이터 쪼개기와 시각화 등 여러 가지 일을 할 수 있는데, 우리는 모형 성능 지표에 기반을 둔 파라미터 선택 기능에 집중할 것이다. 21.3절에서 논의한 교차 타당성^cross-validation은 모형의 질을 결정하는 데 자주 사용되는 방법이다. 여기서 우리는 caret을 사용해 하나의 모형에 대해 여러 가지 파라미터 설정하에서의 모형의 성능을 교차 타당성 검증으로 평가하는 방법을 소개한다. 그래서 최적의 교차 타당성 스코어를 갖는 파라미터 값을 최적 모형으로 선택한다.

caret을 사용해 조율이 가능한 모형들의 종류는 매우 많다. 좀 더 정확하게 표현하면, R에 있는 거의 모든 모형 함수에 대해 caret으로 조율이 가능하다. 이미 수백 개의 함수들이 caret에 등록돼 있다. 이들 모든 함수는 포퓰러 인터페이스를 사용해 접근할 수 있다. 그래서 glmnet과 같이 행렬들을 줘야 하는 함수들을 사용할 때 도움이 된다.

26.2 caret 옵션들

모형 훈련에는 caret의 train 함수를 사용한다. 데이터는 예측 변수, 응답 변수로 줄 수 있고, 데이터 프레임, 포뮬러를 사용해 지정할 수도 있다. 맥스 쿤은 다양한 모형에 대해 데이터를 제공하는 최적의 방법을 찾는 데 상당히 공을 들였다고 한다.[1] 이를테면 어떤 모형은 카테고리형 변수를 인디케이터 변수를 활용해 행렬로 처리하는 것이 더 좋고, 어떤 모형들은 팩터형 벡터로 처리하는 것이 더 낫다. train 함수로 모형을 적합시킬 때 포뮬러^{formula} 방법을 사용하면 카테고리형 데이터를 인디케이터 변수의 R 행렬^{matrix}로 바뀌어 사용되고, 포뮬러 방법을 사용하지 않는 경우에는 팩터형^{factor} 변수가 사용된다.

데이터를 주고 나서, method 인자를 사용해 모형의 타입과 모형을 문자열 벡터로 명시한다. https://topepo.github.io/caret/available-models.html를 보면 사용 가능한 모형에 대한 리스트를 확인할 수 있다. metric 인자는 최적 모형을 결정하는 데 사용되는 통계량을 지정하는데, 회귀에서는 "RMSE", 분류^{classification}에서는 "Accuracy" 등을 지정하게 된다.

계산을 조절하는 방법은 train 함수의 trControl 인자에 trainControl 함수를 사용해 지정한다. train 함수 인자들에 추가해 모형 함수가 갖는 고유한 인자들도 train 함수로 전달할 수 있는데, 이것들을 모형 함수에서 사용된다. 그렇지만 조절 가능한 모형의 파라미터들을 직접 train 함수로 전달할 수는 없다. 그런 것들은 하나의 데이터 프레임 $^{data.frame}$으로 만들어 tuneGrid 인자로 전달한다.

26.2.1 caret 학습 조절

train 함수의 trControl 인자에 값을 전달할 때 trainControl 함수를 사용해 모형 적합과 평가에 대한 계산을 조절하는 옵션들을 설정한다. 적당한 디폴트 값이 설정돼 있기는 하지만 명시적으로 설정하는 것이 가장 좋다. 여기서 소개할 인자들은 모형 작업을 할 때 일반적으로 충분한 정도인데, 이것들 말고도 인자들이 많다.

---

1 https://www.youtube.com/watch?v=ul2zLF61CyY&feature=youtu.be 에 있는 2016 뉴욕 R 컨퍼런스 동영상을 참고한다.

성능은 summaryFunction 인자에 어떤 함수를 전달해 평가하게 된다. AUC^Area Under the Curve^로 이진 분류를 평가하는 경우에는 twoClassSummary, 제곱근평균제곱오차^root mean squared error^를 갖고 회귀를 평가하는 경우에는 "postResample" 함수를 지정한다.

train 함수를 병렬로 처리하는 것은 간단하다. allowParallled 인자를 TRUE로 지정하면 병렬 처리 백엔드가 로딩되고, 자동으로 병렬 처리된다. 다음은 간단한 trainControl 함수의 사용 예다.

```
> library(caret)
> ctrl <- trainControl(method = "repeatedcv",
+                      repeats = 3,
+                      number = 5,
+                      summaryFunction = defaultSummary,
+                      allowParallel = TRUE)
```

26.2.2 caret 검색 그리드

caret 패키지를 사용하는 가장 좋은 점은 최적 모형 파라미터를 선택할 수 있다는 것이다. xgboost 방법을 사용하는 경우에는 이것이 최대 의사결정 나무 깊이^maximumn tree depth^와 축소^shrinkage^의 양이 된다. glmnet을 사용하는 경우에는 벌점 항의 크기와 능형 회귀^ridge^와 라쏘의 배합 비율이 된다. train 함수는 데이터 프레임에 저장한 후 tuneGrid 인자로 전달된 일련의 파라미터들을 사용해 모형을 만들고, 평가하는 등의 반복 작업을 하게 된다. 이것을 그리드 검색^grid search^이라고 한다.

데이터 프레임의 각 열이 조율 파라미터고, 각 행이 파라미터 세트가 된다. 예를 들어, mgcv 패키지를 사용해 일반화 가법 모형^GAM, generalized additive models^에는 2개의 조율 파라미터가 있다. select는 각 항에 줄 부가 벌점을 지정하고, method 인자에는 파라미터 추정 방법을 설정하게 된다. 그래서 gam 함수를 사용하는 경우에는 다음과 같이 된다.

```
> gamGrid <- data.frame(select=c(TRUE, TRUE, FALSE, FALSE),
+                       method=c('GCV.Cp', 'REML', 'GCV.Cp', 'REML'),
+                       stringsAsFactors=FALSE)
>
> gamGrid
  select method
1   TRUE GCV.Cp
```

```
2   TRUE    REML
3   FALSE GCV.Cp
4   FALSE   REML
```

그래서 이 그리드는 train 함수가 네 가지 모형에 대해 적합을 수행하도록 한다. 처음은 select = TRUE, method = 'GCV.Cp'이고, 두 번째 모형은 select = TRUE, method = 'REML' 등이다.

26.3 부스팅 의사결정 나무에 대한 조율

caret 패키지로 처음으로 조율해볼 모형은 23.5절에서 다룬 부스팅 의사결정 나무다. 이 장에서 사용할 데이터를 다음과 같이 준비하자. 미국 커뮤니티 조사ACS, American Commnunity Survey 데이터다.

```
> df <- read.table(
+       "http://jaredlander.com/data/acs_ny.csv",
+       sep = ",", header = TRUE, stringsAsFactors=FALSE
+       )
> acs <- tibble::as_tibble(
+    read.table(
+       "http://jaredlander.com/data/acs_ny.csv",
+       sep = ",", header = TRUE, stringsAsFactors=FALSE
+       )
+ )
```

우리는 Income이라는 새로운 변수를 만드는데, 이 변수는 팩터형이며 15만 달러를 기준으로 "Below", "Above"라는 레벨을 가진다. train 함수가 자동으로 plyr 패키지를 로드하기 때문에 dplyr 패키지 이전에 이 패키지를 로딩하는 것이 중요하다.

```
> library(plyr)
>
> library(dplyr)
>
> acs <- acs %>%
+         mutate(Income=factor(FamilyIncome >= 150000,
+                              levels=c(FALSE, TRUE),
+                              labels=c('Below','Above')))
```

xgboost를 사용할 때는 예측 변수를 매트릭스, 응답 변수를 벡터로 지정해야 하는데, caret 패키지를 사용하면 포뮬러 인터페이스를 사용할 수 있어서 이 기능을 활용하고 자 한다.

```
> acsFormula <- Income ~ NumChildren +
+    NumRooms + NumVehicles + NumWorkers + OwnRent +
+    ElectricBill + FoodStamp + HeatingFuel
```

최적의 파라미터 세트를 구하기 위해서 두 번에 반복을 사용한 5-폴드 교차 타당성을 사용한다. summaryFunction 인자에 twoClassSummary, classProbs 인자에 TRUE를 지정했기 때문에 AUC 방법이 모형을 평가하는 데 사용된다. caret을 사용해 모형들을 병렬적인 방법으로 적합시키는 것도 쉽지만, xgboost 자체에 병렬 처리 프로세싱을 갖고 있어서 allowParallel을 FALSE로 지정했다.

```
> ctrl <- trainControl(method = "repeatedcv",
+                      repeats=2,
+                      number=5,
+                      summaryFunction=twoClassSummary,
+                      classProbs=TRUE,
+                      allowParallel=FALSE)
```

2017년 초기를 기준으로 xgboost 함수에는 일곱 가지 조율 파라미터가 있다. nrounds 인자는 부스팅 반복 횟수를 결정하고, max_depth는 의사결정 나무의 최대 복잡도를 지정한다. 학습 속도는 eta로 결정하는데, 이것은 축소shrinkage의 양을 조절한다. 열과 행에 대한 샘플링 비율은 각각 colsample_bytree와 subsample 인자를 사용해 정한다. expand.grid 함수를 사용해 다음 코드와 같이 모든 값에 대한 조합을 얻는다.

```
> boostGrid <- expand.grid(nrounds=100, # 최대 반복 횟수
+                          max_depth=c(2, 6, 10),
+                          eta=c(0.01, 0.1), # 축소량
+                          gamma=c(0),
+                          colsample_bytree=1,
+                          min_child_weight=1,
+                          subsample=0.7)
```

계산법과 조율 그리드 세트를 설정하면, 이제 모형을 훈련시킬 수 있다. train 함수에 포뮬러와 데이터를 넘기고 method에 "xgbTree"를 지정한다. 그리고 계산법과 조율 그리드를 준다. nthread 인자는 xgboost 함수에 직접 전달되는 인자로 병렬 처리 시 사용할 프로세서 스레드의 수를 정한다. 병렬 처리를 사용할지라도 모든 모형에 대해 적합을 실행하려면 꽤 시간이 걸리므로, 참을성을 갖고 기다려야 한다. 이 과정에는 상당히 많은 확률적인 방법이 사용되기 때문에 재현성을 위해서 랜덤 시드를 설정했다.

```
> set.seed(73615)
>
> boostTuned <- train(acsFormula, data=acs,
+                     method="xgbTree",
+                     metric="ROC",
+                     trControl=ctrl,
+                     tuneGrid=boostGrid, nthread=4)
```

반환되는 객체는 많은 슬롯을 갖고 있다. 여기에는 검색 그리드도 포함돼 있다.

```
> boostTuned$results %>% arrange(ROC)
   eta max_depth gamma colsample_bytree min_child_weight subsample nrounds
1 0.01         2     0                1                1       0.7     100
2 0.10        10     0                1                1       0.7     100
3 0.01        10     0                1                1       0.7     100
4 0.01         6     0                1                1       0.7     100
5 0.10         6     0                1                1       0.7     100
6 0.10         2     0                1                1       0.7     100
        ROC       Sens       Spec       ROCSD      SensSD       SpecSD
1 0.7267720 1.0000000 0.0000000 0.010361703 0.000000000 0.00000000
2 0.7378087 0.9521177 0.1829135 0.009240109 0.005632583 0.01631946
3 0.7489935 0.9689219 0.1514786 0.009367377 0.005546199 0.01408394
4 0.7514887 0.9802530 0.1050383 0.009090179 0.005027649 0.01271512
5 0.7569333 0.9673542 0.1616648 0.008938586 0.005763268 0.01444972
6 0.7606907 0.9759626 0.1300110 0.008835998 0.003669783 0.00877828
```

이것을 그래프 형태로 보는 것이 편리하다. 그림 26.1은 max_depth=2, eta = 0.1로 했을 때 얻어지는 최적의 ROC receiver operating characteristic 를 보여준다.

```
> plot(boostTuned)
```

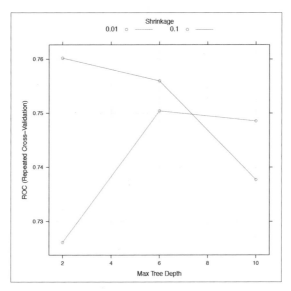

그림 26.1 acs 데이터에 대한 플롯. max_depth=2, eta=0.로 에서 최적 ROC가 구해진다.

대부분의 모형에 대해 caret 패키지는 최적의 모형을 `finalModel` 슬롯에서 제공한다. 이렇게 직접 이 모형에 접근하는 것이 그렇게 좋은 습관은 아니지만, 이 경우에 이것을 사용해 플롯팅해보면 그림 26.2와 같이 된다.

```
> xgb.plot.multi.trees(boostTuned$finalModel,
+                      feature_names=boostTuned$coefnames)
```

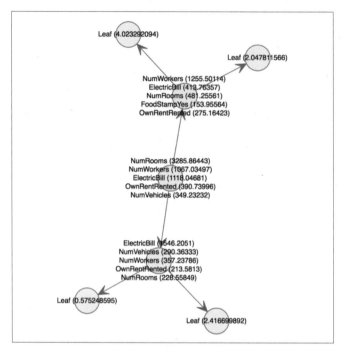

그림 26.2 caret에 의해서 최적이라고 판단된 부스팅 의사결정 나무의 시각화

모형의 상호작용^{interaction}은 대부분 caret의 인터페이스로 가장 잘 반영된다. 예를 들어, 예측은 caret에 특이한 predict 함수들에서 조절된다. 이 사례는 왜 caret의 predict 함수를 사용하는 것이 xgboost 함수를 사용하는 것보다 좋은지 잘 설명해준다. caret에서는 카테고리형 변수들을 적절히 알아서 처리하는 반면, xgboost1인 경우에는 먼저 데이터를 잘 정리한 후에 사용해야 한다. 또 다른 미국 커뮤니티 설문 자료를 갖고, caret 패키지를 사용해 예측해보자.

```
> acsNew <- read.table('http://www.jaredlander.com/data/acsNew.csv',
+                      header=TRUE, sep=',', stringsAsFactors=FALSE)
```

2개의 클래스를 갖고 분류하는 경우, caret은 지배적인 클래스를 예측하거나 각각의 클래스에 대한 확률값을 예측한다. 이 사례에서는 모든 예측값이 "Below"다.

```
> predict(boostTuned, newdata=acsNew, type='raw') %>% head
[1] Above Below Below Below Below Below
Levels: Below Above
```

```
> predict(boostTuned, newdata=acsNew, type='prob') %>% head
      Below     Above
1 0.4855726 0.5144274
2 0.6035947 0.3964053
3 0.5777940 0.4222060
4 0.9264434 0.0735566
5 0.8538787 0.1461213
6 0.7600335 0.2399665
```

26.4 결론

R에는 통계 모형과 관련된 훌륭한 기능들을 제공해 왔는데, caret 패키지는 수백 개의 모형에 대한 단일한 인터페이스를 제공하기 때문에 사용할 함수에 상관없이 일관된 방식으로 사용할 수 있어 좋다. 더 좋은 점은 자체적으로 교차 타당성 기능과 파라미터 조율 기능을 갖추고 있어 최적의 모형을 결정할 수 있다. 더불어 caret 패키지는 훈련 데이터 세트와 검증 데이터 세트를 만드는 기능과 모형 평가 지표들을 갖고 있다. 이런 기능들 때문에 caret을 모형 적합을 실행할 때 아주 좋은 툴로 평가된다.

27

니터(knitr)를 활용한 재현성과 보고서

분석 못지 않게 분석된 결과를 제대로, 효율적으로 전달하는 것은 중요하다. 분석 결과물은 하나의 보고서 형태일 수도 있고, 결과를 보여주는 웹 사이트가 될 수도 있으며, 슬라이드 프레젠테이션 또는 대시보드가 될 수도 있다. 이 장에서는 이휘 지Yihui Xie가 개발한 니터knitr 패키지를 사용해 보고서를 만드는 방법을 집중 논의한다. 이 패키지를 사용하면 보고서를 매우 간단하게 만들 수 있다. 28장에서는 다른 형태의 결과물인 웹 페이지를 만드는 방법을 다루고, 29장에서는 샤이니 대시보드를 만드는 방법을 소개한다. 니터는 원래 스위브Sweave를 대치하기 위해서 개발됐다. 스위브는 R 코드와 레이텍LaTeX을 혼합해 문서를 작성하고, 이것을 PDF 포맷의 보고서로 만드는 도구다. 니터도 원래 이런 방법을 사용했으나 이후 발전을 거듭해 이제는 마크다운으로 작업할 수 있게 됐으며, 좀 더 광범위한 문서를 제작할 수 있게 됐다.

특히 RStudio에서 니터를 사용하는 방법은 매우 강력해서 이 책 전체도 니터를 활용해 R 코드와 그래픽을 삽입해 RStudio 통합 개발 환경에서 저술할 수 있었다.

27.1 레이텍 프로그램 인스톨

LaTeX("레이텍"이라고 읽는다)은 도널드 크누스Donald Knuth가 만든 텍TeX 조판 시스템을 기초로 하는 마크업 언어다. 이 도구는 과학 논문이나 이와 같은 책들을 저술하는 데 자주 사용된다. 다른 프로그램과 마찬가지로 사용하려면 먼저 인스톨해야 한다.

운영체제에 맞는 레이텍 배포판을 설치해야 한다. 표 27.1에 운영체제에 맞는 배포판과 다운로드 사이트를 정리했다.

표 27.1 레이텍 배포판과 사이트

운영체제	배포판	URL
윈도우	MikTeX	https://miktex.org
맥	MacTeX	http://www.tug.org/mactex/
리눅스	TeX Live	http://www.tug.org/texlive/

27.2 레이텍의 기초

여기서 레이텍에 대한 전반적인 내용을 다루지는 않을 것이다. 다만, 레이텍으로 스스로 충분히 문서 만들기를 시작할 수 있도록 설명하고자 한다. 레이텍 문서는 .tex라는 확장자를 사용해 레이텍 문서임을 분명하게 알 수 있게 한다. RStudio는 R 코딩 작업을 위한 환경이지만, 레이텍을 작성하는 텍스트 에디터로서도 적합한 기능을 갖고 있어서 우리는 이것을 활용할 것이다.

레이텍 파일에서 맨 처음 행에는 문서의 유형을 선언한다. 가장 흔한 문서 유형은 "article"과 "book"이다. \documentclass{...}라는 명령의 ... 부분에 문서 유형을 지정한다. 또 다른 문서 유형으로 "report", "beamer", "memoir", "letter" 등이 있다.

documentclass을 선언하면 다음 \begin{documentclass}까지 부분을 프리앰블preamble이라고 한다. 여기에서 \DeclareGraphicsExtensions{.png, .jpg} 명령으로 사용되는 이미지 파일의 유형을 정하게 된다. 이렇게 지정하면 레이텍은 가장 먼저 .png 확장자를 확인하고, 그다음 .jpg 파일을 찾게 된다. 이 내용은 뒤에 이미지에 대한 내용을 설명할 때 자세하게 설명한다.

그리고 이 프리앰블에 제목, 저자, 날짜를 \title, \author, \date로 각각 지정한다. \newcommand{\dataframe}{\texttt{data.frame}} 명령을 사용해 사용자 정의 단축 명령을 정의한다. 이 명령에 의해서 \dataframe{}을 입력하면 data.frame이라고 출력하게 되는데, \texttt{...}라는 명령에 의해서 글자들이 타이프라이터 폰트(고정폭 폰트)로 출력된다.

실제 문서의 내용은 \begin{document}에서 시작하고 \end{document}로 끝나는 중간 부분에 놓이게 된다. 지금까지 내용을 정리한 레이텍 문서는 다음 예와 같게 된다.

```latex
\documentclass{article}
% 이것은 코멘트다.
% % 다음에 오는 모든 내용은 레이텍에서는 없다고 보게 되는 코멘트다.

\usepackage{graphicx} % 그래픽 사용
\DeclareGraphicsExtensions{.png,.jpg} % png를 먼저 그다음 jpg 검색

% dataframe 사용자 정의 단축키 정의
\newcommand{\dataframe}{\texttt{data.frame}}

\title{A Simple Article}
\author{Jared P. Lander\\ Lander Analytics}
% \\ 다음은 다음 줄에 쓰인다.
\date{December 22nd, 2016}

\begin{document}
\maketitle
Some Content

\end{document}
```

문서 안에서 내용들은 \section{Section Name}으로 절들로 구성할 수 있다. 이 명령 다음에 오는 모든 텍스트는 다음 \section{...} 명령이 나오기 전까지는 해당 절의 내용이 된다. 레이텍에서 절(그리고 소절, 장 등)들은 자동으로 일련번호가 매겨진다. \label{...} 명령을 사용해 레이블을 붙이면, 이것을 다른 곳에서 \ref{...} 명령으로 지목할 수 있게 된다. 목차는 자동으로 \tableofcontents라는 명령을 사용해 만들고 자동으로 번호가 매겨진다. 이제 이런 내용을 바탕으로 몇 개의 절을 추가하고 목차를 만들 수 있다. 보통 레이텍은 상호 참조 목록, 목차 등을 위해서 2번 실행되지만, RStudio와 대부분의 레이텍 편집기들을 자동으로 처리할 수 있게 만들어진다.

```latex
\documentclass{article}
% 이것은 코멘트다.
% % 다음에 오는 모든 내용은 레이텍에서는 없다고 보게 되는 코멘트다.

\usepackage{graphicx} % 그래픽 사용
```

(이어짐)

```
\DeclareGraphicsExtensions{.png,.jpg} % png를 먼저 그다음 jpg 검색

% dataframe 사용자 정의 단축키 정의
\newcommand{\dataframe}{\texttt{data.frame}}

\title{A Simple Article}
\author{Jared P. Lander\\ Lander Analytics}
% \\ 다음은 다음 줄에 쓰인다.
\date{December 22nd, 2016}

\begin{document}
\maketitle % 제목 페이지를 생성
\tableofcontents % 목차를 만듦.

\section{Getting Started}
\label{sec:GettingStarted}

This is the first section of our article. The only thing it will
talk about is building \dataframe{}s and not much else.
A new paragraph is started simply by leaving a blank line. That
is all that is required. Indenting will happen automatically.

\section{More Information}
\label{sec:MoreInfo}

Here is another section. In Section \ref{sec:GettingStarted} we
learned some basics and now we will see just a little more. Suppose
this section is getting too long so it should be broken up into
subsections.

\subsection{First Subsection}
\label{FirstSub}

Content for a subsection.
\subsection{Second Subsection}
\label{SecondSub}

More content that is nested in Section \ref{sec:MoreInfo}
```

(이어짐)

```
\section{Last Section}
\label{sec:LastBit}

This section was just created to show how to stop a preceding
subsection, section or chapter. Note that chapters are only
available in books, not articles.

\makeindex % 인덱스를 만듦.

\end{document}
```

이외에도 레이텍에 대해 배울 것은 많지만, 이 정도 내용은 니터^{knitr}를 사용한 문서 만들기를 시작하는 데 충분하다. 자세하게 알고 싶은 독자는 https://tobi.oetiker.ch/lshort/lshort.pdf에 있는 "Not So Short Introduction to LaTeX"라는 문서를 참고한다.[1]

27.3 레이텍과 함께 니터 사용하기

R 코드와 함께 레이텍 문서를 작성하는 것은 아주 간단하다. 하나의 파일에서 텍스트는 일반적인 레이텍을 그대로 사용해 작성하고, R 코드는 특별한 명령으로 구분한 부분에 작성하면 된다. 모든 R 코드는 `<<label-name, option1='value1', option2='value2'>>=`로 시작해 @로 끝나는 중간에 놓게 된다. RStudio는 텍스트와 R 코드 부분의 바탕색을 달리 만들어준다. 그림 27.1에서 보는 바와 같이 R 코드 부분을 청크^{chunk}라고 부른다.

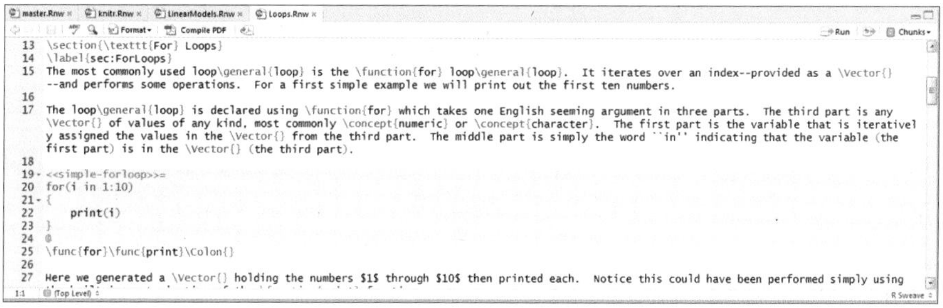

그림 27.1 RStudio 텍스트 편집 창에서 레이텍과 R을 사용한 문서의 스크린샷. 코드 부분이 회색 바탕으로 돼 있는 것에 주목한다.

---

1 한글 문서는 http://faq.ktug.org/faq/lshort-kr에서 찾을 수 있다. - 옮긴이

이런 문서는 .Rnw 파일로 저장한다. .Rnw 파일은 니팅^{knitting}하는 과정을 거쳐 .tex 파일로 바뀌고, 그다음 이것이 컴파일돼 PDF 문서로 생성된다. 만약, R 콘솔에서 작업한다면 knit 함수를 사용하고, 여기에 .Rnw 파일을 첫 번째 인자로 줘서 이 과정을 진행시킨다. 그렇지만 RStudio에서는 툴바에 있는 Compile PDF라는 버튼을 클릭하거나 단축키 Ctrl+Shift+K를 입력하면 같은 작업을 실행시킬 수 있다.

니터를 사용할 때 청크^{chunk}를 많이 사용하게 되는데, 니터를 잘 사용할 수 있으려면 이것에 대한 이해가 필수적으로 필요하다. 전형적으로 코드와 그 결과를 보여주는 방식으로 사용된다. 때로는 한쪽만, 때로는 둘 다 보이지 않게 할 수도 있지만 지금은 코드가 출력되고 실행되게 하는 데 집중해 설명한다. 예를 들어, ggplot2 패키지 로딩하고, diamonds 데이터의 앞부분을 보고, 회귀 분석을 하려고 한다고 가정해보자. 가장 먼저할 일은 하나의 청크를 만드는 것이다.

```
<<load-and-model-diamonds>>=
# ggplot 로드
library(ggplot2)

# diamonds 데이터 로딩과 보기
data(diamonds)
head(diamonds)

# 회귀 모델
modl <- lm(price ~ carat + cut, data = diamonds)

# 요약 보기
summary(modl)

@
```

그러면 다음과 같은 코드와 그 결과물을 하는 내용물이 최종 문서의 내용으로 삽입된다.

```
> # ggplot 로드
> library(ggplot2)
>
> # diamonds 데이터 로딩과 보기
> data(diamonds)
> head(diamonds)
```

```
## # A tibble: 6 x 10
##   carat       cut color clarity depth table price     x     y     z
##   <dbl>     <ord> <ord>   <ord> <dbl> <dbl> <int> <dbl> <dbl> <dbl>
## 1  0.23     Ideal     E     SI2  61.5    55   326  3.95  3.98  2.43
## 2  0.21   Premium     E     SI1  59.8    61   326  3.89  3.84  2.31
## 3  0.23      Good     E     VS1  56.9    65   327  4.05  4.07  2.31
## 4  0.29   Premium     I     VS2  62.4    58   334  4.20  4.23  2.63
## 5  0.31      Good     J     SI2  63.3    58   335  4.34  4.35  2.75
## 6  0.24 Very Good     J    VVS2  62.8    57   336  3.94  3.96  2.48
> # 회귀 모델
> modl <- lm(price ~ carat + cut, data = diamonds)
>
> # 요약 보기
> summary(modl)
##
## Call:
## lm(formula = price ~ carat + cut, data = diamonds)
##
## Residuals:
##      Min      1Q   Median      3Q      Max
## -17540.7  -791.6    -37.6   522.1  12721.4
##
## Coefficients:
##              Estimate Std. Error  t value Pr(>|t|)
## (Intercept) -2701.38      15.43 -175.061  < 2e-16 ***
## carat        7871.08      13.98  563.040  < 2e-16 ***
## cut.L        1239.80      26.10   47.502  < 2e-16 ***
## cut.Q        -528.60      23.13  -22.851  < 2e-16 ***
## cut.C         367.91      20.21   18.201  < 2e-16 ***
## cut^4          74.59      16.24    4.593 4.37e-06 ***
## ---
## Signif. codes:  0 '***' 0.001 '**' 0.01 '*' 0.05 '.' 0.1 ' ' 1
##
## Residual standard error: 1511 on 53934 degrees of freedom
## Multiple R-squared:  0.8565, Adjusted R-squared:  0.8565
## F-statistic: 6.437e+04 on 5 and 53934 DF,  p-value: < 2.2e-16
```

지금까지는 청크에 사용된 옵션은 레이블밖에 없다. 이 경우에는 "load-and-model-diamonds"다. 청크 레이블에는 도트(.)와 공백은 사용하면 안 된다. 코드 표시나 실행을 원하는 대로 제어하기 위해서 추가 옵션을 사용할 수 있다. 추가되는 옵션들은 레이블 이후에 콤마로 구분해 입력된다. 흔히 사용되는 니터 청크 옵션들은 표 27.2에 나열돼 있다. 옵션들의 값은 문자열, 숫자, **TRUE/FALSE** 또는 이들 값으로 평가되는 R 객체를 사용해 지정한다.

니터에서 이미지를 표시하는 방법은 놀랍도록 간단하다. 단순하게 플롯을 생성하는 코드를 실행하면, 해당 이미지가 자동으로 코드 뒤에 삽입되고 나머지 코드와 결과물들도 뒤따라 입력된다.

표 27.2 흔히 사용되는 니터 청크 옵션

옵션	효과
eval	TRUE 값을 지정하면 결과가 출력된다.
echo	TRUE로 지정하면 코드가 출력된다.
include	FALSE로 지정하면 코드가 실행은 되지만, 코드와 결과가 모두 출력되지 않는다.
cache	결과물이 존재하는 상황에서 코드가 바뀌지 않으면 컴파일 시간을 줄이기 위해 다시 실행되지 않는다.
fig.cap	이미지에 대한 캡션으로 이미지들을 자동으로 특별한 figure 환경에 들어가고, 청크 레이블에 기반을 두고 레이블이 매겨진다.
fig.scap	캡션 리스트에 사용되는 이미지 캡션의 단축 버전
out.width	출력될 이미지의 폭
fig.show	이미지 출력을 조절한다. as.is는 코드 청크에서와 같은 방법으로, hold 지정할 때는 코드 청크 이후에 출력된다.
dev	인쇄되는 이미지의 유형, .png, .jpg 등과 같은 형태
engine	니터는 R 코드뿐만 아니라 파이썬, 배시, 펄, C++, SAS 같은 언어로 된 코드도 다룰 수 있다.
prompt	코드가 출력될 때 프롬프트 문자를 출력할지 결정. FALSE이면 프롬프트를 출력하지 않는다.
comment	결과물 앞에 오는 코멘트 문자를 제어

다음과 같은 코드 청크는 결과물을 다음과 같은 순서대로 출력한다.

1. 1 + 1 표현식

2. 그 표현식의 값 2

3. plot(1:10)이라는 코드

4. 해당 코드로 인한 플롯

5. **2 + 2** 표현식

6. 표현식의 값 4

```
<<inline-plot-knitr>>=
1 + 1
plot(1:10)
2 + 2
@
```

```
> 1 + 1
[1] 2
> plot(1:10)
```

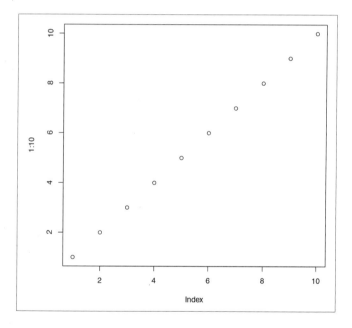

```
> 2 + 2
[1] 4
```

만약 `fig.cap` 청크 옵션을 추가하면, 캡션이 부여된 이미지가 figure 환경에 들어가게 된다. 앞의 코드 청크에 `fig.cap="Simple plot of the numers 1 through 10."`이라는 옵션을 추가하면 다음과 같이 출력된다.

1. **1 + 1** 표현식

2. 그 표현식의 값 2

3. `plot(1:10)`이라는 코드

4. 해당 코드로 인한 플롯

5. **2 + 2** 표현식

6. 표현식의 값 4

캡션을 가진 이미지는 코드 행들의 적절한 공간에 놓이게 된다. out.with='0.75\\ linewidth'라는 청크 옵션을 사용하면 이미지의 크기가 전체 행의 75%의 폭으로 맞춰 진다. \linewidth라는 것은 레이텍 명령인데, R 문자열에서 백슬래시(\)를 이스케이핑 시키기 위해서 앞에 백슬래시를 하나 더 써준다. 결과는 그림 27.2와 같다.

```
<<figure-plot, fig.cap="Simple plot of the numers 1 through 10.", out.
width='0.75\\linewidth'>>=
1 + 1
2 + 2
plot(1:10)
@
```

```
> 1 + 1
[1] 2
> 2 + 2
[1] 4
> plot(1:10)
```

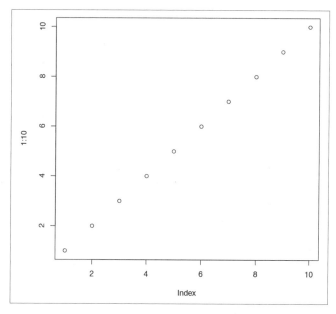

그림 27.2 Simple plot of the numers 1 through 10 .

여기서 설명한 것은 니터와 레이텍을 사용하는 아주 간단한 예에 불과하다. 자세한 것은 니터 개발자 이휘 지의 웹 사이트(http://yihui.name/knitr/)를 참고한다. 니터를 사용할 때는 Yihui Xie (2017). knitr: A General-Purpose Package for Dynamic Report Generation in R. R package version 1.16.와 같이 참고 문헌에 대한 형식을 제대로 사용하는 것이 좋다. 어떤 패키지에 대한 정확한 참고 문헌 표시 내용은 다음 예와 같이 citation 함수를 사용하면 알 수 있다.

```
> citation(package="knitr")

To cite the 'knitr' package in publications use:

  Yihui Xie (2017). knitr: A General-Purpose Package for Dynamic
  Report Generation in R. R package version 1.17.

  Yihui Xie (2015) Dynamic Documents with R and knitr. 2nd
  edition. Chapman and Hall/CRC. ISBN 978-1498716963

  Yihui Xie (2014) knitr: A Comprehensive Tool for Reproducible
```

Research in R. In Victoria Stodden, Friedrich Leisch and Roger
D. Peng, editors, Implementing Reproducible Computational
Research. Chapman and Hall/CRC. ISBN 978-1466561595

```
To see these entries in BibTeX format, use 'print(<citation>,
bibtex=TRUE)', 'toBibtex(.)', or set
'options(citation.bibtex.max=999)'.
```

27.4 결론

이휘 지가 개발한 knitr 패키지로 R을 사용해 재현 가능하고, 유지 관리될 수 있는 문서를 만드는 것이 정말 쉬워졌다. 이것을 사용하면 R 코드와 레이텍 텍스트, 이미지와 코드의 결과물을 큰 어려움 없이 문서에 포함시킬 수 있다.

이런 바탕 위에 RStudio 통합 개발 환경은 환상적인 텍스트 에디터 역할을 한다. RStudio에서 니터를 사용하면 마이크로소프트 워드나 별도의 레이텍 편집기 없이도 한 권의 책을 완벽하게 쓸 수 있다.

28

알마크다운으로
다양한 포맷의 문서 만들기

알마크다운은 문서 작성이 간단하고 HTML, PDF, 마이크로소프트 워드, 슬라이드, 샤이니 앱 등 다양한 포맷의 문서로 컴파일시킬 수 있는 장점이 있어 R 커뮤니티에서 점점 지는 해가 돼 가는 레이텍을 대신해 분석 결과를 커뮤니케이션하는 최적의 도구가 돼 가고 있다. 알마크다운 포맷은 확장 가능하고, 템플릿 적용이 가능하며, 원하는 다양한 문서로 변환시킬 수 있다.

알마크다운으로 작업하는 흐름은 27장에서 설명한 레이텍을 사용하는 것과 유사하다. 일반 텍스트는 마크다운을 사용해 작성하고, R 코드는 청크에 넣는다. 청크를 구분하는 경계는 레이텍을 사용할 때와는 다르지만, 기본 아이디어는 같다. 파일 확장자는 .Rmd 를 사용한다.

28.1 문서 컴파일

알마크다운은 R 코드를 실행하기 위해서 니터[knitr] 패키지를 사용하고, 여러 가지 문서 포맷으로 변환시킬 것은 팬독[pandoc]을 사용한다.[1] 문서를 컴파일하면 knitr는 코드 청크들을 프로세싱한 후 그 결과들을 임시로 생기는 마크다운 문서에 플레인 텍스트로 삽입한다. 그다음 팬독이 이 중간 임시 문서를 프로세싱해 의도한 출력 문서로 변환한다.

---

1 팬독은 원래 R과는 독립적인 툴이다. RStudio에는 팬독 바이너리가 들어가 있어서 RStudio를 사용한다면 별도로 다운로드할 필요가 없다. – 옮긴이

문서 컴파일은 rmarkdown 패키지의 render 함수를 사용해 실행되는데, R 콘솔에서 직접 이 함수를 사용할 수도 있고, RStudio에서 Knit 버튼을 클릭하거나 단축키 Ctrl+Shift+K를 사용할 수 있다.

문서의 출력 포맷 유형은 rmarkdown 패키지에 있는 하나의 함수에 대응한다. rmarkdown 패키지에서 기본적으로 지원하는 문서 유형에는 html_document, pdf_document, word_document, ioslides_presentation 등이 있다. rticles, tufte, resumer 등과 같은 패키지들은 추가로 다른 문서 유형을 만들 수 있는 기능을 지원한다.

28.2 문서 헤더

알마크다운 문서의 처음 부분은 문서의 세부사항을 지정하는 yaml[2] 헤더다. yaml 헤더는 앞, 뒤로 3개의 대시 기호를 사용해 표시한다. 각 행은 키/값 쌍의 형태로 문서에 대한 옵션을 지정한다. title, author, date, output과 같은 태그들이 대표적이다. yaml은 다음과 같은 형식으로 만든다.

```
---
title: "Play Time"
author: "Jared P. Lander"
date: "December 22, 2016"
output: html_doucment
---
```

문서 출력 유형에 따라서 여러 가지 yaml 태그들이 있다. yaml을 사용할 때 어려운 점은 어떤 태그를 사용해야 하는지 아는 것인데, 그렇게 하려면 그다지 잘 정리되지 않은 문서들을 잘 조사해보아야 한다. 그렇지만 rmarkdown 패키지에서는 문서 출력 유형을 정하는 함수들의 인자를 yaml 태그의 이름과 같도록 설계됐다. CRAN에서 패키지가 받아들여지기 위해서는 이런 인자들을 자세히 문서화해야 한다. 그래서 우리는 함수 도움말을 사용해 태그의 사용법을 쉽게 알 수 있게 된다. 예를 들어, html_document 문서 유형 태그는 rmarkdown 패키지에서 같은 이름을 가진 함수로 정의돼 있다. rmarkdown이 아닌 다른 패키지를 사용하는 경우, 이를테면 rticles 패키지에 들어 있

---

2 원래 "Yet another markup language"의 약자였으나 이제는 "YAML Ain't Markup Language"의 약자가 됐다.

는 jss_article를 사용해 문서를 만들 때는 다음과 같이 앞에 패키지 이름을 사용한다.

```
title: "Play Time"
author: "Jared P. Lander"
date: "December 22, 2016"
output: rticles::jss_article
```

해당 도큐먼트에 대한 세부적인 옵션은 output 태그에 대해 서브 태그로 삽입한다. yaml은 들여쓰기를 통해서 위계를 정하기 때문에 정확하게 들여쓰기를 하는 것이 중요하다. 탭은 허용되지 않으며, 적어도 2개의 공백 문자를 사용해 들여쓰기를 한다. 다음 문서 헤더는 섹션에 번호를 매기고 목차를 갖게 설정한 것이다.

```
title: "Play Time"
author: "Jared P. Lander"
date: "December 22, 2016"
output:
  html_document:
    number_sections: yes
    toc: yes
```

28.3 마크다운의 기초

마크다운 문법은 간단함에 초점을 맞춰 디자인됐다. 마크다운이 레이텍이나 HTML과 같이 완벽한 조절 기능과 유연성을 제공하지는 않지만, 매우 빠르게 문서를 작성할 수 있다. 마크다운은 문서를 빠르게 만들 수 있을 뿐만 아니라 빨리 배울 수도 있기 때문에 상당히 괜찮다. 여기에서는 충분히 바로 사용할 수 있도록 마크다운의 기초를 설명한다.

줄바꿈은 텍스트 블록 사이에 빈 줄을 두거나 어떤 줄의 끝에 2개 이상의 공백 문자를 적고 Enter를 누르는 것으로 만들어진다. 이탤릭체는 어떤 단어의 앞, 뒤에 언더스코어(_)를 넣으면 되고, 굵은 글씨체는 단어 앞, 뒤에 2개의 언더스코어 기호(__)를 넣으면 된다. 3개의 언더스코어를 사용하면 굵은 글씨체이면서 이탤릭체로 만든다. 인용 문단은 각 행 앞에 오른쪽 꺾쇠(>)를 써서 표시한다.

순서가 없는 리스트는 각 행의 앞에서 대시(-)나 별표(*) 기호를 붙여 시작한다. 순서가 있는 리스트는 숫자(숫자면 되고, 문자도 된다)와 마침표를 써서 시작한다. 리스트 안에 리스트가 포함되는 경우에는 들여쓰기를 사용해 들여쓰기를 시작한다.

장절의 제목과 같은 헤딩(마크다운에서는 헤더라고 불리는 HTML 헤더와 햇갈리기 쉬워서 헤딩이라고 부른다)은 # 기호로 시작한다. # 기호의 개수가 헤딩의 수준을 결정하는데, 1개에서 6개까지 사용할 수 있다. 이것은 HTML에서 사용하는 헤딩과 동격인 것이다. 즉, # 하나는 <h1>에 해당한다. PDF로 렌더링될 때는 레벨-원에 해당하는 것이 섹션이 되고, 레벨-투에 해당하는 것이 서브섹션이 된다.

링크는 링크 텍스트는 꺾쇠 괄호([])안에 넣고 바로 붙여서 URL을 괄호(())안에 넣는다. 이미지를 추가할 때에도 꺾쇠괄호에 이어지는 괄호를 사용하는데, 다른 점은 앞에 ! 기호가 붙는다는 점이다. 간단한 마크다운 문서를 아래에 예시로 소개한다.

수식은 앞, 뒤로 2개의 달러 기호($$)를 사용한다. 수식과 이런 기호들은 같은 행에 있을 수도 있고, 이들 기호와 수식에 사이에 적어도 하나의 공백이 있어야 한다. 수식은 표준 레이텍 수학 문법을 사용해 작성한다. 인라인 수식은 하나의 $로 둘러싸는데, 수식과 $ 사이에는 공백이 없어야 한다.

```
# 제목 - 레벨 1 헤딩

_이것은 기울임 글꼴이 된다( 영어는 이탤릭체 )_
--이것은 굵은 글씨로 표시된다.__

## 레벨 2 헤딩

다음은 순서가 없는 리스트다.

- 품목 1
- 품목 2
- 품목 3

다음은 순서 없는 리스트와 순서 있는 리스트를 섞어서 만든다.

1. 품목 하나
1. 다른 품목
    - 서브 리스트 품목
```

(이어짐)

```
        - 또 다른 서브 리스트 품목
        - 품목 추가
1. 다른 순서 있는 품목

다음은 링크다.

[나의 웹 사이트](http://jaredlander.com)

## 또 다른 레벨 2 헤딩

다음은 이미지를 추가한다.

![모든 텍스트는 여기에](이미지 위치.png)

#### 레벨 4 헤딩

일반적인 수식이다.

$$
    \boldsymbol{\hat{\beta}} = (X^TX)^{-1}X^TY
$$

공백이 없는 인라인 수식이다: $\bar{x}=\frac{1}{n}\sum_{i=1}^n$

### 레벨 3 헤딩

> 이것은 인용 블록은 이렇게 시작한다.
>
> 여기에서 인용 블록 행이 시작한다.
```

RStudio에서 Help 메뉴에서 마크다운에 대한 간단 참조표를 볼 수 잇다.

28.4 마크다운 코드 청크 ▰▰▰▰▰▰

R 코드를 포함하는 마크다운 문서를 알마크다운이라고 부르며, 확장자 .Rmd를 사용해 저장한다. 알마크다운 문서의 코드 청크는 레이텍과 니터^{knitr}를 사용하는 문서에서의

코드 청크와 비슷하게 행동하는데, 경계자의 형태가 다르고 유연성이 더 추가된다. 청크의 시작은 3개의 백틱(`), 여는 대괄호({), 소문자 r, 다음은 청크 레이블과 콤마로 구분되는 청크의 옵션들, 그다음 닫는 대괄호(})가 온다. 청크의 마감은 3개의 백틱을 사용한다. 청크 안의 모든 코드와 코멘트는 R 코드로 처리된다.

```{r simple-math-ex}
# 이것은 코멘트다.
1 + 1
```

이것은 다음과 같이 렌더링된다.

```
> # 이것은 코멘트다.
> 1 + 1
## [1] 2
```

흔하게 사용되는 청크 옵션은 표 27.2에 정리돼 있다.

코드 청크 안에 들어 있는 코드가 플롯을 생성하는 경우에는 해당 플롯 이미지는 자동으로 생성된다. fig.cap이라는 옵션으로 이미지에 대한 캡션을 추가할 수 있다. 알마크다운으로 문서를 디폴트 방식으로 렌더링할 때 좋은 점 중의 하나는 HTML 문서에 이미지가 포함되는 경우에 이미지들을 따로 분리하는 것이 아니라 베이스 64 인코딩 문자로 이미지를 변환해 전체를 하나의 온전한 파일로 생성한다는 점이다.

다음 코드 청크는 먼저 표현식 1 + 1을 출력하고, 다음은 결과 2, 그다음은 코드 plot(1:10), 그다음은 실제 그래프, 마지막에 2 + 2와 결과 4를 출력한다.

```{r code-and-plot}

1 + 1
plot(1:10)
2 + 2

```

```
> 1 + 1
## [1] 2
> plot(1:10)
```

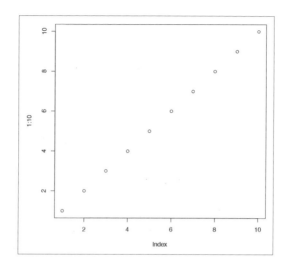

```
> 2 + 2
## [1] 4
```

레이텍과 함께 knitr 패키지를 사용해 작업할 때는 코드 안에 >가 출력되고, 연속되는 행에서는 + 기호가 앞에 출력되고, 그다음 결과가 출력된다. 그렇지만 알마크다운 문서에서는 코드 앞에 프롬프트가 없고, 결과들은 코멘트 처리되도록 디폴트로 설정돼 있다. 이것은 출력물이 다시 컴퓨터에 사용될 것이라는 생각이다. 그래서 복사/붙이기를 사용해 R 콘솔로 편하게 옮길 수 있게 하기 위함이다. 이 책에는 코멘트가 아니라 프롬프트가 출력되게 했다. 복사하고 붙이기는 불편하지만 가급적 R 콘솔에서 사용하는 것과 비슷하게 만들어 독자들의 이해를 돕고자 했다.

28.5 htmlwidgets

htmlwidgets 패키지는 임의의 자바스크립트 라이브러리에 대한 R 바인딩 역할을 하는 R 패키지를 간편하게 만들 수 있게 해준다. 그런 패키지들을 통해서 R 사용자들은 자바스크립트를 배우지 않고도 오로지 R만 사용해서 데이터 시각화를 위한 광범위한 종류의 유용한 자바스크립트 라이브러리를 사용할 수 있다. 데이터를 다이내믹 표로 만들어주는 DT, 지도를 만들어주는 leaflet, 3차원 산점도와 지구본을 만드는 threejs, 인터랙티브 히트맵을 위한 d3heatmap, 시계열 차트를 위한 dygraphs 등이 유명하다.

htmlwidgets에 기초한 패키지들은 HTML과 자바스크립트 출력을 생성한다. 이 말은 이들 패키지가 HTML을 기초로 하는 출력 문서들에서만 제대로 기능을 한다는 것을 의미한다. yaml 헤더에 always_allow_html: yes라는 태그를 넣으면 PDF 문서 등으로 렌더링될 때 해당 콘텐츠가 하나의 이미지로 렌더링되게 한다. 이 기능은 webshot이라는 패키지에 의존하고, 팬텀제이에스^{PhantomJS}가 컴퓨터에 설치된 상태에서 작동한다. 팬텀제이에스는 webshot::install_phantomjs 함수를 사용해 인스톨한다.

htmlwidgets 패키지들의 기능은 사용자 인터랙션이라는 자바스크립트의 강력한 기능을 부여해주기 때문에 알마크다운 문서의 유용성을 상당히 배가시킬 수 있다. 이런 패키지들을 R 콘솔과 샤이니 앱에서도 사용할 수 있다. RStudio에 있는 R 콘솔에서 패키지 함수들을 실행하면 생성되는 위젯들이 RStudio 뷰어 창^{Viewer pane}에 디스플레이된다. 이런 위젯들은 샤이니가 가진 반응성과 위젯이 가진 인터랙션이 결합함으로써 사용자 경험을 크게 증가시킨다.

28.5.1 데이터 테이블

일반적으로 그래프를 사용해 데이터를 시각화하는 것이 선호되는 방법이지만, 때로는 데이터가 표 형태로 제시될 필요가 있다. 정적인 표인 경우에는 knitr 패키지에 있는 kable 함수를 사용하면 출력 문서의 유형에 잘 맞춰진 보기 좋은 표를 출력할 수 있다. 다음 코드는 표 28.1를 PDF 형태로 출력한 것이다.

```
> knitr::kable(head(iris), caption="Tabuler data printed using kable.")
```

표 4 Tabuler data printed using kable.

Sepal.Length	Sepal.Width	Petal.Length	Petal.Width	Species
5.1	3.5	1.4	0.2	setosa
4.9	3.0	1.4	0.2	setosa
4.7	3.2	1.3	0.2	setosa
4.6	3.1	1.5	0.2	setosa
5.0	3.6	1.4	0.2	setosa
5.4	3.9	1.7	0.4	setosa

DT 패키지는 DataTables 자바스크립트 라이브러리를 통해서 인터랙티브 표를 만드는 기능을 제공한다. DT가 htmlwidgets 패키지에 의존하기 때문에 완전한 기능은 HTML 기반의 출력물에서 경험할 수 있다. 그렇지만 PDF에 기초를 둔 출력물에서는 출력되는 표가 자동으로 캡처된다. 다음 코드는 그림 28.1과 같은 표를 생성하는데, 이것은 diamonds 데이터의 첫 100개의 행을 보여준다.

```
> library(DT)
> data(diamonds, package = "ggplot2")
> datatable(head(diamonds, 100))
```

Show 10 ⊙ entries									Search:		
	carat	cut	color	clarity	depth	table	price	x	y	z	
1	0.23	Ideal	E	SI2	61.5	55	326	3.95	3.98	2.43	
2	0.21	Premium	E	SI1	59.8	61	326	3.89	3.84	2.31	
3	0.23	Good	E	VS1	56.9	65	327	4.05	4.07	2.31	
4	0.29	Premium	I	VS2	62.4	58	334	4.2	4.23	2.63	
5	0.31	Good	J	SI2	63.3	58	335	4.34	4.35	2.75	
6	0.24	Very Good	J	VVS2	62.8	57	336	3.94	3.96	2.48	
7	0.24	Very Good	I	VVS1	62.3	57	336	3.95	3.98	2.47	
8	0.26	Very Good	H	SI1	61.9	55	337	4.07	4.11	2.53	
9	0.22	Fair	E	VS2	65.1	61	337	3.87	3.78	2.49	
10	0.23	Very Good	H	VS1	59.4	61	338	4	4.05	2.39	
Showing 1 to 10 of 100 entries			Previous	1	2	3	4	5	...	10	Next

그림 28.1 DT 패키지를 사용하며 생성된 자바스크립트 DataTable

DataTable 라이브러리는 수많은 확장 기능, 플러그인, 옵션이 있는데 대부분이 DT 패키지에 구현돼 있다. 표를 더 보기 좋게 하기 위해서 rownames를 표시하지 않게 할 수 있고, filter 인자를 사용해서 개별 열에 대한 검색 기능을 부여할 수 있고, Scroller 확장 기능을 통해서 더 나은 수직 스크롤링 기능을 부여할 수 있다. scrollX를 사용한 수평 스크롤링 기능, dom을 통해서 표시되는 것을 표 자체(t), 표에 대한 정보(i) 등을 선택할 수 있고, Scroller 확장 기능을 통해서 한정된 부분만 보이게 할 수 있다. 이런 기능들은 어떤 것들은 datatable 함수의 인자로, 다른 어떤 것들은 options 인자에서 R 리스트 형태로 지정할 수 있다.

```
> datatable(head(diamonds), 100,
+           rownames = FALSE, extension = 'Scroller',
+           filter = 'top',
+           options = list(
+             dom = "tiS", scrollX = TRUE,
+             scrollY = 400,
+             scrollCollapse = TRUE
+           )
+         )
```

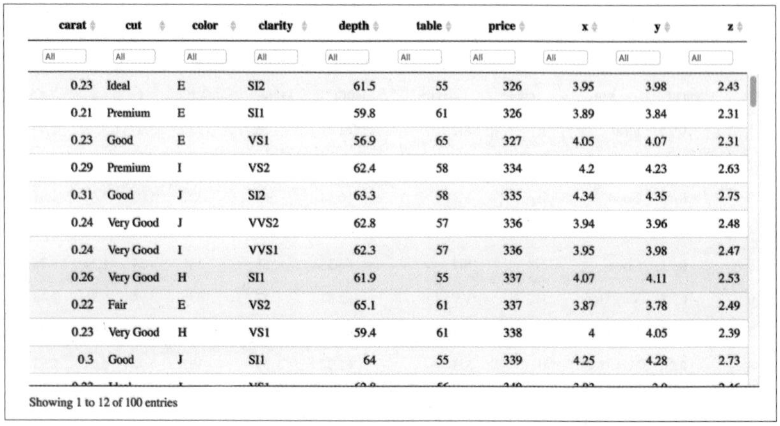

carat	cut	color	clarity	depth	table	price	x	y	z
All	All	All	All	All	All	All	All	All	All
0.23	Ideal	E	SI2	61.5	55	326	3.95	3.98	2.43
0.21	Premium	E	SI1	59.8	61	326	3.89	3.84	2.31
0.23	Good	E	VS1	56.9	65	327	4.05	4.07	2.31
0.29	Premium	I	VS2	62.4	58	334	4.2	4.23	2.63
0.31	Good	J	SI2	63.3	58	335	4.34	4.35	2.75
0.24	Very Good	J	VVS2	62.8	57	336	3.94	3.96	2.48
0.24	Very Good	I	VVS1	62.3	57	336	3.95	3.98	2.47
0.26	Very Good	H	SI1	61.9	55	337	4.07	4.11	2.53
0.22	Fair	E	VS2	65.1	61	337	3.87	3.78	2.49
0.23	Very Good	H	VS1	59.4	61	338	4	4.05	2.39
0.3	Good	J	SI1	64	55	339	4.25	4.28	2.73

Showing 1 to 12 of 100 entries

그림 28.2 여러 가지 옵션들을 사용한 DataTable

datatable 객체는 파이프 기능을 통해서 출력을 커스터마이징하는 포맷팅 함수로 전달될 수 있다. 다음 코드는 datatable 객체를 만든 다음, price 열을 가까운 자연수로 반올림하고 cut 열의 값에 따라서 행들의 색을 부여한 것이다. 결과는 그림 28.3과 같다.

```
> datatable(head(diamonds, 100),
+           rownames = FALSE, extensions = 'Scroller', filter = 'top',
+           options = list(
+             dom = "tiS", scrollX = TRUE,
+             scrollY = 400,
+             scrollCollapse = TRUE
+           )) %>%
+   formatCurrency('price', digits = 0) %>%
+   formatStyle(columns = 'cut', valueColumns = 'cut',
+               target = 'row',
```

```
+           backgroundColor = styleEqual(levels = c("Good", "Ideal"),
+                                          values=c("red", "green")))
```

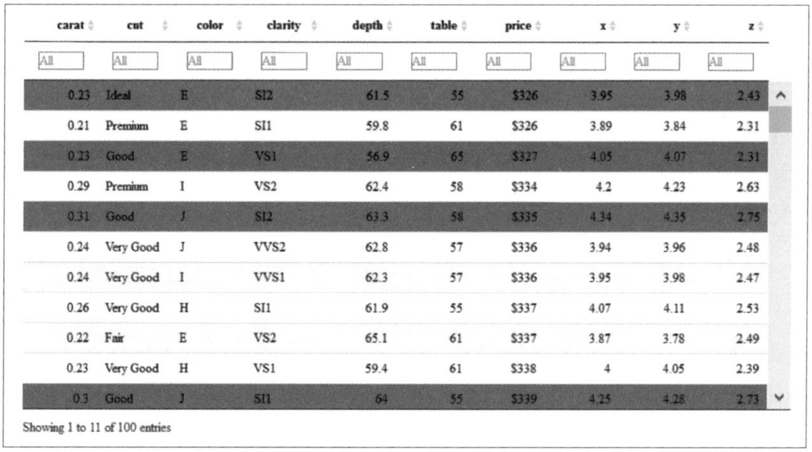

carat	cut	color	clarity	depth	table	price	x	y	z
All	All	All	All	All	All	All	All	All	All
0.23	Ideal	E	SI2	61.5	55	$326	3.95	3.98	2.43
0.21	Premium	E	SI1	59.8	61	$326	3.89	3.84	2.31
0.23	Good	E	VS1	56.9	65	$327	4.05	4.07	2.31
0.29	Premium	I	VS2	62.4	58	$334	4.2	4.23	2.63
0.31	Good	J	SI2	63.3	58	$335	4.34	4.35	2.75
0.24	Very Good	J	VVS2	62.8	57	$336	3.94	3.96	2.48
0.24	Very Good	I	VVS1	62.3	57	$336	3.95	3.98	2.47
0.26	Very Good	H	SI1	61.9	55	$337	4.07	4.11	2.53
0.22	Fair	E	VS2	65.1	61	$337	3.87	3.78	2.49
0.23	Very Good	H	VS1	59.4	61	$338	4	4.05	2.39
0.3	Good	J	SI1	64	55	$339	4.25	4.28	2.73

Showing 1 to 11 of 100 entries

그림 28.3 여러 가지 옵션들과 포맷기능을 사용한 DataTable

28.5.2 leaflet

그림 25.7에 본 바와 같이 R로 상세하고 재미있는 정적인 지도를 만들 수 있다. leaflet 과 같은 패키지를 사용하면 이런 기능을 확장해 인터랙티브 지도로 확장할 수 있다. 이 패키지는 OpenStreetMap(또 다른 지도 제공자)에 기반을 둔 지도를 만들 수 있게 해주 는데, 이 지도는 스크롤과 줌 기능을 갖고 있다. 또한 셰이프파일shapefiles, GenoJSON, TopoJSON, 라스터 이미지를 사용해 지도를 구성할 수도 있다. 어떤 식으로 자동하는 지 알아보기 위해서 지도에 선호하는 피자 가게들을 플롯팅해본다.

먼저 그 가게들에 대한 정보를 담은 JSON 파일을 읽는다.

```
> library(jsonlite)
필요한 패키지를 로딩 중입니다: methods
> pizza <- fromJSON("http://www.jaredlander.com/data/PizzaFavorites.json")
> pizza
              Name                              Details
1    Di Fara Pizza        1424 Avenue J, Brooklyn, NY, 11230
2    Fiore's Pizza        165 Bleecker St, New York, NY, 10012
3        Juliana's  19 Old Fulton St, Brooklyn, NY, 11201
```

```
4       Keste Pizza & Vino   271 Bleecker St, New York, NY, 10014
5  L & B Spumoni Gardens      2725 86th St, Brooklyn, NY, 11223
6 New York Pizza Suprema       413 8th Ave, New York, NY, 10001
7           Paulie Gee's 60 Greenpoint Ave, Brooklyn, NY, 11222
8               Ribalta       48 E 12th St, New York, NY, 10003
9              Totonno's  1524 Neptune Ave, Brooklyn, NY, 11224
> class(pizza$Details)
[1] "list"
> class(pizza$Details[[1]])
[1] "data.frame"
> dim(pizza$Details[[1]])
[1] 1 4
```

보는 바와 같이 Details 열은 일종의 리스트-열list-column로, 각 요소는 4개의 열을 가진 데이터 프레임이다. 우리는 이 구조를 탈내포화un-nest해 pizz 객체를 내포된 데이터 프레임에 있는 모든 열에 대해 열 하나씩을 갖는 데이터 프레임으로 만들고자 한다. 피자 가게의 경도와 위도를 얻기 위해서 모든 주소 열들을 합친 문자열 열을 만들었다.

```
> library(dplyr)
```

다음의 패키지를 부착합니다: 'dplyr'
```
The following objects are masked from 'package:stats':

    filter, lag
The following objects are masked from 'package:base':

    intersect, setdiff, setequal, union
> library(tidyr)
> pizza <- pizza %>%
+     # 데이터 프레임 탈내포하
+     unnest() %>%
+     # Address 열을 Stree로 이름을 바꿈.
+     rename(Street = Address) %>%
+     # 전체 여러 주소 관련 열을 모아서 하나의 열로 변형
+     unite(col = Address, Street, City, State, Zip, sep = ", ", remove = FALSE)
> pizza
                Name                                 Address
1      Di Fara Pizza     1424 Avenue J, Brooklyn, NY, 11230
2      Fiore's Pizza  165 Bleecker St, New York, NY, 10012
```

```
3                Juliana's   19 Old Fulton St, Brooklyn, NY, 11201
4        Keste Pizza & Vino   271 Bleecker St, New York, NY, 10014
5   L & B Spumoni Gardens       2725 86th St, Brooklyn, NY, 11223
6  New York Pizza Suprema        413 8th Ave, New York, NY, 10001
7             Paulie Gee's  60 Greenpoint Ave, Brooklyn, NY, 11222
8                  Ribalta        48 E 12th St, New York, NY, 10003
9                Totonno's   1524 Neptune Ave, Brooklyn, NY, 11224
                    Street       City State    Zip
1       1424 Avenue J Brooklyn      NY 11230
2       165 Bleecker St New York    NY 10012
3      19 Old Fulton St Brooklyn    NY 11201
4       271 Bleecker St New York    NY 10014
5         2725 86th St Brooklyn     NY 11223
6          413 8th Ave New York     NY 10001
7  60 Greenpoint Ave Brooklyn       NY 11222
8         48 E 12th St New York     NY 10003
9    1524 Neptune Ave Brooklyn      NY 11224
```

RDSTK 패키지는 street2coordinates 함수를 제공하는데, 주소를 지오코드^{geocode}로 바꿔준다. 주소를 지오코드로 바꾸고 거기에서 위도와 경도 열을 추출한다.

```
> getCoords <- function(address) {
+   RDSTK::street2coordinates(address) %>%
+     dplyr::select_('latitude', 'longitude')
+ }
```

이 함수를 각각의 주소에 적용하고, 그 결과를 다시 pizza 데이터 프레임에 붙인다.

```
> library(dplyr)
> library(purrr)
> pizza <- bind_cols(pizza, pizza$Address %>% map_df(getCoords))
> pizza
Warning in strptime(x, format, tz = tz): unknown timezone 'zone/tz/2017c.
1.0/zoneinfo/Asia/Seoul'
# A tibble: 9 x 8
              Name                                    Address
             <chr>                                      <chr>
1        Di Fara Pizza       1424 Avenue J, Brooklyn, NY, 11230
2        Fiore's Pizza      165 Bleecker St, New York, NY, 10012
```

```
3            Juliana's  19 Old Fulton St, Brooklyn, NY, 11201
4     Keste Pizza & Vino   271 Bleecker St, New York, NY, 10014
5   L & B Spumoni Gardens     2725 86th St, Brooklyn, NY, 11223
6 New York Pizza Suprema      413 8th Ave, New York, NY, 10001
7          Paulie Gee's 60 Greenpoint Ave, Brooklyn, NY, 11222
8               Ribalta     48 E 12th St, New York, NY, 10003
9             Totonno's  1524 Neptune Ave, Brooklyn, NY, 11224
# ... with 6 more variables: Street <chr>, City <chr>, State <chr>,
#   Zip <dbl>, latitude <dbl>, longitude <dbl>
```

좌표에 대한 데이터를 얻었기 때문에 관심 지역을 마커로 표시한 지도를 만들 수 있다. leaflet 함수는 맵을 초기화하는 역할을 한다. 아무런 인자를 사용하지 않고 함수만 실행하면 빈 지도를 렌더링한다. 파이프를 사용해 그 객체를 addTiles 함수에 전달하면 OpenStreetMap 타일에 기반해 아직은 아무런 데이터를 주지 않았기 때문에 자오선이 중앙에 오는 최소 줌의 지도를 만든다. 이 객체를 addMarkers 함수로 전달해 선호하는 피자 가게들의 경도, 위도의 위치에 마커를 추가한다. 위치 정보를 담은 열들은 포퓰러를 사용해 알려준다. 생성된 지도에서 마커를 클릭하면 피자가게의 이름과 주소를 알려주는 팝업이 표시된다. 이 지도는 줌 기능과 드래그 기능을 갖고 있다. PDF 기반의 문서라면 그림 28.4와 같이 보일 것이다.

```
> library(leaflet)
> leaflet() %>%
+   addTiles() %>%
+   addMarkers(lng=~longitude, lat=~latitude,
+              popup=~sprintf('%s<br/>%s', Name, Street),
+              data=pizza
+   )
```

그림 28.4 뉴욕 피자 가게를 표시한 leaflet 지도

28.5.3 dygraphs

ggplot2, quantmod와 같은 여러 가지 패키지들을 사용해 시계열 데이터를 시작할 수 있는데, dygraphs는 인터랙션 가능한 플롯을 만들어준다. 24.1절에서 사용한 세계은행의 GDP 데이터를 사용해 설명한다. 1970년부터 몇 개의 나라들의 GDP 변화를 살펴볼 것이다. WDI 패키지를 사용하면 세계은행의 API를 통해 데이터에 접근할 수 있다.

```
> library(WDI)
필요한 패키지를 로딩 중입니다: RJSONIO

다음의 패키지를 부착합니다: 'RJSONIO'
The following objects are masked from 'package:jsonlite':

    fromJSON, toJSON
> gdp <- WDI(country = c("US", "CA", "SG", "IL"),
+           indicator = c("NY.GDP.PCAP.CD"),
+           start = 1970, end = 2011)
> # 적당한 이름 부여
> names(gdp) <- c("iso2c", "Country", "PerCapGDP", "Year")
```

이렇게 하면 긴 형태의 GDP 데이터를 얻을 수 있다. tidyr 패키지의 spread 함수를 사용해 좌우로 퍼진 형태의 데이터로 바꾼다.

```
> head(gdp, 15)
   iso2c Country PerCapGDP Year
1     CA  Canada  52082.21 2011
2     CA  Canada  47447.48 2010
3     CA  Canada  40773.45 2009
4     CA  Canada  46596.34 2008
5     CA  Canada  44544.53 2007
6     CA  Canada  40386.70 2006
7     CA  Canada  36189.59 2005
8     CA  Canada  31979.87 2004
9     CA  Canada  28172.15 2003
10    CA  Canada  24167.80 2002
11    CA  Canada  23691.59 2001
12    CA  Canada  24124.17 2000
13    CA  Canada  22167.23 1999
14    CA  Canada  20887.84 1998
15    CA  Canada  21770.13 1997
> gdpWide <- gdp %>%
+    dplyr::select(Country, Year, PerCapGDP) %>%
+    tidyr::spread(key = Country, value = PerCapGDP)
> head(gdpWide)
  Year   Canada   Israel Singapore United States
1 1970 4121.933 2107.487  925.2874      5246.884
2 1971 4586.256 1906.729 1070.8240      5623.444
3 1972 5141.617 2381.274 1263.6593      6109.926
4 1973 5870.601 2956.681 1684.3411      6741.332
5 1974 7043.474 4141.620 2339.5703      7242.441
6 1975 7489.941 3770.815 2489.7846      7820.065
```

시간에 대한 데이터는 첫 번째 열에 있고, 다음 하나의 시계열들을 하나의 열에 배치돼 있다. dygraphs 패키지를 사용해 인터랙티브 자바스크립트 플롯을 만들어본다. 완성된 모습은 그림 28.5와 같다.

```
> library(dygraphs)
> dygraph(gdpWide, main = "Yearly Per Capita GDP",
+         xlab = "Year", ylab = "Per Capita GDP" ) %>%
```

```
+   dyOptions(drawGapEdgePoints = TRUE, pointSize = 1) %>%
+   dyLegend(width = 400)
```

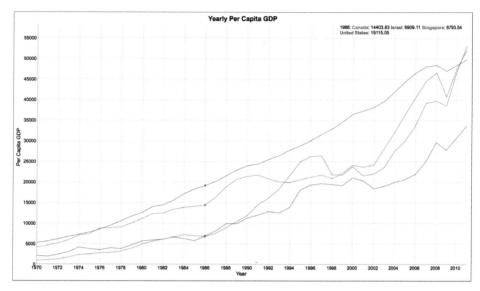

그림 28.5 1인당 국민 소득에 대한 인터랙티브 시계열 그래프

그래프의 선 위에 마우스를 올려놓으면 다른 선에 있는 연결된 점들도 두드러져 보이고 그 값들이 범례에 표시된다. 그래프에 사각형으로 만들어 데이터를 줌인해볼 수 있다. 그림 28.6과 같이 dyRangeSelector를 넣으면 그래프의 일정 부분을 들여다볼 수 있는 기능을 구현할 수 있다.

```
> dygraph(gdpWide, main='Yearly Per Capita GDP',
+        xlab='Year', ylab='Per Capita GDP') %>%
+   dyOptions(drawPoints = TRUE, pointSize = 1) %>%
+   dyLegend(width=400) %>%
+   dyRangeSelector(dateWindow=c("1990", "2000"))
```

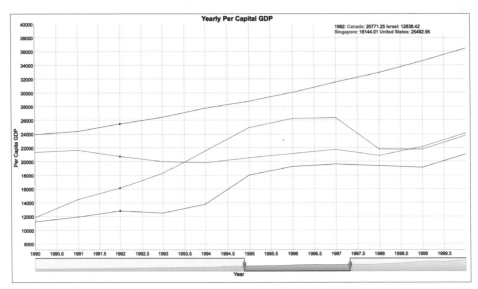

그림 28.6 범위 선택 기능을 갖고 있는 1인당 국민 소득에 대한 인터랙티브 시계열 그래프

28.5.4 threejs

브리안 루이스가 만든 threejs 패키지는 여러 각도로 돌려볼 수 있는 3 차원 산점도와 지구본을 만드는 기능을 제공한다. 여기서는 2017년 1월 2일 출발지와 도착지 정보를 담은 항공 정보를 사용해 지구본 위에 그래프를 만들어볼 것이다. 데이터 세트에는 공항 코드, 공항의 좌표, 출발지와 도착지에 대한 정보가 들어 있다.

```
> library(readr)
> flights <- read_tsv("http://jaredlander.com/data/Flights_Jan_2.tsv")
Parsed with column specification:
cols(
  From = col_character(),
  To = col_character(),
  From_Lat = col_double(),
  From_Long = col_double(),
  To_Lat = col_double(),
  To_Long = col_double()
)
```

readr 패키지의 데이터 읽기용 함수들은 데이터 유형을 확실히 알 수 있도록 열들에 대한 정보를 담은 메시지를 출력한다. read_tsv 함수는 tbl 객체를 반환한다. 처음 부분의 몇 개의 데이터 세트를 보면서 데이터 유형이 정확한지 확인할 수 있다.

```
> flights
# A tibble: 151 x 6
     From    To From_Lat From_Long   To_Lat   To_Long
    <chr> <chr>    <dbl>     <dbl>    <dbl>     <dbl>
 1    JFK   SDQ 40.63975 -73.77893 18.42966 -69.66893
 2    RSW   EWR 26.53617 -81.75517 40.69250 -74.16867
 3    BOS   SAN 42.36435 -71.00518 32.73356 -117.18967
 4    RNO   LGB 39.49911 -119.76811 33.81772 -118.15161
 5    ALB   FLL 42.74827 -73.80169 26.07258 -80.15275
 6    JFK   SAN 40.63975 -73.77893 32.73356 -117.18967
 7    FLL   JFK 26.07258 -80.15275 40.63975 -73.77893
 8    ALB   MCO 42.74827 -73.80169 28.42939 -81.30899
 9    LAX   JFK 33.94254 -118.40807 40.63975 -73.77893
10    SJU   BDL 18.43942 -66.00183 41.93889 -72.68322
# ... with 141 more rows
```

이미 데이터 세트에는 출발지와 도착지에 대해 원호를 그릴 수 있도록 정확한 형태로 데이터가 준비돼 있다. 공항의 위치 데이터가 있다. 몇 개의 공항들은 중복되는데 해당 데이터를 플롯팅하면 덮어쓰게 될 것이다. 하나의 공항이 몇 번 플롯에 사용되는지 표시할 수 있으면 좋을 것이다. 그래서 각 출발 공항에 비행의 숫자를 나타내는 높이를 갖고 표시하려고 한다.

```
> library(magrittr)
```

다음의 패키지를 부착합니다: 'magrittr'
The following object is masked from 'package:tidyr':

```
    extract
> airports <- flights %>%
+     count(From_Lat, From_Long) %>%
+     arrange(desc(n))
> airports
# A tibble: 49 x 3
  From_Lat  From_Long        n
```

```
        <dbl>        <dbl> <int>
 1 40.63975  -73.77893    25
 2 26.07258  -80.15275    16
 3 42.36435  -71.00518    15
 4 28.42939  -81.30899    11
 5 18.43942  -66.00183     7
 6 40.69250  -74.16867     5
 7 26.53617  -81.75517     4
 8 26.68316  -80.09559     4
 9 33.94254 -118.40807     4
10 12.50139  -70.01522     3
# ... with 39 more rows
```

globejs 함수의 첫 번째 인자는 지구본의 지표면 지도를 만드는 데 사용된다. 디폴트 이미지도 괜찮은 편이기는 하지만, 나사(NASA)는 불루 마블 모양의 고해상도 지구 이미지를 제공하는데, 이것을 사용할 것이다.

```
> earth <- "http://eoimages.gsfc.nasa.gov/images/imagerecords/73000/73909/
            world.topo.bathy.200412.3x5400x2700.jpg"
```

이제 데이터도 준비됐고, 지구본 표면 지도를 위한 이미지도 확보했으므로 본격적으로 지구본을 만들 수 있다. 첫 번째 인자 img는 사용될 이미지인데 해당 링크를 earth 변수에 저장했다. 다음 lat과 long 인자는 그릴 점들의 좌표다. value 인자는 점들을 그리는 방법을 조절한다. arc 인자는 4개의 열을 가진 데이터 프레임으로 지정하는데, 처음 2열은 출발지의 위도와 경도이고, 두 다음 2열은 목적지의 위도와 경도다. 나머지 인자는 지구본의 테마 등을 지정할 때 사용된다. 다음과 같은 코드를 사용하면 그림 28.7과 같은 지구본 지도를 얻을 수 있다.

```
> library(threejs)
> globejs(img = earth, lat = airports$From_Lat, long = airports$From_Long,
+         value = airports$n * 5, color = "red",
+         arcs = flights %>%
+                 dplyr::select(From_Lat, From_Long, To_Lat, To_Long),
+         arcsHeight = 0.4, arcsLwd = 4, arcsColor = "#3e4ca2", arcsOpacity = 0.85,
+         atmosphere = TRUE, fov = 30, rotationat = 0.5, rotationlong = -0.5
+   )
```

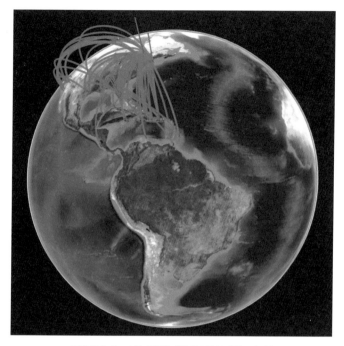

그림 28.7 threejs를 사용해 비행 경로를 보여주는 지구본

28.5.5 d3heatmap

히트맵은 숫자 데이터를 강도^intensity와, 연관 행렬을 보여주는 데 유용하다. 28.2절에서 사용된 economics 데이터를 사용해 인터랙티브 히트맵을 만들어볼 것이다. 먼저 숫자형 열들을 갖고 연관 행렬을 만들고, d3heatmap 함수를 호출한다. 이 패키지는 탈 가릴리^Tal Galili가 개발했다. d3heatmap는 히트맵과 변수들의 클러스터를 덴드로그램으로 보여준다. 결과는 그림 28.8과 같다. 히트맵의 셀 위에 마우스를 올려놓으면 데이터에 대한 더 자세한 내용을 보여주고, 상자 형태도 드래그하면 줌인해볼 수 있다.

```
> library(d3heatmap)
> data(economics, package='ggplot2')
> econCor <- economics %>% select_if(is.numeric) %>% cor
> d3heatmap(econCor, xaxis_font_size='12pt', yaxis_font_size='12pt',
+           width=600, height=600)
```

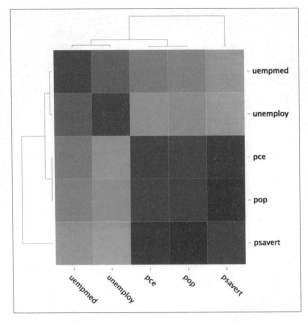

그림 28.8 d3heatmap으로 만든 economics 데이터에 대한 연관 히트맵

28.6 알마크다운 슬라이드 쇼

R 환경에서 재현 가능한 방법으로 프레젠테이션을 만들 때는 레이텍의 Beamer 모드를 사용해 왔는데, 결과물인 PDF 문서는 각 페이지가 하나의 슬라이드가 된다. 그렇지만 이런 레이텍으로 작업하는 것은 불필요하게 시간을 많이 잡아 먹는다. 좀 더 간편한 방법은 알마크다운 문서를 작성한 다음, HTML5 슬라이드쇼로 컴파일하는 것이다. 이런 슬라이드쇼에는 ioslides, revealjs 같은 것들이 준비돼 있다. 알마크다운은 또한 Beamer를 만들 수 있는 기능도 내장돼 있는데, 이것을 사용하면 레이텍을 직접 사용하지 않아도 된다.

yaml에서 output 태그를 ioslides_presentation이라고 지정하면 문서를 ioslides 프레젠테이션으로 만든다. revealjs 슬라이드 쇼를 만드는 기능은 revealjs 패키지에 들어 있다. 그래서 이것을 사용하려면 output 태그의 값을 `revealjs::revealjs_presentation`이라고 지정한다. 이런 패턴은 rmarkdown이 아닌 다른 패키지의 문서 포맷을 사용할 때 모두 적용된다.

슬라이드는 레벨 2 헤더(##)를 사용해 지정한다.[3] 같은 행에 쓴 텍스트는 슬라이드 제목이 된다. 슬라이드의 클래스와 아이디를 지정할 수 있는데, 이것은 일반적인 CSS에서 사용하는 문법과 같이 사용되고, 중괄호({}) 안에서 지정한다. 이것은 제목 텍스트 다음에 놓는다. 예를 들어 {.vcenter .flexbox #SlideID}로 지정하면 슬라이드 클래스를 vcenter, flexbox로 지정하고 SlideID라는 아이디를 부여하게 된다.

이와 같은 일부 슬라이드쇼를 위한 특별한 기능을 제외하고 나머지는 보통 마크다운 작성법이 그대로 적용된다. 다음은 슬라이드 쇼의 한 예를 보여준다.

```
---
title: "Slide Test"
author: "Jared P. Lander"
date: "December 22, 2016"
output: ioslides_presentation
---

## 첫 슬라이드
항목을 나열한다.

- 처음 항목
- 두 번째 항목
- 세 번째 항목

## R 코드 예
아래 코드는 어떤 것을 계산하고  플롯을 만든다.

```{r figure-plot,fig.cap="Simple plot of the numbers 1 through 10.", fig.scap="Simple plot of the numbers 1 through 10", out.width='50%', fig.show='hold'}
1 + 1
plot(1:10)
2 + 2
```
```

(이어짐)

---

3 물론 이것도 커스터마이징할 수 있다.

```
## 다른 슬라이드
어떤 정보들이 들어간다.

## 몇 개의 링크
[My Website](http://www.jaredlander.com)

[R Bloggers](http://www.r-bloggers.com)
```

28.7 결론

알마크다운은 텍스트와 R 코드를 혼합해 문서를 만드는 혁신적인 방법을 제공한다. 레이텍보다 문서를 쉽고 빠르게 작성할 수 있고, yaml 태그의 값을 바꾸는 간단한 방식으로 다양한 종류의 문서를 생성할 수 있다. 알마크다운 문서와 프레젠테이션은 코드를 공유하고, 어떤 작업을 실행해 과학적인 결과물을 전달하고 프레젠테이션할 수 있는 놀라운 방법이다.

## 29

샤이니로 인터랙티브 대시보드 만들기

데이터와 그 분석 결과를 잘 표현해 필요한 사람에게 전달하는 것은 데이터 과학의 작업 프로세스에서 중요한 부분을 차지한다. R은 내장된 베이스 그래픽 시스템과 gplot2 패키지 등을 통해 아주 뛰어난 데이터 시각화 기능을 보유하고 있다. 여기에 RStudio에서 만든 Shiny 패키지를 사용하면 R 코드로 대시보드를 만들 수 있다. R과 함께 대시보드를 만들 수 있는 SiSense, PowerBI, Qlik, Tableau 등과 같은 대시보드 툴이 있지만, 서로 주고받을 수 있는 데이터와 객체의 타입에는 한계가 있다. 샤이니는 R 그 자체를 사용하기 때문에 대시보드를 만들 때 아무런 제한이 없어서 R로 가능한 데이터 조작, 모델링, 시각화 등의 기능을 그대로 사용할 수 있다.

샤이니를 사용하면 HTML, 자바스크립트를 배우지 않아도 R로 웹 기반 대시보드를 만들 수 있다. 물론 그런 언어를 알면 도움이 된다. 처음에 약간 이상해 보이는 코드 패턴에 익숙해지기까지는 시간이 좀 걸릴 뿐, 샤이니는 어렵지 않다. 샤이니 코드를 처음 이해하고자 할 때 가장 중요한 개념은 인풋과 아웃풋이다. 사용자는 UI를 통해서 값을 입력하게 되고, 결과물은 아웃풋을 통해서 UI로 보내져 보여진다. 먼저 알마크다운 문서를 사용해 샤이니 문서를 만드는 방법을 설명하고, 이후 샤이니 앱을 만드는 방법을 다룬다.

이 책은 전자책의 포맷이라고 할지라도 종이 형태가 될 수밖에 없는데, 비록 아이디어는 같지만 여기서 설명되는 결과들이 컴퓨터에서 렌더링되는 것과 다를 수 있음에 주의한다.

29.1 알마크다운 문서 안에서 샤이니 사용하기

샤이니 앱을 만드는 가장 간단한 방법은 알마크다운 문서를 사용하는 것인데, 알마크다운 문서는 28장에서 설명했다. 일반적인 알마크다운에서와 같이 코드 청크들이 사용되는데, 청크의 결과들은 인터랙티브하다.

일반적인 알마크다운 문서와 같이 문서의 시작 부분에 yaml 헤더가 있고, 여기에 문서에 대한 세부사항들을 지정한다. yaml 헤더는 3개의 대시로 앞, 뒤 경계를 표시한다. 알마크다운에서 샤이니를 사용하려면 yaml 헤더에 최소한 문서의 제목과 런타임을 샤이니로 지정하는 것이 필요하다. 기타 추천되는 태그는 author, output, date 등이다.

```
---
title: "Simple Shiny Document"
author: "Jared P. Lander"
date: "November 3, 2016"
output: html_document
runtime: shiny
---
```

마지막 태그 runtime: shiny는 알마크다운 프로세서에게 이 문서는 일반적인 HTML 문서가 아니라 인터랙티브 샤이니 HTML 문서로 렌더링할 것을 지시한다. 이 내용만으로 문서를 빌딩하면 그림 29.1과 같이 제목, 저자, 날짜 등만 보게 된다.

Simple Shiny Document
Jared P. Lander
November 3, 2016

그림 29.1 헤더 정보만을 갖고 생성된 샤이니 문서

문서를 빌딩할 때는 콘솔에서 함수를 사용할 수도 있고, RStudio 메뉴, 단축키를 사용할 수 있다. 콘솔에서 문서 빌딩은 rmarkdown 패키지의 run 함수를 사용한다.

```
> rmarkdown::run("ShinyDocument.Rmd")
```

RStudio에서 작업할 때는 그림 29.2에서 보는 것과 같은 **Run Document** 버튼을 클릭하거나 단축키 **Ctrl+Shift+K**를 사용해 문서를 빌딩할 수 있다. RStudio의 버튼 또는 단축키를 사용해 샤이니를 실행시킬 때는 별도의 프로세스가 사용되기 때문에 R 콘솔은 사용할 수 있는 상태로 남아 있다.

그림 29.2 RStudio에 있는 R Document 버튼

처음으로 추가할 UI 요소는 드롭다운 선택자다. 일반적인 알마크다운에서 사용하는 코드 청크에 이것을 넣는다. 이런 청크에 있는 코드들은 echo라는 청크 옵션을 사용해 표시되거나 표시되지 않도록 지정할 수 있다. selectInput 함수는 HTML select 객체를 만든다. 첫 번째 인자는 inputId로 생성되는 객체의 HTML 아이디를 지정한다. 이 아이디를 통해서 샤이니 앱의 다른 함수들이 해당 select 객체의 정보에 접근한다. label 인자는 사용자에게 표시될 텍스트를 지정하는 데 사용된다. 선택하는 항목은 리스트나 벡터로 지정한다. 이름을 가진 리스트를 사용하는 경우 리스트의 이름이 화면에 표시되고, 해당하는 값이 그것을 선택했을 때의 실제 값을 갖게 된다. 다음과 같은 코드 청크의 결과물은 그림 29.3과 같이 된다.

````
```{r build-selector, echo=FALSE}
selectInput(inputId = "ExampleDropDown",
            label = "Please make a selection",
            choices = list("Value 1" = 1,
                           "Value 2" = 2,
                           "Value 3" = 3))
```
````

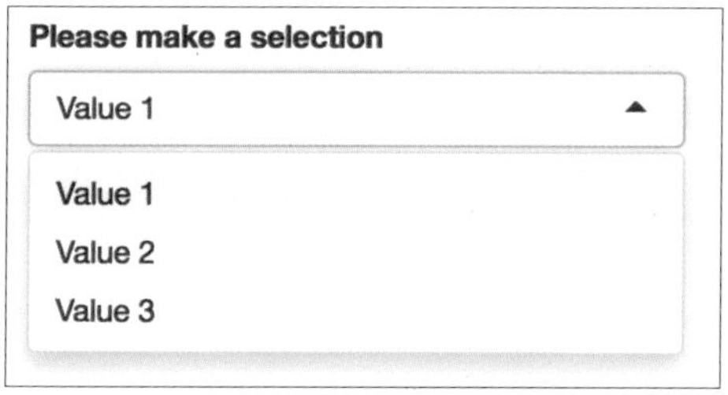

Please make a selection

| Value 1 | ▲ |

Value 1
Value 2
Value 3

그림 29.3 샤이니 드롭다운 select

알마크다운 문서에 selectInput을 넣는 것은 다음과 같은 HTML 코드를 넣는 것에 불과하다. 이 코드는 R 콘솔에서 해당 명령을 실행해보면 알 수 있다.

```
selectInput(inputId = "ExampleDropDown",
            label = "Please make a selection",
            choices = list("Value 1" = 1,
                           "Value 2" = 2,
                           "Value 3" = 3))
<div class="form-group shiny-input-container">
  <label class="control-label" for="ExampleDropDown">Please make a selection</
label>
  <div>
    <select id="ExampleDropDown"><option value="1" selected>Value 1</option>
<option value="2">Value 2</option>
<option value="3">Value 3</option></select>
    <script type="application/json" data-for="ExampleDropDown" data-
nonempty="">{}</script>
  </div>
</div>
```

이제 값을 입력받을 수 있게 됐으므로, 선택된 값을 갖고 뭔가를 하게 해보자. 간단한 예로 renderPrint를 사용해 선택된 값을 그냥 출력하게 해본다. renderPrint 함수의 주요 인자는 출력할 아이템이다. 이 아이템에 일반적인 텍스트를 쓸 수도 있겠지만, 그런 것은 샤이니의 목적에 부합하지 않는다. 사용자가 입력한 값이나 그것을 사용하는 표현식의 결과를 출력하게 만들면 좋을 것이다. 입력된 값을 출력하게 하려면 ExampleDropDown 아이디를 사용해 그 값에 접근할 필요가 있다. 입력된 모든 값들은 input[1]이라 불리는 리스트list에 저장된다. 이 리스트에 있는 개별 입력값의 이름을 접근할 때 입력 inputId와 $ 연산자로 값을 얻을 수 있다.

다음 코드 청크는 그림 29.4와 같이 드롭다운 선택자와 선택된 값을 출력한다. 선택을 바꾸면 바꾼 내용이 바로 출력된다.

---

1 샤이니 앱을 만들 때 input 리스트의 이름을 바꿀 수는 있지만 보통은 그렇게 하지 않는다.

```{r select-print-drop-down, echo=FALSE}
selectInput(inputId = "ExampleDropDown",
            label = "Please make a selection",
            choices = list("Value 1" = 1,
                           "Value 2" = 2,
                           "Value 3" = 3))
renderPrint(input$ExampleDropDown)
```

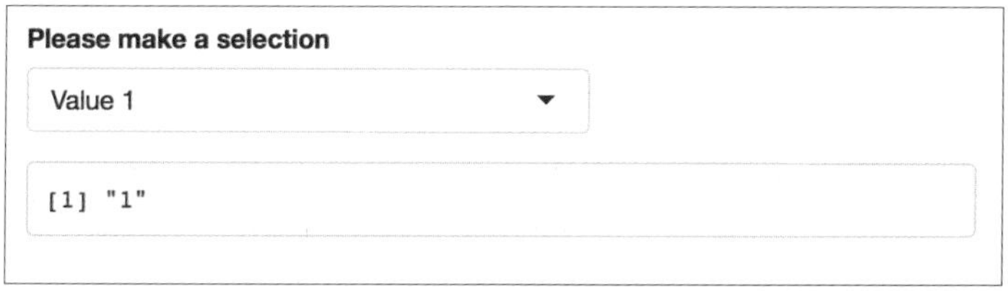

Please make a selection

Value 1   ▼

[1] "1"

그림 29.4 샤이니 드롭다운 select 인풋

흔하게 사용되는 입력 위젯들로 sliderInput, textInput, dateInput, checkboxInput, radioButtons 등이 있는데, 다음 코드 청크와 같이 사용되고 그 결과는 그림 29.5와 같다.

```{r common-inputs, echo=FALSE}

sliderInput(inputId='SliderSample',
            label='This is a slider', min=0, max=10, value=5)
textInput(inputId='TextSample', label='Space to enter text')
checkboxInput(inputId='CheckSample', label='Single check box')
checkboxGroupInput(inputId='CheckGroupSample',
                   label='Multiple check boxes',
                   choices=list('A', 'B', 'C'))
radioButtons(inputId='RadioSample', label='Radio button',
             choices=list('A', 'B', 'C'))
dateInput(inputId='DateChoice', label='Date Selector')
```

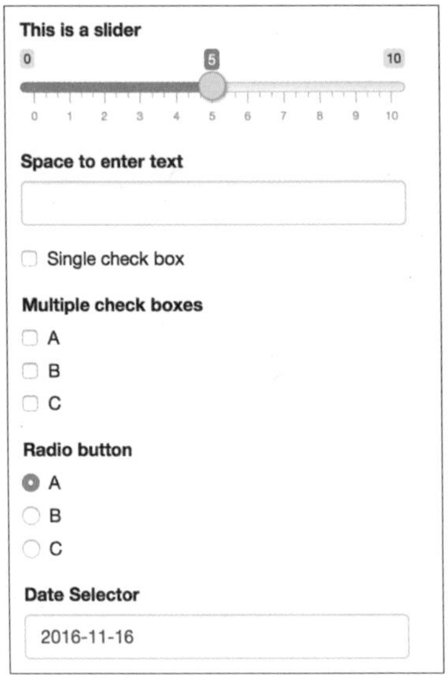

그림 29.5 흔히 사용되는 샤이니 인풋들

이들 입력 위젯들에 입력된 값은 input 리스트에서 inputId를 통해 접근해 다른 R 코드에서 사용될 수 있으며, 대응하는 렌더 함수들, renderPrint, renderText, renderDataTable, renderPlot 등을 통해 계산 결과들을 디스플레이한다.

이를테면 내부적으로 DataTables 자바스크립트 라이브러리에 대한 htmlwidgets 패키지를 사용하는 renderDataTable 함수를 갖고 데이터를 렌더링할 수 있다. 그 코드 청크와 결과는 그림 29.6에 있다.

```{r shiny-datatable-diamonds,echo=FALSE}
data(diamonds, package='ggplot2')
renderDataTable(diamonds)
```

Show 10 entries Search:

carat	cut	color	clarity	depth	table	price	x	y	z
0.23	Ideal	E	SI2	61.5	55	326	3.95	3.98	2.43
0.21	Premium	E	SI1	59.8	61	326	3.89	3.84	2.31
0.23	Good	E	VS1	56.9	65	327	4.05	4.07	2.31
0.29	Premium	I	VS2	62.4	58	334	4.20	4.23	2.63
0.31	Good	J	SI2	63.3	58	335	4.34	4.35	2.75
0.24	Very Good	J	VVS2	62.8	57	336	3.94	3.96	2.48
0.24	Very Good	I	VVS1	62.3	57	336	3.95	3.98	2.47
0.26	Very Good	H	SI1	61.9	55	337	4.07	4.11	2.53
0.22	Fair	E	VS2	65.1	61	337	3.87	3.78	2.49
0.23	Very Good	H	VS1	59.4	61	338	4.00	4.05	2.39
carat	cut	color	clarity	depth	table	price	x	y	z

Showing 1 to 10 of 53,940 entries

Previous 1 2 3 4 5 … 5394 Next

그림 29.6 DataTables를 사용해 표로 데이터 디스플레이

29.2 샤이니에서의 반응성 표현식

샤이니는 디폴트로 반응성 프로그래밍이라는 방법을 따르기 때문에 강력한 기능을 보인다. 반응성 표현식을 완전히 이해하는 데는 상당한 시간이 걸릴 수 있는데, 핵심은 간단한 말로 표현해보면, 샤이니에서는 어떤 변수들의 변화를 지켜보고 있고, 변화가 있을 때 즉시 반응하는 것이다. 이를테면 사용자가 인풋이 있고, 플롯과 텍스트를 렌더링하는 출력이 있다고 가정해보자.

`input` 리스트의 요소들은 그 자체로 반응성 특징을 가진다. 어떤 값이 어떤 것으로 연결돼 반응성으로 작동하는 것은 다음 코드 청크에서와 같이 renderText 함수가 textInput으로 입력된 값을 첫 번째 인자로 사용하는 형태로 표현된다. 그렇게 하면 입력 값이 바뀌면 이에 따라서 텍스트가 바로 출력된다. 그 결과는 그림 29.7과 같다.

```{r text-input-output, echo=FALSE}
textInput(inputId = "TextInput", label = "Enter Text")
renderText(input$TextInput)
```

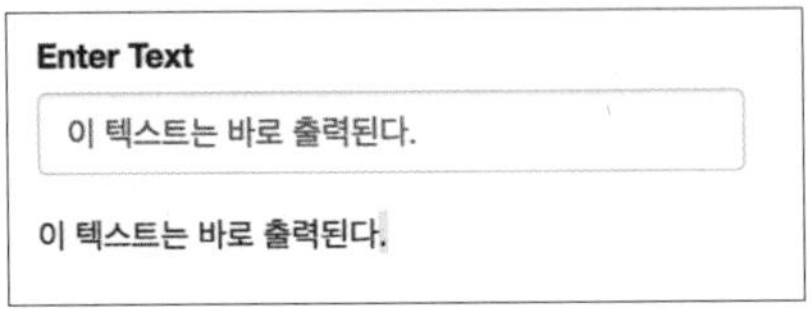

Enter Text

이 텍스트는 바로 출력된다.

이 텍스트는 바로 출력된다.

그림 29.7 샤이니 텍스트 인풋과 텍스트 렌더링 출력

반응성 표현식을 사용하는 가장 간단한 방법은 input 객체의 요소들을 사용하는 것이다. 그런데 ?로는 input 객체의 요소를 어떤 변수에 저장하고 나중에 이것을 사용할 필요가 생긴다. 다음과 같은 R 코드는 그림 29.8과 같이 에러를 만든다.

```{r render-date, echo=FALSE}
library(lubridate)
dateInput(inputId = "DateChoice", label = "Choose a date")
theDate <- input$DateChoice
renderText(sprintf("%s %s, %s",
          month(theDate, label =TRUE, abbr = FALSE),
          day(theDate),
          year(theDate)
))
```

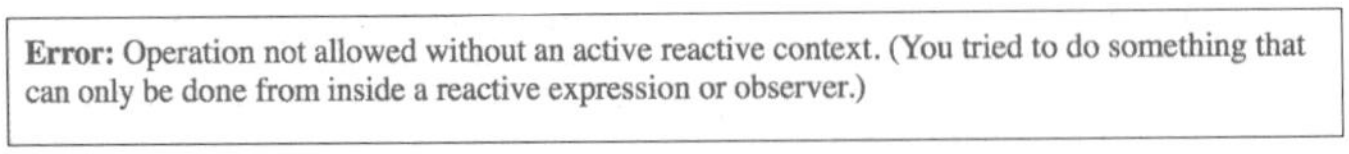

Error: Operation not allowed without an active reactive context. (You tried to do something that can only be done from inside a reactive expression or observer.)

그림 29.8 반응성 표현식을 잘못 사용했을 때의 에러

이 에러는 반응성 표현식인 input$DateChoice를 일반적인 정적인 변수인 theDate에 저장하고, 이 정적인 변수를 반응성 맥락^{reactive context}인 renderText에서 사용했기 때문에 발생한다. 이것을 수정하려면 input$DateChoice를 reactive 함수로 넘기고 그것이 반환하는 것을 theDate에 저장해야 한다. 이렇게 하면 theDate가 반응성 표현식이 되며, 입

력한 값이 바뀔 때마다 자동으로 따라 바뀌게 된다. theDate의 값에 접근하려면 우리는 그것을 하나의 함수로 보고 끝에 괄호를 붙여서 함수를 호출하는 형태를 사용해야 한다. 그 예는 다음 청크에 있고, 그림 29.9에서 결과를 확인할 수 있다. 만약, reactive 함수의 첫 번째 인자가 여러 행의 코드인 경우에는 그것을 중괄호({})로 감싸서 하나의 블록으로 만들어줄 필요가 있다.

```{r render-date-reactive, echo=FALSE}
library(lubridate)
dateInput(inputId = "DateChoice", label = "Choose a date")
theDate <- reactive(input$DateChoice)
renderText(sprintf("%s %s, %s",
        month(theDate(), label =TRUE, abbr = FALSE),
        day(theDate()),
        year(theDate())
))
```

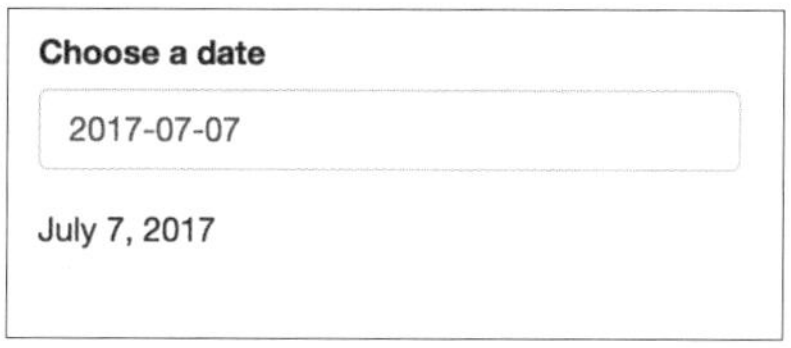

그림 29.9 반응성 표현식을 적절히 처리한 예

반응성 표현식은 샤이니의 기본 엔진으로 복잡한 상호작용을 정의할 수 있다. 반응성 표현식을 적절히 사용하는 법을 익히는 것은 이것이 전통적인 R 프로그래밍 방법과 다르기 때문에 약간 시간이 걸린다. reactive 외에 observe, isolate 함수도 반응성 프로그래밍에서 중요한 역할을 한다. reactive 함수가 반환하는 객체는 그 값을 사용할 때 사용하고, 그 값은 입력값이 바뀔 때 자동으로 업데이트된다. observe 함수로 만들어지는 객체는 특별한 지시가 있을 때만 업데이트된다. observe는 어떤 객체를 반환하지 않으며 플롯을 만들거나 다른 객체를 바꾸는 등의 부수 효과side effect를 원할 때 사용된다. isolate 함수는 반응성에서 고립시킬 필요가 있을 때 사용한다.

29.3 서버와 UI

지금까지는 하나의 알마크다운 문서만 사용해 간단한 샤이니 앱을 만들어봤다. 그러나 더 강력한 방법은 UI와 서버 요소들을 별도로 정의해 사용하는 것으로, UI는 사용자가 브라우저에서 보게 될 것들을 다루고, 서버 요소는 계산과 사용자 상호작용을 조절한다. 샤이니 앱을 만드는 가장 전통적인 방법은 앱 디렉터리를 하나 만들고, 거기에 ui.R 파일과 server.R 파일을 만들어 코딩하는 것이다.

먼저 server.R 파일에 내용을 채우자. 일단, 이것은 아무런 일도 하지 않을 것이다. 다만 샤이니 앱이 실행되게 해서 이후 UI의 구조를 볼 수 있게 하려는 것이다. 이런 서버 파일이 최소한으로 나마 작동하려면 shinyServer 함수로 서버 인스턴스 활성화할 필요가 있다. shinyServer 함수의 유일한 인자는 하나의 함수로, 이 함수는 input과 output 인자를 반드시 갖고 있어야 하고, 옵션으로 session 인자를 가진다. 함수는 인라인으로 바로 그 자리에서 정의할 수도 있고, 밖에서 독립된 함수로 정의한 후에 가져와 인자로 전달해도 된다. input 인자는 29.1절에서 설명했던 바로 그 input과 같은 객체다. shinyServer 안에 있는 코드는 이 input 리스트를 통해서 input의 요소들에 접근한다. output 인자는 렌더링된 R 객체를 저장하는 리스트다. 이런 객체들은 UI에서 접근돼 사용된다. 대부분의 경우 session 인자는 무시해도 되지만, 샤이니 모듈을 사용할 때는 매우 유용하다. 이런 빈 shinyServer 함수는 앱이 구성되고 실행되게 하는 역할을 할 뿐, 아직은 아무런 일을 하지 않는다.

```
library(shiny)
shinyServer(function(input, output, session) {

})
```

다음 ui.R 파일에 UI를 작성하는 방법을 살펴보자. 샤이니 앱의 레이아웃을 결정하는 데에는 아주 다양한 방법이 있는데, shinydashboard는 간단한 코드로 보기 좋은 앱을 만들 수 있는 기능을 제공한다. shinydashboard 패키지는 dashboardPage라는 함수를 제공하는데, 이 안에 모든 UI 요소를 넣는다. 대시보드의 주요 요소들은 헤더, 사이드 바, 보디로, 그림 29.10과 같다.

그림 29.10 샤이니 대시보드에서 헤더, 사이드 바, 보디의 위치

그림 29.10에 있는 앱은 dashboardPage 함수에 빈 헤더, 사이드 바, 보디 인자를 넣어
서 만든 것이다. title 인자는 브라우저의 탭에 표시된 타이틀을 의미한다.

```r
library(shiny)
library(shinydashboard)

dashboardPage(
    header=dashboardHeader(),
    sidebar=dashboardSidebar(),
    body=dashboardBody(),
    title='Example Dashboard'
)
```

```html
<body class="skin-blue" style="min-height: 611px;">
  <div class="wrapper">
    <header class="main-header">
      <span class="logo"></span>
      <nav class="navbar navbar-static-top" role="navigation">
        <span style="display:none;">
          <i class="fa fa-bars"></i>
        </span>
```

(이어짐)

```
            <a href="#" class="sidebar-toggle" data-toggle="offcanvas"
                role="button">
            <span class="sr-only">Toggle navigation</span>
          </a>
          <div class="navbar-custom-menu">
            <ul class="nav navbar-nav"></ul>
          </div>
        </nav>
      </header>
      <aside class="main-sidebar" data-collapsed="false">
        <section class="sidebar"></section>
      </aside>
      <div class="content-wrapper">
        <section class="content"></section>
      </div>
    </div>
  </body>
```

앱에 더 많은 객체를 추가할수록 UI 코드는 상당히 복잡해지기 때문에 모든 코드의 헤더, 사이드 바, 보디를 하나로 작성하는 것보다 각각을 하나의 객체로 저장하고, 객체를 dashboardPage 함수에서 사용하는 것이 좋다.

헤더를 되도록 간단하게 유지하기 위해서 대시보드에 표시될 이름만 제공한다. 이것을 dashHeader 객체에 저장하고, 이것을 dashboardPage의 header 인자로 넘길 것이다.

```
> dashHeader <- dashboardHeader(title = "Simple Dashboard")
```

사이드 바는 여러 가지 목적으로 사용하지만 주로는 내비게이션에 사용된다. sidebarMenu 안에 menuItem 함수를 사용해 클릭되는 링크를 만든다. 이런 menuItem은 나중에 보디에 놓여질 tabItem을 가리킨다. 여기서는 sidebarMenu 안에 2개의 menuItem을 만든다. 하나는 홈 탭, 다른 하나는 그래프를 표시하는 탭을 가리키게 할 것이다.

각각의 menuItem 함수는 적어도 text와 tabName이라는 2개의 인자를 가진다. text는 표시될 텍스트, tabName으로 클릭했을 때 보여질 탭을 가리키게 한다. 옵션으로 icon이라는 인자가 있는데, 이것은 텍스트 오른쪽에 아이콘을 표시할 때 사용해 icon이라는 함수로 실제 아이콘이 만들어진다. 이 함수는 폰트 오썸[2]과 글리피콘[3]을 사용해 아이콘을 만든다.

```
> dashSidebar <- dashboardSidebar(
+    sidebarMenu(
+      menuItem("Home",
+               tabName = "HomeTab",
+               icon = icon("dashboard")
+      ),
+      menuItem( "Graph",
+               tabName = "GraphsTab",
+               icon = icon("bar-chart-o")
+      )
+    )
+ )
```

이 코드를 합치면 그림 29.11과 같은 대시보드가 된다.

```
library(shiny)
library(shinydashboard)

dashHeader <- dashboardHeader(title='Simple Dashboard')

dashSidebar <- dashboardSidebar(
    sidebarMenu( menuItem('Home', tabName='HomeTab', icon=icon('dashboard')
    ),
    menuItem('Graphs', tabName='GraphsTab', icon=icon('bar-chart-o')
    )
    )
)

dashboardPage(
    header=dashHeader,
```

(이어짐)

---

2 http://fontawesome.io/icons/

3 http://getbootstrap.com/components/#glyphicons

```
    sidebar=dashSidebar,
    body=dashboardBody(),
    title='Example Dashboard'
)
```

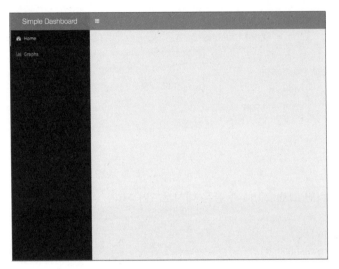

그림 29.11 헤더와 홈과 그래프 탭에 대한 링크를 갖고 있는 사이드 바를 가진 샤이니 대시보드

이 사이드 바에 있는 링크들은 보디에 있는 탭에 연결된다. 이런 탭들은 **tabItem** 함수를 사용해 만들고, 이것들은 이것을 묶이도록 하는 **tabItems**라는 함수로 전달한다. **tabItem** 함수는 tabName이라는 인자를 갖고 있어서 이 값을 사용해 사이드 바에 있는 링크와 연결되도록 만든다. tabName 이후에는 다른 UI 객체들이 지정된다. 이를테면 **h1**은 레벨 1의 헤더 텍스트를 만들고, **p**는 패러그래프(문단), **em**은 텍스트를 강조한다.

대부분의 HTML 태그에 상응하는 함수들이 __htmltools__라는 패키지를 통해서 샤이니에서 정의돼 있다. 이것들은 다음과 같은 코드로 확인할 수 있다.

```
> names(htmltools::tags)
 [1] "a"         "abbr"        "address"   "area"       "article"
 [6] "aside"     "audio"       "b"         "base"       "bdi"
[11] "bdo"       "blockquote"  "body"      "br"         "button"
[16] "canvas"    "caption"     "cite"      "code"       "col"
[21] "colgroup"  "command"     "data"      "datalist"   "dd"
[26] "del"       "details"     "dfn"       "div"        "dl"
```

```
 [31] "dt"        "em"        "embed"     "eventsource" "fieldset"
 [36] "figcaption" "figure"   "footer"    "form"        "h1"
 [41] "h2"        "h3"        "h4"        "h5"          "h6"
 [46] "head"      "header"    "hgroup"    "hr"          "html"
 [51] "i"         "iframe"    "img"       "input"       "ins"
 [56] "kbd"       "keygen"    "label"     "legend"      "li"
 [61] "link"      "mark"      "map"       "menu"        "meta"
 [66] "meter"     "nav"       "noscript"  "object"      "ol"
 [71] "optgroup"  "option"    "output"    "p"           "param"
 [76] "pre"       "progress"  "q"         "ruby"        "rp"
 [81] "rt"        "s"         "samp"      "script"      "section"
 [86] "select"    "small"     "source"    "span"        "strong"
 [91] "style"     "sub"       "summary"   "sup"         "table"
 [96] "tbody"     "td"        "textarea"  "tfoot"       "th"
[101] "thead"     "time"      "title"     "tr"          "track"
[106] "u"         "ul"        "var"       "video"       "wbr"
```

그래프 페이지에서는 우리는 하나의 드롭다운 선택자를 만들려고 한다. 여기서는 diamonds 데이터에서 열들의 이름을 직접 적어 놓았다. 이것을 프로그래밍 방법으로 지정할 수도 있지만, 여기서는 이 정도로도 충분하다. 그리고 플롯이 출력될 위치에 plotOutput 함수를 사용했다. 아직은 서버 쪽에서 플롯을 만드는 코드를 만들지 않은 상황이기 때문에 아직은 빈 상태로 있을 것이다.

```
> dashBody <- dashboardBody(
+     tabItems(
+         tabItem(tabName='HomeTab',
+                 h1("Landing page!"),
+                 p("This is the landing page for the dashboard."),
+                 em("This text is emphasized")
+         ),
+         tabItem(tabName = "GraphsTab",
+                 h1("Graphs!"),
+                 selectInput(inputId = "VarToPlot",
+                             label = "Choose a Variable",
+                             choices = c("carat", "depth",
+                                         "table", "price"
+                                         ),
+                             selected = "price"),
+                 plotOutput(outputId = "HistPlot")
```

```
+        )
+     )
+ )
```

이런 UI 함수들에서 개개의 아이템들이 콤마(,)로 구분돼 있는 것에 주목한다. 이것은 이들이 모두 함수의 인자고, 이 함수는 또한 다른 함수의 인자기 때문이다. 이런 결과로 코드들이 여러 겹으로 둘러쌓이게 된다. 그렇기 때문에 이들을 나눠서 객체에 저장하고, 적절한 함수로 해당 객체를 넘기는 형태로 코딩할 필요가 있다.

대시보드의 두 페이지에 대한 UI 코드를 모두 합친 것은 다음과 같고, 그 결과는 그림 29.12와 그림 29.13에서 볼 수 있다.

```r
library(shiny)
library(shinydashboard)

dashHeader <- dashboardHeader(title='Simple Dashboard')

dashSidebar <- dashboardSidebar(
    sidebarMenu( menuItem('Home', tabName='HomeTab', icon=icon('dashboard')
    ),
    menuItem('Graphs', tabName='GraphsTab', icon=icon('bar-chart-o')
    )
    )
)

dashBody <- dashboardBody(
    tabItems(
        tabItem(tabName='HomeTab',
                h1("Landing page!"),
                p("This is the landing page for the dashboard."),
                em("This text is emphasized")
        ),
        tabItem(tabName = "GraphsTab",
                h1("Graphs!"),
                selectInput(inputId = "VarToPlot",
                            label = "Choose a Variable",
                            choices = c("carat", "depth",
```

(이어짐)

```
                                    "table", "price"
                                ),
                        selected = "price"),
            plotOutput(outputId = "HistPlot")
        )
    )
)

dashboardPage(
    header = dashHeader,
    sidebar = dashSidebar,
    body = dashBody,
    title='Example Dashboard'
)
```

그림 29.12 샤이니 대시보드 홈 페이지

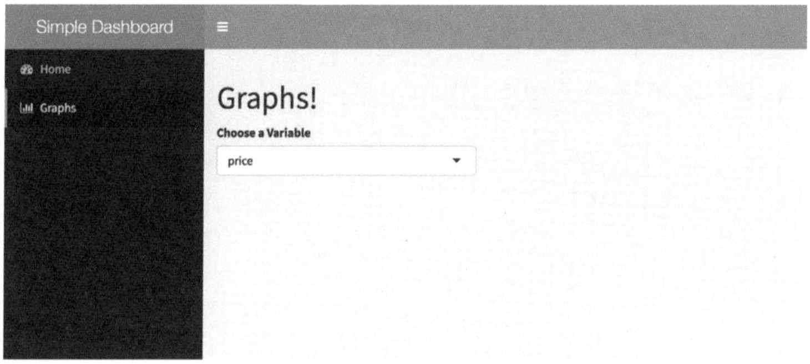

그림 29.13 샤이니 대시보드 그래프 페이지

이제 우리는 그래프를 놓을 공간을 확보했고, 플롯에 사용할 드롭다운 선택자를 갖고 있기 때문에 실제로 서버에서 플롯을 생성해보자. 플롯은 표준 ggplot2 코드를 사용할 것이다. 플롯에 사용될 변수는 input$VarToPlot을 사용하게 될 것인데, 그 이유는 앞에서 inputId를 그렇게 정했기 때문이다. 이 변수에는 선택된 값이 문자열로 저장된다. 이 정보를 aes_string이라는 함수로 에스테틱으로 정한다.

플롯을 스크린에 표시하고자 하기 때문에 플롯을 renderPlot 함수에 인자로 전달한다. 코드들을 {}로 감싸서 복수의 표현식을 하나의 단위로 처리할 수 있게 했다. renderPlot 함수 호출을 output 리스트의 HistPlot 요소에 저장시켰다. 이것은 UI 함수의 plotOutput의 outputId와 매칭되도록 하는 것이다. 이런 아이디를 매칭함으로써 UI와 서버가 소통할 수 있기 때문에 아이디들을 잘 맞추는 것이 핵심이다.

```
> output$HistPlot <- renderPlot({
+    ggplot(diamonds, aes_string(x=input$VarToPlot)) +
+        geom_histogram(bins = 30)
+ })
```

이제 서버 파일은 다음과 같은 코드를 가진다. 이것은 UI 파일과 함께 그림 29.14와 같은 대시보드 페이지를 만든다. 드로다운 선택자에서 변수를 선택하게 해당 변수에 대한 플롯이 만들어진다.

```
library(shiny)
library(ggplot2)
data("diamonds", package = "ggplot2")

shinyServer(function(input, output, session) {
    output$HistPlot <- renderPlot({
        ggplot(diamonds, aes_string(x=input$VarToPlot)) +
            geom_histogram(bins = 30)
    })
})
```

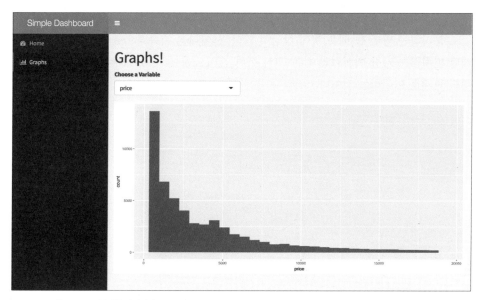

그림 29.14 드롭다운 선택자에 의해서 자동으로 바뀌는 히스토그램을 포함하는 샤이니 대시보드 그래프 페이지

샤이니 앱을 만들 때 자주 헷갈리는 것은 콤마로 객체를 구분해야 할 때와 그렇지 않을 때를 구분하는 것이다. UI 함수들에 대한 아이템 인자들을 함수의 인자들이다. 그래서 그것들을 콤마로 구분한다. 서버의 객체들은 하나의 함수 안에 존재하는 일반적인 표현식이다. 그래서 일반적인 R 코드와 같은 형태로 콤마 없이 사용한다.

29.4 결론

샤이니는 R 코드만을 사용해 웹 기반 대시보드를 만들 수 있는 강력한 툴이다. 간단히 말하면 샤이니의 우수성은 모든 것을 R로 할 수 있으며, 새로운 도구를 따로 배울 필요가 없다는 것이다. 그렇지만 그것은 샤이니의 일면일 뿐이다. 모든 것을 R로 할 수 있기 때문에 대시보드는 전체 R 에코 시스템을 활용할 수 있다. 그래서 다른 도구로는 불가능한 통계적인 계산이나 모형화 등의 기법을 구현할 수 있다. 이런 능력으로 머신 러닝, 데이터 사이언스, 심지어 AI까지 쉽게 끌어들일 수 있으며, 이것을 모든 사람이 이해할 수 있는 대시보드로 구현할 수 있다. 이것은 데이터 시각화와 프레젠테이션에 있어서 아주 큰 진보다.

우리는 샤이니의 앱에 대해 겉핥기만을 다뤘다[4]. 이외에 반응성, 모듈, 코드를 여러 파일로 분리하는 방법 등 배울 것이 상당히 많다. 샤이니는 지속적으로 성장, 발전하고 있지만 변치않는 가장 핵심적인 점은 UI와 서버 간의 소통에서 input과 output 사이의 밀접한 관계를 이해하는 것이다.

---

4 샤이니를 배우고 싶은 독자라면 옮긴이가 저술한 『R Shiny 프로그래밍 가이드』(한나래아카데미, 2017) 책을 권한다 .– 옮긴이

30

R 패키지 개발

2017년 2월 초순을 기준으로 CRAN에 1만 개, Bioconductor에 1,300개가 넘는 패키지들이 등록돼 있으며, 하루가 멀다하고 패키지가 추가되고 있다. 과거에는 패키지 개발 방법이 잘 알려지지 않았고 그 과정이 복잡했는데, 이제는 그렇지 않다. 특히 해들리 위캄Hadley Wickham의 devtools 패키지가 그 부분에 크게 이바지했다.

CRAN이나 Bioconductor에 패키지를 제출하려면 정해진 가이드라인을 준수해야 한다. 패키지 폴더의 구조와 DESCRIPTION, NAMESPACE 파일 그리고 도움말 파일들이 정해진 표준을 준수해야 한다.

30.1 폴더 구조

하나의 패키지는 정해진 폴더 구조를 사용한다. 패키지에는 최소한 R이라는 폴더와 man이라는 폴더가 필요하다. R 폴더에는 함수들이 들어가고, man에는 도움말 문서 파일들이 위치한다. 과거에는 이런 문서들을 별도로 직접 만들어야 했는데, 이제는 roxygen2 패키지 덕분에 더 이상 그럴 필요가 없어졌다. 이 내용은 30.3절에서 설명한다. R 3.0.0부터는 CRAN 정책이 더욱 엄격해졌는데, 모든 파일들이 하나의 빈 행으로 끝나야 하고, 코드 예제는 105자 이내여야 한다.

R, man 폴더 이외에도 여러 폴더들이 사용될 수 있다. src에는 C++ 또는 FORTRAN으로 작성한 코드를 컴파일한 코드가 들어가고, data에는 패키지에 포함될 데이터, inst는 사용자가 볼 수 있는 파일들이 들어간다. 패키지가 로딩됐을 때, 루트 폴더에 있는 INDEX, LICENSE, NEWS를 제외하고 나머지 폴더에 있는 파일들은 사람이 읽을 수 있는 형태가 아니다. 표 30.1에 R 패키지에 가장 흔히 사용되는 폴더들이 정리돼 있다.

표 30.1 R 패키지에 사용되는 폴더들. 다른 폴더들도 있지만 이것들이 가장 흔히 사용된다.

폴더	설명
R	R 코드를 포함하는 파일들. 파일 이름들은 .R, .S, .q, .r 또는 .s라는 확장자를 가져야 한다. .r이 가장 일반적인 형태다(해들리 위캄은 .R을 사용할 것을 권한다.).
man	.Rd 확장자를 갖는 문서 파일들로 R 폴더에 있는 함수 하나당 하나의 파일이 생성돼야 한다. 이들은 roxygen2 패키지로 자동으로 생성할 수 있다.
src	컴파일된 C/C++/FORTRAN 코드
data	패키지에 포함되는 데이터
inst	패키지를 인스톨했을 때 최종 사용자가 볼 수 있는 파일들
tests	R 폴더에 있는 함수들을 테스트하는 코드

30.2 패키지 파일들

패키지 루트 폴더에는 적어도 DESCRIPTION 파일과 NAMESPACE 파일이 있어야 한다. 이 파일에 대해서는 30.2.1절과 30.2.2절에서 다시 설명한다. 나머지 NEWS, LICENSE, README 파일들이 권고되지만, 반드시 필요한 것은 아니다. 표 30.2에 R 패키지에 사용되는 파일들을 간략히 정리돼 있다.

표 30.2 R 패키지에서 사용되는 파일들. 다른 파일들도 사용될 수 있으나 이것들이 가장 흔히 사용된다.

파일	설명
DESCRIPTION	의존 패키지를 비롯한 여러 패키지 정보
NAMESPACE	다른 패키지에서 갖고 온 함수들과 최종 사용자에게 노출될 함수 리스트
NEWS	각 버전에서 달라진 내용들
LICENSE	저작권 정보
README	패키지에 대한 기본 설명

30.2.1 DESCRIPTION 파일

DESCRIPTION 파일은 패키지 이름, 버전, 저자, 의존하는 패키지 등 패키지에 관한 정보를 포함한다. 각 정보는 하나의 행에서 Item1: Value1의 형식으로 지정한다. 표 30.3에 DESCRIPTION 파일에 사용되는 여러 필드를 요약했다.

표 30.3 DESCRIPTION 파일에서 사용되는 필드들

필드	필수	설명
Package	yes	패키지 이름
Type	No	그냥 Package라고 사용한다.
Title	Yes	패키지에 대한 간단한 설명
Version	Yes	현재 버전: v.s.ss
Date	No	최종 빌드 날짜
Author	Yes	저자명
Maintainer	Yes	저자 이름과 이메일 주소
Description	Yes	패키지에 대한 완전한 설명
License	Yes	라이선스 유형
Depends	No	로딩될 패키지를 콤마로 구분해 나열
Imports	No	로딩되지는 않지만, 사용되는 패키지를 콤마로 구분해 나열
Suggests	No	있으면 좋은 패키지들을 콤마로 구분해 나열
Collate	No	프로세싱 순서대로 R 디렉터리의 파일들을 나열
ByteCompile	No	인스톨할 때 바이트 컴파일이 필요한지 지정

Package 필드는 패키지 이름을 정한다. 이 이름으로 CRAN에 등재되고 사용자들이 이 이름으로 패키지를 사용한다.

Type 필드는 약간 구식이다. 이 값은 Package나 Frontend가 될 수 있는데, Frontend는 R 에 대한 그래픽 프런트엔드를 만들 때 사용하지만, 함수들을 가진 R 패키지를 개발할 때는 도움이 되지 않는다.

Title은 패키지에 대한 간단한 설명이다. 상대적으로 간략하게 정해야 하고, 끝에 마침 표로 끝나면 안 된다. Description은 패키지에 대한 완전한 설명문으로 여러 행에 걸쳐 기록되지만, 하나의 패러그래프 이상이 될 수는 없다.

Version은 패키지 버전으로 1.15.2와 같이 3개의 숫자를 점(.)으로 구분해 지정하는 것 이 보통이다. Date는 현재 버전을 출시한 날을 의미한다.

Author, Maintainer 필드는 모두 꼭 들어가야 하는 필드다. Author는 여러 사람일 수 있 는데, 그런 경우 콤마로 구분한다. Maintainer는 유지 관리 책임이 있는 사람으로, 이름 뒤에 반드시 이메일 주소를 <> 안에 넣어야 한다. 한 예를 보면 Maintainer: Jared P.

Lander <packages@jaredlander.com>과 같다. CRAN은 Maintainer에 대해 상당히 엄격하기 때문에 정확한 포맷을 갖고 있지 않으면 CRAN에서 거부된다.

저작권 정보는 License 필드에 적는다. GPL-2, BSD와 같은 표준 스펙에 대한 약자를 사용해야 한다면, file LICENSE라는 문자열은 패키지 루트 폴더의 LICENSE 파일을 가리키게 만든다.

Depends, Imports, Suggests 필드는 좀 까다롭다. 종종 개발하는 패키지가 다른 패키지의 함수들이 필요할 수 있다. 이를테면 ggplot2 패키지가 필요한 경우에는 이것을 Depends 필드나 Imports 필드에 콤마로 구분해 알려줘야 한다. ggplot2 패키지가 Depends 필드에 놓이면 개발하는 패키지가 로딩될 때, ggplot2 패키지도 같이 로딩하게 되고, 패키지에 포함된 함수들을 최종 사용자도 이용할 수 있다. ggplot2 패키지가 Imports 필드에 등록된 경우에는 개발하는 패키지가 로딩될 때는 ggplot2 패키지는 로딩되지 않는다. ggplot2 패키지의 함수들은 개발하는 패키지 안에 유효하지만, 최종 사용자들이 바로 사용할 수 있는 상태가 되는 것은 아니다. 하나의 패키지는 Imports나 Depends 중에서 어느 한쪽에만 등록돼야 하며, 양쪽에 등록되면 안 된다. 이들 필드에 등록된 패키지들은 개발하는 패키지를 인스톨할 때 CRAN에서 같이 인스톨된다. 만약, 패키지가 특정 버전의 패키지를 필요로 하는 경우에는 버전 번호를 괄호 안에 지정한다. 예를 들어, Depends: ggplot2 (>= 0.9.1)과 같이 지정한다. 도움말의 예제, 비니에트, 테스팅에서만 필요하고, 개발 패키지에서 해당 패키지의 기능을 의존할 필요가 없는 경우에는 Suggests에 등록한다.

Collate 필드는 R 폴더에 있는 R 코드 파일들의 실행 순서를 정한다.

비교적 최근에 추가된 것이 바이트-컴파일인데, 이것은 R 코드의 속도를 상당히 향상시킨다. ByteCompile을 TRUE라고 하면 사용자가 개발된 패키지를 인스톨할 때 패키지가 바이트-컴파일된다.

coefplot 패키지에 있는 DESCRIPTION 파일은 다음과 같다.

```
Package: coefplot
Type: Package
Title: Plots Coefficients from Fitted Models
Version: 1.2.4
Date: 2016-01-09
Author: Jared P. Lander
```

(이어짐)

```
Maintainer: Jared P. Lander <packages@jaredlander.com>
Description: Plots the coefficients from model objects.  This very
               quickly shows the user the point estimates and confidence
intervals for fitted models.
License: BSD_3_clause + file LICENSE
LazyLoad: yes
Depends: ggplot2 (>= 2.0.0)
Imports:
    plyr,
    reshape2,
    useful,
    stats
Enhances:
    glmnet,
    maxLik
ByteCompile: TRUE
Packaged: 2016-01-10 06:21:05 UTC; rh88_000
Suggests:
    testthat
RoxygenNote: 5.0.1
```

30.2.2 NAMESPACE 파일

NAMESPACE 파일에는 사용자들에게 노출시킬 함수들을 지정하고(패키지의 모든 함수를 노출시키지 않게 하면서), 어떤 패키지를 임포트할지 지정한다. 노출시킬 함수들은 export(multiplot)과 같은 형태로 리스트에 올려놓고 임포트하는 패키지들은 import(plyr)와 같은 형태로 지정한다. 이 파일을 손으로 작성하는 일은 상당히 지겨운 일이기 때문에 roxygen2 패키지와 devtools 패키지를 사용하면 자동으로 이 파일을 빌드할 수 있다. 그래서 이 방법을 사용하도록 해야 한다.

R은 S3, S4, Reference Classes라고 하는 3개의 객체지향 시스템을 갖고 있다. S3은 가장 오래되고 가장 간단한 시스템으로, 이 책에서 주로 사용하는 방법이다. 이 시스템은 print, summary, coef, coefplot과 같은 수많은 제네릭 함수로 구성된다. 제네릭 함수는 객체에 따라 특정 함수가 적용되도록 하는 역할만 한다. 콘솔에서 print라고 입력하면 다음과 같이 보인다.

```
> print
function (x, ...)
UseMethod("print")
<bytecode: 0x7fa0300433b8>
<environment: namespace:base>
```

이것은 UseMethod("print")라고 하는 한 줄의 명령만을 가진 함수인데, 이것은 R에 전달된 객체의 클래스에 따라서 거기에 맞는 함수를 호출하도록 지시한다. 호출할 수 있는 함수들은 methods(print)라는 함수로 알 수 있다. 지면을 아끼기 위해서 그 가운데 20개만 보여준다. 최종 사용자에게 노출되지 않는 함수는 별표(*)로 표시된다. 모든 함수는 print로 시작하고, 도트(.) 다음에 객체 클래스 이름이 온다.

```
> head(methods(print), n = 20)
 [1] "print.acf"
 [2] "print.AES"
 [3] "print.anova"
 [4] "print.aov"
 [5] "print.aovlist"
 [6] "print.ar"
 [7] "print.Arima"
 [8] "print.arima0"
 [9] "print.AsIs"
[10] "print.aspell"
[11] "print.aspell_inspect_context"
[12] "print.bibentry"
[13] "print.Bibtex"
[14] "print.browseVignettes"
[15] "print.by"
[16] "print.bytes"
[17] "print.changedFiles"
[18] "print.check_code_usage_in_package"
[19] "print.check_compiled_code"
[20] "print.check_demo_index"
```

어떤 객체에 대해 print 함수를 호출하면, 객체의 타입에 따라서 이들 함수 가운데 하나가 호출된다. 예를 들어 데이터 프레임이 전달되고, print.data.frame 함수가 lm 객체가 전달되면 print.lm이 실행된다.

이러한 제네릭 S3 함수에 의해서 호출되는 객체-특이 함수들은 노출될 함수들과 더불어 NAMESPACE에서 선언돼야 한다. 이를테면 S3Method(coefplot, lm)는 coefplot.lm이 coefplot 제네릭 함수로 등록됐다는 것을 말한다.

coefplot 패키지에 있는 NAMESPACE 파일은 다음과 같다.

```
# Generated by roxygen2: do not edit by hand

S3method(buildModelCI,default)
S3method(coefplot,data.frame)
S3method(coefplot,default)
S3method(coefplot,glm)
S3method(coefplot,lm)
S3method(coefplot,rxGlm)
S3method(coefplot,rxLinMod)
S3method(coefplot,rxLogit)
S3method(extract.coef,maxLik)
export(buildModelCI)
export(buildModelCI.default)
export(coefplot)
export(coefplot.data.frame)
export(coefplot.default)
export(coefplot.glm)
export(coefplot.lm)
export(coefplot.rxGlm)
export(coefplot.rxLinMod)
export(coefplot.rxLogit)
export(extract.coef)
export(extract.coef.maxLik)
export(multiplot)
export(plotcoef)
export(position_dodgev)
import(ggplot2)
import(plyr)
import(reshape2)
import(useful)
```

coefplot 패키지와 같은 작은 패키지도 이와 같은 분량의 NAMESPACE 파일이 필요한데, 이것을 손으로 작성하는 것은 정말 지겹고 에러가 발생할 확률이 높다. 그래서 devtools, roxygen2 패키지를 사용해 NAMESPACE 파일을 빌드하는 것이 최선이다.

30.2.3 기타 패키지 파일

NEWS 파일은 플레인 파일이나 마크다운으로 작성하는데, 각 버전마다 새로운 내용이나 변경된 내용을 자세히 기록한다. coefplot 패키지에서 사용했던 가장 최근 4개의 버전에 대한 예시를 다음에 표시했다. 업데이트에 이바지한 사람에게 감사를 표하는 내용을 넣는 것은 좋은 습관이다.

```
# Version 1.2.4
Patched to accommodate changes to ggplot2.

# Version 1.2.3
Can run coefplot on a data.frame that is properly setup like on resulting from
coefplot(..., plot=FALSE).

# Version 1.2.2
Support for glmnet models. Added tests.

# Version 1.2.1
In mulitplot there is now an option to reverse the order of the legend so it
matches the ordering in the plot.
```

LICENSE 파일은 패키지 라이선스에 대한 더 자세한 정보를 입력하는 곳이고, 이 파일은 최종 사용자들이 인스톨했을 때 볼 수 있다. CRAN은 라이선스 파일 안에 기재해야 할 규칙을 엄격하게 규정하고 있다. 정확히 3개의 행으로 구성돼야 하는데, 첫 행은 저작권 연도, 두 번째 행은 저작권 소유자, 세 번째 행은 기관을 나열한다. coefplot 패키지의 LICENSE 파일은 다음과 같다.

```
YEAR: 2011-2017
COPYRIGHT HOLDER: Jared Lander
ORGANIZATION: Lander Analytics
```

README 파일은 순수하게 어떤 추가 정보를 위한 것으로, 최종 사용자의 인스톨 버전에는 들어가지 않는다. 이 파일을 작성했을 때 가장 큰 이득은 패키지를 깃허브에 호스팅했을 때 발생하는데, 깃허브에서는 README의 정보가 프로젝트의 홈페이지에 디스플레이된다. 알마크다운으로 README 파일을 작성하고 깃허브에 푸시하기 이전에 마크다운으로 렌더링하는 것을 추천한다. 이렇게 하면 코드의 예제나 결과들을 온라인에 게재할 수 있다.

README 문서를 만드는 가장 좋은 방법은 devtools 패키지의 use_readme_rmd 함수를 사용하는 것이다. 이 함수를 사용하면 README.Rmd 파일뿐만 아니라 README.Rmd 파일이 바뀌었을 때 자동으로 README.md 마크다운 파일도 따라서 빌드될 수 있도록 깃 훅을 생성한다.

coefplot 패키지의 README 파일은 다음과 같다. 예제 코드는 갖고 있지 않지만, 일반적인 파일의 구조와 필요한 yaml 헤더를 갖고 있다. 그리고 여기에 빌드 상태, CRAN 등록 상태, 테스트 상태 등을 표시하는 배지badges도 갖고 있다.

```
---
output:
  md_document:
    variant: markdown_github
---


[![Travis-CI Build Status](https://travis-ci.org/jaredlander/coefplot.
svg?branch=master)](https://travis-ci.org/jaredlander/coefplot)
[![CRAN_Status_Badge](http://www.r-pkg.org/badges/version/coefplot)](http://
cran.r-project.org/package=coefplot)
[![Downloads from the RStudio CRAN mirror](http://cranlogs.r-pkg.org/badges/
coefplot)](http://cran.rstudio.com/package=coefplot)


<!-- README.md is generated from README.Rmd. Please edit that file -->

Coefplot is a package for plotting the coefficients and standard errors from
a variety of models.  Currently lm, glm, glmnet, maxLik, rxLinMod, rxGLM and
rxLogit are supported.

The package is designed for S3 dispatch from the functions coefplot and
```

(이어짐)

```
getModelInfo to make for easy additions of new models.

If interested in helping please contact the package author.
```

30.3 패키지 문서화

CRAN에서 R 패키지를 받아주는 엄격한 요건 중의 하나는 적절한 문서화다. 노출되는 모든 함수에 대해 레이텍과 유사한 문법을 가진 자체의 .Rd 파일로 문서화돼야 한다. 다음을 보면 간단한 함수에 대해서도 이 문서를 작성하는 것이 어렵다는 것을 이해할 수 있을 것이다.

```
> simpleEx <- function(x, y) {
+     return (x * y)
+ }
```

이 함수가 비록 2개의 인자를 받고, 둘을 곱한 결과를 반환하는 간단한 함수임에도 불구하고 이것을 문서화하려면 다음과 같이 작성해야 한다.

```
\name{simpleEx}
\alias{simpleEx}
\title{within.distance}
\usage{simpleEx(x, y)}
\arguments{
  \item{x}{A numeric}
  \item{y}{A second numeric}
}
\value{x times y}
\description{Compute distance threshold}
\details{This is a simple example of a function}
\author{Jared P. Lander}
\examples{
  simpleEx(3, 5)
}
```

이렇게 두 단계를 거치는 것보다 함수와 만들면서 문서화하는 것이 더 편하고 좋다. 즉, 다음과 같이 함수 정의 바로 이전에 특수하게 코멘트 처리된 블록을 사용해 문서화할 수 있다.

```
#' @title simpleEx
#' @description Simple Example
#' @details This is a simple example of a function
#' @aliases simpleEx
#' @author Jared P. Lander
#' @export simpleEx
#' @param x A numeric
#' @param y A second numeric
#' @return x times y
#' @examples
#' simpleEx(5, 3)

simpleEx <- function(x, y) {
  return(x * y)
}
```

devtools 패키지의 document 함수를 실행하면 위 함수의 코드 블록에 기반해 자동으로 적절한 .Rd 파일을 생성시켜준다. 블록에 특수한 #'이 사용된 것에 주목한다. 표 30.4에 흔히 사용되는 roxygen2 태그들을 정리했다.

표 30.4 함수에 대해 roxygen2로 문서화할 때 사용되는 태그들

태그	설명
@param	인자 이름과 간단한 설명
@inheritParams	다른 함수에서 @param 태그를 복사해 다시 쓸 필요가 없게 한다.
@examples	함수 사용 예
@return	함수가 반환하는 객체에 대한 설명
@author	함수 저자의 이름
@aliases	함수를 검색할 때 사용할 이름들
@export	NAMESPACE 파일에서 익스포트할 함수의 리스트
@import	NAMESPACE 파일에서 임포트할 함수 리스트
@seealso	찾아볼 다른 함수

(이어짐)

@title	도움말 페이지의 제목
@description	함수에 대한 간단한 설명
@details	함수에 대한 자세한 설명
@useDynLib	패키지에서 컴파일된 코드를 사용할 것임을 알림
@S3Method	S3 제네릭 함수와 함께 가는 함수임을 선언

모든 함수의 인자들은 @param 태그로 문서화한다. 도트(...)인 경우에는 \dots라는 이름을 써서 문서화한다. @param 태그와 인자와는 정확히 일치해야 하고, 하나라도 어긋나면 오류가 발생한다.

함수 사용 예를 제시하는 것은 좋은 습관이다. 이런 예는 @examples 태그 다음 행들에 기록한다. CRAN에 등재되기 위해서는 모든 예제 코드가 오류 없이 작동해야 한다. 실행시키지는 않고 보여주기만 하는 경우에는 \dontrun{...} 안에 예제 코드를 넣는다.

객체의 유형을 아는 것은 함수를 사용할 때 중요하다. 따라서 @return으로 반환하는 객체에 대해 잘 기술한다. 객체가 리스트인 경우에 @return 태그는 아이템 리스트 형태 (\itemize)로 풀어서 기술해야 한다.

```
\item{name a} {description a}
\item{name b} {description b}
```

도움말 페이지는 사용자가 콘솔에서 ?FunctionName을 입력했을 때 보게 된다. @aliases 태그는 문서화하는 함수를 도움말 페이지에서 접근할 때 사용할 수 있는 이름들을 콤마로 구분해 지정한다. 예를 들어 @aliases coefplot plotcoef라고 하면 ?coefplot이나 ?plotcoef로 같은 도움말 파일에 접근할 수 있게 된다.

어떤 함수가 최종 사용자에게 노출돼 사용될 수 있으려면 NAMESPACE 파일에 하나의 익스포트로서 등재돼 있어야 한다. @export FunctionName을 사용하면 자동으로 export(FunctionName)을 NAMESPACE 파일에 추가한다. 비슷한 방법으로 다른 패키지의 함수를 사용하는 경우, 다른 패키지를 임포트해야 하는데, @import PackageName이라 하면 NAMESPACE 파일에 자동으로 import(PackageName)이 추가된다.

coefplot.lm 또는 print.anova와 같이 제네릭 함수에 의해서 호출되는 함수를 만들 때는 @S3method 태그를 사용해야 한다. @S3method GenericFunctionClass는 NAMESPACE에 S3method(GenericFunction, class)를 NAMESPACE 파일에 추가한다. @S3method를 사용하

는 경우에는 같은 인자로 @method 태그를 사용하는 것이 좋다. 이와 같은 내용을 반영해 함수 문서화하는 예는 다음과 같다.

```
#' @title print.myClass
#' @aliases print.myClass
#' @method print myClass
#' @S3method print myClass
#' @export print.myClass
#' @param x Simple object
#' @param \dots Further arguments to be passed on
#' @return The top 5 rows of x

print.myClass <- function(x, ...) {
  class(x) <- "list"
  x <- as.data.frame(x)
  print.data.frame(head(x, 5))
}
```

30.4 테스트

코드를 테스팅하는 것은 패키지 빌딩에서 매우 중요한 과정이다. 이것은 코드가 원래 설계한 대로 행동하는 것을 확인하는 것뿐만 아니라 코드를 수정했을 때 어떤 기능상의 문제에 대해 경고를 하는 역할도 한다. 코드를 수정했을 때 바로 오류를 확인할 수 있다면 나중에 좌절의 시간을 줄여줄 수 있고 출시하지 못하는 상황을 예방할 수 있을 것이다.

테스트 작성에는 주로 RUnit와 testthat이라는 2개의 패키지가 사용된다. 둘 다 나름의 장점을 갖고 있는데, testthat 패키지가 devtools 패키지와 잘 통하기 때문에 좀 더 인기가 있다.

testthat 패키지를 사용할 때 tests 폴더에는 testthat.R이라는 파일과 testthat이라는 폴더가 사용된다. 테스트들은 이 폴더에 위치한다. devtools 패키지에 있는 use_testthat 함수를 실행시키면 이 파일과 폴더가 자동으로 생성된다. 그리고 동시에 testthat을 DESCRIPTION 파일의 Suggests 필드에 등록시킨다.

testthat.R 파일은 아주 간단하다. 이 파일은 testthat 패키지와 테스팅 대상이 되는 패키지를 로딩한다. 그리고 test_check 함수를 호출해 테스트를 실행시킨다. 다음은 그 예다.

```
> library(testthat)
> library(ExamplePackage)
>
> test_check("ExamplePackage")
```

실제로 사용될 테스트들을 실행할 코드들은 testthat 폴더에 놓는다. 테스트 코드를 구성하는 방법은 여러 가지가 있지만, 대체로 하나의 파일에 하나의 함수에 대한 테스트를 놓는 것이 좋다. 각각의 파일의 이름은 test-<file-name>.R로 지정한다. 이런 파일들은 use_test 함수에 테스트할 파일을 넣어서 실행시키면 자동으로 생성된다.

```
> use_test("simpleEx")
```

이 명령을 실행하면 test-simpleEx.R이라는 파일이 자동으로 생성되고, 그 안에 다음과 같은 내용이 자동으로 채워진다.

```
> context("simpleEx")
>
> ## TODO: Rename context
> ## TOD: Add more tests
>
> test_that("multiplication works", {
+     expect_equal(2 * 2, 4)
+ })
```

이 코드의 첫 번째 행은 테스트할 것이 무엇이라는 것을 알려주는 역할을 한다. 이것은 여러 테스트들의 결과를 살펴볼 때 유용한 것으로 의미가 바로 와 닿도록 충분히 긴 것이 좋은데, 그렇다고 부담이 될 정도로 길게는 하지 않는 것이 좋다. 그다음은 테스팅할 내용들을 채우라는 간단한 지시문이다. 그리고 마지막에 사례 테스트가 있다.

주어진 함수에 대해 여러 개의 테스트를 사용한다. 각 테스트는 해당 함수의 특정한 기능을 테스팅하게 만든다. 하나의 테스트에서는 특정 기능에 대한 여러 가지 기대하는 비expectation들을 정의하게 된다. 이를 익스펙테이션 가운데 하나라도 실패하면 전체 테

스트가 실패한다. 이를테면 적절한 데이터 유형을 반환하는지에 대한 테스트가 있을
수 있고, 결과가 정확한 길이를 갖는지, 필요한 경우에 에러를 발생시키는지 등에 대한
테스트가 있을 수 있다.

test_that 함수의 첫 번째 인자는 테스트하려고 하는 내용이 무엇인지 간략하게 기술한
문자열이다. 두 번째 인자는 익스펙테이션 집합이다. 보통 하나의 테스트가 복수의 익
스펙테이션을 가지며, 개별 익스펙테이션이 하나의 표현식이며, 이런 익스펙테이션 집
합을 중괄호 {}로 둘러싼다. R 콘솔에서 같이 인터랙티브 환경에서 실행시키면, 익스펙
테이션과 테스트가 실패해 오류를 유발하지 않으면 어떤 결과도 출력되지 않는다. 그
런데 하나의 익스펙테이션이라도 실패하면, 오류가 반환된다.

```
> library(testthat)
> test_that("Correct Answer", {
+   expect_equal(simpleEx(2, 3), 6)
+   expect_equal(simpleEx(5, 4), 20)
+   expect_equal(simpleEx(c(1, 2, 3), c(3, 6, 9)))
+   expect_equal(simpleEx(c(1, 2, 3), c(2, 4, 6), c(2, 8, 18)))
+ })
> test_that("Correct Type", {
+   expect_is(simpleEx(2, 3), "numeric")
+   expect_is(simpleEx(2L, 3L), "integer")
+   expect_is(simpleEx(c(1, 2, 3), c(2, 4, 6)), "numeric")
+ })
> test_that("Correct lenght", {
+   expect_length(simpleEx(2, 3), 1)
+   expect_length(simpleEx(c(1, 2, 3)), 1)
+   expect_length(simpleEx(c(1, 2, 3), c(2, 4, 6)), 3)
+ })
```

때로는 함수를 실행했을 때 그 결과로 오류error나 경고warning가 발생하도록 해야 한다.
이런 경우에는 expect_error, expect_warning 함수를 사용한다. 이 함수를 사용하면 에
러나 경고를 캡처한 경우, 해당 익스텍테이션이 성공하게 돼, 결과적으로 아무런 결과
가 출력되지 않게 된다.

```
> test_that("Appropriate error or warning", {
+   expect_error(simpleEx(3, "A"))
+   expect_equal(simpleEx(1:3, 1:2), c(1, 4, 4))
```

```
+   expect_warning(simpleEx(1:3, 1:2))
+ })
```

다양한 상황에 사용할 수 있는 익스펙테이션들이 준비돼 있다. expect_gte은 어떤 값이 이상인지 테스트하고, expect_false는 결과가 FALSE인지, expect_named는 결과가 이름이 있는 객체인지 테스트한다. 전체 익스펙테이션은 apropos 함수를 사용해 확인할 수 있다.

```
> apropos("expect_")
#> character(0)
```

만약, 한 번에 하나의 테스트를 체크하는 것이 아니라, 전체 패키지에 있는 모든 테스트를 체크해서 새로 바꾼 코드가 이전 코드를 망가뜨리는 것이 아닌지 확인해보고 싶을 수 있다. 이럴 때 devtools 패키지의 test 함수를 사용한다.

```
> devtools::test()
```

이런 테스트들은 check 함수를 사용하거나 커맨드라인 명령인 R CMD check를 실행할 때도 같이 체크된다. 그리고 CRAN에서 패키지를 받아들일지 여부를 검토할 때도 이 테스트들이 체크된다.

30.5 체킹, 빌딩, 인스톨링

예전에는 패키지를 빌딩할 때 커맨트라인 프롬프트에서 R CMD check, R CMD build, R CMD INSTALL(윈도우에서는 R CMD 대신 Rcmd을 사용) 같은 명령들을 사용했다. 이때 정확한 디렉터리와 적절한 옵션, 기타 귀찮은 내용들을 지정하는 등의 번거러움이 있었다. 해들리 위캄 덕분에 이제 이런 것들을 R 콘솔에서 쉽고 간단하게 할 수 있게 됐다.

첫 번째 단계는 devtools 패키지의 document 함수를 실행해 패키지에 대한 문서화 작업을 실행하는 것이다. 이 함수의 첫 번째 인자는 개발 소스 패키지의 루트 폴던 문자열로 지정하는 것이다. 만약, 현재의 워킹 디렉터리가 이 루프 디렉터리와 같이 설정돼 있다면 인자를 지정할 필요가 없다. 이런 내용은 devtools 패키지의 대부분 함수들에 적용된다. 이 명령을 실행하면 필요한 .Rd 파일, NAMESPACE 파일에 해당 내용을 채우면서 만들게 되고, DESCRIPTION 파일의 Collate 필드에 적절한 값을 지정한다.

```
> devtools::document()
```

문서화 작업과 테스트들이 적절히 준비되면, 체크 단계를 진행한다. 이 단계에서는 첫 번째 인자로 패키지에 대한 경로값을 지정한 check 함수가 사용된다. 이 단계에서 CRAN이 패키지를 등재를 거부할 수도 있는 에러나 경고에 대한 요약이 출력된다. 테스트가 있는 경우에는 해당 테스트들이 같이 체크된다. CRAN은 매우 엄격해서 발생되는 모든 문제를 해결하는 것이 반드시 필요하다. CRAN에 제출되면, 여러 가지 운영체제에서의 현재 버전의 R과 R-devel 환경에서 모든 것이 체크된다.

```
> devtools::check()
```

build 함수를 사용하면 패키지 빌딩도 간단하다. 이 함수 역시 첫 번째 인자로 소스 패키지에 대한 경로를 첫 번째 인자로 받는다. 디폴트로 .tar.gz 파일이 생성되는데, 이것은 패키지의 모든 파일들이 압축돼 있고, 이것을 통해서 R에 인스톨할 수 있는 바이너리 패키지를 만들 수 있다. 이렇게 빌드된 패키지는 어떤 운영체제에서는 빌드 과정을 거쳐 바이너리 패키지로 변환시킬 수 있어서 이동성이 좋다. binary라는 인자에 TRUE 값을 주면 운영체제에 특이한 바이너리 패키지를 생성한다. 이 때 C, C++, FORTRAN과 같은 언어를 사용한 컴파일된 소스 코드가 개입되면 이 과정이 복잡해진다.

```
> devtools::build()
> devtools::build(binary = TRUE)
```

개발 과정에서 자주 사용되는 함수에는 install이 있다. 이 함수는 빌드를 다시 하고 패키지를 로딩한다. load_all 함수는 패키지와 NAMESPACE를 로딩하는 것을 시뮬레이션한다.

개발 과정에서 반드시 필요한 패키지는 아니지만, devtools 패키지에는 다른 사람의 최신 패키지를 쉽게 받아볼 수 있게 도와주는 install_github 함수가 있다. 이 함수를 실행하면 깃허브 저장소에서 R 패키지를 바로 인스톨한다. 비슷한 함수로 비트버킷 BitBucket 사이트에 대응하는 install_bitbucket과 일반적인 install_git 함수가 있다.

이를테면 다음과 같은 코드를 실행하면 깃허브에서 최신 버전의 coefplot 패키지를 얻을 수 있다.

```
> devtools::install_gihub(repo="jaredlander/coefplot", ref = "survival")
```

때로는 CRAN에서 이전 버전의 패키지를 인스톨하고 싶은 경우가 생긴다. 직접 다운로드하고 빌드하는 과정을 하지 않으려면, devtools 패키지에 추가된 install_version 함수를 써서 CRAN에서 특정 버전의 패키지를 다운로드하고, 빌드하고, 인스톨하게 지시할 수 있다.

30.6 CRAN에 패키지 제출하기

개발한 패키지를 R 사용자들에게 널리 배포하는 데 가장 좋은 방법은 CRAN에 등재하는 것이다. devtools 패키지의 test, check 함수를 사용해 체킹과 테스팅 과정에 아무런 문제가 없다면 http://xmpalantir.wu.ac.at/cransubmit/에 있는 새로운 업로드(FTP를 사용하지 않는다) 툴을 통해 CRAN에 등재할 준비가 된 것이다. 올리는 파일은 .tar.gz 파일이다. CRAN에 제출하고 나면, CRAN에서 관리자^{maintainer}자 패키지가 제대로 업로드됐다고 확인하는 이메일을 보낸다.

devtools 패키지의 release 함수를 실행하면, 문서화, 테스트, 체킹, 빌딩 과정을 거치고 나서 바로 CRAN에 등재하는 작업을 한 번에 실행시킬 수 있다. 그래서 이전과 같은 방법을 사용할 때 뭔가를 빼먹는 실수를 범하지 않게 도와준다. CRAN 관리자가 볼 수 있도록 어떤 노트를 작성하고자 할 때는 패키지의 루트 디렉터리에 cran-comments.md 파일에 내용을 적어 넣는다. 이 노트에는 패키지가 테스팅과 체킹이 어디에서 이뤄졌는지에 대한 내용이 들어가야 한다. 그리고 CRAN 팀이 어떤 금전적인 보상도 없이 믿을 수 없을 정도의 상당한 노력을 쏟으면서 일을 하기 때문에 이 파일 어딘가에 감사하는 말을 넣는 것도 잊지 말기 바란다.

30.7 C++ 코드

때때로 R 코드가 어떤 문제를 해결할 때(바이트 컴파일을 했음에도 불구하고) 충분히 빠르지 않는 경우가 있는데, 이 경우 컴파일 언어를 사용할 필요가 있다. R은 C 언어에 기초를 두고 있고, FORTRAN 라이브러리(lm과 같은 함수를 깊이 파고들어가 보면 이것이 본질적으로 FORTRAN으로 작성돼 있다는 것을 알게 된다)에 상당 부분 의존하기 때문에 이 언어들을 포함시키는 것은 그다지 이상한 것은 아니다. .Fortran 함수는 FORTRAN 언어로 작성된 함수를 호출할 때 쓰이고, .Call 함수는 C와 C++ 함수를 호출할 때 사용된다[1]. 이와 같은 편리한 함수가 있기는 하지만, 그래도 FORTRAN이나 C/C++ 언어에 대한 지식은 여전히 필요하며, R 객체가 R의 바탕을 이루는 이런 언어에서 어떻게 구현되는지에 대한 지식도 필요하다.

더크 에델에뷰텔Dirk Eddelbuettel과 로메인 프랑스와Ramain Francois 덕분에 Rcpp 패키지를 사용해 C++ 코드를 포함시키는 것이 상당히 쉬워졌다. 이 패키지는 C++ 함수를 R에서 실행시킬 때 필요한 많은 사전 작업들을 간단히 처리해준다. C++ 코드를 사용하는 R 패키지 개발을 간단하게 해줄 뿐만 아니라 일반적인 C++ 코드를 실행시킬 때도 많은 도움이 된다.

C++ 코드를 갖고 일을 하려면 여러 가지 도구들이 필요하다. 먼저 적절한 C++ 컴파일러가 있어야 한다. 호환성 유지를 감안하면 gcc를 사용하는 것이 최선이다. 리눅스 사용자라면 이미 gcc가 설치돼 있을 것이므로 문제될 것이 없겠지만, g++를 설치할 필요가 있을 수도 있다.

맥 사용자는 Xcode를 설치해야 하고, 필요한 경우 매뉴얼로 g++을 설치해야 한다. 맥에 기본으로 내장된 컴파일러는 대부분 최신 버전이 아니어서 어떤 문제들을 일으킬 수도 있다. Homebrew를 통해서 gcc를 설치하면 좀 더 최신 버전을 얻을 수 있다.

윈도우 사용자들은 브리언 리플리Brian Ripley와 던컨 머독Duncan Murdoch이 개발한 RTools 설치하면 문제가 간단히 해결된다. 이 도구는 gcc와 make 도구 등 개발에 필요한 것들을 제공한다. 설치된 R 버전에 따라서 적절한 RTools 버전을 https://cran.r-project.org/bin/windows/Rtools/에서 다운로드해 일반적인 프로그램과 같이 설치한다. 이것은 gcc를 설치하고, 윈도우 커맨트 프롬프트를 마치 배시 터미널과 비슷하게 사용할 수 있게 만든다. 만약, devtools를 사용해 R 콘솔에서 또는 RStudio(현재로서는 이게 가장 좋은 방법이다)로 패키지를 빌딩할 때는 gcc의 위치가 운영 체계의 레지스트리에 의해서 결정된다. 커맨드라인 프롬프트에서 패키지를 빌딩할 때는 gcc의 위치를 시스템 경로 PATH의 가장 앞에 둬야 한다. 이를테면 그 시스템 경로는 c:\Rtools\bin;c:\Rtools\gcc-4.6.3\bin;C:\Users\Jared \Documents\R\R-3.4.0\bin\x64와 같은 형태가 돼야 한다.

도움말 문서와 비니에트를 빌딩하기 위해서는 레이텍이 필요하다. 표 27.1에 운영체제에 맞는 레이텍 배포판들이 정리돼 있다.

---

1 그리고 .C 함수가 있는데, 여러 논란이 있지만 이것은 그다지 선호되지 않는다.

30.7.1 sourceCpp

여기서 간단히 두 벡터를 더하는 C++ 함수를 만들어보려고 한다. 이미 R은 이런 일을 빠르게 효율적으로 해주는 기능들을 다 갖고 있어서 이런 것이 실용적인 측면에서는 별 볼 일 없겠지만, 내용을 설명하기에는 좋은 예가 될 것이다. 그 함수는 2개의 벡터를 인자로 받아 요소 대 요소끼리 더한다. // [[Rcpp::export]] 태그는 Rcpp 패키지에서 R에서 사용할 수 있게 그 함수를 익스포트하도록 시킨다.

```
#include <Rcpp.h>
using namespace Rcpp;

// [[Rcpp::export]]
NumericVector vector_add(NumericVector x, NumericVector y) {
  // 결과를 선언한다.
  NumericVector result(x.size());

  // 벡터를 순회하면서 요소 대 요소끼리 더한다.
  for(int i=0; i < x.size(); ++i) {
    result[i] = x[i] + y[i];
  }

  return result;
}
```

이 함수는 .cpp라는 확장자를 가진 파일로 저장하거나(이를테면 vector_add.cpp) 문자열 변수에 할당해, sourceCpp 함수를 사용해 소싱될 수 있게 한다. sourceCpp 함수는 자동으로 코드를 컴파일하고, 같은 이름의 R 함수를 만들며, 나중에 호출됐을 때 C++ 함수를 실행하게 한다.

```
> library(Rcpp)
> sourceCpp("vector_add.cpp")
```

이제 함수를 출력해보면 함수가 컴파일된 함수가 현재 임시로 저장된 공간을 지목하고 있는 것을 확인할 수 있다.

```
> vector_add
#> function (x, y)
#> .Primitive(".Call")(<pointer: 0x10a7d9af0>, x, y)
```

이제 이 함수는 일반적인 R 함수처럼 호출할 수 있다.

```
> vector_add(x = 1:10, y = 21:30)
#>  [1] 22 24 26 28 30 32 34 36 38 40
> vector_add(1, 2)
#> [1] 3
> vector_add(c(1, 5, 3, 1), 2:5)
#> [1] 3 8 7 6
```

sourceCpp 함수와 // [[Rcpp:export]] 단축 지시자 그리고 R에서의 C++ 사용을 간단하게 처리할 수 있는 다양한 마술 같은 기능들은 제이제이 앨라이어JJ Allaire(RStudio 창업자)의 작품이다. 그래서 Rcpp 관리자maintainer인 덕크 에델뷰에텔 역시 앨라이어의 공로에 대해 강조하지 않을 수 없다.

Rcpp 패키지의 또 좋은 점은 이 패키지가 C++ 코드를 R 코드처럼 작성할 수 있게 해주는 다양한 문법적 수사syntactic sugar[2]를 제공한다는 것이다. 이런 수사sugar를 사용해 vector_add 함수를 다음과 같이 한 줄의 코드로 작성할 수 있다.

```
#include <Rcpp.h>
using namespace Rcpp;
// [[Rcpp::export]]
NumericVector vector_add(NumericVector x, NumericVector y) {
  return x + y;
}
```

이 문법적인 수사를 보면 2개의 벡터에 대해 R에서 하는 것처럼 더해도 된다는 것을 알 수 있다.

C++ 언어는 데이터 유형을 강력히 따지는 언어strongly-typed language기 때문에 함수의 인자와 반환값의 유형을 정확한 유형으로 명시적으로 선언해야 한다. Rcpp 패키지와 관련돼 흔히 사용되는 데이터 유형으로 NumericVector, IntegerVector, LogicalVector, CharacterVector, DataFrame, List 등이 있다.

---

2 https://www.computerhope.com/jargon/s/syntactic-sugar.htm를 참고한다. 아직 공식 우리말 용어를 찾지 못해서 이것을 문법적인 수사라고 번역했다. – 옮긴이

30.7.2 패키지 컴파일하기

sourceCpp 함수는 임의의 C++ 코드의 컴파일을 간단하게 처리해주는데, C++ 코드를 사용하는 R 패키지를 빌딩할 때는 다른 전략이 필요하다. C++ 코드는 src 폴더에 .cpp 확장자를 가진 파일에 적어 넣는다. // [[Rcpp::export]]로 시작되는 모든 함수는 devtools 패키지의 build 함수로 빌딩을 하게 되면 최종 사용자가 사용할 수 있는 R 함수로 변환된다. roxygen2를 사용해 문서화할 때는 생성되는 R 함수를 기준으로 문서를 작성한다.

vector_add 함수를 R 패키지에 포함시키려면 roxygen2를 사용할 수 있도록 다시 작성하고, 적절한 파일에 저장해야 한다.

```
# include <Rcpp.h>
using namespace Rcpp;

//' @title vector_add
//' @description Add two vectors
//' @details Adding two vectors with a for loop
//' @author Jared P. Lander
//' @export vector_add
//' @aliases vector_add
//' @param x Numeric Vector
//' @param y Numeric Vector
//' @return a numeric vector resulting from adding x and y
//' @useDynLib ThisPackage
// [[Rcpp::export]]
NumericVector vector_add(NumericVector x, NumericVector y) { NumericVector
result(x.size());

    for(int i=0; i<x.size(); ++i) { result[i] = x[i] + y[i]; }

    return result;

}
```

Rcpp은 마법 같이 이 코드를 컴파일한 다음에 R 폴더에 새로운 .R 파일을 만들고 해당하는 R 코드로 채운다. 이 코드를 빌딩하면 다음과 같이 된다.

```
# This file was generated by Rcpp::compileAttributes
# Generator token: 10BE3573-1514-4C36-9D1C-5A225CD40393

#' @title vector_add
#' @description Add two vectors
#' @details Adding two vectors with a for loop
#' @author Jared P. Lander
#' @export vector_add
#' @aliases vector_add
#' @param x Numeric Vector
#' @param y Numeric Vector
#' @useDynLib RcppTest
#' @return a numeric vector resulting from adding x and y

vector_add <- function(x, y) {
    .Call('RcppTest_vector_add', PACKAGE = 'RcppTest', x, y)
}
```

이것은 단순히 컴파일된 C++ 함수를 호출하는 .Call 함수를 사용하는 래퍼 함수다.

앞에 `// [[Rcpp::export]]`가 없는 함수들은 C++ 안에서만 호출할 수 있고, R에서는 .Call 함수로 호출하지 못한다. 그리고 이런 익스포트 속성에 이름을 부여해서 `// [[Rcpp::export(name="NewName")]]`라고 지시하면 생성되는 R 함수의 이름이 여기서 지정한 것이 된다. 자동으로 R 래퍼 함수가 생성될 필요가 없는데, .Call 함수를 통해서 호출 가능하게 만들려면 별도의 .cpp 파일을 만들고, `// [[Rcpp::interfaces(cpp)]]`를 선언하고, 개별 함수에서는 사용자가 접근할 수 있게 그 앞에 `// [[Rcpp::export]]`을 놓는다.

C++ 함수를 노출시키기 위해서는 패키지의 NAMESPACE 파일에 useDynLib(PackageName)을 명시해야 한다. 이렇게 되기 위해서는 roxygen2 블록에 @useDynLib PackageName 태그를 넣는다. 추가로 패키지가 Rcpp를 사용할 경우에는 DESCRIPTION 파일에 LinkingTo 와 Depends 필드에 RCpp 패키지를 사용할 수 있게 명시한다. LinkingTo 필드는 RcppArmadillo, bigmemory, BH 같은 C++ 라이브러리들과 쉽게 링크할 수 있게 한다.

패키지의 src 폴더는 Makevars, Makevars, win 파일을 포함시켜 컴파일을 도울 수 있게 해야 한다. 다음 예는 Rcpp.package.skeleton 함수로 자동으로 생성되는 파일들이다.

먼저 Makevars 파일은 다음과 같다.

```
## Use the R_HOME indirection to support installations of multiple R version
PKG_LIBS = `$(R_HOME)/bin/Rscript -e "Rcpp:::LdFlags()"`

## As an alternative, one can also add this code in a file 'configure'
##
##   PKG_LIBS=`${R_HOME}/bin/Rscript -e "Rcpp:::LdFlags()"`
##
##   sed -e "s|@PKG_LIBS@|${PKG_LIBS}|" \
##      src/Makevars.in > src/Makevars
##
## which together with the following file 'src/Makevars.in'
##
##   PKG_LIBS = @PKG_LIBS@
##
## can be used to create src/Makevars dynamically. This scheme is more
## powerful and can be expanded to also check for and link with other
## libraries. It should be complemented by a file 'cleanup'
##
##   rm src/Makevars
##
## which removes the autogenerated file src/Makevars.
##
## Of course, autoconf can also be used to write configure files. This is
## done by a number of packages, but recommended only for more advanced
## users comfortable with autoconf and its related tools.
```

Makevars.win 파일은 다음과 같다.

```
## Use the R_HOME indirection to support installations of multiple R
version PKG_LIBS = $(shell "${R_HOME}/bin${R_ARCH_BIN}/Rscript.exe" -e
"Rcpp:::LdFlags()")
```

지금까지 설명한 것은 Rcpp 패키지에 대한 피상적인 것에 불과하다. 그렇지만 이 정도 지식으로도 C++ 코드를 사용하는 간단한 패키지는 개발할 수 있을 것이다. C++ 코드를 포함하는 패키지도 주로 devtools 패키지의 build 함수를 사용해, 다른 패키지와 마찬가지로 빌드한다.

30.8 결론

R 패키지는 특정 프로젝트에서 코드를 공유하고 다른 사람과 코드를 공유할 때 아주 큰 도움이 된다. 순수 R 코드로만 쓰여진 패키지는 CRAN의 체크 기능을 통과한, 제대로 작동하는 함수들을 갖게 된다. roxygen2 패키지의 document 함수를 갖고 함수에 대한 도움 문서를 쉽게 작성할 수 있다. 패키지 빌딩도 build 함수를 사용하면 간단히 해결된다. C++ 코드를 가진 패키지는 Rcpp 함수를 사용해 개발한다.

부록 A

주변에서 찾을 수 있는 R 리소스

놀랍게도 R을 중심으로 온라인이나 사람을 중심으로 주변의 커뮤니티가 잘 형성돼 있다는 점이다. 트위터, 스택 오버플로와 같은 웹 리소스와 모임, 서적 등 다양한 매체가 있다.

A.1 모임

https://www.meetup.com은 비슷한 생각을 가진 사람을 찾고, 프로그래밍, 통계, 게임, 컵케이크, 맥주 등 주제가 어떤 것이든 무엇인가 배우기 위한 정보를 찾을 수 있는 놀라운 사이트다. 모임은 굉장히 많아 2017년 초기 기준으로 184개 나라에서 26만 미트업 그룹이 있다. 데이터 관련 미트업은 특히 많은 사람이 모이고, 보통 45분에서 90분 동안의 강연 형식을 취한다. 이런 미트업은 학습뿐만 아니라 고용과 취업에서도 중요한 역할을 한다.

R 미트업도 매우 활발한다. 어떤 미트업들을 R 미트업에서 점차 통계 프로그래밍 미트업으로 재편하려는 움직임도 있다. 뉴욕, 시카고, 암스테르담, 워싱턴 DC, 샌프란시스코, 텔 아비브, 런던, 클리블랜드, 싱가폴, 멜버른 등에서 미트업 활동이 활발하다. 이런 모임에서는 R의 좋은 점, 새로운 패키지나 소프트웨어, R로 분석한 재미있는 통계 분석 등이 다뤄진다. 주된 초점은 통계학보다는 프로그래밍에 맞춰 있는 경우가 많다. 뉴욕 오픈 스태티스티컬 프로그래밍 미트업은 세계에서 가장 규모가 큰 R과 공개 통계 미트업으로 2017년 중반 회원이 8,000명가량 된다. 표 A.1은 인기 있는 미트업을 극히 일부만 소개한 것이다.

머신 러닝 미트업도 반드시 R에 초점이 맞춰 있지는 않지만, R 관련 프레젠테이션을 찾는 데 좋다. R 미트업과 같은 도시에 있는 경우가 많고 비슷한 연자들과 청중들이 모인다. 이런 미트업들은 프로그래밍보다는 좀 더 학구적인 면을 다루는 경향이 있다.

세 번째 핵심 미트업 타입은 데이터 예측 분석 분야다. 머신러닝 미트업과 유사하기는 하지만, 다른 자료들을 다룬다. R과 머신 러닝 미트업의 중간 지점에 있다고 보면 될 것이다. 물론 여기도 상당 부분 그 청중들이 겹친다.

이들 이외에도 빅데이터와 데이터 시각화에 관심을 두는 미트업들이 있다.

표 5 R 관련 모임

도시	모임 이름	URL
New York	New York Open Statistical Programming Meetup	http://www.meetup.com/nyhackr/
Washington, DC	Statistical Programming DC	http://www.meetup.com/stats-prog-dc/
Amsterdam	amst-R-dam	http://www.meetup.com/amst-R-dam/
Boston	Greater Boston useR Group (R Programming Language)	http://www.meetup.com/Boston-useR/
San Francisco	Bay Area useR Group (R Programming Language)	http://www.meetup.com/R-Users/
Chicago	Chicago R User Group (Chicago RUG) Data and Statistics	http://www.meetup.com/ChicagoRUG/
London	LondonR	http://www.meetup.com/LondonR/
Singapore	R User Group - Singapore (RUGS)	http://www.meetup.com/R-User-Group-SG/
Cleveland	Greater Cleveland R Group	http://www.meetup.com/Cleveland-useR-Group/
Melbourne	Melbourne Users of R Network (MelbURN)	http://www.meetup.com/MelbURN-Melbourne-Usersof-R-Network/
Connecticut	Connecticut R Users Group	http://www.meetup.com/Conneticut-R-Users-Group/
New York	NYC Machine Learning Meetup	http://www.meetup.com/NYC-Machine-Learning/
Tel Aviv	Big Data & Data Science - Israel	http://www.meetup.com/Big-Data-Israel/

A.2 스택 오버플로

때로는 혼자 해결이 안 되서 쩔쩔매게 하는 문제들을 접한다. 이때 도움을 받을 수 있는 곳이 스택 오버플로(https://stackoverflow.com)다. 예전에는 R 메일링 리스트가 도움을 받을 수 있는 유일하고 가장 좋은 리소스였다. 하지만 이제는 스택 오버플로에 자리를 내줬다.

이 사이트는 프로그래밍에 대한 질문을 하는 포럼 형식으로 구성돼 있다. 유저들에게 질문과 응답에 대한 평가를 받고, 좋은 평판을 받는 사람은 전문가라고 한다. 아주 어려운 질문에서 아주 빠른 해법을 얻을 수 있는 사이트다.

R과 관련된 자주 사용되는 태그는 r, statistics, rcpp, ggplot2, shiny이나 기타 통계 관련 용어다.

요즈음에는 많은 패키지들이 깃허브에서 서비스된다. 버그가 발견되면 이것을 해결하는 가장 좋은 곳은 스택 오버플로가 아닌 패키지의 깃허브 이슈 리스트다.

A.3 트위터

때로는 140자에 맞는 빠른 해답이 필요한 때가 있다. 이 경우 트위터는 단순 패키지 권고에서부터 코드 시니펫까지 다양한 R 관련 질문을 할 수 있는 놀라운 리소스다.

많은 사람에게 알리려면 #rstats, #ggplot2, #knitr, #rcpp, #nycdatamafia, #statistics과 같은 해시 태그를 사용하는 것이 중요하다.

팔로우할 훌륭한 사람들에는 @drewconway, @mikedewar, @harlanharris, @xieyihui, @hadleywickham, @jeffreyhorner, @revodavid, @eddelbuettel, @johnmyles white, @Rbloggers, @statalgo, @drob, @hspter, @JennyBryan, @ramnath_vaidya, @timelyportfolio, @ProbablePattern, @CJBayesian, @RLangTip, @cmastication, @pauldix, @nyhackr, @rstatsnyc, @jaredlander 등이 있다.

A.4 컨퍼런스

R 관련 수많은 컨퍼런스가 열린다. 보통은 R에 대한 프레젠테이션으로 이뤄지고, 때로는 특정 주제에 대한 교육 코스도 열린다.

그 중심에는 useR! 컨퍼런스가 있다. 1년마다 세계 여러 나라에서 돌아가면서 열린다. 한 번은 유럽, 다음 해는 미국 등으로 장소를 바꿔 가면서 열리는 것이 보통이다. 행사는 지역 위원회가 주관하기 때문에 열릴 때마다 주제와 테마가 다르다. 웹 사이트는 https://www.r-project.org/conferences.html이다. 이 웹 사이트는 R 프로젝트 팀의 지원을 받는다.

The New York R Conference는 Lander Analytics와 뉴욕시의 Work-Bench가 주관하는 연례 컨퍼런스다. 질의 응답이 없는 20분 강의들로 이틀 동안 진행된다. 이런 환경은 뉴욕 오픈 스태티스티컬 프로그래밍 미트업을 본딴 것으로, 공개적이고 재미있게 하고자 함이다. 웹 사이트는 http://www.rstats.nyc다.

R in Finance는 시카고에서 열리고, 더크 에델뷰에텔$^{Dirk\ Eddelbuettel}$이 주관하는 연례 컨퍼런스이다. 주로 양적인 분석에 집중돼 있고, 고급 수학을 많이 다룬다. 웹 사이트는 http://www.rinfinance.com이다.

주목해볼 통계 컨퍼런스로는 미국 통계 학회가 주관하는 Joint Statistical Meeting (http://www.amstat.org/ASA/Meetings/Joint-Statistical-Meetings.aspx)과 Strata New York(https://conferences.oreilly.com/strata) 등이 있다.

Data Gotham은 드류 콘웨이$^{Drew\ Conway}$, 마이트 드워^{Dewar}와 같은 데이터 과학 커뮤니티 리더 몇 명이 주관하는 새로운 데이터 과학 컨퍼런스다. 수년간 활동하지 않다가 Lander Analytics에 의해서 부활하고 있다. 웹 사이트는 http://www.datagotham.com/이다.[1]

A.5 웹 사이트

R이 공개 소스 프로젝트이고 강한 커뮤니티가 형성돼 있어서 R과 관련된 웹 사이트들이 큰 에코 시스템을 형성하고 있다. R을 아끼고 지식을 나누고자 하는 사람들이 유지하는 사이트들이 대부분이다. 어떤 것은 완전히 R에 초점을 맞추고 있으며, 일부는 부분적으로 다룬다.

나의 블로그 사이트는 https://www.jaredlander.com이고, R-Bloggers(https://www.r-bloggers.com), htmlwidgets(http://www.htmlwidgets.org), Rcpp Gallery(http://gallery.

---

1 이 사이트는 잘 연결이 안 되는 것 같다. - 옮긴이

rcpp.org), Revolutioin Analytics(http://blog.revolutionanalytics.com), 앤드류 겔만의 사이트(http://andrewgelman.com), 존 미일스 화이트의 사이트(http://www.johnmyleswhite.com), RStudio(https://blog.rstudio.com) 등이 내가 좋아하는 사이트다.

A.6 문서

수년에 걸쳐 R에 대해 소개한 무료로 사용할 수 있는 무수히 많은 아주 좋은 문서들이 쓰여졌다.

윌리엄 앤 베나블스[William N. Venables], 데이비드 엠 스미스[David M. Smith]와 R 개발 코어 팀이 쓴 "Introduction to R"은 아주 오래된 문서이며, https://cran.r-project.org/doc/manuals/R-intro.pdf에서 찾을 수 있다.

"The R Inferno"는 패트릭 번[Patrick Burns]이 쓴 전설적인 문서로 R 언어의 미세한 부분과 이상한 부분들을 심도 있게 다뤘다. 출간된 책과 무료 PDF가 있다. 웹 사이트는 http://www.burns-stat.com/documents/books/the-r-inferno/이다.

"Writing R Extensions"은 이 책 30장에서 소개했던 R 패키지 개발에 대해 포괄적인 내용을 담고 있다. 이 문서는 https://cran.r-project.org/doc/manuals/R-exts.html에서 볼 수 있다.

A.7 책

깊이 있는 통계학 지식을 얻을 때 교과서에서 많은 정보를 얻을 수 있다. 오래 돼 유행이 지난 내용들도 있지만, 어떤 책들은 최신 정보와 함께 놀라운 기술과 트릭을 제공한다.

내가 좋아하는 책은 앤드류 겔만[Andrew Gelman]과 제니퍼 힐[Jennifer Hill]이 쓴 『Data Analysis Using Regression and Multilevel/Hierarchical Models』라는 책으로, R 코드가 상당히 들어 있기도 한다. 앞의 절반은 R을 갖고 통계학의 일반적인 내용을 소개하고, 후반부는 BUGS를 사용한 베이즈 모형을 중점적으로 다룬다. 다음 판은 STAN을 사용할 것이라는 소문이 있다.

R 코딩이 아닌 머신 러닝을 배우려면 하스티[Hastie], 티브시라니[Tibshirani]와 프리드먼[Friedman]의 기념비적인 책인 『The Elements of Statistical Learning: Data Mining,

Inference, and Prediction』을 권한다. 이 책에는 여러 가지 최신 알고리즘과 모형들이 소개돼 있다. 내재한 수학적인 의미와 일래스틱 넷과 같은 알고리즘이 작동하는 방식이 설명돼 있다.

교과서는 아니지만 R에 초점을 맞춘 책들이 많이 출판됐다. 드류 콘웨이[Drew Conway]와 존 미일스 화이트[John Myles White]가 쓴 『Machine Learning for Hackers』이라는 책에는 R 언어를 사용해 머신 러닝 알고리즘이 소개돼 있다. 이휘 지[Yihui Xie]의 "Dynamic Documents with R and knitr"에는 이 책의 27장에서 소개된 knitr에 대해 자세한 설명이 들어 있다. 이 책 30.7절에서 소개한 R에 C++ 코드를 포함시키는 방법에 대해서는 더크 에델뷰에텔[Dirk Eddelbuettel]의 『Seamless R and C++ Integration with Rcpp』에 잘 나와 있다. 데이비드 로빈슨[David Robbinson]과 쥴리아 시게[Julia Silge]는 『Text Minging with R』이라는 책에서 R로 텍스트 데이터를 분석하는 최신 방법을 소개했다.

A.8 결론

R의 놀라운 커뮤니티를 활용하면 R 학습에 큰 도움이 된다. 사람-대-사람끼리 만나는 기회는 미트업이나 컨퍼런스 형태로 존재한다. 최고의 온라인 리소스는 스택 오버플로와 트위터다. 자연스러운 것이지만 서점이나 온라인에 수많은 책과 문서들이 있다.

ACF	autocovariance function을 보라.
AIC	Akaike Information Criterion을 보라.
AICC	Akaike Informatioin Criterion Corrected를 보라.
Akaike Information Criterion Corrected	모형 복잡도가 증가할 때 더 많은 벌점을 주도록 만든 AIC
Analysis of Variance	ANOVA를 보라.
Andersen-Gill	여러 사건이 발생할 때까지의 시간 모형에 대한 생존 분석
ANOVA(분산분석)	여러 그룹의 평균들을 서로 비교하는 검정. 이 검정은 검정에 포함된 어느 두 그룹 간의 차이가 있다는 것만 말해주고, 어떤 것이 어떤 것과 다른지 말해주지는 않는다.
Ansary-Bradley test (안사리-브래들리 검정)	두 그룹 간의 분산이 같은지 비교하는 비모수적인 검정
AR	autoregressive 항목을 보라.
ARIMA	ARMR 모형과 비슷한데, 시계열 데이터 차이에 대한 숫자를 반영하는 파라미터를 포함한다.
ARMA	Autoregressive Moving Average을 보라.
array(R 배열)	여러 차원을 가진 데이터를 저장할 수 있는 객체
autocorrelation (자기상관)	하나의 변수에 있는 관찰값이 이전 관찰값과 상관을 갖고 있는 경우

autocovariance function(자기공분산함수)	시계열 데이터에서 시차(lags) 데이터와의 상관
Autoregressive (자기회귀)	시계열 모형으로 시계열에서 현재의 값을 이전 값에 대해 선형 회귀를 사용하는 방법
Autoregressive Moving Average (자기회귀이동평균)	AR과 MA의 혼합
Average(평균)	주로 산술평균(mean)을 의미하지만, 평균, 중앙값, 최빈값 등 중심성을 의미하는 여러 가지 척도들이 모두 이 범주에 들어온다.
Bartlett test(바틀렛 검정)	두 그룹의 분산이 같은지에 대한 모수적 검정
BASH(배시)	DOS와 비슷한 커맨드라인 프로세서로, 리눅스, 맥 OS X 등에서 사용된다. 윈도우 에뮬레이터도 있다.
basis function (기저 함수)	함수들을 선형으로 조합해 새로운 함수를 만들 때 그 기초가 되는 함수
basis splines (기저 스플라인)	스플라인을 구성하는 데 사용되는 기저 함수
Bayesian(베이지안)	사전 정보에 기반을 둔 확률을 사용하는 통계학 분야
Bayesian Informatioin Criterion (베이즈 정보 기준)	AIC와 유사한데, 모형의 복잡도가 올라가면 더 많은 벌점을 부과
Beamer(비머)	슬라이드 쇼를 만드는 데 사용되는 레이텍 문서 클래스
Bernoulli distribution (베르누이분포)	성공 또는 실패를 결과로 갖는 이벤트를 모형화하는 데 사용하는 확률 분포
Beta distribution (베타분포)	유한한 간격을 가진 일련의 값을 모형화하는 데 사용하는 확률 분포
BIC	Bayesian Information Criterion을 보라.

Binomial distribution (이항분포)	매회 시험에서 성공의 확률이 일정하고 서로 독립적일 때 성공하는 횟수를 모형에 대한 확률 분포
Bionconductor (바이오컨덕터)	주로 유전체 데이터 분석을 위한 R 패키지들을 제공하는 저장소
BitBucket(비트버킷)	온라인 깃 저장소의 하나
Boost	빠른 C++ 라이브러리
boosted tree (부스팅 의사결정 나무)	의사결정 나무의 확장으로 하나의 모형을 갖고 관찰값의 가중값을 바꾸는 방법으로 연속해 적용해 강한 모형을 만드는 방법
Bootstrap(붓스트랩)	데이터에 대해 반복해 표본을 얻어서 표본 마다의 통계량을 계산하고, 이 통계량을 바탕을 경험적 분포를 얻는 방법
Box plot(상자그림)	한 변수의 가운데 50%는 상자에 표시하고, 사분위 간 범위의 1.5배 길이와 이상점을 표시하는 점들로 구성된 그림
BUGS	베이지안 컴퓨팅에 특화된 확률적 프로그래밍 언어
byte-complilation	사람이 읽을 수 있는 코드를 빠르게 실행하기 위한 기계 코드로 변환하는 과정
C	빠른 저수준 언어로, R은 주로 C 언어로 짜여졌다.
C++	C와 비슷한 저수준 프로그래밍 언어
Cauchy distriution (코시분포)	2개의 정규분포를 따르는 확률 변수의 비율에 대한 확률 분포
censored data (중도절단자료)	일정 시점 이후로 어떤 사건이 발생 여부에 대한 정보를 모르는 데이터
character(R 문자열)	텍스트를 저장하기 위한 데이터 유형
chi-squared distribution (카이제곱분포)	k개의 표준 정규분포의 합
chunk(청크)	레이텍, 마크다운 문서에서 R 코드 부분
class(클래스)	R 객체의 타입

classification(분류)	데이터의 클래스 멤버십을 결정하는 것
clustering(군집화)	데이터를 소그룹으로 나누는 것
coefficient(계수)	수식에서 변수에 곱해지는 것으로, 통계학에서는 회귀에 의해서 추정되는 값들이 전형적인 예다.
coefficient plot (계수 그림)	회귀 분석 결과 추정된 계수와 그 표준오차를 시각적으로 표시한 것
Comprehensive R Archieve Network	CRAN 항목을 보라.
confidence interval (신뢰 구간)	추정값이 정해진 퍼센티지 값 만큼의 횟수만큼 떨어지는 값의 구간
correlation(상관)	두 변수 사이의 연관의 강도
covariance(공분산)	두 변수의 연관에 대한 척도로, 반드시 관계의 강도를 지시하지는 않는다.
Cox proportional hazards (콕스비례위험모형)	예측 변수가 생존율에 승법(multiplicative) 효과를 가질 때 사용되는 생존 분석 모형
CRAN	R, R 패키지 등 R에 대한 모든 것을 제공하는 온라인 저장소
cross-validation (교차 타당성)	최신의 모형 평가 방법으로 데이터를 k개의 폴드로 나누고, 그중에서 하나를 제외해 모형을 적합하고, 만들어진 모형을 갖고 남겨진 폴드를 갖고 예측을 실행한다.
Data Gotham (데이터 고섬)	뉴욕에서 열리는 데이터 과학 컨퍼런스
data munging (데이터 먼징)	본 분석에 들어가기 전에 데이터의 정제, 수정, 그룹화, 결합, 조작하는 일련의 일
data science (데이터 과학)	통계학, 머신 러닝, 컴퓨터 엔지니어링, 시각화 등의 기술을 종합한 과학

data.frame (데이터 프레임)	스프레드시트와 비슷한 표 모양의 행과 열을 가진 R 데이터 유형의 하나
data.table	높은 속도로 계산하기 위해서 data.frame을 확장한 것
database(데이터베이스)	데이터 저장소로 주로 관계형 테이블을 사용한다.
Date	R에서 날짜를 저장하는 데이터 유형
DB2	IBM에서 만든 기업용 데이터베이스
Debian(데비안)	리눅스 배포판의 하나
decision tree (의사결정 나무)	예측 변수를 반복적으로 이분하는 방식으로 그룹을 나누는 방법으로 비선형 회귀와 분류를 실행하는 최신 기술
degree of freedom (자유도)	통계량이나 분포에서 보통 관찰값의 개수에서 추정하는 파라미커의 수를 뺀 값으로 사용된다.
density plot(밀도 그림)	대상이 되는 변수에서 슬라이딩 창 안에 들어오는 관찰값의 확률을 보여주는 그림
deviance(이탈도)	일반화 선형 모형에서 오차의 척도
drop-in deviance (드롭인 이탈도)	변수를 모형에 추가할 때 이탈도가 떨어지는 정도. 일반적으로 하나의 항이 추가될 때마다 2만큼 감소한다.
DSN	데이터베이스와 같은 데이터 소스에 연결을 기술하는 데 사용하는 데이터 소스 연결 정의
dzslides	HTML5 슬라이드 쇼 포맷의 하나
EDA	exploratory data analysis 항목을 보라.
Elastic Net (일래스틱 넷)	라쏘와 능형을 다이내믹하게 혼합해 사용하는 새로운 알고리즘으로 고차원의 데이터 세트를 예측하는 데 뛰어나다.
Emacs(이맥스)	프로그래머들 사이에 인기 있는 텍스트 에디터 중 하나
ensemble(앙상블)	여러 개의 모형을 모아서 평균화된 예측을 실행하는 방법
Excel(엑셀)	세상에서 가장 많이 사용되는 데이터 분석 툴
expected value(기댓값)	가중평균

exploratory data analysis(탐색적 자료 분석)	본격적인 데이터 분석 이전에 데이터에 대한 감을 잡기 위해서 사용되는 시각적으로 또는 숫자적으로 탐색하는 일
exponential distribution(지수분포)	어떤 사건이 발생할 때까지이 시간을 모형화하는 데 사용되는 확률 분포
F-test(F 검정)	ANOVA 등에서 모형을 비교하는 데 종종 사용되는 통계 검정법
F distribution(F 분포)	2개의 카이-제곱 분포의 비가 따르는 분포로 분산분석에서 귀무분포로 사용된다.
factor(팩터)	R에서 카테고리형 변수를 표시하기 위해 사용하는 데이터 유형으로, 문자열 데이터를 마치 정수형값으로 표현하며, 모형에서 중요한 역할을 한다.
fitted values(적합값)	모형에 의해서 예측된 값으로, 주로 모형을 적합하는 데 사용된 데이터를 사용해 예측된 값을 말한다.
formula(포뮬러)	R에서 편리한 수학적인 개념을 사용해 모형을 기술하는 새로운 인터페이스
FORTRAN(포트란)	고속의 저수준 언어로, R의 상당 부분이 FORTRAN으로 작성됐다.
FRED.	Federal Reserve Economic Data(미연방은행 경제 데이터)
ftp	파일 이송 프로토콜
g++	C++에 대한 공개 소스 컴파일러
GAM	Generalized Additive Models 항목을 보라.
gamma distribution (감마분포)	n개의 사건이 일어날 때까지 기다리는 시간에 대한 분포
gamma regression (감마 회귀)	자동 보험 청구와 같이 연속적이고, 양의 값을 가지면서, 기울어진 응답 변수에 대한 GLM
gap statistic(갭 통계량)	하나의 군집에 속하는 데이터 간의 군집 내 상이도를 붓스트랩된 표본의 것과 비교해 군집화의 질을 평가하는 방법

GARCH	Generalized autoregressive conditional Heteroskedasticity 항목을 보라.
Gaussian distribution (가우스 분포)	normal distribution 항목을 보라.
gcc	공개 소프 컴파일러
Generalized Additive Models(일반화 가법 모형)	평활화 함수 시리즈를 추가한 함수를 상용해 만든 모형으로 개별값에 적합시키는 방법
Generalized Autoregressive Conditional Heteroskedasticity(일반화자기회귀조건부이분산성)	극단적인 값에 대해 더 로버스트한 시계열 분석법
Generalized Linear Models(일반화 선형 모형)	이진 또는 카운드 데이터 등과 같이 비정규 응답 변수에 대한 회귀 모형을 실행하기 위해 방법
geometric distribution(기하 분포)	첫 번째 성공이 일어날 때까지의 베르누이 시행 횟수에 대한 확률 분포
Git(깃)	가장 많이 사용되는 버전 관리 시스템
GitHub(깃허브)	온라인 깃 저장소
GLM	Generalized Linear Models 항목을 보라.
Hadoop(하둡)	데이터를 분산하고 컴퓨터 그리드에서 계산하는 방법을 제공하는 프레임워크
Hartigan's rule (하티건 규칙)	k개로 군집화한 결과와 k+1개로 군집화한 것을 군집 내 제곱합을 비교해 군집화의 질을 판단하는 방법
heatmap(히트맵)	두 변수 사이의 관계를 색의 혼합으로 시각화해 보여주는 방법
hierarchical clustering (계층적 군집화)	각각의 관찰값을 하나의 군집으로 두고, 이것을 다시 좀 더 큰 군집으로 묶어 나가면서 전체 데이터를 나누는 방법

histogram(히스토그램)	변수를 정해진 계급으로 나누고, 해당 계급에 속하는 데이터의 개수를 막대로 표시한 그림
HTML	Hyptertext Markup Language 약자로, Web 페이지의 기본
htmlwidgets	인터랙션 기능이 있는 HTML, 자바스크립트 콘텐츠를 만들어주는 R 패키지 집합
hypergeometric distribution(초기화분포)	N개 중에 K개만 맞다고 할 때, N개 중 n개를 뽑았을 때 맞는 개수 k에 대한 분포
hypothesis test(가설검정)	추정되는 통계량의 유의성을 확인하는 절차
IDE	Integrated Development Environment 항목을 보라.
indicator variables (지표 변수)	카테고리형 변수의 하나의 레벨을 표시하는 이진 변수, 가변수(dummy variables)라고도 불린다.
inference(추론)	예측 변수들이 응답 변수에 영향을 주는지에 대한 결론을 이끄는 과정
integer	R에서 정수만을 저장하기 위한 데이터 유형으로 양의 정수, 음의 정수, 0 값을 취할 수 있다.
Integrated Development Environment(통합 개발 환경)	프로그래밍 작업을 원활하게 해주는 소프트웨어
Intel Matrix Kernel Library	최적화된 행렬 대수 라이브러리
interaction(상호작용)	회귀에서 2개 이상의 변수가 합쳐진 효과
intercept(절편)	회귀에서 상수 항, 회귀선이 y축과 만나는 지점으로, 고차원으로 개념이 일반화될 수도 있다.
interquartile range (사분위 간 범위)	제3분위 수에서 제1분위 수를 뺀 값
inverse link function (역연결 함수)	선형 예측 변수를 응답 변수의 원래 단위로 변환하는 함수

inverse logit(역로짓)	0에서 1 사이의 값으로 변형할 때 사용하는 함수로, 숫자를 0과 1 사이의의 값으로 바꾼다.
IQR	interquartile range 항목을 보라.
Java	저수준 프로그래밍 언어 중 하나
JavaScript	웹에서 사용되는 스크립팅 언어
Joint Statistical Meetings	통계학자들의 컨퍼런스의 하나
JSM	Joint Statistical Meetings 항목을 보라.
K-means(K-평균)	거리 측도를 사용해 데이터를 K개의 소그룹으로 나누는 군집화
K-medoids(K-메도이도)	K-평균과 비슷한데, 카테고리형 데이터에 사용되고 이상값에 더 로버스트하다.
knitr(니터)	R 코드로 레이텍 또는 마크다운을 혼합해 사용하는 기능을 제공하는 R 패키지
lasso regression(라쏘 회귀)	L1 벌점을 사용해 변수를 선택하고 차원을 줄이는 기술을 적용하는 최신 회귀 분석법
LaTeX(레이텍)	수학이나 과학 문서, 책 등에 적합한 고성능 조판 프로그램
level(레벨)	R에서 팩터형 변수가 취할 수 있는 고유의 값
linear model(선형 모형)	계수들의 항이 선형 관계를 갖는 모형
link function(연결함수)	GLM 방법으로 모형화할 수 있도록 응답 변수를 변형시키는 데 사용하는 함수
Linux(리눅스)	공개 소프트웨어 운영체제
list(리스트)	R에서 임의의 데이터 유형을 저장할 수 있는 강력한 데이터 유형
log(로그)	지수의 역으로, 일반적으로 통계학에서는 자연 로그가 사용된다.

log-normal distribution(로그 정규분포)	로그값이 정규분포를 이루는 확률 분포
logical	R에서 TRUE 또는 FALSE 값을 저장하는 데이터 유형
logistic distribution (로지스틱 분포)	로지스틱 회귀에서 주로 사용되는 확률 분포
logistic regression (로지스틱 회귀)	바이너리 응답 변수를 모형화하는 회귀
logit(로짓)	로짓의 역의 반대로, 0에서 1의 값을 실수로 변환시킨다.
loop(루프)	인덱스를 사용해 순환하는 코드
MA	moving average 항목을 보라.
Mac OS X(맥 OS X)	애플 사의 운영체제
machine learning (머신 러닝)	최신의 높은 수준의 계산을 요구하는 통계 분석법
Map Reduce(맵 리듀스)	데이터를 나누고, 나눈 것을 계산하고, 나중에 이를 조합하는 패러다임
Markdown(마크다운)	간단한 방법으로 HTML 문서를 만들 수 있는 문법 체계
Matlab(매트랩)	수학 프로그래밍에 사용되는 비싼 소프트웨어
matrix(매트릭스)	R에서 2차원으로 된 같은 타입으로 구성된 데이터 유형
matrix algebra (행렬 대수)	복잡한 계산을 간단히 처리할 수 있게 행렬을 사용하는 대수
maximum(최댓값)	데이터에서 가장 큰 값
mean(평균)	수학적인 평균으로, 산술평균 또는 가중평균 등이 있다.
mean squared error (평균 제곱 오차)	추정값의 질 평가 척도로, 추정값과 실제 값 사이의 차이를 제곱한 값들에 대한 평균
median(중앙값)	데이터를 정렬했을 때 가운데 오는 값으로, 데이터가 짝수 개인 경우 가운데 두 값의 평균으로 정한다.

Meetup(미트업)	여러 가지 관심사를 가진 사람 간의 교류를 촉진하기 위한 웹 사이트로 데이터와 관련된 모임이 많다.
memory(메모리)	RAM이라 하기도 함. 계산할 때 R이 분석하는 데이터가 저장되는 곳으로, R이 다룰 수 있는 데이터의 크기를 제한하는 전형적인 요소
Microsoft Access Microsoft R	좀 더 빠르고 안정적이면서 확장이 가능하도록 마이크로소프트 사에서 개발한 상용 R 배포판
Microsoft SQL Server	마이크로소프트 사의 기업용 데이터베이스
minimum(최솟값)	데이터 세트에서 가장 작은 값
Minitab(미니탭)	GUI 기반 통계 패키지의 하나
missing data(결측값)	여러 가지 이유로 인해 계산에 사용할 데이터가 없는 경우로, 통계 분석의 큰 문제를 일으킨다.
MKL	Intel Matrix Kernel Library 항목을 보라.
model complexity (모형 복잡도)	주로 얼마나 많은 변수가 모형에 사용됐는지에 대한 것으로, 복잡도가 높으면 모형이 문제가 될 수 있다.
model selection (모형 선택)	최적의 모형을 찾는 과정
Moving Average (이동 평균)	시계열의 현재 값을 현재와 이전의 잔차에 대해 선형 회귀를 실행하는 시계열 모형
multicollinearity (다중공선성)	행렬의 한 열이 다른 열들의 선형 조합 관계를 갖는 경우
multidimensional scaling(다차원 척도법)	다차원을 더 낮은 차원으로 프로젝션하는 방법
multinomial distribution(다항 분포)	k개의 클래스를 취할 수 있는 이산 데이터에 대한 확률 분포
multinomal regression(다항 회귀)	k개의 클래스를 취할 수 있는 이산 응답 변수에 대한 회귀

multiple comparisions(다중비교)	그룹들 사이의 관계를 알아보기 위해 검정을 반복하는 것
multiple imputation (다중대체)	반복 회귀를 사용해 결측 데이터를 채우기 위한 고급 방법
multiple regression (다중회귀)	2개의 예측 변수를 가진 회귀
MySQL	공개 소스 데이터베이스
NA	R에서 결측값을 의미하는 값
namespace(이름공간)	함수들이 특정 패키지에 속하는지 알리는 방법으로, 같은 이름을 가진 함수들 간의 충돌을 막는 방법을 제공한다.
natural cubic spline (자연 3차 스플라인)	내부의 단락점에서 평평한 이행과 입력 데이터의 범위를 벗어난 부분에서 선형이 될 수 있게 하는 평활 함수
negative binomial distribution(음이항분포)	r번 성공할 때까지의 필요한 시험 횟수에 대한 확률 분포로, 유사-포아송 회귀를 근사하는 데 종종 사용된다.
nonlinear model (비선형 모형)	변수들이 선형적인 관계를 갖고 있지 않을 때 사용하는 모형으로, 의사결정 나무, GAM 등이 있다.
nonparametric model (비모수적 모형)	응답 변수가 정규분포, 로지스틱 분포, 포아송 분포와 같은 일반적인 선형 분포를 따르지 않을 때 사용되는 모형
normal distribution (정규분포)	여러 가지 자연현상을 다룰 때 사용되는 가장 흔한 확률 분포로, 종 모양의 곡선을 가진다.
NULL	아무것도 아님을 나타내는 데이터 개념
null hypothesis (귀무가설, 영가설)	가설 검정에서 참이라고 가정하는 것
numeric	R에서 숫자값을 저장하는 데이터 유형
NYC Data Mafia	늘어나는 뉴욕시 데이터 과학자들의 빈도를 이르는 비공식 용어
NYC Open Data	데이터 공개와 투명성을 위한 뉴욕시 정책 서비스

Octave	Matlab의 공개 소스 버전
ODBC	Open Database Connectivity를 보라.
Open Database Connectivity	데이터베이스끼리 데이터를 주고받을 수 있도록 하기 위한 산업 표준
ordered factor (순서 있는 팩터)	R에서 레벨 간에 의미 있는 순서가 있는 팩터
overdispersion(과대산포)	이론상의 확률 분포보다 더 많은 변이를 보이는 상태
p-values(p-값)	귀무가설이 참이라고 가정했을 때, 어떤 극단적인 값 이상의 결과를 보일 확률
PACF	partial autocovariance function 항목을 보라.
paired t-test(짝 t 검정)	하나의 표본의 모든 멤버가 두 번째 표본의 멤버들과 짝을 이루는 데이터에서 사용되는 이 표본 t 검정
PAM	partitioning around medoids 항목을 보라.
pandoc(팬독)	마크다운, HTML, 레이텍, 마이크로소프트 사의 워드 등과 같은 다양한 포맷끼리 서로 변환할 수 있는 소프트웨어
parallel(병렬)	컴퓨터에서는 계산의 속도를 높이기 위해서 동시에 여러 개의 명령들을 실행하는 것
parallelization(병렬화)	병렬로 실행될 수 있도록 코드를 작성하는 과정
partial autocovariance function(편자기상관함수)	이전의 시차에서는 설명되지 않는, 시계열과 그 시계열 시차 사이의 상관
partitioning around medoids	K-메도이드 군집화에서 흔히 사용되는 알고리즘
PDF	아도비 아크로뱃 리더에서 주로 읽는 문서 포맷
penalized regression (벌점 회귀)	계수가 너무 커지는 것을 막기 위한 벌점 항이 있는 회귀의 형태
Perl(펄)	텍스트 파싱에 자주 사용되는 스크립팅 컴퓨터 언어

Poisson distribution (포아송 분포)	카운트 데이터에 대한 확률 분포
Poisson regression (포아송 회귀)	사고 건수, 터치다운 횟수, 피자 가게의 평가 숫자 등과 같은 카운트 데이터로 된 응답 변수에 대한 일반화 선형 모형
POSIXct	R에서 사용되는 날짜와 시간에 대한 데이터 유형의 하나
predictioin(예측)	주어진 예측 변수를 갖고 기대되는 응답 변수의 값을 찾는 일
predictor(예측 변수)	모형에 입력으로 사용되는 데이터로, 응답 변수를 설명하거나 예측하는 데 사용된다.
prior(사전 확률)	베이즈 통계에서 사전 정보를 사용해 예측 변수의 계수에 대한 분포를 만든다.
Python(파이썬)	스크립팅 컴퓨터 프로그래밍 언어의 하나
Q-Q plot(Q-Q 그림, 분위 수 그림)	두 변수의 분위 수를 비교해 사선에 정확이 떨어지는지를 갖고 2개의 분포를 비교하는 그림
quantile(분위 수)	제P분위 수라고 하면 자료를 크기 순서로 늘어놓았을 때 적어도 P%의 관찰값이 그 값보다 작거나 같게 되는 값
quartile(사분위 수)	25번째 분위 수
Quasi-Poisson distribution(준포아송 분포)	과대 산재된 카운트 데이터를 추정하는 데 사용하는 분포
R-Blogggers	탈 갈리리가 운영하는 R에 대한 블로그를 종합한 사이트
R Console(R 콘솔)	R 명령을 실행하고 결과를 확인하는 창
R Core Team(R 코어 팀)	R의 유지와 방향을 결정하는 핵심적인 사람들로, 20인으로 구성돼 있다.
R Enthusiasts	로메인 프랑스와가 운영하는 인기 있는 R 블로그
R in Finance	회계 분석용 R에 대해 토론하는 시카고에서 열리는 컨퍼런스
RAM	memory 항목을 보라.

Random Forest (랜덤 포레스트)	여러 개의 의사결정 나무들을 사용하는 앙상블 방법으로, 이 나무들은 예측 변수들을 랜덤한 방법으로 조합해 사용하고 그 결과를 결합해 예측에 사용된다.
Rcmdr	R 언어에 대한 GUI 인터페이스를 제공하는 패키지
Rcpp Gallery	Rcpp 예제를 모아 놓은 온라인 사이트
Rdata	R 객체를 디스크에 저장할 때 사용되는 파일 포맷
regression(회귀)	예측 변수와 응답 변수 사이의 관계를 분석하는 방법으로 통계학의 근간을 형성한다.
regression tree (회귀 나무)	decision tree 항목을 보라.
regular expressions (정규 표현식)	문자열 패턴 매칭에 사용되는 패러다임
regularization(정형화)	모형의 과대 적합을 막기 위한 방법으로 벌점 항을 추가한다.
residual sum of squares(잔차제곱합)	잔차를 제곱한 값을 합한 값
residuals(잔차)	실제 응답 변수의 값과 모형에서 적합된 값의 차이
response(반응변수)	모형에서 결과가 되는 데이터로, 예측 변수로 예측되거나 설명한다.
ridge regression (능형회귀)	안정된 예측을 위해서 L2 벌점을 사용해 계수를 축소시키는 최신 회귀 방법
RSS	residual sum of squares 항목을 보라.
RStudio	R을 사용하기 위한 강력한 공개 소스 통합 개발 환경
RTools	C++이나 컴파일된 코드를 R로 결합시킬 때 사용하는 윈도우용 툴 세트
S	벨 랩에서 개발된 통계 언어로, R의 전신이다.
S3	R에서 기본적으로 사용되는 객체 구현 방법
S4	고급의 R 객체 구현 방법

s5	HTML5 슬라이드 쇼 포맷의 하나
SAS	비싼 통계 분석 스크립팅 소프트웨어
scatterplot(산점도)	두 변수의 유일한 조합을 하나의 점으로 표시하는 2차원 그래프
shapefile(셰이프파일)	지도 데이터에 흔히 사용되는 파일 포맷
Shiny(샤이니)	R 언어를 사용해 웹 애플리케이션을 만들 수 있는 프레임워크
shrinkage(축소)	과대 적합을 막기 위해서 계수의 크기를 줄이는 방법
simple regression (단순회귀)	하나의 예측 변수를 가진 회귀
slideous	HTML5 슬라이드 쇼 포맷의 하나
slidy	HTML5 슬라이드 쇼 포맷의 하나
slope(기울기)	직선의 기울어진 정도로 회귀에서는 계수로 표시된다.
smoothing spline (평활 스플라인)	데이터에 대한 평활 경향을 적합시킬 때 사용되는 스플라인
spline(스플라인)	N개의 함수의 선형 조합으로 이뤄진 함수로 개별 함수들을 각각의 데이터 지점에서 변수 x를 변형시킨다.
SPSS	포인트-클릭 방법을 주로 사용하는 비싼 통계 분석 소프트웨어
SQL	데이터에 접근하고 넣는 등의 일을 할 때 사용하는 데이터베이스 언어
Stack Overflow(스택 오버플로)	프로그래밍에 대한 질문을 할 수 있는 온라인 사이트
STAN	베이지안 계산에 특화된 차세대 확률적 프로그래밍 언어
standard deviatioin (표준편차)	평균에 대해 각 지점이 평균적으로 얼마나 떨어져 있는지 보는 척도
standard error(표준오차)	파라미터 추정값에 대한 불확실성에 대한 척도

Stata	통계 분석을 위한 사용 스크립팅 언어
stationarity(정상성)	어떤 시계열 데이터의 평균과 분사의 전체 시리즈에 걸쳐 일정한 경우
stepwise selection (단계적 선택법)	여러 단계에 걸쳐 변수를 추가하거나 삭제하는 과정을 통해서 시스템 방법으로 서로 다른 모형들을 적합해 적절한 모형 변수를 고르는 과정
Strata	매우 큰 데이터 컨퍼런스
survival analysis (생존분석)	사망이나 실패와 같은 이벤트까지 걸리는 시간에 대한 분석
SUSE(수세)	리눅스 배포판 중 하나
SVN	한때 버전 관리 표준이었음.
Sweave(스위브)	R 코드와 레이텍을 혼합해 사용할 수 있게 해주는 프레임워크로, knitr에 의해서 대체됨
Systat	사용 통계 패키지
t-statistic(t-통계량)	추정된 평균과 가정된 평균 차이를 분자로 하고, 추정된 평균의 표준 오차를 분모로 하는 비율
t test(t 검정)	하나의 그룹의 평균 또는 서로 다른 두 그룹의 평균 차이에 대한 검정
t distribution(t 분포)	스튜던트 t-검정을 갖고 평균을 검정하는 데 사용되는 확률 분포
tensor product(텐서 곱)	예측 변수의 변환 함수를 표현하는 방법으로, 다른 단위로 측정되기도 한다.
text editor(텍스트 에디터)	텍스트를 있는 그대로 유지하는 코딩용 편집기
Textpad	텍스트 에디터 중 하나
time series(시계열)	순서와 발생 시간이 중요한 데이터
ts	R에서 시계열 데이터를 저장하기 위한 데이터 유형
Ubuntu(우분투)	리눅스 배포판의 하나

UltraEdit	인기 있는 텍스트 에디터
uniform distribution (균등분포)	모든 값이 고르게 나올 확률을 가진 확률 분포
USAID Open Government	미국 원조 데이터를 투명하게 공개하고자 하는 목적으로 하는 서비스
useR!	R 유저들을 위한 컨퍼런스
VAR	Vector Autoregressive Model을 보라.
variable(변수)	R 객체로 데이터, 함수, 일반 객체 등
variance(분산)	데이터의 변이/퍼짐에 대한 척도
vector(R 벡터)	같은 타입을 가진 요소들로 구성된 데이터 구조
Vector Autoregressive Model(벡터자기회귀모형)	다변량 시계열 모형의 하나
versioin control (버전 관리)	코드의 유지과 협업을 위해서 여러 시점에서 코드의 스냅샷을 저장하는 방법
vim(빔)	프로그래머들 사이에 인기 있는 텍스트 에디터
violin plot(바이올린 그림)	상자그림과 비슷하고, 상자 대신 데이터의 밀도에 대한 감을 잡을 수 있도록 곡선으로 표시한 그림
Visual Basic (비주얼 베이직)	엑셀 등에서 매크로 작성을 위한 프로그래밍 언어
Visual Studio (비주얼 스튜디어)	마이크로소프트 사의 통합 개발 환경
Wald test(왈드 검정)	모형을 비교하는 검정
Weibull distribution (와이블 분포)	어떤 객체의 생존 시간에 대한 확률 분포
weighted mean (가중평균)	가중값을 가진 값의 평균으로, 가중값에 따라 평균에 미치는 영향을 달리 할 수 있다.
weights(가중값)	다른 관찰값보다 가치가 높기 때문에 주어지는 중요도

Welch t-test(웰치 t-검정)	분산이 서로 다른 두 표본의 평균의 차이에 대한 검정
white noise(백색잡음)	본질적으로 랜덤 데이터
Windows(윈도우)	마이크로소프트 사의 운영체제
Windows Live Writer (윈도우 라비르 라이터)	마이크로소프트 사의 데스크톱 블로그 출판 애플리케이션
Xcode	애플의 통합 개발 환경
XML	Extensible Markdup Language의 약자. 종종 설명적인 방법으로 데이터를 저장하고 전송하는 데 사용됨.
xts	시계열 데이터를 저장하기 위한 더 향상된 데이터 유형

| 찾아보기 |

에이콘출판의 기틀을 마련하신 故 정완재 선생님 (1935-2004)

데이터 과학 입문자를 위한 R

설치부터 패키지 개발까지 R로 시작하는 데이터 과학

발 행 | 2018년 1월 2일

지은이 | 재리드 랜더
옮긴이 | 고 석 범

펴낸이 | 권 성 준
편집장 | 황 영 주
편 집 | 이 지 은
디자인 | 박 주 란

에이콘출판주식회사
서울특별시 양천구 국회대로 287 (목동)
전화 02-2653-7600, 팩스 02-2653-0433
www.acornpub.co.kr / editor@acornpub.co.kr

한국어판 ⓒ 에이콘출판주식회사, 2018, Printed in Korea.
ISBN 979-11-6175-098-9
ISBN 978-89-6077-446-9 (세트)
http://www.acornpub.co.kr/book/r-for-everyone

이 도서의 국립중앙도서관 출판시도서목록(CIP)은 서지정보유통지원시스템 홈페이지(http://seoji.nl.go.kr)와
국가자료공동목록시스템(http://www.nl.go.kr/kolisnet)에서 이용하실 수 있습니다.(CIP제어번호: CIP2017034388)

책값은 뒤표지에 있습니다.